LAROUSSE

LIVRES DE BORD

Orthographe

Jean Dubois,
agrégé de grammaire,
docteur ès lettres,
Françoise Dubois-Charlier,
docteur ès lettres,
et
Claude Kannas

LAROUSSE

© Larousse 1995
© Larousse / VUEF 2001
ISBN 2-03-533125-0

COMPOSITION: EURONUMERIQUE, MONTROUGE.
IMPRESSION ROTOLITO LOMBARDA MILAN
DÉPOT LÉGAL: AVRIL 1995 N° DE PROJET 10089435 (II) 20 (OSB90°)

IMPRIME EN ITALIE - OCTOBRE 2001

SOMMAIRE

Index des pièges orthographiques   5

Première partie :
ORTHOGRAPHE D'USAGE

Prononciation et orthographe   **8**
Les écarts entre l'oral et l'écrit   8
Lettres et sons   9

Les signes graphiques autres que les lettres   **11**
Les accents   11
Le tréma   13
La cédille   14
L'apostrophe et l'élision   14
Le trait d'union   15
La majuscule   16

La ponctuation   **18**
Les signes qui organisent la phrase   18
Les signes qui traduisent l'intonation   19
Les autres signes   19

Les règles orthographiques d'usage   **21**
Usages de base   21
Les lettres finales   22
Les lettres initiales et intérieures   23
Redoublement des lettres   24
La lettre -**h**-   24

Les homonymes   **25**
Les homonymes lexicaux   25
Les homonymes grammaticaux   25
Les confusions dues aux liaisons   26

L'orthographe des familles de mots   **27**
La fin des mots de la même famille   27
Le début des mots de la même famille   32

Deuxième partie :
ORTHOGRAPHE GRAMMATICALE

Le genre 36
Les noms désignant des personnes ou des animaux 36
Les noms désignant des choses, des idées, etc. 37
Les noms à double genre 38
Deux genres pour un même sens 39
Les adjectifs 40
Le féminin des noms et des adjectifs 40
Deux mots différents pour le masculin et le féminin 44

Le nombre 46
La notion de « comptable / non-comptable » 46
Le pluriel des noms et des adjectifs simples 47
Le pluriel des noms et adjectifs
empruntés aux langues étrangères 49
Le pluriel des noms propres 50
Le pluriel des noms composés 51
Le pluriel des symboles,
sigles, abréviations, noms de marques, expressions 55
Le pluriel des adjectifs composés 55

Les règles d'accord du nom et de l'adjectif 56
L'accord du nom 56
L'accord de l'adjectif qualificatif 57
L'accord des adjectifs numéraux 63
L'accord des déterminants et des pronoms 64
L'accord de l'adjectif verbal 69

L'accord du verbe avec le sujet 70
L'accord avec un sujet nom 70
L'accord avec plusieurs sujets noms 70
L'accord avec un sujet pronom 72

L'accord des participes passés 75
Le participe passé conjugué avec « être » 75
Le participe passé conjugué avec « avoir » 76
Cas où le participe passé conjugué avec « avoir » est
toujours invariable 78
Participe passé conjugué avec « avoir » et précédé
de « l' », « le » reprenant une phrase 80
Participe passé conjugué avec « avoir » et suivi de l'infinitif 80
Participe passé des verbes pronominaux 82

Troisième partie :
RÉPERTOIRE D'ORTHOGRAPHE

Tolérances grammaticales et réforme de l'orthographe 86
Mode d'emploi du répertoire d'orthographe 93
**L'orthographe des adjectifs
et noms dérivés des noms de pays** 189

INDEX DES
PIÈGES ORTHOGRAPHIQUES

a ou *à*?, p. 12, 25
abréviations (pluriel), p. 48, 54
accent circonflexe, p. 12
accord après *avoir l'air*, p. 58
accord après *il n'y a de*, p. 58
accord après *sans*, p. 57, 58
accord après *(toute) sorte de*, p. 73
accord après *un (une) drôle de*, p. 59
accord après *une sorte (espèce) de*, p. 59
accord avec le « nous de majesté », p. 59
accord avec *trop de*, p. 61, 68
accord avec *une foule de*, p. 60, 72
accord de l'adjectif
    avec plusieurs noms, p. 60
accord de *matin, midi* et *soir*, p. 57
accord de *témoin*, p. 57
accord des adjectifs de couleur, p. 61, 62
accord du participe passé avec les verbes
    d'opinion *(croire)*, p. 81
adjectifs composés (pluriel), p. 55
adjectifs de couleur (pluriel), p. 55, 61
adjectifs invariables, p. 48, 61 à 63
adverbes en -**amment** ou -**emment**?,
    p. 31, 32
aigle (genre), p. 38
amour (genre), p. 38
apostrophe, p. 14
apostrophe dans un mot, p. 14, 33
attendu, p. 75
aucun (accord), p. 65
autre chose (genre), p. 60
baillé ou *baillée*?, p. 80
battant (accord), p. 69
beaucoup de (accord du verbe), p. 73
beaucoup de et participe passé (accord),
    p. 77
bien invariable, p. 62
c'est ou *ce sont*?, p. 73
ce doit être, p. 74
ce ou *se*?, p. 25
ce peut être, p. 74
cent (accord), p. 63
cessant (accord), p. 69
chacun (accord), p. 64
cher (accord), p. 62
chose (genre), p. 38
ci-annexé, p. 75
ci-inclus, p. 75
ci-joint, p. 75
consonne double en début de mot, p. 23

court (accord), p. 62, 84
coûté (accord du participe), p. 79, 80
début en **bi-** ou **bis-**?, p. 32
délice (genre), p. 38
demi (accord), p. 53, 62, 63
donné + *à* + infinitif (accord), p. 82
droit (accord), p. 62
du ou *dû*?, p. 12, 26
dû + infinitif (accord), p. 81
échappé ou *échappée*?, p. 80
en et participe passé (accord), p. 77
et ou *est*?, p. 26
eu + *à* + infinitif (accord), p. 82
excepté (accord), p. 75
fait + infinitif (accord), p. 81
feu (accord), p. 62
fin (accord), p. 62
finale en -**ane** ou -**anne**?, p. 41
finale en -**ant** ou -**ent**?, p. 69
finale en -**ate** ou -**atte**?, p. 42
finale en -**cant** ou -**quant**?, p. 69
finale en -**ète** ou -**ette**?, p. 42
finale en -**gant** ou -**guant**?, p. 69
finale en -**nalisme** ou -**nnalisme**?, p. 29
finale en -**one** ou -**onne**?, p. 42
finale en -**oner** ou -**onner**?, p. 30
finale en -**ote** ou -**otte**?, p. 42
finale en -**quage** ou -**cage**?, p. 28
finale en -**quaire** ou -**caire**?, p. 29
finale en -**tiel** ou -**ciel**?, p. 29
flambant neuf (accord), p. 69
fort (accord), p. 62
foudre (genre), p. 38
fût-ce, p. 74
gens (genre), p. 38
haut (accord), p. 62
hymne (genre), p. 39
l' ou *le* et participe passé (accord), p. 80
l'un et l'autre (accord du verbe), p. 71
l'un ou l'autre (accord du verbe), p. 71
la, là ou *l'a*?, p. 26
laissé + *à* + infinitif (accord), p. 82
laissé + infinitif (accord), p. 81
le mieux (accord), p. 64
le moins (accord), p. 64
le moins (de... possible) [accord], p. 62,
    64
le plus (de... possible) [accord], p. 62, 64
lettres doubles, p. 22, 23, 29, 30 à 33, 40
    à 43
lettres muettes, p. 22, 23

leur ou *leurs* ?, p. 25
majuscule, p. 16, 50
mal (accord), p. 62
même ou *mêmes* ?, p. 65
merci (genre), p. 39
mesuré (accord du participe), p. 79, 80
mille (accord), p. 63
moins de (accord du verbe), p. 73
n'eût été, p. 74
ni l'un ni l'autre (accord du verbe), p. 71
noms composés (pluriel), p. 51 à 54
noms de famille (pluriel), p. 50
noms de fraction et participe passé
  (accord), p. 76
noms d'origine étrangère (pluriel), p. 49
noms qui changent de sens au pluriel,
  p. 46
noms toujours au pluriel, p. 46
non compris, p. 75
notre ou *nôtre* ?, p. 26
nouveau (accord), p. 62
nu (accord), p. 63
œuvre (genre), p. 39
on (accord avec -), p. 59
on a ou *on n'a* ?, p. 26
on ou *ont* ?, p. 26
orgue (genre), p. 39
pâque (genre), p. 39
participe passé des verbes pronominaux
  (accord), p. 82
participe passé suivi d'un infinitif
  (accord), p. 80
participe présent ou adjectif verbal ?, p. 68
participes passés invariables, p. 75, 76, 78
  à 84
pas grand-chose (genre), p. 38
pas moins de (accord du verbe), p. 73
passé (accord du participe), p. 75 à 84
permis + infinitif (accord), p. 81
personne (genre), p. 39
pesé (accord du participe), p. 79, 80
peu de (accord du verbe), p. 73
peu de et participe passé (accord), p. 77
peu importe ou *importent* ?, p. 70
peux, peut ou *peu* ?, p. 26
plein (accord), p. 62
pluriel en **-ails**, **als** ou **-aux** ?, p. 47, 48
pluriel en **-eux** ou **-eus** ?, p. 47
pluriel en **-ous** ou **-oux** ?, p. 47
plus d'un / une (accord du verbe), p. 73
plutôt ou *plus tôt* ?, p. 26
près ou *prêt* ?, p. 26
pris ou *prise* ?, p. 80
pu (accord du participe), p. 80
qu'importe ou *qu'importent* ?, p. 70
quelque, quelques ou *quel... que* ?, p. 65

quelque chose (genre), p. 60
quoique ou *quoi... que* ?, p. 66
reste ou *restent* ?, p. 70
rien (genre), p. 60
s'arroger (accord du participe), p. 82
s'être laissé + infinitif
  (accord du participe), p. 83
se faire, s'être fait + infinitif
  (accord du participe), p. 83
se persuader que
  (accord du participe), p. 83
se rendre compte
  (accord du participe), p. 83
se sourire (accord du participe), p. 84
se succéder (accord du participe), p. 84
se survivre (accord du participe), p. 84
seul à seul (accord), p. 62
si ce n'est (accord), p. 74
soi-disant (accord), p. 69
soit ou *soient* ?, p. 70
sonnant (accord), p. 69
sujet nom de fraction
  (accord du verbe), p. 73
sujets coordonnés par *ni*
  (accord du verbe), p. 71
sujets coordonnés par *ou*
  (accord du verbe), p. 71
sujets juxtaposés (accord du verbe), p. 71
sujets liés par *ainsi que*
  (accord du verbe), p. 71
sujets liés par *aussi bien que*
  (accord du verbe), p. 71
sujets liés par *comme*
  (accord du verbe), p. 71
sujets liés par *de même que*
  (accord du verbe), p. 71
supposé (accord), p. 75
tapant (accord), p. 69
tel (accord), p. 66
tout cela / ceci (accord), p. 74
tout le monde (genre), p. 60
tout variable ou invariable ?, p. 66
toute sorte de (accord du verbe), p. 73
trait d'union, p. 15, 16, 33
tréma, p. 13
trop de (accord du verbe), p. 73
un (adjectif numéral), p. 63
un des... qui (accord du verbe), p. 73, 77
une foule de (accord du verbe), p. 72
une foule de et participe passé
  (accord), p. 76
valu (accord du participe), p. 79, 80
vécu (accord du participe), p. 79, 80
vingt (accord), p. 63
vive ou *vivent* ?, p. 70
voulu + infinitif (accord), p. 81
vu (accord), p. 75
y compris, p. 75
zéro variable ou invariable ?, p. 48

ORTHOGRAPHE D'USAGE

PRONONCIATION ET ORTHOGRAPHE
8

LES SIGNES GRAPHIQUES
AUTRES QUE LES LETTRES
11

LA PONCTUATION
18

LES RÈGLES ORTHOGRAPHIQUES D'USAGE
21

LES HOMONYMES
25

L'ORTHOGRAPHE DES FAMILLES DE MOTS
27

PRONONCIATION ET ORTHOGRAPHE

La prononciation et l'orthographe présentent en français de profondes différences. Alors que la prononciation a évolué et se modifie sans cesse, l'orthographe, depuis deux siècles, ne change que très lentement. L'écart entre l'oral et l'écrit était déjà très important en ancien français (français du Moyen Âge) et il n'a cessé de grandir. Cela explique, par exemple, que le même son -è- puisse être transcrit par -ai- (*raie*), -è- (*très*), -ei- (*pleine*), etc.

LES ÉCARTS ENTRE L'ORAL ET L'ÉCRIT

Il n'y a pas de correspondance systématique entre les sons et les lettres ou groupes de lettres :

— le même son peut être transcrit de plusieurs manières, et on peut avoir alors des homophones (mots de même prononciation et de sens différents) :

sot et *seau, pot* et *peau, mot* et *maux ;*

— une même lettre finale peut être prononcée ou non :

-*t* non prononcé dans *pot*, mais prononcé dans le mot d'origine américaine *hot-dog ;*

-*c* non prononcé dans *broc*, mais prononcé dans *toc ;*

— deux mots de sens différents peuvent avoir la même orthographe, mais des prononciations différentes :

pub (abréviation de «publicité») et *pub* (débit de boissons anglais).

Cette absence de correspondance systématique s'illustre par la différence entre la lecture et la dictée.
La lecture à haute voix est possible sans erreurs majeures parce que les graphies sont plus nombreuses que les sons qu'elles transcrivent et que les règles d'usage concernant les lettres non prononcées sont fondées sur des fréquences élevées.
En revanche, la dictée est rendue difficile pour les raisons inverses : présence de lettres non prononcées, multiplicité des graphies possibles, existence de graphies dites «étymologiques».

REMARQUE L'orthographe d'usage d'un mot simple peut dépendre d'une double relation :

— relation entre la graphie d'un mot et celle d'autres mots de la même famille, avec suffixes et préfixes (voir «L'orthographe des familles de mots») :

norme → **norm**al, a**norm**al, **norm**aliser ;
court → é**court**er, rac**cour**cir, **court**aud ;
partager → dé**partager**, re**partager** ;

— relation entre la graphie et l'histoire du mot, notamment son origine latine, grecque ou germanique (orthographe étymologique) :

âne s'écrit avec un accent circonflexe ; cet accent représente un -**s**-, présent dans la graphie en ancien français, lui-même calqué sur le latin *asinum* ;

hydrogène s'écrit avec un **h**- muet et un -**y**- qui rappellent le grec *hudor*, «eau» (le -**u**- grec a été transcrit -**y**- en français).

LETTRES ET SONS

Les principales correspondances entre sons et graphies sont données dans les tableaux qui suivent.
L'indication des sons figure en alphabet phonétique international.

▓ SONS VOYELLES

	graphies courantes		graphies exceptionnelles	
[a]	a, à	*papa, patte, à, çà, là*	enn, emm, ea, ha	*solennel, femme, Jeanne, habiter*
[ɑ]	a, â	*pas, pâte*	hâ	*hâte*
[e]	e, é	*pré, poignée, messieurs, pied*	ay, œ, æ, ey, er, ez, ë, hé	*payer, fœtus, œcuménisme, et cætera, ægosome, dreyfusard, manger, nez, canoë, hébreu*
[ɛ]	e, è, ê, ai, ei, aî	*rester, bec, belle, près, bêle, être, chaire, pleine, chaîne*	ë, eî, ay, ey, he	*foëne, reître, paye ayant, asseyent, bey, herbe*
[i]	i, î, y, ï	*il, gîte, type, cycle, maïs*	hi, ee, ea, ie, hy	*trahir, speech, week-end, leader, lied, hymen*
[o]	o, ô, au, eau	*sot, rose, côte, aujourd'hui, oiseau*	aô, ho, a, ow, aw	*Saône, cahot, football, bungalow, crawl*
[ɔ]	o	*sotte, bosse, or*	oi, um, au, ho	*oignon, magnum, Paul, horizon*
[y]	u, û, ü	*tu, mur, mûr, Saül*	hu, eu	*cahute, eu, j'eusse*
[ø]	eu, œu, eû	*feu, émeute, œufs, jeûne*	œ, ö	*fœhn, föhn*
[œ]	eu, œu, œ	*fleur, œuf, sœur, œil*	(c)ue, u, heu	*cueillir, club, heure*
[ə]	e	*venir, tenon, retenir*	ai, on	*faisan, monsieur*
[u]	ou, oû	*fou, échouer, goût*	aou, aoû, où, ew, oo, ow, hou	*saoul, août, où, interview, footing, bowling, houblon*
[ã]	an, am, en, em	*an, lampe, enlever, embellir*	aon, aen, aën, ean, han, ham	*paon, taon, Caen, Saint-Saëns, Jean, hanter, hampe*
[ɛ̃]	in, im, ain, aim, en, ein	*fin, impossible, sain, faim, chien, examen, paracentèse, plein*	yn, ym, în, ën, em, hin	*lynx, thym, vînt, Samoëns, sempiternel, hindou*
[ɔ̃]	on, om	*son, sombre*	un, hon	*unciforme, avunculaire, honteux*
[œ̃]	un, um	*un, brun, parfum*	eun, hum	*à jeun, humble*

9

▓ SONS SEMI-VOYELLES

	graphies courantes		graphies exceptionnelles	
[j]	il, ille, y, i + voyelle	rail, paille, yeux, payer, nettoyer, appuyer, lieu, liane, lionne	ï, hi, hy	faïence, hier, hyène
[w] + [a] [ɛ] [i] [ɛ̃]	oi, ou, w, wh, oin	oiseau, oui, ouest, ouate, watt, whisky, moins	oî, oe, oê, oy, eoi, ua	cloître, moelle, poêle, royal, asseoir, adéquat, desquamer
[ɥ] + voyelle	u	lui, linguiste, aiguille, sua, buée	hu	huile, huître

▓ SONS CONSONNES

	graphies courantes		graphies exceptionnelles	
[p]	p	pas, pou, pont	b	absolu, abscons
[b]	b	bas, bout, bon		
[t]	t	tas, tout, ton	th	théâtre
[d]	d	dada, doux, don		
[k]	c (sauf devant e, i, y), qu, k, q, ch	car, cou, cœur, cube, clameur, qui, que, quoi, kilo, coq, chœur, orchestre, chianti, chrétien	cq, kh, cch, cu (devant e)	becquée, khan, bacchante, cueillette
[g]	g (sauf devant e, i, y), gu (devant e, i, y)	gare, gosse, grand, gnome, guet, gui, Guy	gh, c	ghetto, second
[f]	f, ph	faire, fou, fond, phare, pharmacie	v	cocktail Molotov
[v]	v	avoir, vous, vont	w	wagon, wagnérien
[s]	s, ss, c (devant e, i, y), ç (devant a, o, u), sc, t (+ i devant voyelle)	sac, sec, assis, cent, cinq, cycle, ça, leçon, reçu, ascenseur, nation, patience	sth, z, x	asthme, quartz, dix
[z]	s (entre voyelles), z	rose, zèbre	x	deuxième
[ks]	x, cc (devant e, i)	extraordinaire, accepter, accident		
[gz]	x	examen	xh	exhaler
[ʃ]	ch	chat, chou, cher	sh, sch	shampooing, shah, schéma
[ʒ]	j, g (devant e, i, y), ge (devant a, o, u)	jeu, joue, jonc, mange, gibier, gypse, mangea, Georges		
[l]	l	la, les, lit, loup		
[r]	r	rat, ré, rond	rh	rhume
[m]	m	mon, ma, maman		
[n]	n	non, ni, ne		
[ɲ]	gn	rognon, montagne		

LES SIGNES GRAPHIQUES AUTRES QUE LES LETTRES

Les signes graphiques autres que les lettres (ils sont appelés «signes diacritiques» quand ils viennent s'adjoindre à une lettre, comme un accent ou une cédille) jouent un rôle important :
● soit pour indiquer la prononciation ;
● soit pour distinguer des mots homonymes.

LES ACCENTS

Les accents, qui se mettent sur les voyelles, sont au nombre de trois : l'accent aigu, l'accent grave et l'accent circonflexe.

LES ACCENTS AIGU ET GRAVE

L'accent aigu sur le -e- (-é-) note le son fermé [e], l'accent grave sur le -e- (-è-) note le son -è- ouvert [ɛ] :

élan, fée, appétit, compléter, cédé représentent des -é- fermés ;

pèle, cède, achète, abrège représentent des -è- ouverts.

Toutefois, l'évolution des sons en français et les différences entre les régions font qu'il est difficile de se fier à la seule prononciation ; il s'agit seulement d'une indication générale. Ainsi l'accent aigu ou grave note le même son dans :

règlement et *réglementation.*

REMARQUES
1. Quand un mot se termine par -s au singulier (prononcé ou non), on met toujours l'accent grave sur le -e- qui précède :

accès, après, congrès, faciès, herpès, procès, succès.

2. Il n'y a pas d'accent sur le -e- dans les cas suivants, que la prononciation soit -é- fermé ou -è- ouvert :

— devant une consonne finale (sauf -s) ou un groupe de consonnes en fin de mot :

nez, aimer, mer, pied, grec, serf, levez, et, effet ;

— à l'intérieur d'un mot devant un groupe de consonnes ou une consonne double :

belle, festin, mettre, interpelle, acquiescer ;

sauf si la deuxième consonne du groupe est -r- ou -l- :

trèfle, lèvre.

3. Il n'y a pas d'accent sur certains noms propres et sur des mots latins, malgré la prononciation, mais l'accent apparaît dans les dérivés :

Guatemala → *guatémaltèque* ; *Élisabeth* → *élisabéthain* ;
Hegel → *hégélien* ; *a posteriori* → *apostériorisme*.

4. L'accent grave sert à distinguer certains homonymes :
à (préposition), *a* (du verbe «avoir»).

ATTENTION
Les erreurs sont alors fréquentes ; il faut se souvenir que :

déjà, voilà, çà (adverbe), *là* (adverbe) ont un accent sur le *-a* final ;
cela, ça (démonstratif), *la* (article et pronom) n'ont pas d'accent.

L'ACCENT CIRCONFLEXE
L'accent circonflexe a des origines diverses : il remplace un -**s**- qui figurait dans la graphie ancienne d'un mot, ou transcrit une ancienne prononciation allongée de certaines voyelles. Environ 2 000 mots s'écrivent avec un accent circonflexe, par exemple :

âne, allô, hôpital, hôtel.

● L'accent circonflexe se trouve dans certaines formes verbales.

— À la 3ᵉ personne du singulier du subjonctif imparfait, qui se différencie ainsi de la 3ᵉ personne du singulier de l'indicatif passé simple :

Qu'il fût innocent, je l'ai pensé un moment (subjonctif imparfait).
Il fut couronné empereur à Paris (passé simple).

EXCEPTIONS
Les verbes «haïr» et «ouïr» gardent toujours le tréma.

— Aux 1ʳᵉ et 2ᵉ personnes du pluriel de l'indicatif passé simple :

nous aimâmes, nous partîmes, nous courûmes ;
vous aimâtes, vous partîtes, vous courûtes.

— À la 3ᵉ personne du singulier de l'indicatif présent des verbes en -**aître** et en -**oître** :

il croît, de «croître» (s'opposant à *il croit*, de «croire») ;
il apparaît, de «apparaître».

— À la 3ᵉ personne du singulier de l'indicatif présent des verbes «plaire», «déplaire», «complaire» :

il déplaît, il plaît, il se complaît.

— Aux participes passés masculins singuliers des verbes «croître», «mouvoir», «devoir» et «recroître» :

crû (mais *crue, crus, crues*), de «croître», mais *accru* de «accroître» ;
mû (mais *mue, mus, mues*), de «mouvoir», mais *ému* de «émouvoir» ;
dû (mais *due, dus, dues*), de «devoir», mais *indu* ;
recrû (mais *recrue, recrus, recrues*), de «recroître», mais *décru* de «décroître».

● Il distingue certains suffixes : le suffixe -**âtre** (atténué, affadi) est distinct du suffixe -**atre** (médecin) :

verdâtre, rougeâtre, jaunâtre, bellâtre ;
psychiatre, gériatre, pédiatre.

● Il distingue des homonymes :

hâler (= brunir) / *haler* (= tirer) ;
tâche (= travail) / *tache* (= saleté) ;
rôder (= errer) / *roder* (= user) ;
pêcheur (de pêche) / *pécheur* (de péché) ;
notre, votre (adjectifs possessifs) / *nôtre, vôtre* (pronoms) :
*Vous avez retrouvé **votre** bagage ; nous n'avons pas vu **le nôtre**.*

● Il indique la prononciation de -**u**- dans *piqûre* (dérivé de «piquer») devant consonne et après -**q**-.

REMARQUE Généralement l'accent circonflexe se retrouve sur tous les mots de la même famille : *gâche* → *gâchette* ; *mâcher* → *mâchoire, mâchonner*.
Mais ce n'est pas toujours vrai :

arôme / aromate	fantôme / fantomatique	polynôme / polynomial
crête / crétage	grâce / gracieux	râteau / ratisser
disgrâce / disgracieux	infâme / infamie	sûr / assurer
drôle / drolatique	jeûner / déjeuner	symptôme / symptomatique
extrême / extrémité	pôle / polaire	tâter / tatillon

LE TRÉMA

Le tréma est un signe graphique qui se met sur une voyelle pour indiquer que la voyelle précédente est prononcée séparément :

haïr [a-ir], *canoë* [kano-e], *égoïste* [ego-ist], *Saül, archaïsme, caraïbe.*

Le tréma se place :

— sur le -**i**- après un -**gu**- ; il indique alors qu'on doit prononcer le -**u**- :

*ambigu**ï**té, exigu**ï**té, contigu**ï**té* (différents de *aguicher, aiguiser,* etc.) ;

— sur le -**e**- muet final ; il indique alors que le -**u**- qui précède doit seul être prononcé (le -**e**- lui-même ne se prononce pas) :

*aigu / aigu**ë**, j'argu**ë**, cigu**ë*** sont différents de *aigue* (dans *aigue-marine*), *je nargue, figue,* etc. ;

— sur le -**i**- entre voyelles ; il indique alors qu'il doit être prononcé [j], la voyelle précédente étant prononcée séparément :

aïeul [ajœl], *baïonnette* [bajɔnɛt], *glaïeul* [glajœl], *paranoïa* [paranɔja].

Le tréma, qui concerne plus de 1 000 mots, est particulier à certains suffixes savants, par exemple -**oïde** comme dans *astéroïde*.

ATTENTION
● Lorsque les suffixes -**ique**, -**ite**, -**ide**, -**ité** s'ajoutent à un mot de base terminé par une voyelle, ils prennent un tréma :

voltaïque (Volta + -**ique**), *exiguïté* (exigu + -**ité**).

● Il y a des mots où les voyelles successives doivent se prononcer séparément et qui n'ont pourtant pas de tréma : *Noé, paella, coefficient, canoéiste* (mais *canoë*). Inversement, le nom propre *Staël* se prononce [stal].

La cédille

La cédille se place sous le -**c**- devant -**a**-, -**o**-, -**u**- pour transcrire le son [s] ; sans la cédille, le -**c**- placé devant ces voyelles transcrit le son [k] :

> il avan**ça** / il **ca**pota ; nous avan**çons** / nous ra**con**tons ; un aper**çu** / elle re**cu**la.

L'apostrophe et l'élision

L'apostrophe indique une élision, c'est-à-dire la suppression de la voyelle finale -**a** ou -**e** dans un certain nombre de mots, quand ceux-ci précèdent un mot commençant par une voyelle ou un **h**- muet :

> C'est elle que **j'**aime. **L'**horreur d'une profonde nuit.

Quels sont les mots qui peuvent être élidés ?

● **Le, la, me, te, se, je, ne** et **ce** (pronoms, articles ou déterminants) : le spectateur / l'auditeur, l'écran, l'oubli, l'habit, l'œuf ; je le vois / je l'ai vu ; la fermeture / l'ouverture, l'écoute, l'humanité, l'action ; je me promène / je m'amuse, donne-m'en ; il te voit / il t'a vu ; il s'en est aperçu ; j'adore ; ce n'est rien / c'est toi ; c'en est fait de lui.

● **De** et **jusque** (prépositions) : venir de Lyon jusque dans le sud de l'Espagne / venir d'Afrique jusqu'à Paris ; d'Espagne, d'Uruguay, d'outre-mer ; jusqu'ici, jusqu'où, jusqu'à, jusqu'au-boutiste.

● **Que** (conjonction) : Je pense que tout va bien / Je pense qu'après ça tout ira bien. Je crois qu'il sera des nôtres, qu'on la verra, qu'une dépêche est arrivée. Quelle qu'ait été ton ambition...

● **Lorsque, parce que, puisque, quoique** (conjonctions ou locutions conjonctives) s'élident devant «il/s», «elle/s», «on», «un/e» (article) : puisqu'il le dit mais puisque après tout il le dit ; quoiqu'il fût en danger mais quoique en danger.

ATTENTION
Parce que s'élide aussi devant «à» : parce qu'à toi je peux le dire.
Puisque s'élide aussi devant «en» : puisqu'en partant...
Lorsque peut s'élider devant «en» : lorsqu'en 1789...

● **Presque** et **quelque** (adverbes) ne s'élident pas, sauf dans «presqu'île», «quelqu'un», «quelqu'une» : Il est presque une heure. Le jambon reste presque en entier ; quelque impatient qu'il soit ; c'est de quelque importance.

● **Si** (conjonction) s'élide devant «il/s» : s'il pense que tout va bien...

● **Entre** (préposition) ne s'élide pas : entre eux ; entre Arles et Marseille ; sauf comme préfixe dans quelques verbes composés : «entr'apercevoir», «s'entr'aimer», «s'entr'égorger».

REMARQUE Certains mots composés s'écrivent avec une apostrophe interne qui remplace un -**e**- disparu : prud'homme, aujourd'hui.

L'élision ne se fait pas devant :

● un **h**- aspiré : le Hollandais ; la Hollandaise ; un regard de haine ;

● **un** (comme nom numéral), **oui, huit, uhlan, énième, onze, ululer** : *de un à cinq ; prononcer le oui d'une voix hésitante ; de huit jours en huit jours ; la énième fois ; puisque onze suffisent...* ;

● les mots d'origine étrangère commençant par **y**- : *le yaourt ; le Yémen* ; mais elle se fait devant les mots français : *l'yeuse ; l'Yser* ;

● les mots cités : *Le terme de «aveu» me gêne.*

L'élision est facultative devant **ouate** et **ouistiti**, et la dénomination d'une lettre isolée : *une bande de ouate* (ou *d'ouate*). *Le «a» est lisible* (ou *L'«a» est lisible*).

LE TRAIT D'UNION DANS LES MOTS COMPOSÉS

Le trait d'union unit les termes qui constituent un mot composé. Les termes ainsi réunis par un trait d'union forment un tout, ayant son sens propre :

chou-navet, chou-rave, chou-palmiste, chou-fleur désignent des plantes qui sont différentes ;
porte-drapeau, porte-bouteilles, porte-documents désignent soit des personnes, soit des objets dont la fonction est de porter ou de pouvoir porter tel ou tel objet.

REMARQUES
1. Beaucoup de mots composés n'ont pas de trait d'union : *chou de Bruxelles, chou pommé, pomme de terre.*
Les deux termes peuvent être accolés : *portefeuille, portemanteau, entrepont.*
Certains mots composés peuvent ou non prendre un trait d'union : *compte rendu* ou *compte-rendu ; compte-chèques* ou *compte chèques.*

2. Le trait d'union est annulé par l'apostrophe : *pied-de-biche / pied-d'alouette.*

3. Les termes qui entrent dans les mots composés avec trait d'union peuvent être :
— des préfixes : il y a un trait d'union avec **demi-**, **semi-**, **non**, **après**, **arrière**, **avant**, **ex**- (= anciennement), **mi**-, **sous**, **quasi**- (devant les noms seulement) ; il n'y a pas de trait d'union avec «anti», «post», «pré», «sur», «supra», etc. (sauf pour éviter des difficultés de lecture : «anti-» suivi de **-i**-) : *après-ski ; antichar* (mais *anti-inflammatoire*) ; *supranationalité ; ex-ministre ; demi-heure ; quasi-délit ; non-alignement ; semi-clandestin ; avant-garde ;*
— des abréviations ou des éléments terminés par **-o** ; il y a ainsi un trait d'union dans les mots composés ethniques : *latino-américain, italo-celtique, afro-asiatique*, mais non dans les autres types de composés : *eurodollar, euromarché, francophonie*, ou les composés scientifiques : *thermonucléaire*, sauf en médecine lorsque deux organes sont concernés (le trait d'union équivaut alors à «et») : *broncho-pneumonie.*

4. Les locutions adverbiales, adjectives (sans trait d'union) prennent le trait d'union quand elles sont employées comme noms : *tomber à pic / un à-pic ; avoir un pied bot / un pied-bot.*

5. **Ci** et **là** en composition avec des noms précédés d'un démonstratif, avec des adverbes et des participes sont liés par un trait d'union au nom, à l'adverbe ou au participe : *ce crayon-ci ; cette cravate-là ; ci-dessus ; là-dessus ; là-dedans ; là-dessous ; ci-joint ; ci-inclus.*

6. Les composés de **dessus, dessous, dedans, dehors, devant, derrière**, et des prépositions «au» et «par», ont un trait d'union : *au-dessous, par-devant, par-derrière, au-devant* ; mais il n'y a pas de trait d'union avec la préposition «en» : *en dessous.*

7. Les noms propres composés désignant des lieux (pays, rues, places) ont un trait d'union entre les divers éléments qui les composent, du moins dans la langue administrative : *rue Notre-Dame-des-Champs ; avenue des Filles-du-Calvaire, les Champs-Élysées ; place du Dix-Huit-Juin* (ou *du 18-Juin*).
Toutefois, dans l'écriture courante, on en constate souvent l'absence.

8. Les adjectifs numéraux composés inférieurs à «cent» (et «centième») ont un trait d'union s'ils ne sont pas réunis par la conjonction «et» : *quatre-vingts, quatre-vingtième ; dix-neuf ; dix-neuvième* ; mais *vingt et un ; vingt et unième.*

ATTENTION
«Cent» et «mille» ne sont pas liés par un trait d'union : *deux cents ; cent dix ; cent dixième ; mille deux.*

Le trait d'union dans les formes verbales

Les pronoms personnels placés après le verbe dans les inversions, dans les impératifs, sont liés au verbe par un trait d'union : *Dites-**le-moi**. Dites-**moi** la vérité. Puissiez-**vous** le connaître. Je viendrai, **dis-je**. Rendez-**les-nous**. Donne-**lui-en**. Va-**t'**en. Fiez-**vous-y**.*

REMARQUES
1. Si le pronom est complément d'un infinitif qui suit, il n'y a pas de trait d'union : *Va le chercher. Laisse-la le prendre.*

2. Le **-t-** dit «euphonique» (qui évite les hiatus) est séparé du verbe et du pronom par des traits d'union : *A-**t**-on pu le joindre ? Qu'y a-**t**-il ? Voilà-**t**-il pas qu'il arrive !*

3. **Même** est lié au pronom qui précède par un trait d'union : *nous-mêmes ; lui-même ; eux-mêmes.*

La majuscule

● Quelle que soit leur place dans une phrase, les noms prennent la majuscule quand il s'agit de :

— noms propres désignant des personnes, des localités, des pays, des peuples, des familles : *Marie, Dupont, Bruxelles, le Sénégal, l'Allemagne, les Bantous ; les Bourbons, l'Orient, l'Extrême-Orient ; une Française, un Ivoirien, un Canadien ;*

— noms désignant des divinités, des personnages de la mythologie, un Dieu unique, des abstractions personnifiées : *Junon, Vénus, Dieu, l'Éternel, le Messie, la Providence, la Justice, l'Être suprême* ; cette règle s'applique également dans les mots composés : *oreille-de-**J**udas* (champignon), *œil-du-**C**hrist* (plante), *prie-**D**ieu ;*

— noms désignant les étoiles, les constellations, les planètes, dans la langue scientifique : *l'étoile du **B**erger, la planète **T**erre, le **S**oleil, la **L**une.* Mais «terre», «lune», «soleil» ne prennent pas la majuscule dans l'usage courant : *travailler la terre ; clair de lune ; une place au soleil ;*

— noms des points cardinaux, de même que «centre» et «midi» quand ils désignent une région, un lieu géographique ou leur population : *le département du Nord ; l'Est européen ; l'Afrique du Sud ; partir en vacances dans le Midi.* Mais ils ne prennent pas la majuscule quand ils situent un lieu, indiquent une direction, etc. : *Cette ville est dans l'est de la France ; à l'ouest de Montréal ;*

— noms désignant des institutions, des sociétés savantes ou sportives, etc., des événements historiques notables, des fêtes : *l'**A**ssemblée nationale ; le ministère de la **D**éfense ; l'**É**cole centrale ; la **R**estauration ; la **R**évolution française ; la **R**éforme ; **P**âques ; **A**ïd-el-**K**ébir ;*

— titres d'ouvrages : *les **F**leurs du mal ; la **C**hartreuse de Parme ;*

— titres honorifiques ou de dignité et des appellatifs comportant ce titre : *S**on **A**ltesse ; **M**onsieur le **P**réfet.*

● Les adjectifs ne prennent pas la majuscule, sauf quand :

— ils forment avec le nom de région, d'institution, etc., un mot composé avec trait d'union : *la Comédie-Française, les États-Unis, Saint-Cloud ;*

— ils précèdent un nom dans un titre d'ouvrage (sans trait d'union) : *la **D**ivine Comédie ;*

— ils entrent dans la dénomination d'un lieu géographique : *l'océan **A**tlantique, le lac **M**ajeur ;*

— ils indiquent le surnom d'un personnage (avec l'article) : *Charles le **T**éméraire, Jean le **B**on, Louis le **G**ros.*

● Les mots dérivés de noms de pays, de régions, de villes, etc., prennent une majuscule quand ils désignent des personnes, mais une minuscule quand ce sont des adjectifs ou des noms de langue (voir aussi p. 189) : *les **P**arisiens / les théâtres **p**arisiens ; les **A**rabes / le pétrole **a**rabe ; une **A**nglaise / écrire en **a**nglaise ; les **B**ruxellois / la pâtisserie **b**ruxelloise ; les **S**uisses / les cantons **s**uisses ; les **Q**uébécois / la chanson **q**uébécoise.*

● Le mot initial d'un texte ou d'une phrase, après un point, prend toujours une majuscule (voir chapitre suivant).

LA PONCTUATION

La ponctuation aide à la compréhension des textes écrits ou imprimés ; elle permet :
• de séparer, pour des besoins de clarté, les phrases entre elles, en distinguant certaines propositions relatives ou circonstancielles par des points, des points-virgules, des virgules, des deux-points ;
• d'indiquer les nuances de la pensée de la personne qui écrit par des parenthèses, des points de suspension, des guillemets ;
• de citer des textes encadrés de guillemets, de transcrire des dialogues, des intonations au moyen de tirets, de guillemets, de points d'interrogation ou d'exclamation.

LES SIGNES
QUI ORGANISENT LA PHRASE

• **Le point** marque la fin d'une phrase et sépare ainsi les suites de phrases dans un texte ; le mot qui le suit commence toujours par une majuscule :

Paul est rentré hier soir. Il est reparti ce matin très tôt.

REMARQUE L'alinéa, dans un texte écrit, marque la fin d'un paragraphe, c'est-à-dire le début d'une nouvelle idée.
L'alinéa se traduit par le passage à la ligne suivante, en décalant souvent, dans l'écriture, le début de la phrase par rapport à la marge.

• **Le point-virgule** sépare deux phrases quand la seconde est liée à la première, dont elle exprime un aspect, un détail, une explication ; le mot qui le suit commence par une minuscule :

Paul est rentré tard hier soir ; il était très fatigué.

• **La virgule** sépare des mots, des groupes de mots, des propositions à l'intérieur d'une phrase, pour les besoins du sens ou pour des raisons de clarté.
Dans une énumération, elle permet de juxtaposer plusieurs éléments de même fonction :

Elles ont cueilli des coquelicots, des marguerites, des bleuets et des feuillages.
C.O.D. juxtaposés, liés par des virgules

Elle peut aussi servir à isoler un élément :

*Paul, **qui est rentré tard hier soir,** était très fatigué :* relative mise en apposition ;
*Paul, **fatigué,** est rentré tard :* adjectif mis en apposition ;
*Paul, **dit-elle,** est rentré tard hier soir :* proposition mise en incise ;
***Paul,** peux-tu venir ? :* apostrophe.

18

REMARQUE Dans ce type de cas, l'emploi de la virgule est obligatoire. Il est facultatif après une relative qui complète le sens d'un groupe nominal : *Le garçon qui a livré le paquet hier matin chez la voisine, était très jeune* (dans une telle phrase, la relative n'est jamais placée entre deux virgules).

● **Le deux-points** indique qu'une explication va être donnée :

> *Paul est allé se coucher dès son arrivée : il était fatigué.*

Il peut annoncer une conséquence :

> *Paul était très fatigué : il est allé se coucher tôt.*

Il introduit aussi le début d'une citation dans un discours ; dans ce cas, le premier mot de la citation prend une majuscule :

> *Paul s'écria : «Fais attention au précipice !»*

LES SIGNES

QUI TRADUISENT L'INTONATION

● **Le point d'interrogation** se place en fin de phrase pour exprimer une question directe ; il est la marque de l'intonation interrogative en langue parlée :

> *Paul demanda : «Qui est venu ce matin ?»*

REMARQUE Quand le point d'interrogation termine une phrase, la phrase qui suit commence par une majuscule. Quand l'interrogation est partielle et se poursuit, il n'y a pas de majuscule : *Que veux-tu ? du fromage ? un dessert ?*

● **Le point d'exclamation** s'emploie après les interjections ou les phrases exprimant un sentiment vif :

> *Paul s'écria : «Hélas ! Il a eu un accident.»*
> *Quel grand malheur que cet accident !*

LES AUTRES SIGNES

● **Les guillemets** se mettent au commencement et à la fin de textes ou de mots que l'on cite ou dont on ne prend pas la responsabilité :

> *«Tu es un imbécile». Ce sont les mots exacts dont il s'est servi.*
> *Crois-tu que «imbécile» soit le mot exact ?*

● **Les parenthèses** indiquent une réflexion accessoire, une explication secondaire :

> *Paul (qui se plaisait à des remarques inutiles) s'écria : «Fais attention !»*

● **Le tiret** indique le début d'un dialogue, le changement d'interlocuteur ou joue le même rôle que les parenthèses :

> *«Viendrez-vous demain ? — Ça m'est impossible. — Alors lundi ?»*
> *Il se disait fatigué — en réalité, il n'avait pas envie de parler — et se mit à bricoler.*

● **Les points de suspension** indiquent l'inachèvement de la phrase ou de la pensée (volontaire ou non), une suggestion qui n'est pas exprimée totalement :

On viendra dimanche si le temps...

REMARQUE Les points de suspension peuvent avoir le sens de «etc.» dans une énumération : *Elles ont cueilli des coquelicots, des marguerites, des bleuets...* Ajouter des points de suspension après «etc.» revient à faire un pléonasme.

● **Le tiret de coupe de mot** en fin de ligne écrite ou imprimée : quand, en fin de ligne, on ne peut écrire un mot dans sa totalité, on est alors conduit à le couper ; cette coupe est signalée par un trait d'union.
La coupe doit se faire uniquement à la fin d'une syllabe ; il s'agit donc de la délimiter : elle est formée de voyelle + consonne, consonne + voyelle, consonne + voyelle + consonne, etc. :

ha-bit, har-di, im-po-tent, sus-pen-sion.

On doit pouvoir prononcer séparément chaque syllabe sans déformation : *il-li-mi-té.*
Une coupe sépare donc les doubles consonnes : *re-gret-ter* ; mais on ne peut pas isoler les consonnes dont le deuxième élément est un -**l**- ou un -**r**- après -**b**-, -**f**-, -**g**-, -**p**, -**t**, -**v**- :

agran-dir, étren-ner, dé-blo-quer (et non **ag-randir*, etc.).

Par convention, lorsque la syllabe se termine par un -**e**- muet, elle ne peut être coupée de la précédente ; on écrira donc :

in-tradui-sible, in-franchis-sable (et non **in-traduisi-ble*).

REMARQUE En général, une coupe respecte les éléments d'un mot dérivé ; par exemple, les coupes possibles pour *intraduisible* viennent après le préfixe **in**-, ou après préfixe + radical (**intradui**-) pour rejeter la syllabe finale -**sible** à la ligne suivante.

LES RÈGLES ORTHOGRAPHIQUES D'USAGE

Les règles d'usage intéressent certaines lettres et leur position dans le mot ; elles n'ont qu'une valeur de fréquence, et les exceptions sont parfois nombreuses. En dehors de la consultation du dictionnaire, la recherche de mots de la même famille peut aider, par exemple, à écrire la consonne finale d'un mot.

USAGES DE BASE

En plus de la cédille qui permet de donner le son doux [s] à la lettre -c- devant -a-, -o- et -u-, il existe d'autres règles d'écriture des mots.

● **La lettre -q-** est toujours suivie de -u- à l'intérieur et à l'initiale des mots :

*qu*e, *qu*icon*qu*e, ac*qu*is, en*qu*ête mais *coq.*

EXCEPTIONS
Dans les mots arabes récemment introduits, -**q**- n'est pas suivi de -**u**- : *iraqien, qat, qatari.*

● **La lettre -g-** est toujours suivie de -u- pour indiquer le son dur [g] devant -e- ou -i- :

*gué*rir, *gui*, *gue*rre, *gui*tare, fati*guer.*

Devant -**a**-, -**o**-, -**u**-, -**g**- n'a pas besoin de -**u**- pour avoir le son dur :

*ga*re, *go*nd, dé*go*ûter, é*ga*rer, *Gu*stave.

EXCEPTIONS
Les verbes en -**guer** gardent le -**u**- même devant -**a**- et -**o**- : *nous navi*gu*ons ; en se fati*gu*ant.*

La lettre -**g**- est suivie de -**e**- (sans accent) pour indiquer le son doux [j] devant -**a**- ou -**o**- :

un *gea*i, elle man*gea*it, nous man*geo*ns.

Devant -**é**-, -**g**- seul suffit à marquer le son doux :

*gé*ant, *gé*ode.

● **La lettre -n-** devient -m- devant -b-, -m-, -p- ; elle devient -r- devant -r- et -l- devant -l- :

i*mb*attable, i*mm*émorial, i*mp*otent, i*rr*éel, i*ll*isible.

EXCEPTIONS
Bonbon, bonbonne, bonbonnière, sainbois, nonpareil, monbazillac, embonpoint, inlassable, inracontable, néanmoins.

● **La lettre -s-**, à l'initiale et après une consonne, a le son sifflant [s] ; elle a le son [z] entre deux voyelles. Le redoublement du **-s-** entre voyelles permet de conserver le son sifflant :

asseoir, assister, dessaler.

REMARQUE Cette règle n'est pas toujours observée dans les mots construits avec le préfixe **re-** : resaler, resauter, resurgir.

● **La lettre -p-** devant **-t-** se prononce à l'initiale d'un mot (comme dans ptérodactyle), mais ne se prononce pas à l'intérieur ou à la finale d'un mot (avec des exceptions dans la langue familière) :

baptiser, compter, dompter, sculpture.

REMARQUE Les deux consonnes finales sont muettes dans exempt et prompt mais, dans les dérivés, le **-p-** peut se prononcer : exempter, promptitude.

LES LETTRES FINALES

LES CONSONNES

● Les consonnes finales **-d**, **-t**, **-s**, **-x**, **-z** après une voyelle ou une consonne simple ne se prononcent généralement pas :

chauffard, elle voit, tu aimes, amas, pont, bond, nez, doux, pied, nigaud, froid, crapaud, nœud, nord, réchaud ;

sauf dans les mots suivants :

accessit, aconit, azimut, basket, baroud, bled, apartheid, black-out, djihad, lied, Ozalid, raid, scout, tweed, est, ouest, sud, os, albinos, foot, cosmos, hot-dog, codex, cortex, relax, max, fez.

Les consonnes finales **-b**, **-c**, **-f**, **-g**, **-k**, **-l** après une voyelle se prononcent :

nabab, bec, veuf, tag, kapok, fol, col, pal ;

sauf dans quelques mots :

broc, croc, cul, fusil, outil, persil.

Ces consonnes muettes réapparaissent

— dans les dérivés :

bond→ bondir ; budget→ budgétivore, budgétaire, budgéter ; amas→ amasser ; outil → outillage ; pied → pédestre, piédestal ;

— quelquefois, dans les liaisons :

dos à dos, après avoir vu, tant et plus.

REMARQUE Il y a parfois une tendance à prononcer le -t final : but prononcé [byt] ou [by] ; soit prononcé [swa] quand il signifie «ou bien» et [swat] quand il marque une approbation.

● La finale **-ct** se prononce dans :

tact, contact, direct, district, impact, tract, verdict ;

mais ne se prononce pas (avec conservation du son [ɛ]) dans :

aspect, instinct, respect, suspect.

La prononciation des consonnes -**ct** réapparaît dans les dérivés :

*aspec**t**uel, instinc**t**if, respec**t**ueux, suspec**t**er.*

● La consonne finale -**r** ne se prononce pas dans les infinitifs des verbes, mais se prononce à la fin des noms et adjectifs :

*accepte**r**, se fie**r*** mais *fier* (= orgueilleux), *me**r**.*

● La consonne finale -**n** forme avec la voyelle précédente une voyelle nasale (comme à l'intérieur des mots) :

*aucu**n**, chacu**n**, alu**n**, bo**n**, so**n**, u**n**, mai**n**, pa**n** ;*

mais le -**n** se prononce séparément dans certains mots d'origine étrangère :

*ame**n**, hooliga**n**, chama**n**, gentlema**n**, lume**n**.*

● La consonne finale -**m** se prononce après -**u**- (mots en -**um**, -**ium**) :

*albu**m**, auditoriu**m**, aluminiu**m** ;*

mais elle forme une voyelle nasale avec d'autres voyelles :

*créno**m**, no**m**, essai**m**, thy**m**.*

▬ LES VOYELLES

● La voyelle finale -**e** après voyelle ne se prononce pas :

*tai**e**, bé**e**, li**e**, il su**e**.*

REMARQUE Anciennement, ce -**e** muet pouvait indiquer l'allongement de la voyelle précédente : *amie.*

● Quand le -**e** muet final suit une consonne, il indique que cette consonne se prononce :

*vi**te**, rapi**de**, bal**le**.*

● Les autres voyelles finales se prononcent et ne présentent donc pas de difficulté orthographique :

alinéa, opéra, il chanta, pari, piano, vêtu.

LES LETTRES INITIALES ET INTÉRIEURES

▬ REDOUBLEMENT DES LETTRES

● On redouble le -**r**-, le -**m**- et le -**l**- après l'initiale **i**- :

*i**rr**iter, i**mm**ense, i**ll**imité.*

EXCEPTIONS

île, îlot, image, imaginer, imiter, irascible, ironique, iris, Iran.

● On redouble le -**m**- après la syllabe initiale **com**- suivie d'un son voyelle :

*co**mm**ander, co**mm**ettre, co**mm**union, co**mm**une, co**mm**isération.*

EXCEPTIONS

coma, comédie, comédien, comique, comète, comestible, comice.

▩ LA LETTRE -H-

La lettre -**h**- ne se prononce pas, mais elle joue un rôle important dans l'écriture et la lecture.

■ à l'initiale

À l'initiale, le **h**- joue un rôle différent selon qu'il est dit «muet» ou «aspiré».

● **Le h- muet** ne se prononce pas, et appartient à l'image graphique du mot ; ainsi, les mots qui s'élident habituellement devant voyelle s'élident devant le groupe **h**- muet + voyelle et permettent ainsi la liaison entre les mots :

l'herbe, l'hiver, l'heure, l'humeur.

● **Le h- aspiré** ne se prononce pas, mais empêche l'élision et la liaison :

la honte, la horde, le haut, la hâte.

Comment reconnaît-on le **h**- muet du **h**- aspiré ? Dans les dictionnaires, à la lettre **H**, on indique par une marque particulière (souvent l'astérisque), devant le mot, s'il s'agit du **h**- aspiré (le **h**- muet n'étant précédé d'aucune marque). La différence est due à l'origine du mot (étymologie) :

— les mots d'origine anglaise ou allemande et les interjections ont généralement un **h**- aspiré à l'initiale :

harde, hagard, handball, héler, hit-parade, hobereau, hein.

REMARQUE Le mot a pu être influencé par le germanique à l'origine : *haut ;*

— les mots d'origine latine ou grecque ont un **h**- muet :

habile, homme, histoire, horreur, humus, hydrogène.

ATTENTION
Dans la langue familière, certaines confusions peuvent se produire et provoquer des liaisons fautives, ainsi avec *haricot* ou *hollandais* qui ont un **h**- aspiré ne permettant pas la liaison.

■ à l'intérieur des mots

À l'intérieur du mot, le -**h**- ne se prononce pas, mais entre dans l'image graphique du terme, en particulier dans les familles de mots :

rythme, déshumaniser, éthylène.

Entre deux voyelles, il joue un rôle de séparation (d'hiatus), en distinguant leur prononciation :

ahurir, ébahir, cahot, éhonté.

À l'intérieur des mots, comme au début, la suite -**ch**- a le son chuintant :

char, chemise, chose, chic, rachis, déchoir, décharné.

Mais il y a un certain nombre de mots d'origine grecque où le son [k] est transcrit par -**ch**- :

*ch*aos, *ch*oléra, *ch*ronique, ar*ch*éologie, te*ch*nique, or*ch*idée, ar*ch*ange.

LES HOMONYMES

| Les homonymes sont des mots qui se prononcent de la même manière, mais qui ont des orthographes et des sens différents. | Ils sont nombreux parmi les mots d'une syllabe et sont la source d'erreurs d'orthographe. |

LES HOMONYMES LEXICAUX

Ce sont des mots qui appartiennent à la même catégorie grammaticale :

> *bord* (= côté) et *bore* (= corps chimique) ; *art* et *are* (= mesure) ; *port* et *porc* (= animal) sont des noms.

Ils peuvent aussi appartenir à des catégories différentes :

> *bas* (= adjectif, contraire de «haut») et *bât* (= nom, selle pour charger un animal) ; *tard* (adverbe, contraire de «tôt») et *tare* (= nom, vice).

LES HOMONYMES GRAMMATICAUX

Les homonymes grammaticaux sont des mots ou des suites de mots qui ont la même prononciation, n'ont pas la même orthographe et ont des fonctions syntaxiques différentes. C'est donc la connaissance de la syntaxe qui permettra de les distinguer.

● **A** et **à**. La préposition **à** (avec accent grave) est homonyme de **a** (3ᵉ personne de l'indicatif présent du verbe «avoir») :

> *Marie **a** prêté un livre **à** Pierre.*

Chaque fois que **a** peut être remplacé par «avons», il s'agit du verbe, sans accent (*Nous avons prêté un livre...*).

● **Ce** et **se**. L'adjectif et pronom démonstratif **ce** et le pronom personnel réfléchi **se** peuvent être confondus :

> *Pierre **se** souviendra **ce** soir de **ce** que j'ai dit hier.*

L'erreur peut être évitée si l'on se souvient que **se** peut être transposé à la 1ʳᵉ personne (*Je me souviendrai...*).

● **Leur** et **leurs**. Le pronom personnel **leur** est invariable et l'adjectif possessif **leur** est variable :

> *Les enfants font **leurs** devoirs ; je **leur** ai dit de s'appliquer.*

Remplacer **leur** par «ses» permet de savoir que l'on doit faire l'accord (*Elle fait ses devoirs*).

● **Et** et **est**. La conjonction de coordination **et** et la forme **est** (3ᵉ personne de l'indicatif présent) du verbe «être» sont homonymes :

*Pierre **est** venu hier avec son frère **et** sa sœur* (**est** peut être remplacé par «était»).

● **Notre** et **nôtre**. Le déterminant possessif **notre** et le pronom possessif **le / la nôtre** (qui peut aussi être attribut sans article) risquent d'être confondus :

*Ton stylo n'écrit plus ; prends le **nôtre**. Ces affaires sont **nôtres**. **Notre** maison est dans la banlieue* (**notre**, déterminant possessif, peut être remplacé par «mon» ou «ma»).

● **On** et **ont**. Le pronom indéfini **on** et **ont**, 3ᵉ personne du pluriel du verbe «avoir», peuvent être confondus :

***On** tient les voleurs qui **ont** cambriolé la banque.*

Si **on** peut être remplacé par «nous», il s'agit du pronom indéfini.

● **Plutôt** et **plus tôt**. L'adverbe **plutôt** (= de préférence) et la locution **plus tôt** (= de meilleure heure) sont identiques à l'oral :

*La classe commence **plus tôt** demain : c'est **plutôt** mieux pour moi.*

Chaque fois que **plus tôt** peut être remplacé par son contraire «plus tard», il s'écrit en deux mots.

● **Près** et **prêt**. L'adverbe **près** et l'adjectif **prêt** au masculin sont homonymes :

*Le village est tout **près**. Je suis **prêt** à partir.*

Quand **près** peut être remplacé par «à côté (de)», il s'agit de l'adverbe.

LES CONFUSIONS DUES AUX LIAISONS

Les difficultés orthographiques peuvent venir aussi de suites de mots identiques sur le plan de la prononciation, mais différents sur le plan de la syntaxe ; on peut ainsi confondre :

— **on a** et **on n'a**... (**pas**), **on est** et **on n'est**... (**pas**), **l'a** et **la** (article), **là** (adverbe), etc. :

***On a** vu Paul hier, **on n'a** pas vu Paul hier. **On est** heureux, **on n'est** pas heureux. On **l'a** vu hier. **La** préposée est **là**.*

Remplacer **là** par «ici» permet de savoir qu'il s'agit de l'adverbe, avec accent grave. **L'a** (pronom personnel complément + verbe «avoir») transposé au pluriel donne «les a» ;

— des formes verbales avec des mots d'autres catégories : **peux**, **peut** (verbe «pouvoir») et **peu** (adverbe), **dû** (verbe «devoir») et **du** (article), etc.

Pour les confusions dues aux accords, voir les chapitres de l'orthographe grammaticale.

L'ORTHOGRAPHE DES FAMILLES DE MOTS

L'orthographe d'usage d'un mot est en relation avec celles des mots de la même famille. L'ajout de suffixes (à la fin des mots) ou de préfixes (au début des mots) permet de créer des dérivés dont l'orthographe dépend de règles précises.

LA FIN DES MOTS DE LA MÊME FAMILLE

On peut ajouter à la fin des mots des éléments qui en modifient le sens ou la catégorie grammaticale ; ce sont les suffixes, qui modifient souvent l'orthographe du mot de base.

Les modifications les plus fréquentes sont les suivantes :

— disparition du -e muet final avant ajout du suffixe : *rouge* + *-ir* → *rougir* ;
— apparition d'un accent dans le dérivé : *inquiet* + *-ude* → *inquiétude.*

NOMS DÉRIVÉS DE VERBES

Les noms en **-age** (masculins), **-ement / -ment** (masculins), **-ation / -aison** (féminins), **-ure** (féminins), **-ateur / -teur / -eur** (masculins), etc., sont formés sur le radical du participe présent du verbe (compte tenu de la conjugaison).

sonner / sonnant	sonneur, sonnerie, sonnette
crocheter / crochetant	crochetage, crocheteur
nettoyer / nettoyant	nettoyage, nettoyeur
modeler / modelant	modelage, modeleur
modérer / modérant	modération, modérateur
peler / pelant	pelade, pelure
semer / semant	semeur, semailles, semoir
révéler / révélant	révélation, révélateur
finir / finissant	finissage, finisseur, finissure
fuir / fuyant	fuyard
mentir / mentant	menteur
abattre / abattant	abattage, abattis, abattement

REMARQUES
1. Les noms en **-ement** dérivés d'un petit nombre de verbes en **-eler**, **-eter**, **-ever**, etc., de la 1re conjugaison correspondent à la 3e personne du singulier de l'indicatif présent :

haleter / halète	halètement
achever / achève	achèvement
écarteler / écartèle	écartèlement
ensorceler / ensorcelle	ensorcellement

27

marteler / martèle	martèlement
ciseler / cisèle	cisèlement
cliqueter / cliquète	cliquètement, mais aussi *cliquettement*
caqueter / caquète	caquètement
craqueter / craquète	craquètement, mais aussi *craquettement*

2. Les noms en **-ement** dérivés des verbes en **-oyer**, **-ayer** sont en **-oiement**, **-aiement** ou quelquefois **-ayement** :

payer / il paie ou il paye	paiement ou payement
remblayer / il remblaie	remblaiement
louvoyer / il louvoie	louvoiement

3. Les noms en **-age**, **-ation**, **-aison**, **-ateur**, etc., et les adjectifs en **-atif**, dérivés des verbes en **-guer** et **-quer**, se forment sur le radical **-g-** (sans **-u-**) et **-c-** (au lieu de **-qu-**), mais les dérivés en **-eur** conservent le radical **-gu-** ou **-qu-** :

plaquer	placage, mais *plaqueur*
évoquer	évocation, évocateur
communiquer	communication
éduquer	éducation, éducateur
déléguer	délégation, délégateur
blaguer	blagueur
draguer	dragage, mais *dragueur*.

EXCEPTIONS
Il existe un grand nombre d'exceptions : *braquer / braquage ; encaustiquer / encaustiquage ; baguer / baguage ; claquer / claquage.*

NOMS DÉRIVÉS D'ADJECTIFS

les noms en -ité, -ise, -tude, -isme, -eur

● Les noms en **-ité**, **-ise**, **-tude**, **-isme**, **-eur**, dérivés d'adjectifs, conservent la même orthographe que l'adjectif masculin (si le suffixe forme un mot masculin) ou féminin (si le suffixe forme un mot féminin) compte tenu de la disparition du **-e** muet final :

tranquille, tranquillité ; rouge, rougeur ; profond, profondeur ; fertile, fertilité ; sot, sotte, sottise ; frais, fraîche, fraîcheur ; blanc, blanche, blancheur ; social, socialisme.

● Si l'adjectif féminin comporte un **-e-** avec accent grave sur la dernière syllabe prononcée, cet accent grave devient un accent aigu dans le nom correspondant :

inquiet, inquiète → inquiétude.

● La consonne finale peut être modifiée : *vert → verdeur.*

les noms en -ence et -ance

● Les noms dérivés d'adjectifs terminés par **-ent** sont en **-ence** ; les dérivés d'adjectifs en **-ant** sont en **-ance** :

décent, décence ; conscient, conscience ; patient, patience ; rutilant, rutilance ; élégant, élégance ; endurant, endurance.

EXCEPTIONS
Il existe quelques exceptions : *existant → existence.*

CAS PARTICULIERS
1. Les noms dérivés des adjectifs en **-(a)ble** sont en **-(a)bilité**, **-(a)bilisme** : *fatigable* → *fatigabilité* ; *misérable* → *misérabilisme.*

2. Les noms dérivés des adjectifs en **-ique** sont en **-icité**, **-icisme** : *technique* → *technicité* ; *sceptique* → *scepticisme* ; *classique* → *classicisme.*

3. Les noms dérivés des adjectifs en **-aire** sont en **-arisme**, **-arité** : *militaire* → *militarisme* ; *vulgaire* → *vulgarité.*

ADJECTIFS ET NOMS DÉRIVÉS DE NOMS

Les adjectifs en **-aire**, **-eux**, **-ard**, **-oire**, **-rien**, **-en**, **-esque**, **-in** conservent l'orthographe des noms dont ils sont dérivés, après disparition du **-e** muet final éventuel :

> *déficit* → *déficitaire* ; *titan* → *titanesque* ; *hernie* → *herniaire* ;
> *paresse* → *paresseux* ; *frousse* → *froussard* ; *Guinée* → *guinéen.*

ATTENTION
● Il arrive que le nom, sans accent sur la syllabe finale, donne un adjectif avec accent :

> *cancer* → *cancéreux.*

● La finale **-qu(e)** de certains noms est transformée en **-c-** dans les dérivés :

> *banque* → *bancaire* ; *bibliothèque* → *bibliothécaire* ;
> *hypothèque* → *hypothécaire.*

LES ADJECTIFS EN -EL
DÉRIVÉS DE NOMS EN -ENCE

La finale **-ce** du nom est transformée en **-ti-** :

> *présidence* → *présidentiel* ; *concurrence* → *concurrentiel* ;
> *essence* → *essentiel* ; *confidence* → *confidentiel.*

ATTENTION
Quelques dérivés conservent le **-c-** du nom de base et ont une finale en **-ciel** :

> *circonstance* → *circonstanciel* ; *révérence* → *révérenciel.*

LES ADJECTIFS EN -AL ET -EL
ET LES NOMS EN -ALISME, -ALITÉ

Les adjectifs en **-al** et les noms en **-alisme**, **-alité** dérivés de noms terminés par **-on**, **-ion**, **-tion** et **-ssion** s'écrivent avec un seul **-n-** :

> *région* → *régional* → *régionalisme.*

Mais, dans les adjectifs en **-el**, le **-n** final du nom de base est doublé :

> *émotion* → *émotionnel* ; *tradition* → *traditionnel* (mais *traditionalisme*).

Il arrive que **-nn-** soit aussi présent dans le nom correspondant à l'adjectif ainsi dérivé :

> *profession* → *professionnel* → *professionnalisme.*

ADJECTIFS EN -BLE DÉRIVÉS DE VERBES

● Les adjectifs en -**able** conservent l'orthographe des verbes dont ils sont dérivés :

ab**att**re → abattable ; d**at**er → datable ; c**ass**er → cassable.

CAS PARTICULIERS

Les adjectifs en -**able** dérivés de verbes en -**guer** ont la forme -**gable** sans -**u**- :

navi**gu**er → navi**ga**ble.

Les adjectifs en -**able** dérivés de verbes en -**quer** ont la forme -**cable** :

communi**qu**er → communi**ca**ble.

Certains adjectifs dérivés de verbes en -**quer** gardent cette graphie :

attaquable, critiquable, immanquable, inattaquable, remarquable.

REMARQUE   Le dérivé de certains verbes peut avoir deux orthographes : bancable / banquable.

● Les adjectifs en -**ible** conservent plutôt l'orthographe des noms dérivés de ces verbes :

construire → construction → constructible.

VERBES DÉRIVÉS DE NOMS ET D'ADJECTIFS

● Les verbes en -**er** et en -**ir** dérivés de noms et d'adjectifs conservent l'orthographe des noms ou celle du féminin des adjectifs, compte tenu de la disparition du -**e** muet final :

calme → calmer ;	cabotin → cabotiner ;
rouge → rougir ;	frais → fraîche → rafraîchir ;
parrain → parrainer ;	beau → belle → embellir ;
grand → grandir ;	mou → molle → amollir ;
légitime → légitimer ;	chagrin → chagriner.

Toutefois, verbe et nom peuvent avoir des orthographes différentes, lorsque le nom est en fait dérivé du verbe :

regret → regre**tt**er (avec deux -**t**-) ; acquit → acqui**tt**er ; le**gs** → lé**gu**er ; déc**ès** → déc**éd**er.

● Les verbes dérivés des adjectifs en -**el** ou -**al** sont en -**aliser**, avec un seul -**l**- :

formel → formaliser ; actuel → actualiser ; régional → régionaliser.

● Les verbes dérivés de noms en -**on** redoublent le -**n**- :

abandon → abando**nn**er ;	talon → talo**nn**er ;
commotion → commotio**nn**er ;	béton → béto**nn**er ;
raison → raiso**nn**er ;	son → so**nn**er.
canon → cano**nn**er ;	

Certains verbes dérivés de noms en -**on** n'ont qu'un seul -**n**- :

poumon → s'époumo**n**er ; violon → violo**n**er.

REMARQUE   Certaines modifications peuvent intervenir sur la consonne finale de l'adjectif : vert → ver**d**ir ; noir → noir**c**ir.

ADVERBES EN -MENT

● Si l'adjectif se termine par -**e**, l'adverbe se forme en ajoutant le suffixe -**ment** à l'adjectif :

calme → *calmement ; sage* → *sagement ; sale* → *salement.*

ATTENTION

Le -**e** final de l'adjectif devient -**é** dans les adverbes suivants :

aveuglément	diffusément	incommodément	précisément
commodément	énormément	indivisément	profondément
communément	expressément	inopportunément	profusément
conformément	exquisément	intensément	uniformément
confusément	importunément	obscurément	
densément	imprécisément	opportunément	

● Si l'adjectif masculin se termine par une consonne, l'adverbe se forme en ajoutant le suffixe -**ment** au féminin de l'adjectif :

grand → *grande* → *grandement ; vif* → *vive* → *vivement ;*
doux → *douce* → *doucement ; fier* → *fière* → *fièrement ;*
lent → *lente* → *lentement ; présent* → *présente* → *présentement ;*
véhément → *véhémente* → *véhémentement.*

Gentiment, dérivé de l'adjectif « gentil », est irrégulier, ainsi que **chiquement** (dérivé de « chic », adjectif invariable en genre).

● Si l'adjectif masculin est terminé par une voyelle autre que -**e**, -**ment** s'ajoute au masculin de l'adjectif :

aisé → *aisément ; joli* → *joliment ; absolu* → *absolument.*

EXCEPTIONS

1. **Gaiement** et **impunément** sont irréguliers.

2. Le -**u** final de l'adjectif devient -**û**- dans les adverbes suivants :

assidûment	crûment	foutûment	indûment
congrûment	dûment	goulûment	nûment
continûment	fichûment	incongrûment	

3. Les adverbes dérivés des adjectifs **beau, fou, mou** sont formés sur le féminin *belle, folle, molle* → *bellement, follement, mollement.*

4. Certains adverbes correspondent à des adjectifs disparus ou à un radical différent : **journellement, brièvement, grièvement, traîtreusement.**

● Si l'adjectif masculin est terminé par -**ant**, l'adverbe est en -**amment** :

puissant → *puissamment ; abondant* → *abondamment.*

Les adverbes en -**amment** dérivés d'adjectifs terminés par -**ant** sont les suivants :

abondamment	dépendamment	inélégamment	puissamment
bienveillamment	déplaisamment	instamment	savamment
brillamment	désobligeamment	insuffisamment	suffisamment
bruyamment	élégamment	méchamment	surabondam-
complaisamment	étonnamment	nonchalamment	ment
concomitamment	galamment	obligeamment	vaillamment
constamment	incessamment	pesamment	
couramment	indépendamment	plaisamment	

REMARQUE **Notamment, nuitamment, précipitamment** sont dérivés d'adjectifs disparus.

- Si l'adjectif masculin est terminé par -**ent**, l'adverbe est en -**emment** : *prudent* → *prudemment ; violent* → *violemment.*

Les adverbes en -**emment** dérivés d'adjectifs en -**ent** sont les suivants :

apparemment	éloquemment	inconsciemment	pertinemment
ardemment	éminemment	indécemment	précédemment
concurremment	excellemment	indifféremment	prudemment
consciemment	fréquemment	innocemment	récemment
conséquemment	impatiemment	insolemment	subséquemment
décemment	imprudemment	intelligemment	violemment
différemment	impudemment	négligemment	
diligemment	incidemment	patiemment	

REMARQUE **Sciemment** est dérivé d'un adjectif disparu.

LE DÉBUT DES MOTS DE LA MÊME FAMILLE

Les préfixes sont des éléments invariables qui se placent devant le radical d'un mot, en général sans modifier la forme de ce mot et sans eux-mêmes être modifiés :

> **inter** + *action* → *interaction ;*
> **in** + *action* → *inaction ;*
> **entre** + *mettre* → *entremettre ;*
> **dé** + *mettre* → *démettre ;*
> **re** + *mettre* → *remettre.*

Il existe toutefois des modifications orthographiques pour quelques-uns de ces préfixes selon la forme du radical.

LE PRÉFIXE A-

Le préfixe négatif **a**- (= sans, pas) garde cette forme devant un mot commençant par une consonne, mais prend la forme **an**- devant une voyelle :

> *a*normal, *a*pesanteur, *a*temporel ; *an*esthésie, *an*ion.

REMARQUE Il ne faut pas confondre ce préfixe négatif avec l'ancien préfixe latin **ad**- (= vers) dont l'ajout peut entraîner le doublement de la consonne initiale du radical :

> **ad** + *grave* → *a**gg**raver ;* **ad** + *terre* → *a**tt**errir ;* **ad** + *long* → *a**ll**onger ;*
> **ad** + *paraître* → *a**pp**araître,*
> mais **ad** + *lourd* → *a*lourdir ; **ad** + *percevoir* → *a*percevoir.*

LES PRÉFIXES BI-, TRI-, QUADRI-

Les préfixes **bi**- (= deux fois), **tri**- (= trois fois), **quadri**- (= quatre fois) gardent ces formes devant consonne ; **bi**- et **tri**- prennent les formes **bis**- et **tris**- devant voyelle, mais non systématiquement :

> *bicarbonate, bi*s*annuel, biaxial, tri*s*aïeul, tri*s*annuel* ou *triannuel, tridimensionnel, quadrisyllabe, quadriréacteur.*

Pour conserver le son sifflant, on a parfois redoublé le -**s**- dans **bis**- :

> *bi*s*exué* ou *bi*ss*exué* mais toujours *bi*ss*ecteur, bi*ss*extile.*

LE PRÉFIXE CIRCUM-

Le préfixe **circum-** (= autour) garde cette forme dans les composés français et a la forme **circon-** dans les composés issus du latin :

circumterrestre, circumnavigation, circumlunaire, circumpolaire, **circon***flexe,* **circon***stance,* **circon***voisin.*

LE PRÉFIXE CO-

Le préfixe **co-** (= avec) garde toujours cette forme en composition avec un mot existant, même devant une voyelle :

co*auteur,* **co***éditeur,* **co***opération,* **cop***articipant,* **cor***eligionnaire.*

Les formes **col-** (devant -l-), **com-** (devant -m-), **con-**, **cor-** (devant -r-) n'apparaissent que dans les mots directement issus du latin :

col*lection,* **com***mander, confusion,* **cor***respondance.*

LES PRÉFIXES CONTRE- ET ENTRE-

Les préfixes **contre-** et **entre-** devant consonne peuvent être soit accolés au mot suivant, soit en être séparés par un trait d'union, sans qu'il y ait de règle précise (parfois les deux orthographes existent) :

contresens, contre-pied, contre-projet, s'entremettre.

Devant voyelle, le -**e** final peut s'élider ; cette élision aboutit à un seul mot :

s'entraider (de **entre** + *aider*).

ATTENTION
Le -**e** final de **entre-** peut être remplacé par une apostrophe devant voyelle :

s'entr'aimer, s'entr'égorger, entr'apercevoir.

LE PRÉFIXE DÉ-

Le préfixe **dé-** devient **dés-** devant une voyelle :

délester, déterrer, désarmer, désagréable, désinsectiser, désintoxiquer.

ATTENTION
Devant certains mots récents commençant par **s**-, le -**s**- n'est pas redoublé, mais il conserve le son sifflant [s] :

*dé**s**ulfurer, dé**s**oder.*

LE PRÉFIXE IN-

Le préfixe négatif **in-** garde cette forme devant un mot commençant par une voyelle :

inaccessible, inapte, inévitable, inoubliable.

Il devient **il-** devant -l-, **im-** devant -b-, **m-**, -p-, **ir-** devant -r-, et garde la forme **in-** devant les autres consonnes :

incapable, indivisible mais **il***lisible,* **imb***attable,* **imp***arable,* **imm***ettable,* **irr***épressible,* **irr***éprochable.*

Il peut arriver que le préfixe conserve sa forme devant -r- ou -l- : *inracontable, inlassable.*

33

▨ LE PRÉFIXE RE-

Le préfixe **re-** devient **ré-** (avec accent) devant une voyelle :

réapprendre, réécrire, réinventer, réexaminer.

Mais il peut s'élider et se réduire à **r-** :

rapprendre, raviver, rattaquer, récrire.

REMARQUE Le sens peut alors être différent : *réanimer une blessée, service de réanimation* mais *ranimer le feu.*

ATTENTION

Dans les mots récents dérivés de mots commençant par **s-**, le **-s-** conserve le son sifflant [s], même lorsqu'il n'est pas redoublé :

resurgir, resaler, resurchauffer.

DEUXIÈME PARTIE

ORTHOGRAPHE GRAMMATICALE

LE GENRE
36

LE NOMBRE
46

LES RÈGLES D'ACCORD DU NOM ET DE L'ADJECTIF
56

L'ACCORD DU VERBE AVEC LE SUJET
70

L'ACCORD DES PARTICIPES PASSÉS
75

LE GENRE

Les problèmes orthographiques du genre sont différents selon qu'il s'agit de noms de personnes et d'animaux, ou de noms de choses. Dans le premier cas, un grand nombre de mots, mais pas tous, ont deux formes, l'une masculine, l'autre féminine, tandis que les noms de choses concrètes ou abstraites n'ont qu'un seul genre. Mais, dans les deux cas, la connaissance du genre est essentielle pour appliquer les accords dans le groupe du nom et dans la phrase.

LES NOMS DÉSIGNANT DES PERSONNES OU DES ANIMAUX

● Le nom peut avoir deux formes, l'une pour le masculin (homme, mâle), l'autre pour le féminin (femme, femelle) :

> *un danseur/une danseuse ; un traducteur/une traductrice ; un chien/ une chienne.*

● Le nom peut avoir une seule forme pour les deux genres ; dans ce cas, l'article au singulier marque le genre :

> *un/une architecte ; un/une pianiste ; un/une propriétaire ; un enfant poli/une enfant polie.*

Il n'existe parfois que le nom masculin avec l'article masculin désignant, selon les cas, soit un homme, soit une femme :

> *un professeur ; un chef.*
> *Colette est un auteur connu. C'est elle le chef de service. Madame Durand est un grand médecin.*

● Lorsque le masculin est la seule forme, et que l'on veuille préciser qu'il s'agit d'une femme :
— on fait suivre cette forme du mot «femme» ou on emploie «une femme» suivi du nom masculin : *un écrivain femme ; une femme écrivain. Nous avons un professeur femme ;*
— dans la langue familière, ce nom masculin peut être employé au féminin : *La professeur de dessin est gentille. La chef est dure.*

● S'il n'existe qu'une seule forme pour le nom d'un animal et que l'on veuille différencier son sexe, on fait suivre le nom masculin ou féminin des adjectifs «mâle» ou «femelle» : *un éléphant mâle/un éléphant femelle ; une girafe mâle.*

REMARQUES

1. Le genre de quelques noms est en opposition avec le sexe de la personne qu'ils désignent :
— sont féminins les noms suivants appliqués en général aux hommes : *une estafette, une vigie, une sentinelle, une ordonnance, une recrue, une petite frappe* (= voyou), *une fripouille, une vieille baderne ;*

— sont masculins les noms suivants appliqués en général aux femmes : *un laideron, un tendron, un bas-bleu.*

Quelques termes péjoratifs appliqués aux femmes peuvent être masculins ou féminins : *Cette fille est un souillon/une souillon.*

2. Certains noms féminins désignent soit des hommes, soit des femmes : *une star, une vedette, une idole, une fourmi* (= passeur de drogue).

Les noms désignant des choses, des idées, etc.

Les noms désignant des objets, des actions, des états, des activités, qu'ils soient concrets ou abstraits, ont presque toujours un seul genre : masculin ou féminin.

● Ce genre, pour les noms racines ou noms de base, n'est pas prévisible : *abaque, abîme, agrume, anathème, astérisque, apostrophe, emplâtre, épitaphe, équivoque,* etc., sont-ils masculins ou féminins ? Cette question se pose très souvent pour les mots commençant par **a-, e-, é-** et finissant par un **-e** muet. Il convient de consulter le dictionnaire ou le «Répertoire d'orthographe» à la fin de ce volume.

● Pour les noms dérivés, le genre dépend du suffixe :

suffixes	noms masculins	suffixes	noms féminins
-age	lavage, repassage	**-tion**	donation, accélération
-ment	morcellement, abattement	**-ie**	boulangerie, épicerie
-oir	entonnoir, ouvroir	**-ise**	bêtise, couardise
-ier	vivier, encrier	**-ade**	orangeade, marmelade
		-oire	écumoire

LES NOMS DE VILLES

● Les villes désignées par un nom précédé de l'article «Le», «La» sont du genre indiqué par cet article : *Le Havre* (masc.), *La Rochelle, La Bourboule, La Roche-en-Ardenne, La Sarre* (fém.).

● Les noms de villes terminés par **-e** ou **-es** sont du féminin : *Marseille, Nantes, Genève, Bruxelles sont belles.*

● Les noms de villes terminés par une autre voyelle que **-e(s)** ou par une consonne sont masculins : *Nancy, Brest, Bordeaux, Paris, Montréal sont-ils des ports ?*

REMARQUE Ce n'est pas une faute de considérer que les noms de villes peuvent être indifféremment des deux genres.

LES NOMS DE BATEAUX

● Les bateaux désignés par des noms de personne masculins sont masculins : *le Colbert, le Richelieu, le Charles-de-Gaulle.*

● Les bateaux désignés par des noms de localité ou des noms masculins sont masculins : *le Dunkerque, le Victorieux.*

● Les bateaux désignés par des noms féminins sont masculins ou féminins selon le type de navire qu'ils désignent : *la* Jeanne-d'Arc (une frégate : fém.) ; *la* Marseillaise (une frégate : fém.) ; *le* Liberté (un cargo : masc.) ; *le* France (un paquebot : masc.) ; *le* Lorraine (un cuirassé : masc.).

LES NOMS À DOUBLE GENRE

Un très petit nombre de noms ont un double genre, correspondant à deux emplois différents.

● **Aigle** est masculin quand il désigne l'oiseau mâle ou l'insigne de décoration figurant un aigle (avec majuscule s'il s'agit d'une décoration précise) ; il est féminin quand il désigne l'oiseau femelle, les armoiries (en termes de blason), ou l'étendard, le symbole :

L'Aigle blanc de Pologne.
Un aigle vole dans le ciel.
***Une** aigle et ses petits. Les aigles impériales. L'aigle romaine.*

● **Amour** est masculin, sauf au pluriel dans la langue littéraire où il peut être féminin au sens de «passion amoureuse» :

les amours adolescentes.

● **Chose** est féminin, sauf dans les pronoms indéfinis et les locutions «autre chose», «peu de chose», «quelque chose», «grand-chose» qui sont du masculin :

*C'est une très belle chose. / C'est quelque chose de très **beau**.*

● **Délice** est masculin au singulier et féminin au pluriel ; mais ce féminin est rare et appartient à la langue littéraire ; en langue courante, et en particulier avec la tournure «un des», on emploie le masculin pluriel :

Ces bonbons sont un délice. Les merveilleuses délices de l'amour.
Un de mes plus grands délices était de les entendre parler ainsi.

● **Foudre** est féminin, sauf dans «un foudre de guerre» :

*La foudre est tombée sur la maison. / Ce n'est pas **un** foudre de guerre ; **il** est prêt à toutes les concessions.*

● **Gens** est aujourd'hui masculin pluriel. L'accord des adjectifs attributs ou apposés et des participes se fait donc au masculin pluriel :

Les gens sont contents, épanouis. Des jeunes gens sont venus.
Patients, les gens attendaient sans rien dire.

Gens présente des particularités pour l'accord de l'adjectif épithète.

— Placé après le nom, l'adjectif épithète est au masculin pluriel :

Des gens heureux, sans problèmes.

— Placé avant le nom, l'adjectif épithète est au féminin pluriel :

Quelles bonnes gens !

mais l'adjectif attribut est au masculin pluriel :

Toutes les vieilles gens étaient inquiets.

épithète   attribut

— L'adjectif épithète ou attribut de «gens» qui a une forme unique pour les deux genres (terminé par **-e**), est au masculin pluriel :

Quels braves gens !

— Lorsque «gens» forme avec un complément de nom une locution indiquant les membres d'une profession, une catégorie de personnes, l'adjectif épithète est au masculin pluriel :

*Ce sont d'heur**eux** gens de lettres, gens du monde, gens de robe*, etc.

● **Hymne** est masculin quand il désigne le chant national ou le poème en l'honneur des dieux ; il est féminin quand il désigne la composition poétique religieuse.

● **Merci** est masculin dans les formules de politesse, et féminin dans la locution «à la merci de» :

*Je vous dois **un** grand merci pour ce service.*
*Le programme est **à la merci** du moindre incident.*

● **Œuvre** est du féminin ; il n'est du masculin que dans «le gros œuvre» (en construction), «le grand œuvre» (recherche de la pierre philosophale) et quand il désigne (uniquement en langue littéraire) l'ensemble des œuvres d'un musicien, d'un écrivain :

*Enregistrer **tout** l'œuvre de Mozart* (langue littéraire) / *tou**te** l'œuvre de Mozart* (langue courante).

● **Orgue** est masculin singulier et **orgues** est féminin pluriel quand un seul instrument est désigné :

*l**e** très bel orgue de Saint-Sulpice ;*
*les très **belles** orgues de Saint-Sulpice ;*

orgues est masculin pluriel s'il désigne plusieurs instruments :

*Il y a deux peti**ts** orgues dans cette chapelle.*

● **Pâque** est féminin singulier quand il désigne la fête juive. Pâques, avec un **-s**, une majuscule et sans article est masculin singulier quand il désigne le jour de la fête chrétienne : *Pâques a été pluvieux cette année* ; mais il est féminin pluriel dans : *les Pâques fleur**ies**, Joyeu**ses** Pâques*, et *faire ses pâques.*

● **Personne**, nom, est féminin : *C'est **une** très gent**ille** personne* ; pronom, il est masculin : *Personne n'est ven**u**.*

DEUX GENRES POUR UN MÊME SENS

Pour environ 80 noms, l'usage hésite entre le masculin et le féminin. Voici quelques-uns de ces noms à double genre :

après-guerre   *interview*
après-midi   *palabre*
avant-guerre   *pamplemousse*
clope (= cigarette, en langue familière)   *parka*
entre-deux-guerres   *perce-neige*

REMARQUE Certains noms ont changé de genre au cours d'une période relativement récente ; par exemple, «alvéole», autrefois masculin, est maintenant féminin : *une gran**de** alvéole.*

ATTENTION
Il existe des homographes (homonymes de même forme graphique) de genre différent. Ainsi :

— «tour» est féminin quand il désigne la construction : *la tour Eiffel* ; masculin quand il désigne un mouvement de rotation, un circuit, une périphérie ou un instrument : *faire un tour ; le tour du monde ; un tour de potier ;*

— «vase» est masculin quand il désigne l'objet : *Le vase est brisé* ; féminin quand il désigne la boue : *La vase est collante.*

LES ADJECTIFS

Les adjectifs n'ont pas de genre propre ; leur genre est déterminé par le nom auquel ils se rapportent. Mais ils peuvent avoir deux formes différentes au masculin et au féminin.

REMARQUES
1. Certains adjectifs ne changent pas de forme au féminin, alors que le nom correspondant a une forme différente de celle du nom masculin : *un homme* **pauvre** / *une femme* **pauvre** (adj.) ; *un pauvre* / *une pau***vresse** (noms).

2. Certains adjectifs sont invariables en genre : *un chic garçon* / *une* **chic** *fille.*
C'est le cas, en particulier, des adjectifs familiers, populaires ou argotiques : *accro, alcoolo, costaud, bidon, bath, baba*, et des adjectifs de couleur (issus de noms) ou empruntés : *acajou, auburn, châtain.*

3. L'adjectif masculin peut s'appliquer à un féminin même si une forme féminine existe : *une fille grognon, traître.*

LE FÉMININ DES NOMS ET DES ADJECTIFS

MASCULIN TERMINÉ PAR UNE VOYELLE AUTRE QUE -E

Le féminin des noms et des adjectifs qui se terminent par une voyelle autre que -**e** au masculin se forme le plus souvent en ajoutant un -**e** :

ami → *ami***e** ; *élu* → *élu***e** ; *bleu* → *bleu***e**.

CAS PARTICULIERS
1. Les noms et les adjectifs terminés au masculin par -**eau** ont un féminin en -**elle** :

agneau → agnelle   jumeau → jumelle
beau → belle   nouveau → nouvelle
chameau → chamelle   tourangeau → tourangelle.

2. Les noms et les adjectifs terminés au masculin par -**ou** ont un féminin en -**olle** :
fou → folle ; mou → molle ; foufou → fofolle.

EXCEPTIONS
Hindou et **flou** ont un féminin en -**oue** : *hindoue, floue* ; **andalou** a un féminin en -**ouse** : *andalouse.*

40

3. Les adjectifs terminés au masculin par -**gu** font leur féminin en -**guë** (avec un tréma) :

aigu → aiguë   contigu → contiguë
ambigu → ambiguë   exigu → exiguë.

4. Les participes masculins **crû, dû, mû, recrû** ont un féminin en -**ue** (sans accent circonflexe) : *crue, due, mue, recrue.*

5. Certains masculins ont un féminin irrégulier :

coi → coite   favori → favorite   rigolo → rigolote
dieu → déesse   hébreu → hébraïque
esquimau → esquimaude multiparti → multipartite

MASCULIN TERMINÉ PAR -E

Les noms et les adjectifs terminés par -**e** au masculin gardent le plus souvent la même forme au féminin :

un ou *une artiste ; un* ou *une architecte ;*
un boulevard large, une route large.

CAS PARTICULIERS
Certains noms masculins ont un féminin en -**esse**, et parfois en -**asse** :

abbé → abbesse   comte → comtesse   pape → papesse
âne → ânesse   diable → diablesse   prêtre → prêtresse
bêta → bêtasse   druide → druidesse   prince → princesse
bonze → bonzesse   hôte → hôtesse   tigre → tigresse
bougre → bougresse maître → maîtresse vicomte → vicomtesse
chanoine → chanoinesse ogre → ogresse

drôle (adj. et nom) → drôlesse (nom)
mulâtre (adj. et nom) → mulâtresse (nom)
nègre (adj. et nom) → négresse (nom)
pauvre (adj. et nom) → pauvresse (nom)
sauvage (adj. et nom) → sauvagesse (nom)
Suisse → Suissesse (noms)
traître (adj. et nom) → traîtresse (nom)

ATTENTION
Il arrive que le passage au féminin modifie l'orthographe du mot :

*po**è**te* → *po**é**tesse ; proph**è**te* → *proph**é**tesse* (changement d'accent) ;
chef → *che**ff**esse* (langue populaire ; redoublement de la consonne finale du masculin).

MASCULIN TERMINÉ PAR -N

Si les noms et les adjectifs se terminent par -**n** au masculin, on forme le féminin de deux façons.

● Soit on ajoute simplement un -**e** ; c'est le cas des mots dont la finale est :

-**ain** → -**aine** : *châtelain* → *châtelaine ;*
-**an** → -**ane** : *partisan* → *partisane ; faisan* → *faisane ;*
-**in** → -**ine** : *cousin* → *cousine ; voisin* → *voisine.*

EXCEPTIONS
Jean et **paysan** redoublent le -**n** final au féminin : *Jeanne, paysanne.*

● Soit on redouble le -**n** avant d'ajouter le -**e** ; c'est le cas des mots dont la finale est :

-**on** → -**onne** : *baron* → *baronne* ; *bon* → *bonne* ; *lion* → *lionne* ;
-**ien** → -**ienne** : *gardien* → *gardienne* ; *mien* → *mienne* ; *malien* → *malienne* ;
-**en** → -**enne** : *lycéen* → *lycéenne* ; *guinéen* → *guinéenne*.

CAS PARTICULIERS

1. **Simon** et **mormon** ont un féminin en -**one** (et non -**onne**) : *Simone, mormone*.

2. Certains mots peuvent avoir les deux graphies : *lapon* → *lapone* ou *laponne* ; *letton* → *lettone* ou *lettonne* ; *nippon* → *nippone* ou *nipponne*.

3. **Bénin**, **compagnon**, **copain**, **malin**, **sacristain** ont un féminin irrégulier : *bénigne* (-**gn**- se prononce [ɲ]), *compagne, copine, maligne* (-**gn**- se prononce [ɲ]), *sacristine*.

▓ MASCULIN TERMINÉ PAR -T OU -D

Si les noms et les adjectifs se terminent au masculin par -**t** ou -**d**, le féminin peut se former de deux façons.

● Soit on ajoute simplement un -**e** ; c'est le cas des mots qui ont comme finales :

-**ant** → -**ante** : *fabricant* → *fabricante* ; *obéissant* → *obéissante* ;
-**and** → -**ande** : *marchand* → *marchande* ; *grand* → *grande* ;
-**ard** → -**arde** : *bâtard* → *bâtarde* ; *faiblard* → *faiblarde* ;
-**at** → -**ate** : *candidat* → *candidate* ; *délicat* → *délicate* ;
-**aud** → -**aude** : *noiraud* → *noiraude* ; *lourdaud* → *lourdaude* ;
-**it** → -**ite** : *maudit* → *maudite* ; *droit* → *droite* ;
-**ond** → -**onde** : *rubicond* → *rubiconde* ;
-**ot** → -**ote** : *idiot* → *idiote* ; *manchot* → *manchote*.

EXCEPTIONS

Les masculins suivants en -**at** et -**ot** ont un féminin en -**atte** et -**otte** :

chat → *chatte* ; *boulot* → *boulotte* ; *maigriot* → *maigriotte* ; *pâlot* → *pâlotte* ; *sot* → *sotte* ; *vieillot* → *vieillotte*.

● Soit on redouble le -**t** devant -**e**. C'est le cas des mots qui ont pour finale :

-**et** → -**ette** : *muet* → *muette* ; *cadet* → *cadette* ; *propret* → *proprette*.

EXCEPTIONS

Les masculins suivants en -**et** ont un féminin en -**ète** :

complet → complète	incomplet → incomplète	replet → replète
concret → concrète	indiscret → indiscrète	secret → secrète
désuet → désuète	inquiet → inquiète	
discret → discrète	un préfet → une préfète	

▓ MASCULIN TERMINÉ PAR -L

Si les noms et les adjectifs se terminent au masculin par -**l**, le féminin peut se former de deux façons.

● Soit on ajoute simplement un -**e**. C'est le cas des mots terminés par :

-**al** → -**ale** : *banal* → *banale* ; *structural* → *structurale* ; *bancal* → *bancale*.

● Soit on redouble le -l devant -e. C'est le cas pour les finales :

-eil → -eille et -il → -ille : *pareil → pareille* ; *gentil → gentille* ;
-el → -elle et -ul → -ulle : *Gabriel → Gabrielle* ; *cruel → cruelle* ; *nul → nulle.*

▨ MASCULIN TERMINÉ PAR -S

Si les noms et les adjectifs se terminent par -s au masculin, le féminin peut se former de deux façons.

● Soit on ajoute simplement un -e. C'est le cas pour les finales :

-ais → -aise : *Français → Française* ;
-is → -ise : *gris → grise* ; *soumis → soumise* ;
-ois → -oise : *matois → matoise* ; *Québécois → Québécoise* ;
-rs → -rse : *retors → retorse* ; *tors → torse.*

● Soit on redouble le -s devant -e. C'est le cas pour les mots terminés par :

-as → -asse : *las → lasse* ; *bas → basse* ; *gras → grasse* ;
-os → -osse : *gros → grosse.*

CAS PARTICULIERS

1. **Épais, métis, exprès** ont un féminin en -aisse, -isse (et non -aise, -ise) et -esse : *épaisse, métisse, expresse.*

2. **Dispos** et **ras** ont un féminin en -ose, -ase (et non -osse, -asse) : *dispose, rase.*

3. **Frais, héros, tiers** ont un féminin irrégulier : *fraîche, héroïne, tierce.*

▨ MASCULIN TERMINÉ PAR -R

Si les noms et les adjectifs se terminent par -r au masculin, le féminin se forme différemment selon les finales :

-er → -ère : *fermier → fermière* ; *léger → légère* ; *boucher → bouchère* ;
-eur → -euse : *trompeur → trompeuse* ; *vendeur → vendeuse* ;
-ateur → -atrice : *évocateur → évocatrice* ; *spectateur → spectatrice* ;
-culteur → -cultrice : *apiculteur → apicultrice* ;
-cteur → -ctrice : *correcteur → correctrice* ; *traducteur → traductrice.*

CAS PARTICULIERS

1. Les noms et les adjectifs masculins en -teur ont un féminin soit en -trice, soit en -teuse, parfois les deux :

chanteur → chanteuse ;   *enquêteur → enquêtrice* ou *enquêteuse* ;
comploteur → comploteuse ; *instituteur → institutrice* ;
débiteur → débitrice ;

2. Les adjectifs suivants en -eur ont leur féminin en -eure :

antérieur → antérieure ;   *meilleur → meilleure* ;
extérieur → extérieure ;   *mineur → mineure* ;
inférieur → inférieure ;   *postérieur → postérieure* ;
intérieur → intérieure ;   *supérieur → supérieure* ;
majeur → majeure ;   *ultérieur → ultérieure* ;

ainsi que le nom *prieur → prieure.*

3. Les mots masculins suivants en -**eur** ont un féminin irrégulier en :

-**eresse** : *bailleur* → *bailleresse ;*
chasseur → *chasseresse* (poétique) ;
défendeur → *défenderesse* et *demandeur* → *demanderesse* (juridique) ;
enchanteur → *enchanteresse ;*
pécheur → *pécheresse* (religieux) ;
vengeur → *vengeresse ;*
-**oresse** : *docteur* → *doctoresse ;*
-**drice** : *ambassadeur* → *ambassadrice.*

4. **Cantatrice** (féminin) correspond à «chanteur» (masculin) quand il s'agit d'une chanteuse d'opéra, de chant classique, etc., de grand talent.

MASCULIN TERMINÉ PAR -X OU -F

Si les noms et les adjectifs se terminent par -**x** ou -**f** au masculin, le féminin se forme en remplaçant -**x** par -**se** et -**f** par -**ve** :

jaloux → *jalouse ;* *époux* → *épouse ;* *vif* → *vive ;*
veuf → *veuve ;* *neuf* → *neuve.*

EXCEPTIONS
Bref, **doux**, **faux** et **roux** ont comme féminins : *brève, douce, fausse* et *rousse.*
Vieux a pour féminin *vieille.*

MASCULIN TERMINÉ PAR -C

Si les noms se terminent par -**c** au masculin, le féminin se forme en remplaçant -**c** par -**que** :

turc → *turque ;* *caduc* → *caduque ;* *public* → *publique ;*
Frédéric → *Frédérique ;* *les rois francs* → *les invasions franques.*

EXCEPTIONS
1. **Blanc**, **franc** (= loyal), **sec** ont un féminin en -**che** : *blanche, franche, sèche.*
2. **Archiduc**, **duc**, **grec** ont un féminin irrégulier : *archiduchesse, duchesse, grecque.*

MASCULIN TERMINÉ PAR -P OU -G

Les noms et adjectifs terminés par -**p** ou -**g** au masculin ont un féminin en -**ve** pour -**p** et -**gue** pour -**g** :

loup → *louve ;* *long* → *longue ;* *oblong* → *oblongue ;*
barlong → *barlongue.*

DEUX MOTS DIFFÉRENTS
POUR LE MASCULIN ET LE FÉMININ

Quand il s'agit d'êtres vivants (personnes ou animaux), on peut avoir deux noms différents ou de formation irrégulière pour désigner l'homme ou la femme, le mâle ou la femelle. C'est le cas pour :

● des noms de parenté ou des appellatifs :

fils/fille	mari/femme	oncle/tante
frère/sœur	monsieur/madame	papa/maman
gendre/bru	monsieur/mademoiselle	parrain/marraine
grand-père/grand-mère	neveu/nièce	père/mère.

● des noms de fonction, de titre, etc. :

diacre/diaconesse	empereur/impératrice	roi/reine
dieu/déesse	héros/héroïne	tsar/tsarine.

● des noms d'animaux :

bélier/brebis	daim/daine	sanglier/laie
bouc/chèvre	étalon/jument	singe/guenon
canard/cane	jars/oie	taureau/vache
cerf/biche	lévrier/levrette	veau/génisse
chevreuil/chevrette	lièvre/hase	verrat/truie.
coq/poule	poulain/pouliche	

Le NOMBRE

Le nombre est une caractéristique sémantique et morphologique qui détermine l'essentiel des règles d'accord dans le groupe du nom et dans la phrase. Certains noms possèdent un seul nombre, comme «ténèbres» qui n'existe qu'au pluriel, d'autres changent de sens en changeant de nombre. Enfin, tous les noms ne forment pas leur pluriel de la même façon.

La notion de «COMPTABLE ET DE NON-COMPTABLE»

Le nombre est fait de l'opposition entre un (le singulier) et plusieurs (le pluriel) ; mais cela est valable pour les noms comptables (= dénombrables) qui peuvent être comptés et peuvent donc recevoir des adjectifs numéraux cardinaux :

deux enfants, trois chiens, quatre roues.

Les noms non-comptables (= indénombrables), qui ne peuvent pas être comptés, ont en général un seul nombre, le singulier ou le pluriel :

le blé, le bore, les mathématiques, la physique nucléaire ;

mais certains de ces noms, quand ils sous-entendent «un type de», «une sorte de», peuvent être employés au pluriel :

*Il y a plusieurs blé**s** : le blé dur et le blé tendre.*

LES PARTICULARITÉS DU NOMBRE

● Certains noms prennent toujours la marque du pluriel et n'ont pas de singulier :

belles-lettres	funérailles	matines	pénates
catacombes	intempéries	mœurs	pourparlers
décombres	latrines	obsèques	prémices
émoluments	limbes	parages	ténèbres
fiançailles			

● Certains noms ont un sens différent au singulier et au pluriel :

actualité (caractère de ce qui est actuel)	actualités (informations)
assise (d'un bâtiment)	assises (d'un congrès)
autorité (droit, pouvoir de commander)	autorités (représentants du pouvoir)
ciseau (de menuisier)	ciseaux (usage courant)
échec (fait d'échouer)	échecs (jeu)
lunette (d'astronome)	lunettes (usage courant)
menotte (petite main)	menottes (pour attacher les poignets)
oreillon (moitié d'abricot)	oreillons (maladie)

D'autres ont le même sens au singulier ou au pluriel : *porter la moustache/des moustaches ; une culotte/des culottes* (de garçonnet) *; une jumelle/des jumelles marines ; un lorgnon/des lorgnons ; mettre son pantalon/ses pantalons.*

LE PLURIEL DES NOMS ET DES ADJECTIFS SIMPLES

Les noms et les adjectifs prennent généralement un **-s** au pluriel :
un ennui/des ennuis ; une grande maison/de grandes maisons.

ATTENTION
Les noms de jour ne sont pas invariables et ont un pluriel en **-s** : *tous les lundis, tous les dimanches.*

SINGULIER TERMINÉ PAR -S, -X, -Z

Les noms et les adjectifs terminés par **-s**, **-x**, **-z** gardent la même forme au pluriel :
un prix/des prix ; un bois précieux/des bois précieux ; un grand nez/de grands nez.

SINGULIER TERMINÉ PAR -OU

Les noms suivants, terminés par **-ou**, prennent un **-x** au pluriel :
bijoux, cailloux, choux, genoux, hiboux, joujoux, poux.

Les autres noms et adjectifs en **-ou** prennent normalement un **-s** au pluriel :
un clou/des clous ; un fou/des fous ; un sou/des sous.

SINGULIER TERMINÉ PAR -EAU, -AU, -EU, -ŒU

Les noms et adjectifs terminés par **-eau**, **-au**, **-eu**, **-œu** prennent un **-x** au pluriel :
un écheveau/des écheveaux ; un nouveau préau/de nouveaux préaux ; un vœu/des vœux ; un cheveu/des cheveux ; un lieu/des lieux.

EXCEPTIONS
Bleu, émeu, feu (= décédé), **landau, lieu** (= poisson), **pneu, sarrau** prennent un **-s** (et non un **-x**) au pluriel : *bleus, émeus, feus, landaus, lieus, pneus, sarraus.*

SINGULIER TERMINÉ PAR -AIL

Les noms suivants terminés par **-ail** ont un pluriel en **-aux** :
bail, corail, émail, fermail, soupirail, travail, vantail, ventail, vitrail/baux, coraux, émaux, fermaux, soupiraux, travaux, vantaux, ventaux, vitraux.

ATTENTION
Travail désignant l'instrument pour maintenir les animaux domestiques et **émail** au sens de «peinture», «vernis», font respectivement : *travails, émails.*
Les autres noms en **-ail** au singulier prennent normalement le **-s** du pluriel :
un détail/des détails ; un éventail/des éventails.

SINGULIER TERMINÉ PAR -AL

Les noms et les adjectifs terminés par **-al** ont un pluriel en **-aux** :
un journal/des journaux ; un terminal/des terminaux ; régional/régionaux ; littéral/littéraux.

ATTENTION

● Les noms suivants ont un pluriel en **-als** :

aval,	*chacal,*	*narval,*	*rorqual,*
bal,	*choral,*	*negro spiritual,*	*santal,*
cal,	*festival,*	*nopal,*	*sisal,*
cantal,	*gavial,*	*pal,*	*tincal,*
caracal,	*gayal,*	*récital,*	*trial,*
carnaval,	*mistral,*	*régal,*	*virginal* (épinette) ;
cérémonial,			

les termes scientifiques, en particulier de chimie, font leur pluriel en **-als** (quand ils désignent «un type de») :

méthanals, phénobarbitals, pipéronals, véronals.

● Les adjectifs suivants ont un pluriel en **-als** :

aéronaval, bancal, fatal, natal, naval, néonatal, nymphal, tonal.

● Les mots ou abréviations de la langue populaire font leur pluriel en **-als** :

foutrals, certals, futals, protals, ritals, etc.

● Quelques mots ont les deux formes possibles au pluriel, **-als** ou **-aux** : *austral, banal, boréal, causal, étal, final, glacial, idéal, jovial, pascal* et *val* (qui n'admet la forme **vaux** que dans «par monts et par vaux»).

NOMS À DEUX PLURIELS

Certains mots ont deux pluriels, avec des sens différents :

aïeul : *aïeuls* (grands-parents) ; *aïeux* (ancêtres) ;

ciel : *ciels* (acceptions techniques) ; *cieux* (religieux et littéraire) ;

œil : *yeux,* mais *œils* dans les termes techniques *(œils-de-bœuf, œils-de-tigre, œils-de-paon, œils-de-perdrix, œils-de-pie).*

NOMS INVARIABLES

● Les adverbes, interjections, pronoms employés en fonction de noms restent invariables :

les comment et les pourquoi ; pousser des ah ! et des oh ! Il y a divers moi en moi.

● Les noms de lettres, de chiffres, de notes de musique sont invariables :

trois A. J'ai deux huit ; deux fa.

ATTENTION
Zéro est variable : *quatre zéros.*

● Certains adjectifs sont invariables :

bien, extra, rococo, rosat ;

certains adjectifs de couleur le sont aussi (voir plus loin), de même que certains adjectifs de la langue populaire ou argotique :

bath, capot, mastoc, cool, super, etc.

PLURIEL DES NOMS ET ADJECTIFS
EMPRUNTÉS AUX LANGUES ÉTRANGÈRES

S'ils sont intégrés au français, les noms et adjectifs empruntés aux langues étrangères ou au latin prennent un -s au pluriel :

des andantes	des factotums	des quidams
des autodafés	des forums	des quotas
des boys	des intérims	des sanatoriums
des confettis	des macaronis	des solariums
des dandys	des préventoriums	des spahis

CAS PARTICULIERS

● Certains mots, le plus souvent empruntés au latin et dont une grande partie appartient à la langue religieuse, ne prennent pas la marque du pluriel :

addenda	credo	Kyrie	requiem
amen	deleatur	imprimatur	satisfecit
ana	exeat	magnificat	Te Deum
Ave	exequatur	miserere	vade-mecum
confiteor	extra	Pater	veto

● Certains mots présentent deux pluriels, leur pluriel étranger et le pluriel français, mais le pluriel français tend à s'imposer dans l'usage :

alderman / aldermen ou aldermans	lazzi / lazzi ou lazzis
barman / barmen ou barmans	leitmotiv / leitmotive ou leitmotivs
businessman / businessmen ou businessmans	lobby / lobbies ou lobbys
carbonaro / carbonari ou carbonaros	pizzicato / pizzicati ou pizzicatos
clergyman / clergymen ou clergymans	policeman / policemen ou policemans
conquistador / conquistadores ou conquistadors	recordman / recordmen ou recordmans
gentleman / gentlemen ou gentlemans	sandwich / sandwiches ou sandwichs
jazzman / jazzmen ou jazzmans	soprano / soprani ou sopranos
lady / ladies ou ladys	tory / tories ou torys
	wattman / wattmen ou wattmans
	whisky / whiskies ou whiskys

Certains mots, qui sont des pluriels dans leur langue d'origine, se voient ajouter la marque du pluriel français :

> spaghetti / spaghetti ou spaghettis ;
> graffiti / graffiti ou graffitis ;

de même, *duplicata*, initialement invariable, tend à prendre la marque du pluriel : *des duplicata* ou *des duplicatas*.

ATTENTION
Erratum garde son pluriel d'origine : *des errata*.

● Les adjectifs ethniques dérivés d'un terme d'origine étrangère, souvent invariables dans les écrits scientifiques, prennent la marque du pluriel dans la langue courante : *bantou/bantous* ; *maya/mayas*.

● **Optimum**, **maximum**, **minimum** ont un pluriel en -s : *optimums, maximums, minimums* (recommandés par l'Académie) ou un pluriel, assez usuel, en -a (*optima, maxima, minima*). Les adjectifs correspondants sont *optimal, maximal, minimal* (recommandés) ou *optimum, maximum, minimum* (qui sont invariables en genre et dont le pluriel est identique à celui du nom).

LE PLURIEL DES NOMS PROPRES

NOMS PROPRES DE PERSONNES

● Les noms propres désignant les habitants d'une ville, d'une région, d'un pays prennent la marque du pluriel :

les Allemands ; les Argentins ; les Esquimaux ; les Belges.

● Les noms propres désignant des personnes ou des familles restent invariables au pluriel :

Les Dupont sont venus hier soir. Je connais deux Suzanne.

■ noms de familles illustres

Les noms de certaines familles illustres (noms français ou francisés) prennent la marque du pluriel :

les Antonins	les Constantins	les Horaces	les Sévères
les Bourbons	les Curiaces	les Montmorencys	les Stuarts
les Capets	les Flaviens	les Plantagenêts	les Tarquins
les Césars	les Gracques	les Ptolémées	les Tudors
les Condés	les Guises	les Scipions	

EXCEPTIONS
Les noms qui ne sont pas francisés restent invariables : *les Borgia ; les Hohenzollern ; les Romanov ; les Habsbourg.*

■ noms d'auteurs, de personnages, de marques

● Les noms de personnages ou d'auteurs que leur caractère ou leur conduite ont transformés en types humains prennent la marque du pluriel (ce sont alors presque toujours des noms communs souvent écrits avec une minuscule) :

Nous avons nos Cicérons. Les harpagons. Les mécènes.

ATTENTION
Restent invariables :

— les noms propres comportant un article singulier :

Des La Fontaine, il n'y en aura plus ;

— les noms propres employés avec emphase :

Les Shakespeare et les Molière ont marqué leur époque.

● Les noms propres d'artiste ou d'auteur utilisés pour désigner leurs œuvres, de même que les noms de marque ou de fabricant utilisés pour désigner les objets produits, restent invariables au pluriel :

De très beaux Titien. Des Rembrandt. Prendre deux Perrier. Les Clio. Acheter deux Simenon.

NOMS PROPRES DE CHOSES

● Les noms propres de personnage ou de thème utilisés pour désigner des œuvres (peinture, sculpture, etc.) prennent la marque du pluriel :

Les Madones du Titien. Les Descentes de croix.

● Les titres de revues, de journaux, de livres sont invariables :

Les «Monde» de la semaine passée.

OMS PROPRES DE LIEUX

Les noms propres désignant des lieux géographiques, des villes, des fleuves, des pays, etc., sont généralement des désignations uniques. Mais ces noms prennent la marque du pluriel quand ils désignent effectivement deux lieux différents portant le même nom :

> les Amériques ; les Baléares ; les deux Savoies.

Ils restent invariables dans le sens métaphorique :

> Il y a bien deux France depuis les élections.

ATTENTION
Les noms de villes composés restent toujours invariables : *Il y a deux Sainte-Suzanne et quatre Saint-Florent en France.*

LE PLURIEL DES NOMS COMPOSÉS AVEC TRAIT D'UNION

NOM FORMÉ DE DEUX NOMS

Quand un nom composé est formé de deux noms, la marque du pluriel dépend de la fonction du second nom.

● Si le second nom est une apposition du premier, les deux noms prennent la marque du pluriel ; c'est le cas le plus fréquent (90 %) :

> un aide-maçon/des aide**s**-maçon**s** ; un bateau-phare/des bateau**x**-phare**s** ; une location-vente/des location**s**-vente**s**.

● Si le second nom est un complément sans préposition exprimée du premier nom, seul le premier prend la marque du pluriel ; c'est le cas le moins fréquent (10 %) :

> un appui-tête/des appui**s**-tête (= pour la tête) ; un timbre-poste/des timbre**s**-poste (= de la poste) ; une pause-café/des pause**s**-café (= pour prendre le café).

EXCEPTIONS
Restent invariables dans les noms composés :
— les noms de points cardinaux : *les Nor**d**-Américains, les Su**d**-Coréens ;*
— **auto**-, abrégé de «automobile», traité comme un préfixe (donc il reste invariable) : *une auto-école/des aut**o**-écoles ; un aut**o**-stoppeur/des aut**o**-stoppeurs* (on peut aussi écrire *autostoppeurs*).

NOM FORMÉ D'UN NOM ET D'UN ADJECTIF

Dans ce cas, le nom et l'adjectif prennent la marque du pluriel (90 % des mots ainsi formés) :

> une basse-cour/des basse**s**-cour**s** ;
> un haut-commissaire/des haut**s**-commissaire**s** ;
> un amour-propre/des amour**s**-propre**s**.

EXCEPTIONS
Si l'adjectif a la valeur d'un adverbe, le nom seul prend la marque du pluriel : *un haut-parleur/des haut-parleurs ; un long-courrier/des long-courriers.*

Branle-bas et **pur-sang** sont invariables. **Petit-beurre** a comme pluriel *petits-beurre.*

■ les composés avec «grand-»

Dans les noms composés avec **grand**-, la formation du pluriel dépend du genre :
— les masculins prennent la marque du pluriel sur les deux termes : *un grand-père/des grands-pères* ;
— les féminins formés au singulier avec **grand**- (et non avec **grande**-) ont deux pluriels (**grand**- prenant ou non la marque du pluriel) : *une grand-mère/des grands-mères* ou *des grand-mères* ;
— les féminins formés au singulier avec **grande**- prennent la marque du pluriel sur les deux termes : *une grande-duchesse/des grandes-duchesses*.

CAS PARTICULIERS

— **Grand-croix** est invariable pour désigner la dignité : *décerner des grand-croix* ; variable pour désigner la personne revêtue de cette dignité : *les grands-croix de la Légion d'honneur.*
— **Grand-garde** a pour pluriel *grand-gardes*.

■ les composés avec «franc»

Là aussi, la formation du pluriel dépend du genre :
— pour les mots masculins, l'accord est régulier : *un Franc-Comtois/des Francs-Comtois* ;
— pour les mots féminins, seul le nom prend la marque du pluriel et **franc**- reste invariable : *une Franc-Comtoise, des Franc-Comtoises.*

▨ NOM FORMÉ D'UN NOM
ET D'UN COMPLÉMENT PRÉCÉDÉ D'UNE PRÉPOSITION

Dans ce cas, le premier nom seul prend la marque du pluriel ; c'est le cas le plus fréquent (90 % des mots ainsi formés) :

> *une barbe-de-capucin/des barbes-de-capucin ; un bouton-d'or/des boutons-d'or ; un arc-en-ciel/des arcs-en-ciel ; un face-à-main/des faces-à-main ; un fier-à-bras/des fiers-à-bras.*

ATTENTION

Restent invariables :
— les noms composés issus en fait de deux compléments d'un même verbe :

> *un coq-à-l'âne/des coq-à-l'âne* («passer du coq à l'âne») ;
> *un pied-à-terre/des pied-à-terre* («mettre pied à terre») ;
> *un face-à-face/des face-à-face* («être face à face») ;

— les noms composés de couleur : *des gorge-de-pigeon ; des tête-de-nègre* ;
— **prince-de-galles**, qui est assimilé à un nom de couleur : *des prince-de-galles.*

▨ NOM FORMÉ
D'UNE PRÉPOSITION OU D'UN PRÉFIXE ET D'UN NOM

Dans ce cas, seul le nom prend la marque du pluriel (95 % des mots ainsi formés) :

> *un à-côté / des à-côtés ; une arrière-boutique / des arrière-boutiques ; une demi-droite / des demi-droites ; un demi-soupir / des demi-soupirs ; une broncho-pneumonie / des broncho-pneumonies ; une gastro-entérite / des gastro-entérites.*

Ce nom peut aussi être formé à partir d'un nom composé : *un arrière-grand-père / des arrière-grands-pères ; une arrière-petite-fille / des arrière-petites-filles.*

CAS PARTICULIERS

1. Le nom composé avec une préposition ou un préfixe suivis d'un nom reste invariable dans deux cas :

— si le nom pris isolément est lui-même invariable ou toujours employé au singulier (nom qu'on ne peut pas compter) : *un après-midi/des après-midi* (période après midi) ; *un demi-sel/des demi-sel* (fromage qui a un peu de sel) ;

— s'il s'agit d'une locution adverbiale : *un à-pic/des à-pic* (tomber à pic) ; *un après-coup/des après-coup* (c'est après coup qu'il a réfléchi).

2. Les composés avec **hors-** sont invariables : *hors-saison, hors-jeu, hors-texte.*

3. **Demi-solde** (la moitié d'une solde), nom féminin, fait au pluriel *des demi-soldes* ; **demi-solde**, nom masculin (officier du premier Empire), est invariable : *des demi-solde.*

NOM FORMÉ D'UN VERBE ET D'UN NOM COMPLÉMENT D'OBJET

Dans ce cas, au pluriel, le verbe reste invariable. Pour le nom, trois possibilités se rencontrent (mais il y a des différences selon les dictionnaires et dans l'usage).

● Ou bien le nom ne varie pas, qu'il soit au singulier ou déjà au pluriel dans le mot composé singulier :

un coupe-gorge/des coupe-gorge ; un pare-chocs/des pare-chocs ; un porte-avions/des porte-avions.

Ce cas se retrouve dans 70 % des composés de ce type.

● Ou bien le nom prend la marque du pluriel :

un arrache-clou/des arrache-clous ; un passe-montagne/des passe-montagnes.

Ce cas se retrouve dans 20 % des composés dont le singulier ne se termine pas par un -**s**.

● Ou bien les deux sont possibles (le nom reste invariable ou prend la marque du pluriel) :

un porte-savon/des porte-savons ou *-savon ; un pèse-lettre/des pèse-lettres* ou *-lettre.*

Ce cas se retrouve dans 10 % des composés dont le nom n'a pas de marque de pluriel au singulier.

NOM FORMÉ D'UNE PHRASE, D'UNE LOCUTION ADVERBIALE, DE VERBES, D'INFINITIFS, ETC.

Dans ce cas, le mot reste invariable au pluriel :

un faire-valoir/des faire-valoir ; un porte-à-faux/des porte-à-faux ; un cessez-le-feu/des cessez-le-feu ; un on-dit/des on-dit ; un je-ne-sais-quoi/des je-ne-sais-quoi.

▨ NOM FORMÉ D'UNE LOCUTION, D'ONOMATOPÉE, DE REDOUBLEMENT, DE NOM PROPRE

Dans ce cas, le mot reste invariable au pluriel :

un Coca-Cola/des Coca-Cola ; un pont-l'évêque/des pont-l'évêque ; un béni-oui-oui/des béni-oui-oui ; un coin-coin/des coin-coin.

▨ NOM COMPOSÉ DÉRIVÉ D'UN NOM PROPRE

Dans ce cas, seul le deuxième terme porte la marque du pluriel :

*un cap-hornier/des cap-hornier**s**.*

▨ NOM COMPOSÉ D'ORIGINE ÉTRANGÈRE OU DIALECTALE

Dans ce cas, les deux termes prennent la marque du pluriel :

*une aigue-marine/des aigue**s**-marine**s** ; un pan-bagnat/des pans-bagnat**s**.*

REMARQUE
Si le nom composé, d'origine étrangère, a été récemment introduit en français, il garde souvent le pluriel qu'il avait dans la langue d'origine.
C'est en particulier le cas pour les composés anglais formés d'un adjectif invariable suivi d'un nom, ce dernier seul prenant la marque du pluriel (**-s**, **-es**, **-ies** ou **-men** selon les cas), ou pour ceux qui sont formés de deux mots invariables (verbe, adverbe, etc.), le mot restant alors invariable :

*un self-service/des self-service**s** ; un self-made-man/des self-made-**men** ou -**mans** ; un come-back/des come-back ; un break-down/des break-down.*

Pᴌᴜʀɪᴇʟ ᴅᴇs ɴᴏᴍs ᴄᴏᴍᴘᴏsÉs sᴀɴs ᴛʀᴀɪᴛ ᴅ'ᴜɴɪᴏɴ

Les noms composés sans trait d'union suivent les mêmes règles au pluriel que les noms composés avec trait d'union :

*pomme**s** de terre ; chou**x** de Bruxelles ; point**s** de chute ; chemin**s** de fer ; point**s** noir**s** ; des caf' conc'.*

Lᴇ ᴘʟᴜʀɪᴇʟ ᴅᴇs sʏᴍʙᴏʟᴇs, sɪɢʟᴇs, ᴀʙʀÉᴠɪᴀᴛɪᴏɴs, ɴᴏᴍs ᴅᴇ ᴍᴀʀǫᴜᴇs, ᴇxᴘʀᴇssɪᴏɴs

● Les symboles chimiques, mathématiques ou autres sont invariables, en particulier les lettres grecques ou latines :

des lambda, mu, epsilon, bêta, des rayons gamma, B (symbole du bore), l (symbole du litre), F (symbole du franc).

● Les sigles (premières lettres de mots composés) sont invariables quand ils se prononcent lettre à lettre :

des AZT (médicament), des B.C.G. (vaccin), des A.D.N. (constituant du noyau), des C.C.P. (compte courant postal), des CD (disques compacts), ABM, ICBM (missiles), abc (éléments d'une science), AGR (type de réacteur nucléaire), des B.A. (bonne action), des K.-O. ;

mais ils sont variables quand ils sont intégrés à la langue comme n'importe quel mot français :

> un laser/des laser**s**.

● Les abréviations formées par la suppression de la fin du mot et éventuellement l'adjonction de la voyelle -**o** sont variables comme les noms ordinaires :

> une diapo/des diapo**s** ; un prolo/des prolo**s** ; un ado/des ado**s** ; un dico/des dico**s** ; un clodo/des clodo**s** ; un aristo/des aristo**s** ; un anar/ des anar**s** ; un déca/des déca**s** ; les math**s**.

● Les noms de marques déposées (propriétés exclusives des firmes), avec majuscule, sont normalement invariables :

> des Coca-Cola, des Pepsi-Cola, des Duralumin, des Bic (stylos), des Acrilan (fibre synthétique).

REMARQUE La tendance est d'appliquer à tous ces mots les règles courantes, en ajoutant un -**s** au pluriel : des Duralumins, des Bics.

● Les expressions latines ou étrangères sont invariables :

> des bel canto, des boat people, a minima, des a posteriori, des a priori, ad hoc, ad hominem, al dente, at home, motu proprio, des new deal, des statu quo, des income tax.

LE PLURIEL DES ADJECTIFS COMPOSÉS

Comme c'est le cas pour les noms, le pluriel des adjectifs composés dépend des éléments qui forment l'adjectif.

● Si l'adjectif composé est formé d'un adverbe, ou d'un préfixe, suivi d'un adjectif, l'adjectif seul prend la marque du pluriel :

> un enfant bien-aimé/des enfants bien-aimé**s** ; un rayon ultra-violet/ des rayons ultra-violet**s** ; un nerf vaso-moteur/des nerfs vaso-moteur**s** ; une nation latino-américaine/des nations latino-américaine**s**.

● Si l'adjectif composé est formé de deux adjectifs, les deux adjectifs prennent la marque du pluriel :

> un propos aigre-doux/des remarques aigre**s**-douce**s**.

● Si l'adjectif composé est formé d'une préposition et d'un nom, il reste invariable :

> des lotions après-rasage ; des services après-vente.

ATTENTION

Les adjectifs de couleur composés avec ou sans trait d'union restent invariables (voir aussi, dans le chapitre suivant, «Accord des adjectifs de couleur», p. 61) :

> des étoffes bleu-noir, des tentures vert olive.

LES RÈGLES D'ACCORD DU NOM ET DE L'ADJECTIF

Les règles d'accord sont une des parties essentielles de l'orthographe car leur rôle est d'assurer la cohésion des différentes parties de la phrase. Les erreurs dans ce domaine sont jugées graves dans la mesure où elles apparaissent davantage comme la violation d'un raisonnement, même subtil, que comme une méconnaissance d'un usage lexical arbitraire. À l'intérieur du groupe du nom, l'accord en genre et en nombre se fait entre le nom (ou son remplaçant, le pronom) et les déterminants et les adjectifs.

L'ACCORD DU NOM

COMPLÉMENTS DU NOM SANS ARTICLE

● Le complément du nom sans article est au singulier quand il s'agit :

— d'une matière, d'une quantité qu'on ne peut compter, diviser : *un kilo de beurre ; un sac de farine ; une botte de foin ;*

— d'un nom abstrait : *un accès de colère ; une poussée de fièvre ;*

— d'une caractéristique ou d'une destination unique : *un fruit à noyau ; une chaîne de montre.*

● Le complément du nom sans article est au pluriel quand il s'agit d'objets, de fragments, de parties, d'éléments qu'on peut compter (voir «Le nombre») : *un kilo de cerise**s** ; un sac de bille**s** ; une botte d'asperge**s** ; du papier à lettre**s**.*

CAS PARTICULIERS

1. Si le groupe du nom est employé au pluriel, le nom complément garde le nombre qu'il avait au singulier :

> *des kilos de beurr**e** ; des lits de plum**e** ; des fruits à noy**au** ; des kilos de cerise**s** ; des sacs de bille**s** ; des accès de colèr**e**.*

2. Certains compléments du nom sans article peuvent être indifféremment du singulier ou du pluriel :

> *un pot de confitur**es** ou de confitur**e** ; une gelée de coin**g** ou de coin**gs** ; un sirop de groseill**e** ou de groseill**es**.*

3. Après **toute espèce de, toute sorte de, des espèces de, des sortes de**, etc., le nom qui suit est au singulier quand c'est un nom de matière ou un nom abstrait ; il est au pluriel s'il s'agit d'objets, d'individus, de choses qui peuvent se compter :

> *toute espèce de générosit**é** / toute sorte de pelle**s** ; des sortes de beurr**e** / des espèces de poisson**s**.*

4. Après **sans**, le complément est au singulier si la phrase affirmative correspondante comporte un singulier ; il est au pluriel dans le cas contraire :

> *un enfant sans peur* (≠ un enfant qui a peu**r**) ;
> *un ciel sans nuages* (≠ un ciel qui a **des** nuage**s**).
> *Il est sans façon**s*** (≠ il fait **des** façon**s**).
> *Il est sans goû**t*** (≠ il a **du** goût).

▨ NOMS EMPLOYÉS COMME ADJECTIFS

Les noms en fonction d'adjectifs s'accordent en nombre et en genre s'ils admettent deux formes distinctes pour le masculin et le féminin, comme l'adjectif (voir plus loin) :

> *Elles sont cousines/Ils sont cousins ; des pays amis. Elles sont restées très enfants* (une seule forme pour les deux genres).

REMARQUE **Témoin**, masculin, épithète ou attribut, s'accorde en nombre avec le nom auquel il se rapporte : *Elles ont été témoin**s** de la scène. Des marques témoin**s** furent apposées sur les fentes du mur.*
Témoin reste invariable dans la locution «à témoin» et lorsqu'il est en tête de phrase sans article : *On les a pris à témoi**n**. Témoi**n** ces armes trouvées chez eux.*

▨ LES NOMS APPOSÉS

Les noms placés en apposition sont considérés comme des adjectifs et varient en nombre (mais non en genre), qu'ils soient reliés ou non par un trait d'union :

> *des industries-clef**s** ; des usines pilote**s** ; des fermes-école**s** ; des robes chemisier**s**.*

EXCEPTIONS

1. Les noms propres apposés restent invariables : *des fauteuils Empir**e** ; des canapés Régenc**e**.*

2. Si le nom employé comme adjectif apposé constitue une locution figée, il reste invariable : *des manteaux **bon chic bon genre** ; des tissus **grand teint** ; des produits **bon marché, meilleur marché**.*

3. Matin, **midi** et **soir** mis en apposition sont invariables dans : *les dimanches* (*lundis*, etc.) *soir/matin/midi* (= des dimanches au soir/au matin/à midi).

L'ACCORD DE L'ADJECTIF QUALIFICATIF

▨ ACCORD AVEC UN NOM

Les adjectifs qualificatifs, épithètes, attributs ou apposés, s'accordent en genre et en nombre avec le nom ou le pronom auquel ils se rapportent :

> *une vieille maison délabr**ée**.*
> *Elle est très fièr**e** de son fils.*
> *Il a une profession intéressant**e** et lucrat**ive**.*
> *Cette étoffe qui est soyeu**se** et brillant**e** me convient.*
> *Ne laissez pas vos enfants seul**s** près de l'étang.*

ATTENTION

Il ne faut pas confondre l'adjectif épithète du complément et l'adjectif épithète du nom principal :

Un tas de branches assez haut pour protéger contre le vent (c'est le tas qui est haut).

Un tas de branches trop grandes pour être mises dans la cheminée (ce sont les branches qui sont grandes).

Cas particuliers

● Avec **avoir l'air**, l'adjectif s'accorde avec «air» si on peut ajouter l'article indéfini (= avoir un air) :

*Elle a **l'air heureux, détendu*** (= elle a un air heureux, détendu).

Il s'accorde avec le sujet si on peut remplacer «avoir l'air» par «sembler» :

***Elle** a l'air **contente** après ce succès* (= elle semble être contente).

● Avec **il y a** et séparé du nom dont il est épithète par la préposition **de**, l'adjectif s'accorde avec ce nom (exprimé ou non) :

*Il n'y a pas deux **pommes** de **bonnes** dans tout le paquet.*

*Parmi toutes ces **personnes**, il n'y en a pas deux de **conscientes**.*

Avec **il n'y a de**, l'adjectif qui suit reste au masculin singulier : *Il n'y a de **vrai** que la nouvelle de son départ.*

● **Les expressions avec «égal».** Dans **n'avoir d'égal que**, «égal» s'accorde le plus souvent avec le sujet ; il n'est toutefois pas interdit de l'accorder avec le complément de comparaison :

Elle n'a d'égale que son frère quand il s'agit de faire des bêtises.

Pierre n'a d'égaux que ses frères.

L'expression **d'égal à égal** est en général invariable :

Elle ne traite pas Pierre d'égal à égal (l'accord d'*égale à égal* est rare).

L'expression **sans égal** s'accorde au féminin singulier ou au féminin pluriel, mais jamais au masculin pluriel :

une joie sans égale ; des talents sans égal.

Dans tous ces cas, «égal» peut rester invariable.

● Après **des plus, des moins, des mieux**, l'adjectif se met au pluriel et s'accorde en genre avec le nom :

Cette question est des plus délicates.

Cette nuit a été des plus agitées chez le malade.

Un exposé des mieux écrits que je connaisse.

ATTENTION

Quelquefois, «des plus», «des moins», «des mieux» sont équivalents à des adverbes de quantité (indiquant un très haut degré : extrêmement, très peu), et l'adjectif peut s'accorder en genre et en nombre avec le nom auquel il se rapporte (il peut donc être singulier) :

Cet homme n'est vraiment pas des plus loyal (= il n'est pas loyal du tout).

Lorsque le mot auquel se rapporte l'adjectif est un infinitif, une proposition ou un pronom neutre, il reste au masculin singulier :

Plonger de cette hauteur est des plus dangereux.
C'est des plus désagréable.
Il lui est des plus pénible de se lever le matin.

● **Des meilleurs** s'accorde en genre avec le nom auquel il se rapporte :

Cette phrase n'est pas des meilleures.

● **Pareil**, dans «sans pareil», s'accorde en genre et en nombre ; il n'est toutefois pas interdit d'employer le masculin singulier au lieu du masculin pluriel :

une joie sans pareille ; des films sans pareils ou *sans pareil* (= sans rien de pareil).

● Avec **une sorte de, une espèce de**, etc., suivis d'un nom complément, l'adjectif s'accorde avec ce complément :

C'est une espèce de véhicule étonnant. Une sorte de fou, prêt à tout.

● Avec **un drôle de, un fripon de**, etc., suivis d'un complément, l'adjectif s'accorde avec le complément :

Une drôle de fille tout endimanchée s'était présentée.

● Avec des titres, comme «Sa Majesté», «Son Altesse», «Son Éminence», etc., suivis d'un nom apposé, l'adjectif attribut s'accorde avec ce nom apposé ; quand les titres sont employés seuls, l'adjectif s'accorde normalement avec le nom désignant le titre :

*Sa Majesté **le roi** est satisfait de vous.*
Sa Majesté est satisfaite.

ACCORD AVEC UN PRONOM

L'adjectif s'accorde en genre et en nombre avec la personne ou les personnes représentées par les pronoms :

Je suis heureux (c'est un homme qui parle).
Je suis heureuse (c'est une femme qui parle).
Est-ce que tu es heureuse ? (c'est à une femme qu'on s'adresse).
Est-ce que tu es heureux ? (c'est à un homme qu'on s'adresse).
Nous sommes partis en vacances (ma femme, les enfants et moi).
Vous êtes sorties cet après-midi ? (toi, ma femme, et toi, ma fille).

«nous» de majesté, «vous» de politesse

Lorsque **nous** et **vous** représentent en réalité une seule personne («nous» de majesté, «vous» de politesse), l'adjectif ou le participe s'accordent selon le genre de la personne représentée par ce pronom et sont au singulier :

Nous n'avons pas encore été contacté / contactée.
Vous êtes savant / savante.

le pronom «on»

Le pronom indéfini **on** est masculin singulier :

On a été surpris par la nouvelle. On était content.

Lorsque «on» se substitue à «nous» ou qu'il s'agit de plusieurs personnes, le verbe reste au singulier, mais l'attribut ou le participe passé avec «être» peuvent se mettre au pluriel :

*On s'est perd**us** de vue depuis sept ans.*
*On est tous les deux content**s** de vous savoir guéri.*

Lorsqu'on parle d'une femme, «on» (au sens de «elle», de «tu») a son attribut au féminin : *Alors on est heureu**se** de voir son père ?*

■ les autres pronoms indéfinis

Les pronoms **quelque chose, rien, pas grand-chose, autre chose, personne, tout le monde** sont masculins singuliers ; l'adjectif ou le participe passé qui s'y rapportent sont donc au masculin singulier :

Rien n'est sûr, il n'y a rien de sûr à l'heure actuelle.
Quelque chose est mystérieux, il y a quelque chose de mystérieux.
Personne n'est content, il n'y a personne de content parmi vous.
Tout le monde est content.
Il n'y a pas grand-chose de nouveau.

REMARQUE «Grand-chose» peut être nom : *C'est une pas grand-chose cette fille / un pas grand-chose ce garçon.*

ACCORD AVEC DES NOMS COORDONNÉS OU JUXTAPOSÉS

Si l'adjectif, épithète ou attribut, se rapporte à deux ou plusieurs noms, coordonnés par «et» ou juxtaposés, et de même genre, il se met au pluriel et est au même genre que ces noms :

*Elle porte une jupe et une veste neu**ves**.*

Si les noms sont de genres différents, l'adjectif se met au masculin pluriel :

*Elle porte une jupe et un corsage neu**fs**.*

CAS PARTICULIERS

1. Si l'adjectif se rapporte à un seul des noms, coordonnés ou juxtaposés, il s'accorde avec ce dernier : *À la réunion, elle portait ses bottes et un manteau neuf.*

2. Si les noms coordonnés ou juxtaposés sont synonymes (ont à peu près le même sens), l'adjectif s'accorde avec le dernier : *Il a montré un acharnement, une ténacité peu commune.*

3. Si les noms sont coordonnés par «ou», l'adjectif épithète s'accorde avec le nom le plus proche : *Il montre un parti pris ou une hostilité surprenante.*
L'adjectif attribut ou apposé se met au masculin pluriel si les noms sont de genres différents : *Son parti pris ou son indifférence sont surprenants. Son parti pris ou son indifférence, surprenants en pareilles circonstances, m'ont étonnée.*

4. Plusieurs adjectifs épithètes au singulier peuvent se rapporter au même nom pluriel : *les minorités noire et métisse ; les dix-septième et dix-huitième siècles ; les langues française et anglaise.*

ACCORD AVEC UN NOM COLLECTIF OU UN ADVERBE DE QUANTITÉ

L'adjectif épithète ou attribut s'accorde en genre et en nombre avec le complément d'un nom collectif («une masse de», «une foule de», etc.), d'un adverbe de quantité ou d'une expression équivalente («beaucoup de», «trop de», «peu de», «la plupart de», etc.) :

*Une foule de **gens** sont égoïste**s**.*
*La plupart de ses **amis** étaient sincère**s**.*
*Trop de **précipitation** est dangereu**se**.*
*Quantité de **gens** seront content**s**.*

ATTENTION

● Avec un adverbe de quantité, lorsque l'accent est mis sur la quantité elle-même, l'accord se fait au masculin singulier :

Trop *de prudence peut être dangereu**x**.*

● Avec un nom collectif précédé de l'article défini ou de l'adjectif possessif ou démonstratif, l'adjectif s'accorde avec le nom collectif :

Cette foule *d'enfants était joyeu**se**.*

● Lorsque l'adjectif se rapporte à un nom de fraction singulier («la moitié», «une partie», «un tiers») suivi d'un complément, il s'accorde avec le nom de fraction ou avec le complément :

*La moitié du terrain est boueu**x**/boueu**se**.*

Avec un nom de fraction au pluriel, l'adjectif est au pluriel :

*Les trois quarts du terrain sont humide**s**.*

ACCORD DES ADJECTIFS DE COULEUR

● Les adjectifs de couleur comme «blanc», «bleu», «brun», «écarlate», «gris», «jaune», «noir», «pourpre», «rose», «rouge», «vert», «violet», etc., suivent la règle générale des adjectifs. Ils s'accordent en genre et en nombre avec le nom auquel ils se rapportent :

Elle porte une robe blanche.
Ils sont verts de rage.

● Les noms employés comme adjectifs de couleur sont invariables en nombre et en genre :

des yeux marron, noisette,
des serviettes orange, grenat, chocolat.

Ce sont en particulier les noms de fruits, de fleurs, etc. :

amarante	crème	grenat	marron	paille
bistre	fraise	groseille	noisette	pêche
cerise	framboise	kaki	orange	prune

● Les adjectifs de couleur composés, avec ou sans trait d'union, formés de deux adjectifs de couleur ou d'un adjectif de couleur et d'un autre mot comme «clair», «foncé», «fer», etc., sont invariables :

*des rideaux jaun**e** pail**le** ;*
*une jupe ble**u** marin**e**, ble**u** fonc**é**, ble**u** clair ;*
*des costumes ble**u**-noi**r**, blan**c** cass**é**.*

ATTENTION
1. Il ne faut pas confondre les adjectifs de couleur composés formés d'éléments

61

coordonnés par «et» ou juxtaposés et qui sont invariables et les adjectifs de couleur coordonnés par «et» ou juxtaposés et qui sont variables :

des drapeaux bleu, blanc, rouge (chaque drapeau est bleu, blanc, rouge → invariable) ;
des étoffes bleu et or (chaque étoffe est bleu et or → invariable) ;
un bouquet de fleurs blanches et rouges (il y a des fleurs blanches et des fleurs rouges → variable).

2. Il ne faut pas confondre avec l'adjectif le nom désignant une couleur, qui est du masculin et prend la marque du pluriel :

des rubans turquoise (= adjectif invariable, issu du nom féminin «une turquoise») ;
des turquoises dégradés, du plus foncé au plus clair (= nom de couleur, masculin, variable).

REMARQUES
1. Le mot suivant le nom «couleur» reste invariable : *une chemise couleur chair ; des chemises couleur café* (= de la couleur de la chair, du café).

2. L'adjectif «pie» indiquant la couleur d'un cheval est invariable : *des juments pie.*

ADJECTIF EMPLOYÉ COMME ADVERBE, PRÉPOSITION OU PRÉFIXE

L'adjectif qualificatif employé comme adverbe, préposition ou préfixe reste invariable en genre et en nombre. Ainsi :

— **court** est adverbe et invariable dans *couper court ses cheveux* et dans les expressions «demeurer, rester court» : *Elle est demeurée court ;*

— **fin** est adverbe et invariable dans : *Ils sont fin prêts* (= tout à fait prêts) ;

— **fort, droit, haut, cher** sont adverbes et invariables dans : *Il parle fort. Il marche droit. L'avion monte haut. Ces vêtements coûtent cher.*
«Fort» est aussi invariable dans l'expression «se faire fort» (de + infinitif) : *Elles se sont fait fort de trouver la solution au problème ;*

— **plein**, adverbe placé avant le nom, est invariable : *Ils en ont plein les poches ;*

— **possible** est adverbe et invariable avec «le plus de», «le moins de» : *Ramassez le plus de fruits possible. Faites le moins d'erreurs possible.*

— **seul à seul** est invariable : *Nous avons laissé les mariés seul à seul.*

CAS PARTICULIERS
1. **Bien, mal**, invariables comme adverbes, restent invariables comme adjectifs : *des gens bien ; une histoire pas mal* (= adjectifs invariables) ; *des histoires bien, mal racontées* (= adverbe).

2. **Demi-**, placé avant le nom, est un préfixe invariable comme **mi-** : *une demi-heure ; une demi-douzaine ; avoir de l'eau jusqu'à mi-jambes.*
Placé après le nom dans «et demi», «demi» est variable en genre (toujours au singulier) : *trois heures et demie ; deux jours et demi.*

3. **Feu** est invariable avant le groupe du nom, variable entre l'article et le nom : *feu la reine ; la feue reine ; les feus rois.*

4. **Nouveau, frais, grand, large, bon,** précédant des adjectifs ou des participes, s'accordent en genre et en nombre : *les nouveaux mariés ; la nouvelle venue ; les nouveaux arrivés ; des roses fraîches écloses ; une fleur fraîche cueillie ; les yeux larges ouverts ; une fenêtre grande ouverte. Ils sont arrivés bons premiers.*
Cependant, dans le nom «nouveau-né» (avec un trait d'union), «nouveau» reste invariable : *un nouveau-né / des nouveau-nés / des nouveau-nées.*

5. **Nu** reste invariable quand il précède le nom auquel il est lié par un trait d'union (sauf dans «nue-propriété») : *aller nu-tête, nu-pieds.*
Mais «nu», après le nom, est normalement variable : *aller tête nue, pieds nus.*

6. **Raide** et **ivre** sont des adjectifs et s'accordent dans «raide mort», «ivre mort» : *Ils sont tombés raides morts. Elles étaient ivres mortes.*

7. **Minuit** et **midi** étant masculins, on écrit *minuit et demi, midi et demi.* (On rencontre parfois *midi et demie.*)

L'ACCORD DES ADJECTIFS NUMÉRAUX

▬ LES CARDINAUX

Les adjectifs numéraux cardinaux («quatre», «cinq», «sept», «huit», «neuf», «onze», «treize», «vingt-deux», «quarante-quatre», etc.) sont des mots générale-ment invariables :
> *Les trente-quatre élèves sont rentrés en classe.*
> *Ils sont douze par classe. Les douze y sont.*

CAS PARTICULIERS

● **Un** est variable en genre :
> *Les trente et une premières pages du livre.*

● **Vingt** et **cent** sont invariables quand ils sont employés seuls ou suivis d'un autre numéral :
> *Vingt-cinq élèves par classe.*
> *Je l'ai payé deux cent quatre francs.*
> *Trois cent onze mille francs.*

Ils prennent un **-s** quand ils sont précédés d'un autre numéral et qu'ils ne sont suivis d'aucun autre numéral :
> *Quatre-vingts francs*, mais *quatre-vingt-deux francs.*
> *Trois cents francs*, mais *trois cent trois francs.*

REMARQUE Les cardinaux employés avec le sens d'un adjectif numéral ordinal (après le nom) restent invariables, y compris «vingt» et «cent» :
> *page quatre-vingt* (sans **-s**) ; *page deux cent ; page trente et un*, etc.

● **Mille** est invariable :
> *trois mille personnes ;*

mais les noms de nombre **million, milliard, millier** prennent un **-s** au pluriel :
> *deux millions de francs ; trois cents millions ;*
> *des milliers de victimes ; trois milliards de déficit.*

Remarque   Ne pas confondre avec le nom de mesure, le «mille marin», qui est variable : *à trois mille* (cardinal = invariable) *milles* (nom = variable) *du rivage.*

▨ LES ORDINAUX

Les adjectifs numéraux ordinaux («deuxième», «troisième», «quatrième», «vingtième», «centième», «millième», etc.) s'accordent avec le nom auquel ils se rapportent :

> *les premier**s** élèves de la classe.*

L'ACCORD
DES DÉTERMINANTS ET DES PRONOMS

▨ LES DÉTERMINANTS

Les déterminants, articles, adjectifs possessifs, adjectifs démonstratifs, adjectifs indéfinis, adjectifs interrogatifs, s'accordent en genre et en nombre avec le nom auquel ils se rapportent :

> *se**s** bagages. Quel**s** sont vos nom et prénom ? Il y a encore quelque**s** erreurs dans vos additions.*

ATTENTION

Quand on transforme au pluriel une phrase au singulier où le complément comporte un possessif se rapportant au sujet, la transformation au pluriel peut se présenter de deux façons ; les phrases *L'oiseau fait son nid* ou *Enlève ta veste* deviennent, selon le sens :

— ou bien : *Les oiseaux font leu**r** nid* (chacun fait son nid).
   *Enlevez vo**tre** veste* (chacun l'enlève) ;

— ou bien : *Les oiseaux font leur**s** nid**s*** (tous font des nids).
   *Enlevez vo**s** veste**s*** (tous les enlèvent).

● Avec **chacun**, précédant un complément comportant un possessif, on peut avoir :

> *Les oiseaux font **chacun son** nid* (accord de «son nid» avec «chacun» : cas le plus fréquent).

> *Les oiseaux font chacun **leur nid*** (accord de «leur nid» avec «les oiseaux»).

> *Les oiseaux font chacun leur**s** nid**s*** (accord de «leurs nids», «nids» étant au pluriel, avec «les oiseaux» : cas le plus rare).

● Avec **le plus, le moins, le mieux**, accompagnés d'un complément, l'article s'accorde en genre avec ce complément :

> *Voici **la** plus étonnant**e** des histoires que je connaisse.*
> *De toutes les machines c'est **la** plus perfectionné**e**.*

S'il n'y a pas de complément et que le superlatif signifie «le plus, le moins possible en l'état actuel», l'article reste à la forme «le» («le plus», «le moins», «le mieux» forment alors des adverbes) :

> *C'est sur ce sujet que les députés ont été le plus prolixes* (= très prolixes).

Voilà une histoire qui n'est pas le plus utile à raconter en ce moment (= très utile).

Ce sont là les romans le mieux écrits qu'on puisse lire (= très bien écrits).

■ aucun, nul

Aucun et **nul** ne s'emploient qu'au singulier comme adjectifs indéfinis et pronoms indéfinis, sauf quand ils déterminent un nom qui n'est utilisé qu'au pluriel :

aucunes obsèques ; aucuns ciseaux ; nulles funérailles.

■ même

● **Même**, adjectif indéfini désignant des personnes ou des choses identiques et placé entre l'article et le nom, s'accorde avec ce nom :

*J'ai vu **les** même**s** robe**s** dans un magasin de Paris.*

Le nom peut ne pas être repris :

*Cette robe est bien, je veux **la même**.*

● **Même**, placé après un pronom, avec le sens de «en personne», s'accorde avec le pronom :

*Elle**s**-même**s** me l'ont dit et je les ai crues.*
***Ceux**-là même**s** qui me l'ont dit sont dignes de foi.*

ATTENTION
Même peut aussi être un adverbe ; il est alors invariable :

— quand il est placé avant le groupe formé par le déterminant et le nom et signifie «aussi» : *Même les enfants s'ennuyaient à ce film ;*

— dans «et même», «tout de même», «quand même», «être à même de» (= être capable de) : *Ils ne sont pas à même de vous renseigner ;*

— dans la langue écrite soutenue, placé après le groupe du nom : *Les enfants même s'ennuyaient.*

■ quelque, quel que

Il ne faut pas confondre «quelque» en un mot et «quel que» en deux mots.

● **Quelque**, placé avant un nom pluriel avec le sens de «un petit nombre», est un adjectif indéfini qui s'accorde avec ce nom :

*Il y a quelque**s** fruit**s** abîmés.*
*Il a travaillé quelque**s** heure**s** hier soir.*

Placé avant un nom singulier, avec le sens de «un certain», il reste au singulier :

C'est arrivé avec quelque retard.

Devant un nom et suivi de **que** et du subjonctif (avec le sens de «quoique», «bien que»), il s'accorde avec ce nom :

*Quelque**s** mérite**s** qu'ils aient, ils ne sont pas à la hauteur de la situation.*

ATTENTION
Quelque peut aussi être un adverbe et est alors invariable :

— devant une indication de nombre, de durée, etc., avec le sens de «environ» :
Il s'est passé quelque dix jours avant que nous la revoyions.
Il y a quelque cinq cents personnes dans la salle ;

— devant un adjectif et suivi de **que** et du subjonctif (avec le sens de «quoique», «bien que») :
Quelque patients qu'ils soient, ils n'ont pu supporter cela.

● **Quel(s)/quelle(s) que** (en deux mots), suivi du subjonctif des verbes «être», «devoir être», «pouvoir être», etc., s'accorde avec le sujet du verbe :
Quelle que soit la date de vos vacances, passez nous voir.
Quelles que puissent être vos intentions...
Quelle qu'ait été sa surprise...
Quels que doivent être vos projets...

ATTENTION
Quoi que (en deux mots), pronom correspondant à «quel que» (en deux mots), a le sens de «quelle que soit la chose que» et il est complément d'objet ou sujet du verbe au subjonctif qui suit : *Quoi qu'il ait vu, qu'il se taise. Quoi qu'il ait été prévu, refaisons les calculs.*
Ne pas confondre **quoi que** avec **quoique** (en un mot), au sens de «bien que». «Quoique» est une conjonction qui n'a ni la fonction de sujet ni celle de complément d'objet : *Quoique vous ayez vu la scène, taisez-vous. Quoiqu'il ait commis un crime, il a des excuses.*

■ **tel**
● **Tel** s'accorde généralement avec le nom qui suit :
Elle arriva tel l'éclair.
Des accords, telle cette convention collective.

ATTENTION
«Tel que» s'accorde toujours avec le nom qui précède : *Des accords tels que cette convention collective.*

Les expressions «comme tel», «tel quel» s'accordent en genre et en nombre avec le nom auquel elles se rapportent :
La danse est un art et, comme tel (= comme un art), je l'admire.
J'ai trouvé ce livre tel quel, cette revue telle quelle.

■ **tout, tous, toute/s**
Le mot **tout** peut être adjectif indéfini, pronom indéfini, nom ou adverbe.

● Adjectif : **tout**, épithète, placé avant le groupe formé de l'article, du possessif ou du démonstratif et du nom, s'accorde avec le nom :
Tous les enfants sont rentrés en classe.
Toute la vaisselle a été faite.
Tous leurs efforts ont été vains.
Toutes ses affaires ont été volées.

Tout, attribut, s'accorde avec le sujet ou le complément d'objet :
Les enfants sont tous là, je les vois tous.
Elles sont toutes arrivées à l'heure.

● Pronom : **tous, toutes** employés sans nom sont des pronoms indéfinis au sens de «tous les gens», «toutes les femmes» :

> *Tous sont contents de te savoir en bonne santé. Toutes étaient silencieuses.*

● Nom : **tout** peut être aussi un nom masculin précédé d'un déterminant, au sens de «une totalité» ; en ce cas son pluriel est **touts** :

> *Prenez ces billes et faites-en **un tout**, puis faites-en **des** touts distincts selon les couleurs.*

● Adverbe : **tout**, devant un adjectif, au sens de «tout à fait», est un adverbe invariable lorsque l'adjectif qui suit est masculin ou que l'adjectif féminin qui suit commence par une voyelle ou un **h**- muet :

> *Ils sont venus tout seuls.*
> *Elle est tout étonnée.*
> *Elles sont tout heureuses.*

ATTENTION

● **Tout**, devant un adjectif féminin commençant par une consonne ou un **h**- aspiré, est un adverbe variable :

> *Elle est toute contente. Elles sont toutes surprises. Elle est toute hardie, toute honteuse.*

Cela s'applique à :

— **tout-puissant** (avec trait d'union) :

> *Ce sont des personnalités toutes-puissantes (féminin).*
> *Ce sont des hommes tout-puissants (masculin) ;*

— **tout** + adjectif + **que** :

> *Tout étourdis qu'ils soient, ils n'ont pas oublié l'heure.*
> *Tout étonnée qu'elle fût intérieurement, elle ne le laissa pas paraître.*
> *Toutes honteuses qu'elles soient...*

● Dans **tout autre que** au sens de «n'importe qui», «n'importe quel autre», «tout» s'accorde en genre avec le nom auquel il se rapporte :

> *Toute autre que **Georgette** aurait accepté.*

Mais il est adverbe dans :

> *J'attendais de vous une tout autre réponse (= tout à fait différente).*

● **Tout**, adverbe, est invariable devant un nom :

> *Une étoffe tout **laine** (= entièrement en laine).*
> *Les tout débuts de ce chanteur.*

LES PRONOMS

Les pronoms possessifs, démonstratifs et les pronoms personnels de la 3e personne s'accordent en genre et en nombre avec le ou les noms qu'ils représentent, les êtres ou les choses qu'ils désignent, auxquels ils se réfèrent :

> ***Nos amis** sont arrivés ; **ils** s'impatientent de ne pas te voir.*
> *Ces cravates sont toutes très belles, mais je préfère **celle-là**.*
> ***Tes amies** sont gentilles, **les miennes** le sont aussi.*

CAS PARTICULIERS

1. Lorsque le pronom remplace toute une phrase, il est au masculin singulier ou à une forme neutre («ça», «cela») :

*Tu crois **qu'il viendra demain ?** — Je **le** pense. **Ça** ne m'étonnerait qu'à moitié.*

2. Lorsque le pronom remplace plusieurs noms coordonnés de genres différents, il se met au masculin pluriel :

***Ta** patience et **ton** sang-froid ne sont-**ils** pas en fait des marques d'indifférence ?*

3. Lorsque le pronom se réfère à un titre, il s'accorde avec ce titre et non avec la personne qu'il représente :

***Son Éminence** recevra-t-**elle** les visiteurs ?*

Mais, si le titre est suivi d'un nom apposé, le pronom s'accorde avec ce nom :

*Sa Sainteté **le pape** n'est-**il** pas guéri de sa maladie ?*

4. Lorsque le nom représenté est un adverbe de quantité suivi d'un complément, le pronom s'accorde avec ce complément :

*Trop d'**hésitations** ne vont-**elles** pas faire échouer votre projet ?*
*Tant de **patience** n'emporte-t-**elle** pas votre admiration ?*

Si l'accent est mis sur la quantité elle-même, le pronom peut être au masculin singulier :

***Trop** de prudence ne va-t-**il** pas vous nuire ?* (= un excès de prudence).

L'ACCORD DE L'ADJECTIF VERBAL

L'adjectif verbal en -**ant**, épithète ou attribut, varie en genre et en nombre avec le nom auquel il se rapporte :

*Voici **une nouvelle** surprenant**e** et très grave* (= propre à surprendre : adjectif verbal).

Il ne faut pas confondre l'adjectif verbal avec le participe présent, forme verbale, suivie de compléments, qui reste invariable :

***Sentant** l'adversaire faiblir, ils en ont profité* (= comme ils sentaient...).

COMMENT RECONNAÎTRE UN PARTICIPE PRÉSENT ?

Est toujours participe présent et invariable la forme en -**ant** :

— précédée de la préposition «en» (cette forme est souvent appelée gérondif) :

*Elle est tombée **en glissant** dans l'escalier ;*

— suivie d'un complément, direct, indirect ou circonstanciel :

*Voyant **la situation** défavorable, ils ont renoncé. Parlant **à Paul**, elle ne t'a pas vu. Arrivant **hier soir** à Paris, nous n'avons pas pu te joindre ;*

— accompagnée de la négation «ne» ou «ne pas», ou suivie d'un adverbe :

***Ne** connaissant **rien** de la ville, ils se sont égarés. Partant **demain**, nous ne pouvons prendre un rendez-vous ;*

— issue d'un verbe pronominal, ou avec «aller» :

S'agissant d'une question aussi grave, nous devons réfléchir. **Se** satisfaisant de cette réponse, elle a accepté. Les difficultés **allaient** croissant ;

— ayant un sujet différent du sujet du verbe principal (proposition participiale) :

Les circonstances demeurant ce qu'elles étaient, nous attendrons.

COMMENT RECONNAÎTRE UN ADJECTIF VERBAL ?

Est toujours adjectif verbal et variable la forme en -**ant** :

— à laquelle on peut substituer un adjectif qualificatif :

Elle était ravissant**e** avec sa robe bleue (= très belle) ;

— coordonnée à un adjectif qualificatif :

Il remporta des succès éclatant**s** et inattendus ;

— précédée d'un adverbe de quantité («très peu», «trop», «assez», «bien», «fort»), ou précédée d'un adverbe de temps :

Ce sont des enfants **très** obéissant**s**. Une femme **toujours** souriant**e**.

ATTENTION

Participes présents et adjectifs verbaux (au masculin singulier) ont en général la même forme ; ils ne sont différents que dans peu de cas ; l'adjectif verbal est alors terminé par -**ent** ou a une forme particulière (quand il est issu de verbes en -**guer** ou en -**quer**) :

participe présent	adjectif verbal	participe présent	adjectif verbal
adhérant	adhérent	excellant	excellent
coïncidant	coïncident	fatiguant	fatigant
communiquant	communicant	influant	influent
confluant	confluent	intriguant	intrigant
convainquant	convaincant	naviguant	navigant
convergeant	convergent	négligeant	négligent
déférant	déférent	précédant	précédent
détergeant	détergent	provoquant	provocant
différant	différent	résidant	résident
divaguant	divagant	somnolant	somnolent
divergeant	divergent	suffoquant	suffocant
émergeant	émergent	vaquant	vacant
équivalant	équivalent	zigzaguant	zigzagant

CAS PARTICULIERS

1. **Soi-disant, flambant neuf** sont invariables : de soi-disant volontaires ; une voiture flambant neuf. L'accord n'est cependant pas une faute avec «flambant» et «neuf» : une villa flambante neuve ou flambant neuve ; des voitures flambantes neuves ou flambant neuves.

2. **Sonnant, battant, tapant** et, en langue populaire, **pétant**, s'accordent ou non après l'expression d'une heure : à quatre heures sonnant**es** ; à deux heures pétant**es** ; à trois heures tapant, pétant.

3. **Cessant** s'accorde dans : toutes affaires cessant**es** ; tous empêchements cessant**s**.

L'ACCORD DU VERBE AVEC LE SUJET

La connaissance de l'accord du verbe avec son sujet est nécessaire pour acquérir une parfaite maîtrise de l'orthographe. Mais il faut d'abord savoir repérer la fonction sujet dans les phrases, même quand le sujet n'est pas placé avant le verbe. Il faut aussi connaître les règles particulières d'accord en cas de sujets multiples, coordonnés ou juxtaposés.

L'ACCORD AVEC UN SUJET NOM

Le verbe (à un temps simple) ou l'auxiliaire (à un temps composé) s'accorde en nombre avec le sujet : si le sujet est au singulier, le verbe est au singulier ; si le sujet est au pluriel, le verbe est au pluriel :

> **Les autoroutes sont** encombrées l'été.
> **L'autoroute était** encombrée ce matin.

ATTENTION
Le sujet peut suivre le verbe et non le précéder :

> Écoutez ce que **disent vos parents**.
> La nouvelle qu'**ont** donnée **les journaux** est fausse.

CAS PARTICULIERS
Vive, qu'importe, peu importe, reste, soit, suivis d'un sujet pluriel, s'accordent s'ils sont considérés comme des verbes ou restent invariables s'ils sont considérés comme des exclamations, ou des présentatifs :

> Vive(nt) les vacances ! Qu'importe(nt) ses remarques ! Peu importe(nt) les circonstances ! Reste(nt) quelques points délicats. Soi(en)t deux droites.

«Vive», devant un pronom de la 1re ou de la 2e personne, est invariable : *Vive nous !*

L'ACCORD AVEC PLUSIEURS SUJETS NOMS

Si le sujet est formé de deux ou plusieurs noms coordonnés par «et» ou juxtaposés, le verbe se met au pluriel :

> Le dégoût et la tristesse m'av**aient** envahi.
> L'amertume chez les uns, la colère chez les autres ne cess**aient** de grandir.

SUJETS COORDONNÉS AVEC «OU» OU «NI»

Si les sujets coordonnés par **ou** ou **ni** peuvent indifféremment faire l'action, le verbe se met au pluriel :

La valise ou le sac feront l'affaire (= l'un comme l'autre).
Ni Paul ni Françoise ne peuvent nous aider (= aucun des deux).

Si un seul de ces sujets fait, ou peut effectivement faire l'action, à l'exclusion de l'autre, le verbe se met au singulier :

L'ambassadeur ou son représentant sera présent à notre réunion (un seul des deux viendra). *Ni Paul ni François ne sera élu maire de notre commune* (un seul des deux pourrait l'être).

Si un seul des deux sujets est pluriel, le verbe est au pluriel :

Tes frères ou ton cousin viendront bien à la réunion.

Si «ou» introduit un synonyme ou une explication, le verbe s'accorde avec le premier terme, seul sujet :

Votre patronyme ou nom de famille doit être écrit en toutes lettres.

CAS PARTICULIERS DE SUJETS JUXTAPOSÉS

● Si un sujet singulier résume des noms juxtaposés, le verbe reste au singulier : *Documents, manuscrits, fichiers, **tout** avait brûlé.*

● Si les sujets juxtaposés sont de simples synonymes, le verbe s'accorde avec le dernier sujet : *Un moment d'inattention, une négligence, **un oubli** peut provoquer la catastrophe.*

● Si les sujets juxtaposés constituent une simple gradation, le verbe s'accorde avec le dernier sujet : *Le ressentiment, la colère, **la haine** même se lit sur son visage.*

AUTRES COORDONNANTS

Lorsque les sujets sont liés par **ainsi que, comme, de même que, aussi bien que** dans le sens de «et», le verbe est au pluriel : *Ton père aussi bien que ta mère seront heureux de ton succès* (= et ta mère). *Le lièvre comme la perdrix sont rares cette année* (= et la perdrix).
Mais, si ces conjonctions gardent le sens de comparaison, le verbe reste au singulier : *Paul, ainsi que les enfants de son âge, est turbulent.*

SUJET COMPORTANT «L'UN... L'AUTRE»

● Avec **l'un et l'autre**, le verbe est au pluriel : *L'un et l'autre parti étaient organisés. L'une et l'autre étaient intelligentes.*

● Avec **l'un ou l'autre**, le verbe est au pluriel (au sens de «tous les deux») ou au singulier (si l'un exclut l'autre) : *L'une ou l'autre maison me conviennent* (= toutes les deux). *L'une ou l'autre maison doit être détruite* (= mais pas les deux).

● Avec **ni l'un ni l'autre**, le verbe est au pluriel si les deux sont exclus en même temps : *Ni l'une ni l'autre maison ne me conviennent.*
Il est au singulier si, bien qu'exclus tous les deux, un seul des deux aurait pu faire l'action : *Ni l'un ni l'autre n'est le père de l'enfant.*

L'ACCORD AVEC UN SUJET PRONOM

LE SUJET EST UN PRONOM PERSONNEL

Si le sujet est un pronom personnel, le verbe s'accorde en personne et en nombre avec le pronom :

> *Moi,* **je pense** *que* **tu as** *tort.*
> **Nous sommes allés** *au cinéma dimanche.*

REMARQUE Si le sujet est formé de deux ou plusieurs pronoms personnels, le verbe au pluriel est :

— à la 1re personne si un des pronoms est à la 1re personne : *Toi et* **moi** (= nous) **serons** *en vacances en même temps. Elle et* **moi** (= nous) **avons** *convenu de nous revoir ;*

— à la 2e personne si les pronoms sont à la 2e et à la 3e personne : **Toi** *et* **elle** (= vous) *reste**rez** cet après-midi à la maison ;*

— à la 3e personne si les pronoms sont uniquement à la 3e personne : **Lui** *et* **elle** **sont** *insupportables autant l'un que l'autre.*

LE SUJET EST UN PRONOM RELATIF

Si le sujet est un pronom relatif («qui»), le verbe s'accorde en nombre et en personne avec l'antécédent :

> **Les livres** *qui* **sont** *sur la table.*
> **Toi** *qui* **es** *si forte...*
> **Nous** *qui* **sommes** *arrivés hier...*

Si l'antécédent est formé de plusieurs pronoms, l'accord du verbe se fait selon la règle énoncée plus haut :

> *Toi et* **moi** *qui* **savons** *cela depuis longtemps, nous nous méfions.*
> *C'est* **toi** *qui* **es** *de corvée. C'est* **toi** *qui l'**as** dit. C'est* **moi** *qui l'**ai** dit.*

ACCORD AVEC UN SUJET COLLECTIF

Si le sujet est un nom collectif précédé de l'article indéfini et suivi d'un complément du nom pluriel, le verbe s'accorde indifféremment avec le collectif ou avec le complément :

> **Une foule de gens viendront** */* **viendra** *à ce spectacle.*
> **Une nuée d'oiseaux s'abattit** */* **s'abattirent** *sur la plage.*

Ces collectifs (précédés d'un article indéfini) sont par exemple :

une armée de	un grand nombre de	une poignée de
une centaine de	une masse de	une rangée de
une dizaine de	une nuée de	un régiment de
une douzaine de	un paquet de	une troupe de
une foule de	un petit nombre de	

ATTENTION

Si ces collectifs au singulier sont précédés d'un article défini, d'un possessif ou d'un démonstratif, le verbe est au singulier : **La foule** *des spectateurs* **s'éloigna** *du stade.* **Cette armée** *de supporters* **est** *très bruyante.*

CAS PARTICULIERS

1. Avec les noms de fraction au singulier («moitié», «quart», etc.) suivis d'un complément au pluriel, le verbe s'accorde avec le nom de fraction ou avec le complément : **La moitié des enfants sont** absents / **est** absente.
Avec un nom de fraction au pluriel, le verbe est au pluriel : **Les trois quarts des enfants sont** absents.

2. Après **un des** suivi d'un nom pluriel et du pronom relatif «qui», le verbe de la relative s'accorde avec l'antécédent qui, selon le sens, est «un» ou le complément : C'est **un** des enfants **qui a** gagné le prix (= un seul enfant a gagné). Mon fils, c'est un des **enfants** qui **jouent** dans la cour (= plusieurs enfants jouent).

ACCORD AVEC UN SUJET EXPRIMANT LA QUANTITÉ

Si le sujet est un adverbe de quantité, ou une expression équivalente, suivi d'un complément au pluriel, le verbe est au pluriel :
Beaucoup de gens pensent ainsi. **Trop d'obstacles ont** surgi.

Même si le complément «de gens» ou «de ces choses» est sous-entendu, le verbe est au pluriel :
Peu savent reconnaître leurs erreurs (= peu de gens).
Ces pommes sont belles mais **beaucoup sont** abîmées à l'intérieur (= beaucoup de pommes).

Ces adverbes ou ces expressions de quantité sont, par exemple :

assez de	force	peu de	quantité de
beaucoup de	moins de	la plupart	tant de
combien de	nombre de	le plus grand nombre	trop de

Si l'accent est mis sur le quantitatif lui-même, sur la notion de quantité (en particulier avec «le peu de»), le verbe reste au singulier : **Le peu de** ressources qui me rest**e** ne suffir**a** pas (on parle de la quantité). Le peu de **robes** qui lui rest**aient** ét**aient** déchirées (on parle des robes).

CAS PARTICULIERS

1. Avec **plus d'un**, le verbe est au singulier : **Plus d'un** s'**est** aperçu de son hésitation.

2. Avec **moins de, pas moins de** (suivis d'un nom pluriel), le verbe se met au pluriel : **Moins de** deux minutes se **sont** passées avant qu'elle ne revienne. **Pas moins de** trois morts **ont** été sortis de la voiture.

3. Avec **toute sorte de, toute espèce de** et un nom pluriel, le verbe est au pluriel : **Toute sorte de gens** se trouv**aient** dans la salle. **Toute espèce de rêves** troublaient mes nuits.

ACCORD DE «C'EST», «CE SONT», «CE SERA», ETC.

Dans **c'est, c'était, ce sera**, etc., le verbe «être» se met au pluriel dans la langue soutenue et écrite quand le nom ou le pronom qui suit est au pluriel ; il reste au singulier dans la langue courante et parlée :
Ce sont des amis très sympathiques / C'est des amis sympathiques.
Ce sont eux que j'ai vus hier / C'est eux que tu as vus hier.
C'étaient des frais inutiles / C'était des frais inutiles.

REMARQUES

1. La règle s'applique à **ce doit être**, **ce peut être** : *Ce doivent être nos amis qui arrivent maintenant* (langue littéraire) / *Ce doit être nos amis* (langue courante).

2. **Si ce n'est** (= excepté), **fût-ce**, **n'eût été** restent invariables.

3. Lorsque le pronom qui suit **c'est** est «nous» ou «vous», le verbe «être» reste au singulier : *C'est vous qui avez écrit cela.*

4. Avec **tout ceci**, **tout cela**, le verbe «être» se met au pluriel si le nom attribut qui suit est au pluriel : *Tout cela ne **sont** pas des **preuves**.* «Tout ceci», «tout cela» sont souvent repris par «ce» : ***Tout cela**, **ce** ne **sont** pas des **preuves**.*

5. Si le nom qui suit **c'est** est précédé d'une préposition, le verbe reste au singulier : *C'**est de** mes voisins que j'ai appris la nouvelle.*

L'ACCORD DES PARTICIPES PASSÉS

L'accord des participes passés est le point le plus compliqué de la grammaire française, car il implique la connaissance de la structure syntaxique complète de la phrase. Or cette structure dépend des relations du verbe avec le sujet et les divers compléments d'objet (directs ou indirects), de la nature même du verbe (transitif, intransitif, pronominal) et du type d'auxiliaire employé.

LE PARTICIPE PASSÉ CONJUGUÉ AVEC «ÊTRE»

● Le participe passé employé avec «être» s'accorde en genre et en nombre avec le nom ou le pronom sujet auquel il se rapporte et suit les mêmes règles que l'adjectif qualificatif. Les verbes conjugués avec «être» sont les verbes à la voix passive et certains verbes intransitifs :

> Nos lettre**s** ne sont pas parven**ues** à leurs destinataires.
> Nos espoir**s** ont été déç**us**.
> **La** vaisselle est fai**te**.

● Le participe passé sans auxiliaire (le verbe «être» étant sous-entendu) s'accorde avec le nom auquel il se rapporte :

> Une fois **la vaisselle** fai**te**, nous pourrons regarder la télévision.
> Vous croyez **Colette** part**ie**? (= que Colette est partie).
> **La lettre** envoy**ée**, elle a changé d'avis.
> On va renflouer **les bateaux** échou**és** sur le rivage.
> Étonn**ée**, **Jacqueline** ne répondit rien.

CAS PARTICULIERS

1. Avec les verbes d'état comme **rester, demeurer, paraître, sembler,** le participe passé attribut s'accorde avec le nom auquel il se rapporte :

> **Elle** paraît très affect**ée** par la nouvelle. **La ferme** reste abandonn**ée**.

2. **Attendu, excepté, ôté, passé, supposé, vu, y compris, non compris, ci-joint, ci-inclus, ci-annexé,** placés avant le nom auquel ils se rapportent, restent invariables ; ils sont considérés non comme des participes mais comme des prépositions ou des adverbes :

> Excep**té** Jeanne, tout le monde était là. Pas**sé** cette semaine, le plus difficile sera fait. **Vu** les problèmes, il faut se donner le temps de réfléchir. Vous trouverez **ci-joint** la somme que vous demandez. **Ci-inclus** les pièces nécessaires à l'instruction. Relisez tout, **y compris** les notes en bas de page.

ATTENTION

Placés après le nom auquel ils se rapportent, ils sont considérés comme des participes et s'accordent avec le nom :

Jeanne except**ée**, *tout le monde était là. Vous compterez* **la somme** *ci-jointe. Relisez tout,* **les notes** *en bas de page y compr**ises**.* **La pièce** *ci-incl**use** devra m'être retournée signée.*

3. Le participe passé **été** est toujours invariable :

Nous ne pouvons être et avoir **été***. Aline y a* **été** *l'année dernière.*

LE PARTICIPE PASSÉ
CONJUGUÉ AVEC «AVOIR»

Le participe passé conjugué avec «avoir» s'accorde avec le complément d'objet direct si celui-ci précède le participe, mais jamais avec le sujet.
Ce complément d'objet direct est le pronom relatif («que») ou un pronom personnel («le», «la», «les», «me», «te», «nous», «vous») remplaçant un nom :

La lettre que *Georges a envoy**ée** de Nice est sur le bureau.* (Georges a envoyé quoi ? Une lettre.)

J'ai rencontré **quelques amis** *; je* **les** *ai invit**és** pour demain.* (J'ai invité qui ? Quelques amis.)

REMARQUE Seuls ont un complément d'objet direct les verbes transitifs directs.

CAS PARTICULIERS

1. Le participe passé conjugué avec «avoir» reste invariable si le complément d'objet direct qui précède est complément d'objet direct non du participe, mais d'un verbe d'une phrase dépendant de ce participe :

La décoration qu'il avait cru qu'on lui attribuerait. (= Il avait cru qu'on lui attribuerait cette décoration : «décoration» est C.O.D. de «attribuerait» et non de «cru».)

2. Si le participe passé conjugué avec «avoir» est précédé d'un complément d'objet direct et suivi d'un attribut, le participe passé s'accorde avec ce complément :

Ces vêtements, je **les** *ai chois**is** grands exprès.* **Cette fille que** *j'ai trouv**ée** très jolie.* **Cette date que** *nous avions cr**ue** limite.*

3. Avec des verbes d'opinion («penser», «juger», «estimer», etc.) ou des verbes déclaratifs («dire», «affirmer», etc.), et lorsque le pronom est «que», cette règle est en contradiction avec la précédente, car ces compléments d'objet direct sont aussi sujets d'un infinitif «être» sous-entendu ; aussi est-il fréquent de trouver le participe invariable :

On avait cru que ces gens étaient inquiets de la situation.
Ces gens qu'on avait crus inquiets de la situation.
Ces gens qu'on avait **cru** *(être) inquiets de la situation.*

▬ LE C.O.D. EST UN NOM COLLECTIF OU UN NOM DE FRACTION

Si le complément d'objet direct qui précède est formé d'un nom collectif ou de fraction suivi d'un complément («une multitude de», «une foule de», «une partie de», «un tiers de», «la moitié de», etc.), le participe passé s'accorde soit avec le nom collectif ou de fraction, soit avec le complément de ce nom :

*Il y a sur la table la moitié du gâteau ; on l'a laiss**é** pour toi.* (On a laissé quoi ? Du gâteau [une moitié].)

Il y a sur la table la moitié du gâteau ; on l'a laissée pour toi. (On a laissé quoi ? La moitié [du gâteau].)

Il est entré dans la pièce une multitude d'insectes que la lumière a attirés. (La lumière a attiré quoi ? Des insectes.)

Il est entré dans la pièce une multitude d'insectes que la lumière a attirée. (La lumière a attiré quoi ? Une multitude [d'insectes].)

LE C.O.D. EST UN ADVERBE DE QUANTITÉ

Si le complément d'objet direct qui précède est un adverbe de quantité suivi d'un complément («beaucoup de», «un peu de», «trop de», etc.), le participe passé s'accorde avec le complément de l'adverbe :

*Beaucoup de **gens** que j'ai **vus** depuis sont d'accord avec moi.* (J'ai vu quoi ? Beaucoup de gens, des gens en grand nombre.)

*Un peu de **neige** restait devant la maison ; on l'a enlevée.* (On a enlevé quoi ? La neige, de la neige en petite quantité.)

ATTENTION

Avec «le peu de», le participe passé s'accorde soit avec «le peu», soit avec le complément qui suit :

Le peu d'énergie qu'il a montré n'a pas suffi. (Il a montré quoi ? Un peu [d'énergie].)

*Le peu d'**énergie** qu'il avait montrée naguère a disparu.* (Il avait montré quoi ? De l'énergie [en petite quantité].)

LE C.O.D. EST «UN DES» OU «UNE DES»

Si le complément d'objet direct est «un des» ou «une des» suivi d'un nom pluriel complément, le participe passé s'accorde avec «un», «une», s'il s'agit du numéral «un» (= un seul) :

*Y a-t-il **un** des films de la semaine **que** tu n'as pas aimé ?* (= Y a-t-il un seul film que tu n'as pas aimé parmi les films de la semaine ?)

Il s'accorde toujours avec le nom complément de «un», «une», s'il s'agit d'un indéfini (= n'importe lequel parmi un ensemble) :

*Rends-moi un **des livres** que je t'ai prêtés.* (= Rends-moi n'importe lequel parmi les livres que je t'ai prêtés.)

LE C.O.D. EST «EN»

Si le complément d'objet direct placé avant le verbe est le pronom «en», le participe passé reste invariable («en» est considéré comme un adverbe) ou, plus souvent, il varie («en» est un pronom personnel reprenant un nom introduit par l'article partitif «du», «de la», «des») :

Aimez-vous les cerises ? J'en ai cueilli ce matin ou *J'en ai cueillies ce matin.*

Si le pronom «en» représente le complément d'un adverbe de quantité, le participe passé s'accorde avec ce complément ou, plus souvent, reste invariable :

De ces films stupides, j'en ai trop vu / vus. J'en ai trop connus / connu, de ces hommes hésitants et inquiets de tout.

CAS OÙ LE PARTICIPE PASSÉ CONJUGUÉ

AVEC «AVOIR» EST TOUJOURS INVARIABLE

Le participe passé conjugué avec «avoir» reste invariable si le C.O.D. suit le participe passé ou s'il n'y a pas de C.O.D. :

> *As-tu envoyé **les paquets** de Paris ou de Lyon ?* (Tu as envoyé quoi ? Les paquets : le C.O.D. suit le participe passé → pas d'accord.)

▓ QUELS SONT LES VERBES QUI N'ONT PAS DE C.O.D. ?

N'ont pas de complément d'objet direct :

— les verbes intransitifs :

> *Elles avaient voyagé deux jours entiers* («voyager», verbe intransitif sans complément d'objet direct) ;

— les verbes impersonnels :

> *Il a neigé pendant deux jours* («neiger», verbe impersonnel sans complément d'objet direct) ;

— les verbes transitifs employés absolument (intransitivement) :

> *L'équipe a abandonné avant la fin de l'étape* (l'équipe a abandonné quoi ? La course : le complément d'objet direct n'est pas exprimé) ;

— les verbes transitifs indirects. Ceux-ci ont seulement un complément d'objet indirect :

> *Les enfants ont désobéi à leur mère* (ont désobéi à qui ? À leur mère, complément d'objet indirect).

> *Les enfants m'ont désobéi à moi leur mère* («m'», complément placé avant «désobéi», est un complément d'objet indirect, le participe passé ne s'accorde pas).

ATTENTION

● Il ne faut pas confondre les C.O.D. sans préposition (qui répondent à la question «quoi ?» ou «qu'est-ce que ?») et les compléments de temps, de mesure, de prix, etc., sans préposition (qui répondent à la question «combien ?») :

> *Il a neigé trois jours* (combien de jours a-t-il neigé ? «trois jours» est un complément de temps sans préposition).

> *Les trois jours qu'il a neigé, je suis resté à l'hôtel* («qu'» est complément de temps → «neigé» reste invariable).

> *Nous avons marché trois kilomètres* (combien de kilomètres avons-nous marché ? «trois kilomètres» est un complément de mesure sans préposition).

> *Les trois kilomètres que nous avons marché n'étaient pas fatigants* («que» est complément de mesure → «marché» reste invariable).

● Il ne faut pas confondre le sujet, qui peut accompagner le verbe impersonnel, avec un complément d'objet direct :

> *Il a neigé hier de gros flocons* → *Les gros flocons qu'il a neigé hier* («flocons» n'est pas le complément d'objet direct du verbe impersonnel, c'est le sujet réel de «neigé», qui reste invariable).

Il a fait de grosses chaleurs → *Les grosses chaleurs qu'il a fait* («chaleurs» n'est pas le complément d'objet direct du verbe impersonnel «il a fait» [«il fait chaud, froid, humide», etc.] → «fait» reste invariable).

Voici une liste des participes passés invariables les plus courants. Tous sont issus de verbes essentiellement intransitifs ou transitifs indirects qui forment leurs temps composés avec «avoir». Il en existe d'autres, notamment parmi les verbes désignant des mouvements (*chancelé, trébuché...*) et des cris d'animaux (*croassé, miaulé...*).

abouti	erré	participé	ronflé
aboyé	éternué	patienté	ruisselé
accédé	étincelé	péri	scintillé
agi	été	persévéré	séjourné
appartenu	évolué	persisté	semblé
atterri	existé	plu (plaire)	songé
bâillé	failli	plu (pleuvoir)	soupé
bavardé	fallu	procédé	souri
boité	flâné	profité	stationné
bondi	fonctionné	progressé	succédé
brillé	frémi	pu	suffi
capitulé	frissonné	pué	surgi
circulé	gémi	rampé	sursauté
coïncidé	grelotté	réagi	survécu
consisté	grincé	rebondi	sympathisé
contribué	hésité	régné	tardé
correspondu	insisté	relui	tonné
déjeuné	jailli	remédié	toussé
délibéré	joui	résidé	transpiré
déplu	lui	résisté	tremblé
dérapé	lutté	résonné	triché
dîné	marché	resplendi	trinqué
divorcé	menti	ressemblé	triomphé
dormi	navigué	retenti	voyagé
duré	neigé	ri	
émigré	nui	rôdé	

ATTENTION
Un certain nombre de verbes ont un sens transitif (avec un complément d'objet direct) et un sens intransitif (sans complément d'objet) différents ; seul l'emploi transitif permet l'accord (au cas où le complément d'objet direct précède le participe passé) :

*Regarde les branches que le vent a cass**ées*** (le vent a cassé quoi ? Les branches : «casser» est ici transitif). / *Les branches ont cass**é** sous l'effet du vent* («branches» est sujet de «ont cassé» : «casser» est ici intransitif).

C'est en particulier le cas de verbes comme **coûter**, **valoir**, **peser**, **mesurer**, **courir**, **reposer**, **vivre**, etc.

Ces verbes peuvent avoir :

— un premier sens, intransitif, sans complément d'objet direct, mais avec un complément de prix, de mesure ou de temps sans préposition ;

— un autre sens, différent, transitif, avec un complément d'objet direct.

La règle générale s'applique : si le participe est précédé d'un complément d'objet direct, il s'accorde ; dans le cas contraire, le participe passé reste invariable :

Les mille francs que cette robe a coûté (elle a coûté combien ? «mille francs», complément de prix → «coûté» intransitif, invariable).

Les gros efforts que ce travail m'a coûtés (il m'a coûté quoi ? «de gros efforts», complément d'objet direct → «coûté» transitif, variable).

Les deux mètres que ce mur avait mesuré avant de s'écrouler (il a mesuré combien ? «deux mètres», complément de mesure → «mesuré» intransitif, invariable).

La table que j'ai mesurée a deux mètres (j'ai mesuré quoi ? «la table», complément d'objet direct → «mesuré» transitif, variable).

De même :

Les quelques heures qu'il a reposé à l'hôpital mais *Les livres qu'il a reposés sur mon bureau.*

Les cent mètres qu'il a couru mais *Les dangers qu'il a courus.*

Les cinquante kilos que Marie a pesé jadis mais *La lettre que j'ai pesée.*

Les dix mille francs que cette maison a valu mais *La célébrité que cet acte lui a value.*

Les quatre-vingts ans qu'il a vécu (il a vécu combien de temps ?) mais *Les aventures absurdes qu'il a vécues* (il a vécu quelles aventures ?).

PARTICIPE PASSÉ CONJUGUÉ AVEC «AVOIR»
ET PRÉCÉDÉ DE «L'», «LE» REPRENANT UNE PHRASE

● Le participe passé reste invariable si le complément d'objet direct qui précède le participe passé est le pronom «le» («l'»), reprenant toute une phrase :

Il devait rentrer ce soir ; je l'avais du moins espéré (j'avais espéré quoi ? qu'il rentre ; «l'», complément d'objet direct, reprend toute une phrase).

Elle est intelligente ; je l'ai cru, du moins (j'ai cru quoi ? qu'elle était intelligente ; «l'», complément d'objet direct, reprend toute une phrase).

CAS PARTICULIERS

1. **Pouvoir**, qui ne peut admettre comme complément d'objet direct placé avant le participe qu'un pronom neutre («le», «l'»), a son participe invariable : *J'ai pu faire cette remarque. Je l'ai pu.*

2. Le participe passé reste invariable dans certaines locutions : *Elle l'a échappé belle. Elle l'a pris de haut. Elle me l'a baillé belle.*

PARTICIPE PASSÉ CONJUGUÉ
AVEC «AVOIR» ET SUIVI DE L'INFINITIF

Le participe passé conjugué avec «avoir» et suivi d'un infinitif précédé ou non d'une préposition s'accorde si le nom qui précède est complément d'objet direct du participe et sujet de l'infinitif :

Va voir les enfants que j'ai entendus crier dans la chambre (= j'ai entendu les enfants qui criaient : «enfants», C.O.D. de «entendu» ; j'ai entendu les enfants crier : «enfants», sujet de «crier»).

Cette maladie, je l'ai sentie venir (= j'ai senti quoi ? Cette maladie qui venait ; la maladie vient).

Deux élèves qu'on a autorisés à sortir ne sont pas rentrés (= on a autorisé qui ? Deux élèves ; les deux élèves sont sortis).

ATTENTION

Si le nom qui précède est complément d'objet direct de l'infinitif, le participe passé reste invariable :

Je connais les airs que je t'ai entendu fredonner (= je t'ai entendu fredonner ces airs ; «airs», C.O.D. de «fredonner»).

Ces mesures que j'ai préféré prendre tout de suite (= j'ai préféré prendre ces mesures tout de suite ; «mesures», C.O.D. de «prendre»).

REMARQUES

1. Avec les verbes d'opinion (**penser**, **croire**, **espérer**, **estimer**, etc.) ou les verbes déclaratifs (**dire**, **affirmer**, **assurer**, **prétendre**, etc.), le nom qui précède le participe est sujet de l'infinitif sans être C.O.D. du participe : le participe passé reste invariable :

Cette lettre que j'avais cru venir de toi (= j'avais cru quoi ? Que cette lettre venait de toi : l'infinitif fait partie d'une proposition complément de «croire» dont le sujet est «cette lettre» ; *cette lettre que j'avais crue* aurait un tout autre sens : «la lettre en laquelle j'avais confiance»).

Ces cadeaux qu'on m'avait dit venir de toi (= on m'avait dit quoi ? Que ces cadeaux venaient de toi ; «cadeaux» est uniquement sujet de l'infinitif).

2. Certains verbes, comme **daigner**, **tâcher**, sont toujours suivis d'une proposition complétive (introduite par «que», à l'indicatif ou au subjonctif) ou d'un infinitif, mais n'ont jamais un nom pour complément d'objet direct ; leurs participes passés sont donc toujours invariables :

Elle a daigné sourire. Elle a daigné que je lui envoie des fleurs. Elle a tâché de bien faire.

CAS PARTICULIERS

■ **«fait» + infinitif**

Le participe passé **fait**, suivi d'un infinitif, est toujours invariable : *La maison que j'ai fait construire.*

■ **«laissé» + infinitif**

Le participe **laissé**, suivi d'un infinitif, est invariable si le nom qui précède est uniquement C.O.D. de l'infinitif : *Ces pauvres gens, je ne les aurais jamais laissé expulser* (= être l'objet d'une expulsion).

Si le nom qui précède est à la fois complément d'objet direct du participe et sujet de l'infinitif, «laissé» s'accorde ou reste invariable : *Je ne les aurais jamais laissé* ou *laissés agir de cette façon.*

■ **«voulu», «dû», «permis»**

Les participes **voulu**, **dû**, **permis** sont invariables si le nom qui les précède est C.O.D. non du participe, mais du verbe à l'infinitif qui est sous-entendu : *Je lui ai* *donné tous les cadeaux que j'ai voul**u*** (= que j'ai voulu lui donner). *Je t'ai donné tous les cadeaux que tu as voul**us*** (= tu as voulu ces cadeaux, tu les as désirés). Je n'ai pas fini tous les travaux que j'aurais d**û** (= que j'aurais dû finir).*

■ «eu», «laissé», «donné» + «à» + infinitif

Les participes **eu**, **laissé** et **donné** suivis de «à» et d'un infinitif («avoir eu à faire», «laisser à faire», «donner à faire») restent invariables si le nom qui précède est C.O.D. de l'infinitif, ce qui est le cas le plus fréquent : *Les villes que j'ai **eu** à citer étaient toutes des villes européennes. Les devoirs que j'ai **eu** à faire.*

Lorsque le nom qui précède peut être aussi bien complément du participe que de l'infinitif, le participe s'accorde ou reste invariable : *La leçon que je t'ai donn**é** / donn**ée** à apprendre. La vaisselle, je te l'ai laiss**é** / laiss**ée** à faire.*

PARTICIPE PASSÉ DES VERBES PRONOMINAUX

▨ VERBES ESSENTIELLEMENT PRONOMINAUX

Si le verbe est essentiellement pronominal, c'est-à-dire s'il ne correspond à aucun verbe transitif (comme «s'abstenir», le verbe *abstenir, non réfléchi, n'existant pas), ou s'il est sans rapport de sens avec le verbe transitif (verbe pronominal du type «s'apercevoir» : *Paul s'aperçoit de son erreur ≠ Paul aperçoit une erreur dans son addition*), le participe passé s'accorde avec le sujet du verbe :

> **Colette** s'est abstenu**e** de parler.
> *Colette et Paul se sont aperç**us** de leur erreur.*

EXCEPTIONS

«S'arroger», verbe essentiellement pronominal, est cependant suivi d'un complément d'objet direct : *Elle s'arroge certains droits.*
Le participe passé s'accorde avec ce complément et uniquement si celui-ci le précède :

> *Elle s'est arrog**é** certains droits.* **Les droits qu'**elle s'est arrog**és**.

▨ VERBES PRONOMINAUX À SENS PASSIF

Si le verbe pronominal correspond à un verbe passif conjugué avec «être» (verbes pronominaux à sens passif : *Les légumes **se vendent** cher = Les légumes **sont vendus** cher*), le participe passé du verbe pronominal s'accorde avec le sujet du verbe :

> **Les légumes** se sont vend**us** cher.

▨ VERBES PRONOMINAUX RÉFLÉCHIS OU RÉCIPROQUES

Si le verbe pronominal correspond à un verbe transitif, accompagné d'un complément d'objet direct, le participe passé du verbe pronominal s'accorde avec le pronom réfléchi identique en genre et en nombre au sujet :

> *Colette s'est regard**ée** dans la glace* (= a regardé elle-même).

Il en est de même pour le pronom de sens réciproque (*Pierre et Paul se battent dans la cour* = Pierre bat Paul et Paul bat Pierre) :

> *Pierre et Paul se sont batt**us** dans la cour.*

▨ VERBES PRONOMINAUX À COMPLÉMENT D'OBJET DIRECT

● Si le verbe pronominal correspond à un verbe transitif accompagné de deux compléments, l'un d'objet direct, l'autre d'objet indirect du type «donner quelque chose [objet direct] à quelqu'un [objet indirect]», le participe passé du verbe pronominal s'accorde avec le complément d'objet direct si celui-ci le précède :

Les délais que Colette s'est toujours accord**és** («délais», C.O.D.).

Dans le cas contraire, le participe passé reste invariable :

Colette s'est toujours accord**é des délais**.

Il en est de même pour le verbe pronominal de sens réciproque :

Ils se sont donn**é des coups**, mais **les coups qu'**ils se sont donn**és**.

● Si le verbe pronominal correspond à un verbe transitif, accompagné d'un complément d'objet direct et d'un possessif (Colette se lave les mains = Colette lave ses mains à elle), le participe passé du verbe pronominal s'accorde avec le complément d'objet direct si celui-ci le précède ; dans le cas contraire, il reste invariable :

Colette s'est lav**é les mains**, mais **les mains que** Colette s'est lav**ées**.

On distingue donc : Elle **s'**est bless**ée** au pied (= elle a blessé elle au pied) et Elle s'est bless**é le pied** droit (= elle a blessé son pied droit).

ATTENTION

— Si le verbe pronominal est suivi d'un infinitif, le participe passé reste invariable quand le réfléchi est C.O.D. de l'infinitif : Elle s'est sent**i** tirer par la manche (= elle a senti qu'on la tirait par la manche ; «se», C.O.D. de «tirer»). Il varie si le réfléchi est C.O.D. du participe et sujet de l'infinitif : Elle s'est sent**ie** défaillir (= elle a senti qu'elle défaillait ; «se», sujet de «défaillir» et C.O.D. de «sentir»).

— Si le verbe pronominal est suivi d'un attribut, le participe passé s'accorde : Elle s'est sentie malade.

CAS PARTICULIERS

■ **«fait»**

«Fait», dans «s'être fait», suivi d'un infinitif, reste invariable : Ils se sont fai**t** construire une maison.

■ **«laissé»**

«Laissé», dans «s'être laissé» suivi d'un infinitif, s'accorde quand le sujet de «se laisser» est aussi celui de l'infinitif ; sinon, il reste invariable : Elle s'est laiss**ée** mourir. Elle s'est laiss**é** prendre (par la police).

■ **«persuadé»**

«Persuadé», dans «se persuader que», s'accorde ou non avec le réfléchi selon que l'on considère la construction «persuader quelqu'un de quelque chose» (accord : construction la plus fréquente de nos jours) ou «persuader quelque chose à quelqu'un» (construction de la langue littéraire) : Ils se sont persuad**é** / persuad**és** que je me trompais.

■ **locutions**

Les participes passés des locutions «se donner raison», «se donner tort», «se rendre compte», «se faire grâce», «se faire jour», «se faire l'écho de», «se faire fort de», «se faire justice», etc., sont invariables : *Ils se sont rend**u** compte de leur erreur. Ils se sont fai**t** l'écho de cette calomnie.*

En revanche, les participes passés des locutions «se mettre bien», «se rendre maître», «se tenir coi», «se porter garant», «se porter caution», «se trouver court», «se mettre à dos», sont variables : *Elles se sont trouv**ées** court. Ils se sont ten**us** cois. Elle s'est port**ée** garante.*

▓ VERBES PRONOMINAUX À COMPLÉMENT D'OBJET INDIRECT

Si le verbe pronominal correspond à un verbe transitif indirect accompagné d'un complément d'objet indirect, comme «nuire à quelqu'un», le participe passé reste invariable :

*Colette s'est beaucoup n**ui** par ce mensonge* (= nui à elle-même).

REMARQUE Le nombre de verbes pronominaux indirects dont le participe passé est toujours invariable est réduit : *elle **s**'est **complu** ; elle **s**'est **plu/déplu** ; elle **s**'est **nui/suffi** à elle-même ; ils **se** sont **souri** ; ils **se** sont **succédé** ; ils **se** sont **ressemblé** ; ils **se** sont **parlé, menti** ; ils **se** sont **ri** de cela ; elle **s**'est **survécu** ; elle **s**'en est **voulu**.*

RÉPERTOIRE D'ORTHOGRAPHE

TOLÉRANCES GRAMMATICALES ET RÉFORME DE L'ORTHOGRAPHE
86

MODE D'EMPLOI DU RÉPERTOIRE D'ORTHOGRAPHE
93

L'ORTHOGRAPHE DES ADJECTIFS ET NOMS DÉRIVÉS DES NOMS DE PAYS (MOTS ETHNIQUES)
189

Tolérances grammaticales et réforme de l'orthographe

L'orthographe des mots est consignée dans les dictionnaires généraux ; ceux-ci suivent l'usage le plus communément admis et se conforment au *Dictionnaire de l'Académie* dans son édition la plus récente, du moins pour les mots qui s'y trouvent. Les modifications orthographiques qui sont intervenues depuis un siècle sont relativement limitées pour les mots de la langue courante ; elles concernent surtout des termes scientifiques et techniques (en particulier dans l'usage du trait d'union), des mots récents et des emprunts étrangers.

Les réformes de l'orthographe

Les diverses tentatives faites depuis la fin du xixe siècle pour modifier une orthographe jugée complexe n'ont eu aucune influence ; les propositions parfois contradictoires qui se sont succédé ne sont pas passées dans l'usage. Il en est ainsi pour le plus récent projet de réforme de l'orthographe : il n'a pas et ne pouvait avoir de valeur contraignante.

Toutefois, depuis 1900, un arrêté, renouvelé en 1976, permet, lors des seuls examens et concours de l'Éducation nationale, de ne pas compter comme fautes d'orthographe certains accords difficiles ; on trouvera le texte de cet arrêté ci-après, avec ses commentaires.

Tolérances grammaticales et orthographiques

Le texte de l'arrêté ministériel du 28 décembre 1976 est le suivant.

Dans les examens ou concours dépendant du ministère de l'Éducation et sanctionnant les étapes de la scolarité élémentaire et de la scolarité secondaire, qu'il s'agisse ou non d'épreuves spéciales d'orthographe, il ne sera pas compté de fautes aux candidats dans les cas visés ci-dessous.

Parmi les indications qui figurent ci-après, il convient de distinguer celles qui précisent l'usage et celles qui proposent des tolérances. Les premières doivent être enseignées. Les secondes ne seront prises en considération que pour la correction des examens ou concours ; elles n'ont pas à être étudiées dans les classes et encore moins à se substituer aux connaissances grammaticales et orthographiques que l'enseignement du français doit s'attacher à développer.

Chaque rubrique comporte un, deux ou trois articles affectés d'un numéro d'ordre. Chaque article comprend un ou plusieurs exemples et un commentaire.

Les exemples et commentaires se présentent sous des formes différentes selon leur objet.

PREMIER TYPE

Dans l'emploi de certaines expressions, l'usage admet deux possibilités, sans distinguer entre elles des nuances appréciables de sens.
Il a paru utile de mentionner quelques-unes de ces expressions. Chaque exemple est alors composé de deux phrases placées l'une sous l'autre en parallèle. Le commentaire se borne à rappeler les deux possibilités offertes par la langue.

DEUXIÈME TYPE

Pour d'autres expressions, l'usage admet une dualité de tournures, mais distingue entre elles des nuances de sens ; le locuteur ou le scripteur averti accorde sa préférence à l'une ou à l'autre selon ce qu'il veut faire entendre ou suggérer. Les rubriques qui traitent de ce genre d'expressions conservent, pour chaque exemple, deux phrases parallèles, mais le commentaire se modèle sur un schéma particulier. Dans un premier temps, il rappelle les deux possibilités en précisant que le choix, entre elles, relève d'une intention ; dans un second temps, il invite les correcteurs à ne pas exiger des candidats la parfaite perception de tonalités parfois délicates de la pensée ou du style. La tolérance est introduite par la succession de deux formules : «L'usage admet, selon l'intention,...» et : «On admettra dans tous les cas...».

TROISIÈME TYPE

La dernière catégorie est celle des expressions auxquelles la grammaire, dans son état actuel, impose des formes ou des accords strictement définis, sans qu'on doive nécessairement considérer tout manquement à ces normes comme l'indice d'une défaillance de jugement ; dans certains cas, ce sont les normes elles-mêmes qu'il serait difficile de justifier avec rigueur, tandis que les transgressions peuvent procéder d'un souci de cohérence analogique ou logique.
Dans les rubriques qui illustrent ces cas, chaque exemple est constitué par une seule phrase, à l'intérieur de laquelle s'inscrit entre parenthèses la graphie qu'il est conseillé de ne pas sanctionner. Selon la nature de la question évoquée, le commentaire énonce simplement la tolérance ou l'explicite en rappelant la règle.

■ I. le verbe

1. Accord du verbe précédé de plusieurs sujets à peu près synonymes à la troisième personne du singulier juxtaposés : *La joie, l'allégresse s'empara (s'emparèrent) de tous les spectateurs.* L'usage veut que, dans ce cas, le verbe soit au singulier. On admettra l'accord du pluriel.

2. 2a. Accord du verbe précédé de plusieurs sujets à la troisième personne du singulier unis par «comme», «ainsi que» et autres locutions d'emploi équivalent : *Le père comme le fils **mangeaient** de bon appétit. Le père comme le fils **mangeait** de bon appétit.* L'usage admet, selon l'intention, l'accord au pluriel ou au singulier. On admettra l'un et l'autre accord dans tous les cas.

2b. Accord du verbe précédé de plusieurs sujets à la troisième personne du singulier unis par «ou» ou par «ni» : *Ni l'heure ni la saison ne **conviennent** pour cette excursion. Ni l'heure ni la saison ne **convient** pour cette excursion.* L'usage admet, selon l'intention, l'accord au pluriel ou au singulier. On admettra l'un et l'autre accord dans tous les cas.

3. Accord du verbe quand le sujet est un mot collectif accompagné d'un complément au pluriel : *À mon approche, une bande de moineaux **s'envola**. À* *mon approche, une bande de moineaux* **s'envolèrent**. L'usage admet, selon l'intention, l'accord avec le mot collectif ou avec le complément. On admettra l'un et l'autre accord dans tous les cas.

4. Accord du verbe quand le sujet est «plus d'un» accompagné ou non d'un complément au pluriel : *Plus d'un de ces hommes* **m'était** *inconnu. Plus d'un de ces hommes* **m'étaient** *inconnus.* L'usage admet, selon l'intention, l'accord au pluriel ou au singulier. On admettra l'un et l'autre accord dans tous les cas.

5. Accord du verbe précédé de «un des... qui», «un de ceux que», «une des... que», «une de celles qui», etc. : *La Belle au bois dormant est un des contes qui* **charment** *les enfants. La Belle au bois dormant est un des contes qui* **charme** *les enfants.* L'usage admet, selon l'intention, l'accord au pluriel ou au singulier. On admettra l'un et l'autre accord dans tous les cas.

6. Accord du présentatif «c'est» suivi d'un nom (ou d'un pronom de la troisième personne) au pluriel : *Ce* **sont** *là de beaux résultats.* **C'est** *là de beaux résultats.* **C'étaient** *ceux que nous attendions.* **C'était** *ceux que nous attendions.* L'usage admet l'accord au pluriel ou au singulier.

7. Concordance des temps : *J'avais souhaité qu'il vînt* (qu'il vienne) *sans tarder. Je ne pensais pas qu'il eût oublié* (qu'il ait oublié) *le rendez-vous. J'aimerais qu'il fût* (qu'il soit) *avec moi. J'aurais aimé qu'il eût été* (qu'il ait été) *avec moi.* Dans une proposition subordonnée au subjonctif dépendant d'une proposition dont le verbe est à un temps du passé ou au conditionnel, on admettra que le verbe de la subordonnée soit au présent quand la concordance stricte demanderait l'imparfait, au passé quand elle demanderait le plus-que-parfait.

8. Participe présent et adjectif verbal suivis d'un complément d'objet indirect ou d'un complément circonstanciel : *La fillette,* **obéissant** *à sa mère, alla se coucher. La fillette,* **obéissante** *à sa mère, alla se coucher. J'ai recueilli cette chienne* **errant** *dans le quartier. J'ai recueilli cette chienne* **errante** *dans le quartier.* L'usage admet que, selon l'intention, la forme en **-ant** puisse être employée sans accord comme forme du participe ou avec accord comme forme de l'adjectif qui lui correspond. On admettra l'un et l'autre emploi dans tous les cas.

9. Participe passé conjugué avec «être» dans une forme verbale ayant pour sujet «on» : *On est resté* (restés) *bons amis.* L'usage veut que le participe passé se rapportant au pronom «on» se mette au masculin singulier. On admettra que ce participe prenne la marque du genre et du nombre lorsque «on» désigne une femme ou plusieurs personnes.

10. Participe passé conjugué avec «avoir» et suivi d'un infinitif : *Les musiciens que j'ai entendus* (entendu) *jouer. Les airs que j'ai entendu* (entendus) *jouer.* L'usage veut que le participe s'accorde lorsque le complément d'objet direct se rapporte à la forme conjuguée et qu'il reste invariable lorsque le complément d'objet direct se rapporte à l'infinitif. On admettra l'absence d'accord dans le premier cas. On admettra l'accord dans le second, sauf en ce qui concerne le participe passé du verbe «faire».

11. Accord du participe passé conjugué avec «avoir» dans une forme verbale précédée de «en» complément de cette forme verbale : *J'ai laissé sur l'arbre plus de cerises que je n'en ai* **cueilli**. *J'ai laissé sur l'arbre plus de cerises que je n'en ai* **cueillies**. L'usage admet l'un et l'autre accord.

12. Participe passé des verbes tels que : «coûter», «valoir», «courir», «vivre», etc., lorsque ce participe est placé après un complément : *Je ne parle pas des sommes que ces travaux m'ont coûté* (coûtées). *J'oublierai vite les peines que ce travail m'a coûtées* (coûté). L'usage admet que ces verbes normalement intransitifs (sans accord du participe passé) puissent s'employer transitivement (avec accord) dans certains cas. On admettra l'un et l'autre emploi dans tous les cas.

13. 13*a*. Participes et locutions tels que «compris» («y compris», «non compris»), «excepté», «ôté» : *J'aime tous les sports, excepté la boxe* (exceptée la boxe). *J'aime tous les sports, la boxe exceptée* (la boxe excepté). L'usage veut que ces participes et locutions restent invariables quand ils sont placés avant le nom avec lequel ils sont en relation et qu'ils varient quand ils sont placés après le nom. On admettra l'accord dans le premier cas et l'absence d'accord dans le second.

13*b*. «Étant donné» : *Étant **données** les circonstances... Étant **donné** les circonstances...* L'usage admet l'accord aussi bien que l'absence d'accord.

13*c*. «Ci-inclus», «ci-joint» : *Ci-inclus* (ci-incluse) *la pièce demandée. Vous trouverez ci-inclus* (ci-incluse) *copie de la pièce demandée. Vous trouverez cette lettre **ci-incluse**. Vous trouverez cette lettre **ci-inclus**.* L'usage veut que «ci-inclus», «ci-joint» soient : invariables en tête d'une phrase ou s'ils précèdent un nom sans déterminant ; variables ou invariables, selon l'intention, dans les autres cas. On admettra l'accord ou l'absence d'accord dans tous les cas.

■ II. le nom

14. 14*a*. Liberté du nombre : *De la gelée de **groseille**. De la gelée de **groseilles**. Des pommiers **en fleur**. Des pommiers **en fleurs**.* L'usage admet le singulier et le pluriel.

14*b*. *Ils ont ôté **leur chapeau**. Ils ont ôté **leurs chapeaux**.* L'usage admet, selon l'intention, le singulier et le pluriel. On admettra l'un et l'autre nombre dans tous les cas.

15. Double genre : *Instruits* (instruites) *par l'expérience, les vieilles gens sont très prudents* (prudentes) ; *ils* (elles) *ont vu trop de choses.* L'usage donne au mot «gens» le genre masculin, sauf dans des expressions telles que : «les bonnes gens», «les vieilles gens», «les petites gens». Lorsqu'un adjectif ou un participe se rapporte à l'une de ces expressions ou lorsqu'un pronom la reprend, on admettra que cet adjectif, ce participe, ce pronom soient, eux aussi, au féminin.

16. Noms masculins de titres ou de professions appliqués à des femmes : *Le français nous est enseigné par une dame. Nous aimons beaucoup ce professeur. Mais il* (elle) *va nous quitter.* Précédés ou non de «Madame», ces noms conservent le genre masculin ainsi que leurs déterminants et les adjectifs qui les accompagnent. Quand ils sont repris par un pronom, on admettra pour ce pronom le genre féminin.

17. 17*a*. Pluriel des noms propres de personnes : *Les Dupont* (Duponts). *Les Maréchal* (Maréchals). On admettra que les noms propres de personnes prennent la marque du pluriel.

17*b*. Pluriel des noms empruntés à d'autres langues : *Des maxima* (des maximums). *Des sandwiches* (des sandwichs). On admettra que, dans tous les cas, le pluriel de ces noms soit formé selon la règle générale du français.

■ III. l'article

18. Article devant «plus», «moins», «mieux» : *Les idées qui paraissent les plus justes sont souvent discutables. Les idées qui paraissent le plus justes sont souvent discutables.* Dans les groupes formés d'un article défini suivi de «plus», «moins», «mieux» et d'un adjectif ou d'un participe, l'usage admet que, selon l'intention, l'article varie ou reste invariable. On admettra que l'article varie ou reste invariable dans tous les cas.

■ IV. l'adjectif numéral

19. «Vingt» et «cent» : *Quatre-vingt-dix* (quatre vingts dix) *ans. Six cent trente-quatre* (six cents trente quatre) *hommes. En mil neuf cent soixante-dix-sept* (mille neuf cents soixante dix sept). On admettra que «vingt» et «cent», précédés d'un adjectif numéral à valeur de multiplicateur, prennent la marque du pluriel même lorsqu'ils sont suivis d'un autre adjectif numéral. Dans la désignation d'un millésime, on admettra la graphie «mille» dans tous les cas.

L'usage place un trait d'union entre les éléments d'un adjectif numéral qui forment un ensemble inférieur à cent. On admettra l'omission du trait d'union.

■ V. l'adjectif qualificatif

20. «Nu», «demi», précédant un nom : *Elle courait nu-pieds* (nus pieds). *Une demi-heure* (demie heure) *s'écoula.* L'usage veut que «nu», «demi» restent invariables quand ils précèdent un nom auquel ils sont reliés par un trait d'union. On admettra l'accord.

21. Pluriel de «grand-mère», «grand-tante», etc. : *Des grand-mères. Des grands-mères.* L'usage admet l'une et l'autre graphie.

22. «Se faire fort de...» : *Elles se font fort* (fortes) *de réussir.* On admettra l'accord de l'adjectif.

23. «Avoir l'air» : *Elle a l'air doux. Elle a l'air douce.* L'usage admet que, selon l'intention, l'adjectif s'accorde avec le mot «air» ou avec le sujet du verbe «avoir». On admet l'un et l'autre accord dans tous les cas.

■ VI. les indéfinis

24. «L'un et l'autre» employé comme adjectif : *J'ai consulté l'un et l'autre document. J'ai consulté l'un et l'autre documents.*
L'un et l'autre document m'a paru intéressant. L'un et l'autre document m'ont paru intéressants. L'usage admet que, selon l'intention, le nom précédé de «l'un et l'autre» se mette au singulier ou au pluriel. On admettra l'un et l'autre nombre dans tous les cas. Avec le nom au singulier, l'usage admet que le verbe se mette au singulier ou au pluriel.
«L'un et l'autre» employé comme pronom : *L'un et l'autre se taisait. L'un et l'autre se taisaient.* L'usage admet que, selon l'intention, le verbe précédé de «l'un et l'autre» employé comme pronom se mette au singulier ou au pluriel. On admettra l'un et l'autre nombre dans tous les cas.

25. «L'un ou l'autre», «ni l'un ni l'autre» employés comme adjectifs : *L'un ou l'autre projet me convient. L'un ou l'autre projet me conviennent.*
Ni l'une ni l'autre idée ne m'inquiète. Ni l'une ni l'autre idée ne m'inquiètent. L'usage veut que le nom précédé de «l'un ou l'autre» ou de «ni l'un ni l'autre» se mette au singulier ; il admet que, selon l'intention, le verbe se mette au singulier ou au pluriel. On admettra, pour le verbe, l'un et l'autre accord dans tous les cas.

«L'un ou l'autre», «ni l'un ni l'autre» employés comme pronoms : *De ces deux projets, l'un ou l'autre me* **convient**. *De ces deux projets, l'un ou l'autre me* **conviennent**.
De ces deux idées, ni l'une ni l'autre ne **m'inquiète**. *De ces deux idées, ni l'une ni l'autre ne* **m'inquiètent**. L'usage admet que, selon l'intention, le verbe précédé de «l'un ou l'autre» ou de «ni l'un ni l'autre» employés comme pronoms se mette au singulier ou au pluriel. On admettra l'un et l'autre nombre dans tous les cas.

26. «Chacun» : *Remets ces livres chacun à* **sa** *place*. *Remets ces livres chacun à* **leur** *place*. Lorsque «chacun», reprenant un nom (ou un pronom de la troisième personne) au pluriel, est suivi d'un possessif, l'usage admet que, selon l'intention, le possessif renvoie à «chacun» ou au mot repris par «chacun». On admettra l'un et l'autre tour dans tous les cas.

■ VII. «même» et «tout»

27. «Même» : *Dans les fables, les bêtes* **mêmes** *parlent*. *Dans les fables, les bêtes* **même** *parlent*. Après un nom ou un pronom au pluriel, l'usage admet que «même», selon l'intention, prenne ou non l'accord. On admettra l'une ou l'autre graphie dans tous les cas.

28. «Tout» : *Les proverbes sont de* **tout** *temps et de* **tout** *pays*. *Les proverbes sont de* **tous** *temps et de* **tous** *pays*. L'usage admet, selon l'intention, le singulier ou le pluriel.
Elle est toute (tout) *à sa lecture*. Dans l'expression «être tout à...», on admettra que «tout», se rapportant à un mot féminin, reste invariable.
Elle se montra tout (toute) *étonnée*. L'usage veut que «tout», employé comme adverbe, prenne la marque du genre et du nombre devant un mot féminin commençant par une consonne ou un **h**- aspiré et reste invariable dans les autres cas. On admettra qu'il prenne la marque du genre et du nombre devant un nom féminin commençant par une voyelle ou un **h**- muet.

■ VIII. l'adverbe «ne» dit «explétif»

29. *Je crains qu'il* **ne** *pleuve*. *Je crains qu'il pleuve*. *L'année a été meilleure qu'on* **ne** *l'espérait*. *L'année a été meilleure qu'on l'espérait*. L'usage n'impose pas l'emploi de «ne» dit «explétif».

■ IX. accents

30. Accent aigu : *assener* (asséner) ; *referendum* (référendum). Dans certains mots, la lettre -**e**-, sans accent aigu, est prononcée [é] à la fin d'une syllabe. On admettra qu'elle prenne cet accent — même s'il s'agit de mots d'origine étrangère —, sauf dans les noms propres.

31. Accent grave : *événement* (évènement) ; *je céderai* (je cèderai). Dans certains mots, la lettre -**e**- avec un accent aigu est généralement prononcée [è] à la fin d'une syllabe. On admettra l'emploi de l'accent grave à la place de l'accent aigu.

32. Accent circonflexe : *crâne* (crane) ; *épître* (epitre) ; *crûment* (crument). On admettra l'omission de l'accent circonflexe sur les voyelles -**a**-, -**e**-, -**i**-, -**o**-, -**u**- dans les mots où ces voyelles comportent normalement cet accent, sauf lorsque cette tolérance entraînerait une confusion entre deux mots en les rendant homographes (par exemple : *tâche / tache ; forêt / foret ; vous dîtes / vous dites ; rôder / roder ; qu'il fût / il fut*).

■ X. trait d'union

33. *Arc-en-ciel* (arc en ciel) ; *nouveau-né* (nouveau né) ; *crois-tu ?* (crois tu ?) ; *est-ce vrai ?* (est ce vrai ?) ; *dit-on* (dit on) ; *dix-huit* (dix huit) ; *dix-huitième* (dix huitième) ; *par-ci, par-là* (par ci, par là). Dans tous les cas, on admettra l'omission du trait d'union, sauf lorsque sa présence évite une ambiguïté (*petite-fille / petite fille*) ou lorsqu'il doit être placé avant et après le -**t**- euphonique intercalé à la troisième personne du singulier entre une forme verbale et un pronom sujet postposé (*viendra-t-il ?*).

OBSERVATION Dans les examens ou concours de l'Éducation nationale, les correcteurs, graduant leurs appréciations selon le niveau de connaissances qu'ils peuvent exiger des candidats, ne compteront pas comme fautes graves celles qui, en dehors des cas mentionnés ci-dessus, portent sur de subtiles particularités grammaticales.

MODE D'EMPLOI DU RÉPERTOIRE D'ORTHOGRAPHE

Le répertoire d'orthographe comporte environ 16 000 mots pouvant présenter des difficultés orthographiques ; on a écarté les termes correspondant aux règles d'usage et sans variation de genre.

Ce répertoire insiste sur :

● les particularités orthographiques, données entre parenthèses pour le mot concerné, éventuellement avec des renvois aux pages qui exposent les règles grammaticales ;

● les homonymes et les paronymes (mots qui se ressemblent), donnés avec l'indication de leurs sens pour éviter les confusions ;

● le genre, en toutes lettres, quand il peut y avoir des hésitations, des problèmes d'usage, des doubles genres ;

● le pluriel, dans le cas d'exceptions à la règle du -s, en particulier pour les noms composés et les noms d'origine étrangère ;

● le participe passé, dans le cas d'invariabilité et pour les verbes irréguliers ;

● le participe présent et l'adjectif verbal, quand ils présentent des différences orthographiques.

Les mots sont suivis de l'indication de la catégorie grammaticale principale à laquelle ils appartiennent.

Abréviations utilisées	
adj	adjectif
adv	adverbe, adverbiale
art	article
conj	conjonction, conjonctive
dém	démonstratif
f ou fém	féminin
indéf	indéfini
interj	interjection
interr	interrogatif
inv	invariable
loc	locution
m ou masc	masculin
n	nom
nf	nom féminin
nm	nom masculin
num	numéral (cardinal)
ord	(numéral) ordinal
p	page
pers	personnel
pl	pluriel
poss	possessif
pp	participe passé
pprés	participe présent
pr	pronom
préf	préfixe
prép	préposition
rel	relatif
sing	singulier
v	verbe
vi	verbe intransitif
vpr	verbe pronominal
vt	verbe transitif
vti	verbe transitif indirect
→ p	renvoie à telle page des règles grammaticales
#	indique l'opposition, la différence : différent de

A

à prép # *a* (*il a*)
abaisse-langue nm inv ou pl
  abaisse-langues
abandonner vt (deux *n*)
abaque n masculin
abasourdir vt (un seul *s*)
abâtardir vt (circonflexe)
abat-jour nm inv
abats nmpl
abat-son nm inv ou pl *abat-sons*
abattre vt (tous les dérivés ont
  deux *t* : *abattage, abattement,
  abattoir*)
abat-vent nm inv
abat-voix nm inv
abbatial, e, aux adj
abbaye nf
abbé nm
abbesse nf
abc nm inv
abcès nm inv (accent grave)
abdication nf
abdomen nm
abdominal, e, aux adj
abécédaire nm
aberration nf (deux *r*)
abêtir vt (circonflexe sur *ê*)
abhorrer vt (avec *h*)
abîme n masculin (circonflexe)
abject, e adj
ablation nf
ablutions nfpl
aboi nm # *abois* nmpl
aboiement nm (*e* muet)
abolition nf
abolitionnisme nm (deux *n*)
abondamment adv
abondance nf
abondant, e adj
abonder vti, pp *abondé* inv
abonnement nm
abord nm ; *d'abord* adv
aborigène adj, nm ou nf
abortif, ive adj (de *avorter*)
aboulie nf
about nm (de *abouter* vt)
aboutir vti, pp *abouti* inv
aboyer vi, vt
abracadabrant, e adj
abrasif, ive adj
abrégé nm
abrègement nm (accent grave)
abréviation nf
abri nm
Abribus nm inv (nom déposé)
abricot nm ; adj inv (couleur)
  [*t* muet final]
abri-sous-roche nm, pl
  abris-sous-roche
abrogation nf
abrupt, e adj
abscisse nf (attention *sc*)
abscons, e adj

absence nf
absent, e adj, n
abside n féminin
absinthe n féminin (avec *th*)
absolu, e adj
absolument adv
absolution nf
absorption nf
absoudre vt, pp *absous, absoute*
abstention nf
abstentionnisme nm (deux *n*)
abstinence nf
abstinent, e adj
abstraction nf
abstrait, e adj
abstrus, e adj
abus nm inv (*s* final)
abyssal, e, aux adj
abysse n masculin
acabit n masculin
acacia nm, pl *acacias*
acajou nm, pl *acajous* ; adj inv
acanthe nf (avec *th*)
acariâtre adj (circonflexe sur *â*)
accabler vt (deux *c*)
accalmie nf
accaparer vt (deux *c*)
accéder vti, pp *accédé* inv
accelerando adv (sans accent)
accélérer vt, vi (un seul *l*)
accent nm
acceptation nf # *acception*
  (sens)
acception nf # *acceptation*
  (consentement)
accès nm inv (accent grave)
accession nf
accessit nm, pl *accessits*
accessoire n masculin
accident nm (deux *c*)
acclamer vt (deux *c*)
acclimater vt (deux *c*)
accointer (s') vpr (deux *c*)
accoler vt (deux *c*, un *l*)
accommoder vt (deux *c*, deux *m*)
accompagner vt (deux *c*)
accomplir vt (deux *c*)
accord nm # *accore* (étai)
accordéon nm (deux *c*)
accordéoniste nm ou nf (un
  seul *n*)
accorder vt (deux *c*)
accore nm ; adj. (côte)
  # *accord* (entente)
accorte adj féminin seulement
accoster vt (deux *c*)
accoter vt (deux *c*, un *t*)
accoucher vi, vt
accouder (s') vpr
accoupler vt
accourir vi (deux *c*, un seul *r*)
accoutrer (s') vpr
accoutumer vt ; *à l'accoutumée*
  loc adv
accréditer vt
accroc nm (*c* muet final)
accroche-cœur nm, pl
  accroche-cœur(s)

accroche-plat nm, pl
  accroche-plat(s)
accrocher vt
accroire (faire) vt
accroissement nm
accroître vt, pp *accru, e*
  (attention à l'accentuation)
accueil nm (attention *ue*)
accueillant, e adj (attention *ue*)
accueillir vt (attention *ue*)
acculer vt (deux *c*, un seul *l*)
accumuler vt (deux *c*)
accuser vt (deux *c*)
ace n masculin (tennis)
acéré, e adj
acétal nm, pl *acétals*
acétate n masculin
acétique adj # *ascétique* (qui se
  prive)
acétylène n masculin
achalandé, e adj
achat nm (*t* muet final)
achèvement nm (accent grave)
achever vt
achopper vti, pp *achoppé* inv
  (deux *p*)
acide adj ; n masculin
acidulé, e adj
acier nm
aciérer vt
aciérie nf (accent aigu)
acné n féminin (*é* final)
acolyte nm (un seul *c*)
acompte nm (un seul *c*)
a contrario adv
acoquiner (s') vpr (un seul *c*)
à-côté nm, pl *à-côtés* # *à côté
  de*
à-coup nm, pl *à-coups* # *à
  coups de*
acoustique n féminin ; adj (un *c*)
acquérir vt, pp *acquis, e*
  # *acquit* nm
acquêt nm (circonflexe sur *ê*)
acquiescement nm (pas d'accent
  et *sc*)
acquiescer vti, pp *acquiescé* inv
acquis nm inv # *acquit*
  (quittance)
acquisition nf
acquit nm # *acquis* (savoir)
acquitter vt (deux *t*)
acre nf # *âcre* (piquant)
âcre adj # *acre* (mesure)
âcreté nf (circonflexe sur *â*)
acrimonie nf (sans circonflexe)
acropole n féminin
acrostiche n masculin
acte n masculin
acteur, trice n
actif, ive adj
actionnaire nm ou nf (deux *n*)
actionner vt (deux *n*)
actuel, elle adj
acuité nf
acupuncteur, trice ou
  acuponcteur, trice n

adage n masculin
adagio adv ; nm, pl *adagios*
adaptation nf
addenda nm inv (deux *d*)
addictif, ive adj.
addition nf (deux *d*)
additionner vt (deux *d*, deux *n*)
adduction nf (deux *d*)
adéquat, e adj
adéquation nf
adhérence nf
adhérent, e adj, n # *adhérant* pprés du v *adhérer*
adhérer vti
adhésif, ive adj
adhésion nf
ad hoc loc adv (en deux mots)
adieu nm, pl *adieux*
adjacent, e adj
adjectif nm ; **adjectif, ive** ou **adjectival, e, aux** adj
adjoint, e adj, n
adjonction nf
adjudant-chef nm, pl *adjudants-chefs*
adjudication nf
admettre vt, pp *admis, e*
adolescence nf (attention *sc*)
adolescent, e n
adonis nm inv
adonner (s') vpr (de *donner*)
adoption nf
adoucissant, e adj
adragante adj f (gomme)
adresse nf (un seul *d*)
adroit, e adj
adultère adj (personne) ; nm (acte)
adultérin, e adj (accent aigu)
advenir vi, pp *advenu, e*
adventice adj
adverbial, e, aux adj
adversaire nm ou nf
aède nm
aération nf
aéré, e adj
aérien, enne adj
aérium nm, pl *aériums*
aérobie adj ; n masculin
aéro-club nm, pl *aéro-clubs*
aérodrome nm
aérodynamique adj
aérofrein nm
aérogare nf
aéroglisseur nm
aérolithe ou **aérolite** n masculin
aéronaute nm ou nf
aéronaval, e, als adj
aéronef n masculin
aérophagie nf
aéroplane n masculin
aéroport nm (*t* final muet)
aéropostal, e, aux adj
aérosol nm (en un mot)
aérospatial, e, aux adj
aérostat nm

affable adj (deux *f*)
affabulation nf (de *ad* + *fabuler*)
affadir vt
affaiblir vt
affaire nf (mais *avoir quelque chose à faire*).
affairer (s') vpr
affairiste n masculin ou féminin
affaisser vt
affaler vt (un seul *l*)
affamer vt (un seul *m*)
affecter vt
affectif, ive adj
affection nf
affectionner vt (deux *n*)
affectueux, euse adj
afférent, e adj (accent aigu)
affermer vt
affermir vt
afféterie nf (accent aigu)
affiche nf
affichiste n masculin ou féminin
affidavit nm, pl *affidavits*
affidé, e adj
affilée (d') adv
affilier (s') vpr
affiner vt
affinité nf
affiquets nmpl
affirmer vt (deux *f*)
affixal, e, aux adj
affleurer vt, vi
affliction nf
affliger vt
affluent nm # *affluant* pprés du v *affluer*
affluer vi, pp *afflué* inv
afflux nm inv (*x* final muet)
affoler vt (deux *f* et un *l*, et dans *affolement, raffoler*)
affranchir vt (deux *f*)
affres n féminin pl
affrètement nm (accent grave)
affréter vt
affreux, euse adj
affriander vt
affrioler vt
affront nm (*t* muet final)
affubler vt
affût nm (circonflexe sur *û*)
affûter vt (circonflexe sur *û*)
afin de prép (un seul *f*)
afocal, e, aux adj (un seul *f*)
a fortiori adv (sans trait d'union)
aga ou **agha** nm, pl *agas* ou *aghas*
agami nm, pl *agamis*
agar-agar nm, pl *agars-agars*
agaric nm (avec un *c*)
agate nf (pas de *h* après le *t*)
agave ou **agavé** n masculin
age nm (de charrue) # *âge*
âge nm (circonflexe sur *â*) # *age*
âgé, e adj (circonflexe sur *â*)
agence nf
agenda nm, pl *agendas*

agenouiller (s') vpr
agent nm
agglomérat nm (deux *g*)
agglomération nf (deux *g*)
agglomérer vt (deux *g*)
agglutiner vt (deux *g*)
aggraver vt (deux *g*)
agha ou **aga** nm, pl *aghas* ou *agas*
agile adj
agio nm, pl *agios*
agioter vi, pp *agioté* inv
agir vi, pp *agi* inv
agneau nm, pl *agneaux*
agneler vi, pp *agnelé* inv
agnelet nm
agnelle nf
agnostique adj, nm ou nf
agnus-castus nm inv
agnus-dei nm inv (pas d'accent)
agoniser vi, pp *agonisé* inv
agora nf, pl *agoras*
agouti nm, pl *agoutis*
agrafe nf (un seul *f*, de même dans *agrafer, agrafage*)
agrammatical, e, aux adj
agrandir vt (un seul *g*)
agréable adj
agréer vt
agrégat nm
agrément nm
agrès nmpl (accent grave)
agression nf
agricole adj
agriculteur, trice n
agriffer (s') vpr (deux *f*)
agripper vt (un *g*, deux *p*)
agroalimentaire adj, pl *agroalimentaires*
agro-industriel, elle adj.
agrume n masculin
aguerrir vt (deux *r*)
aguets nmpl
ah interj # *ha*
ahan nm
ahaner vi (un seul *n*)
ahurir vt
aï nm, pl *aïs* (tréma sur *ï*)
aide nm ou nf
aide-comptable nm ou nf, pl *aides-comptables*
aide-mémoire nm inv
aide-ménager, ère n, pl *aides-ménagers, ères*
aide-soignant, e n, pl *aides-soignants, es*
aïe interj
aïeul, e n, pl *aïeuls* ou *aïeux* → *p 48*
aigle nm (oiseau) ; nf → p 38
aiglefin ou **églefin** nm # *aigrefin* (escroc)
aigre-doux, douce adj, pl *aigres-doux, douces*
aigrefin nm # *aiglefin* (poisson)
aigrelet, ette adj

aigrette nf
aigu, aiguë adj (attention au tréma)
aiguail nm, pl *aiguails*
aigue-marine nf, pl *aigues-marines*
aiguille nf
aiguiller vt
aiguillon nm
aiguillonner vt (deux *n*)
aiguiser vt
ail nm, pl ancien *aulx*, moderne *ails*
aile nf # *elle* (pronom)
ailleurs adv (avec *s* final)
aïlloli ou **aïoli** nm, pl *aillolis* ou *aïolis*
aimable adj # *amiable* (accord)
aimant nm
aine nf (sans circonflexe)
aîné, e adj, n (circonflexe)
aînesse nf (circonflexe)
ainsi adv ; *ainsi que* loc conj
air nm ; *avoir l'air* → p 58
airain nm
Airbus nm (nom déposé)
aire nf (surface) # *air* nm
airelle nf
ais nm inv (planche)
aisance nf
aisselle nf
aîtres ou **êtres** nmpl (maison) # *être* v auxiliaire ou nom
ajonc nm (avec *c* final)
ajouré, e adj
ajout nm (*t* final muet)
ajouter vt
alaise ou **alèse** nf
alambic n masculin
alambiqué, e adj
albâtre n masculin (circonflexe sur *â*)
albatros nm inv
alberge n féminin
albinos nm ou nf inv
album nm, pl *albums*
albumen nm, pl *albumens*
albuminurie nf
alcade n masculin
alcali nm, pl *alcalis*
alcool nm (deux *o*)
alcoolique adj, nm ou nf (attention aux deux *o*)
Alcootest ou **Alcotest** nm (nom déposé)
alcôve nf (circonflexe sur *ô*)
alcyon nm (attention *y*)
aldéhyde n masculin
aléa nm, pl *aléas*
alêne nf (circonflexe sur *ê*)
alénois adj masculin seulement
alentour adv # **alentours** nmpl
alèse ou **alaise** nf
aléser vt
alezan, e adj
alfa nm, pl *alfas* # *alpha* (lettre)

alfange n féminin
algèbre nf
algébrique adj (accent aigu)
algorithme nm (avec *i*)
alguazil nm, pl *alguazils*
alibi nm, pl *alibis*
aligner vt (un seul *l*)
aliment nm
alinéa nm, pl *alinéas*
alios nm inv
alise n féminin
aliter vt (un *l*, un *t*)
alizé nm
allaiter vt (deux *l*)
allant nm
allécher vt
allée nf
allégation nf
allégeance nf (attention *gea*)
allégement nm (accent aigu)
allégorie nf
allègre adj
allégresse nf (accent aigu)
allegretto adv (pas d'accent) # **allégretto** nm, pl *allégrettos* (accent aigu)
allegro adv (pas d'accent) # **allégro** nm, pl *allégros* (accent aigu)
alléluia nm, pl *alléluias*
aller vi, pp *allé, e*
aller nm, pl *allers*
allergie nf
aller-retour nm, pl *allers-retours*
alleu nm, pl *alleux* (deux *l*)
alliacé, e adj
alliage nm
alligator nm
allitération nf (deux *l*, un *t*)
allô interj (circonflexe sur *ô*) # *halo* nm (lumière)
allocation nf # *allocution* (discours)
allocution nf # *allocation* (argent)
allonge nf
allouer vt
allume-cigares nm inv
allume-feu nm inv
allume-gaz nm inv
allumette nf (deux *l*, un *m*)
allure nf
allusif, ive adj
allusion nf
alluvial, e, aux adj
alluvions nfpl
almanach nm, pl *almanachs*
almée nf
aloès nm inv (accent grave)
aloi nm
alopécie nf
alors adv
alose n féminin
alouate n masculin
alouette nf (un seul *l*)
alourdir vt (un seul *l*)

aloyau nm, pl *aloyaux*
alpaga nm, pl *alpagas*
alpha nm, pl *alphas* # *alfa* (herbe)
alphabet nm
alpin, e adj
altercation nf
alter ego nm inv (sans trait d'union et sans accent)
altérité nf
altesse nf
altier, ère adj
altise n féminin
alto nm, pl *altos*
altruisme nm
aluminium nm, pl *aluminiums*
alun nm
alvéole nf (autrefois nm)
amabilité nf
amadou nm, pl *amadous*
amadouer vt
amaigrir vt (un seul *m*)
amalgame n masculin
aman nm # *amant* nm
amande nf # *amende* (peine)
amanite n féminin
amarante n féminin ; adj inv
amarre nf
amaryllis nf inv
amas nm inv (*s* muet final)
amateur adj, nm ou nf
amazone n féminin
ambages n féminin pl
ambassadeur nm
ambassadrice nf
ambiance nf
ambiant, e adj
ambidextre adj, nm ou nf
ambigu, ambiguë adj (tréma au féminin)
ambiguïté nf (tréma sur *ï*)
ambigument adv (pas de tréma)
ambition nf
ambitionner vt (deux *n*)
ambivalence nf
ambivalent, e adj
amble nm
ambre n masculin
ambroisie nf
ambulacre n masculin
ambulance nf
ambulant, e adj
ambulatoire adj
âme nf (circonflexe sur *â*)
amen nm inv
aménager vt
amende nf # *amande* (fruit)
amène adj
aménité nf (accent aigu)
amensal, e, aux adj
amenuiser vt (un seul *m*)
amer nm ; **amer, ère** adj
amèrement adv (accent grave)
amerlo, pl *amerlos*, ou **amerloque** nm ou nf
amerrir vi (un *m*, deux *r*)

amertume n féminin
améthyste n féminin (avec *thy*)
ameublement nm (de *meubler*)
ami, e adj, n
amiable adj # *aimable* (gentil)
amiante-ciment nm, pl
  amiantes-ciments
amibe n féminin # *amide* nm
amical, e, aux adj
amide n masculin # *amibe* nf
amidonner vt (deux *n*)
amincir vt (un seul *m*)
a minima adj inv (en deux mots)
amiral nm, pl *amiraux*
amirauté nf
ammonal nm, pl *ammonals*
ammoniac nm # *ammoniaque*
  (solution de gaz)
ammoniacal, e, aux adj
ammoniaque nf # *ammoniac*
  (gaz)
amnésie nf
amnistie n féminin
amoindrir vt (un seul *m*)
amollir vt (un *m*, deux *l*)
amonceler vt (un seul *l*)
amoncellement nm (deux *l*)
amont nm (*t* final)
amoral, e, aux adj (un seul *m*)
  # *immoral*
amorçage nm
amorphe adj
amour-en-cage nm, pl
  amours-en-cage
amour-propre nm, pl
  amours-propres
amphétamine nf
amphibie adj ; nm
amphibole nf (un seul *l*)
amphigouri nm, pl *amphigouris*
amphithéâtre nm (circonflexe)
amphitryon nm (attention à l'*y*)
amphore nf
amplifier vt
ampli-tuner nm, pl *amplis-tuners*
amuïr (s') vpr (tréma sur *ï*)
amuïssement nm (tréma sur *ï*)
amulette nf
amuse-gueule nm, pl
  amuse-gueule(s)
amygdale nf (*g* muet)
amylène n masculin
an nm (deux *n* dans *année,
  annuel,* etc.) # *en* pr, prép ou
  adv
ana nm inv
anabaptiste nm ou nf
anachorète nm (avec *ch*)
anachronique adj (avec *ch*)
anacoluthe n féminin (attention
  th)
anaconda nm
anaglyphe n masculin
anagramme n féminin
anal, e, aux adj # *annales* nfpl
analogie nf

analphabète adj, nm ou nf
analphabétisme nm (accent
  aigu)
analyse nf
analytique adj
anamorphose nf
ananas nm inv (*s* prononcé ou
  non)
anapeste n masculin
anarcho-syndicaliste nm ou nf,
  pl *anarcho-syndicalistes*
anathématiser vt (accent aigu)
anathème n masculin
ancestral, e, aux adj
ancêtre n (circonflexe sur *ê*)
anche nf # *hanche* (os)
anchois nm inv (avec *s* final)
ancien, enne adj, n
ancienneté nf
ancrage nm # *encrage* (de
  encre)
ancre nf # *encre* (pour écrire)
andain nm
andalou, se adj, pl *andalous,
  ses*
andante adv ; nm, pl *andantes*
andantino adv ; nm, pl
  andantinos
andouille nf
andouiller nm
androcée n masculin
androgyne nm
âne nm (circonflexe)
anéantir vt
anecdote nf
anémie nf
anémone n féminin
ânerie nf (circonflexe sur *â*)
anesthésie nf
aneth nm (*th* final)
anévrisme ou **anévrysme** n
  masculin
anfractuosité nf
angélique adj
angelot nm
angélus nm inv (avec accent)
anglo-américain, e adj, n, pl
  anglo-américains, es
angora adj, nm ou nf, pl *angoras*
anguille nf
anhydride n masculin
anicroche n féminin
animal nm, pl *animaux*
animal, e, aux adj
animosité nf
anis nm inv
anisette nf
ankylose nf (avec *ky*)
annales nfpl (deux *n*) # *anal* adj
anneau nm, pl *anneaux*
année nf
année-lumière nf, pl
  années-lumière
anneler vt (deux *n*, un *l*)
annexe adj, nf (deux *n*)
annexion nf

annexionnisme nm (deux fois
  deux *n*)
annihiler vt
anniversaire nm
annonce nf
annonciation nf
annoter vt (deux *n*, un *t*)
annuaire nm
annuel, elle adj
annuité nf
annulaire nm
annuler vt
anoblir vt (sens propre) #
  ennoblir (sens figuré)
anode n féminin
anodin, e adj
anomal, e, aux adj # *anormal*
ânon nm (circonflexe)
ânonner vt (circonflexe sur *â*)
anonyme adj, nm ou nf
anorak nm, pl *anoraks*
anorexie nf
anormal, e, aux adj # *anomal*
antan (d') loc adj
antarctique adj
antécédent, e adj
antédiluvien, enne adj
antenne nf
antépénultième adj ; nf
antérieur, e adj
antériorité nf
anthère nf (attention *th*)
anthologie nf (attention *th*)
anthracite n masculin ; adj inv
  (couleur)
anthrax nm inv
anthropoïde nm ou nf, adj
anthropométrie nf
anthropomorphe adj
anthropophage nm ou nf
anti- préf
antibiotique nm, adj
antibrouillard adj inv, nm
antibruit adj inv
anticasseurs adj inv
antichambre nf
anticlérical, e, aux adj
anticlinal, e, aux adj
anticyclonal, e, aux adj
antidate n féminin
antidépresseur nm
antidote n masculin
antidouleur nm, adj inv
antienne nf (deux *n*)
anti-g adj inv
antigang adj inv
antigel nm, pl *antigels*
antiglisse adj inv
antigouvernemental, e, aux adj
antihalo nm, pl *antihalos* ; adj inv
anti-impérialisme nm, pl
  anti-impérialismes
anti-inflammatoire adj, nm, pl
  anti-inflammatoires
anti-inflationniste adj, pl
  anti-inflationnistes

antilope nf
antimissile nm, pl *antimissiles*
antimoine n masculin
antinational, e, aux adj
antiparti adj inv
antipathie nf
antipersonnel adj inv
antipode n masculin
antipoison adj inv
antique adj
antirouille nm, pl *antirouilles* ;
  adj inv
antisémite adj, nm ou nf
antisepsie nf
antisocial, e, aux adj
anti-sous-marin adj m, pl
  anti-sous-marins
antisyndical, e, aux adj
antithèse nf
antithétique adj (accent aigu)
antivol nm ; adj inv
antonyme nm
antre n masculin
anus nm inv
anxiété nf
anxieux, euse adj
aorte nf
août nm, pl *aoûts* (pas de
  majuscule)
aoûtat nm
aoûtien, enne n (*û* circonflexe)
apache nm (un *p*)
apaiser vt (un *p*)
apanage n masculin
aparté nm, pl *apartés*
apartheid nm, pl *apartheids*
apathie nf (avec *h*)
apercevoir vt, pp *aperçu, e*
aperçu nm
apéritif nm (un seul *p*)
à-peu-près nm inv (avec traits
  d'union) *#* à peu près adv
apeuré, e adj
apex n masculin inv
aphasie nf
aphélie n masculin
aphone adj (avec *ph*)
aphorisme n masculin
aphrodisiaque adj, nm
aphte n masculin (avec *ph*)
api nm, pl *apis*
à-pic nm inv *#* à pic adv
apical, e, aux adj
apitoiement nm (*e* muet)
apitoyer vt
aplanir vt (un *p*)
aplat nm (*t* final)
aplomb (*b* final)
apocalypse nf (avec *y*)
apocope n féminin
apocryphe adj
apogée n masculin
apollon nm (un *p*, deux *l*)
apologue n masculin
apophtegme n masculin
apophyse nf (avec *y*)

apoplectique adj
apoplexie nf
apostat, e adj, n
a posteriori adj inv, adv (sans
  accent et sans trait d'union)
apostille n féminin
apostolat nm
apostrophe n féminin
apothème n masculin
apothéose n féminin
apothicaire nm
apôtre nm (circonflexe sur *ô*)
apparaître vi, pp *apparu, e*
apparat nm (*t* final)
appareil nm
appareiller vt, vi
appareil photo nm, pl *appareils
  photo*
apparemment adv
apparence nf
apparent, e adj
apparenter (s') vpr
appariement nm (*e* muet)
apparier vt
appariteur nm
apparition nf
appartement nm
appartenir vti, pp *appartenu* inv
appas nmpl *#* appât (amorce)
appât nm, pl *appâts* (circonflexe
  sur le 2ᵉ *â*) *#* appas (attraits)
appauvrir vt
appeau nm, pl *appeaux*
appeler vt (deux *p*, un *l*)
appellatif, ive adj (deux *l*)
appellation nf (deux *l*)
appendice n masculin
appentis nm inv (*s* muet final)
appesantir vt
appétence nf
appétit nm
applaudir vt
applicable adj
application nf
appoggiature nf, pl
  appoggiatures
appoint nm (deux *p*) *#* à point
appointer vt (deux *p*)
appontement nm (deux *p*)
apport nm (deux *p*)
apposer vt (deux *p*)
appréciation nf
appréhension nf
apprendre vt, pp *appris, e*
apprenti, e (deux *p*)
apprêt nm (circonflexe sur *ê*) *#*
  après, prép
apprivoiser vt (deux *p*)
approbation nf
approcher vt (deux *p*)
approfondir vt (deux *p*)
approprier vt (deux *p*)
approuver vt
approvisionner vt (deux *p*)
approximation nf (deux *p*)
appui nm

appui-bras ou **appuie-bras** nm,
  pl *appuis-bras* ou *appuie-bras*
appui-main ou **appuie-main** nm,
  pl *appuis-main* ou *appuie-main*
appui-tête ou **appuie-tête** nm, pl
  appuis-tête ou *appuie-tête*
appuyer vt
âpre adj (circonflexe sur *â*)
après prép *#* apprêt nm
après-coup nm inv
après-demain adv
après-dîner nm, pl *après-dîners*
après-guerre nm ou nf (des deux
  genres), pl *après-guerres*
après-midi nm inv ou nf inv
après-rasage adj inv ; nm, pl
  après-rasages
après-ski nm, pl *après-skis*
après-vente adj inv
a priori adj inv, adv, nm inv
  (sans accent)
apriorisme nm (en un mot)
à-propos nm inv (trait d'union) *#*
  à propos de
apurer vt (un seul *p*)
aquafortiste nm ou nf
aquagym nf
aquaplane n masculin
aquaplaning nm (un seul *n*)
aquarelle nf
aquarium nm, pl *aquariums*
aqueduc nm
aqueux, euse adj
aquilin adj m (nez)
ara nm
arabesque nf
arabo-islamique adj, pl
  arabo-islamiques
arachnéen, enne adj (prononcé
  [rak])
araignée nf
araire nm
arak ou **arack** nm, pl *araks* ou
  aracks
arbalète nf
arbalétrier nm (accent aigu)
arbitraire adj ; n masculin
arborescence nf (attention *sc*)
arborescent, e adj
arborisation nf
arbouse n féminin
arbrisseau nm, pl *arbrisseaux*
arcade n féminin
arcane n masculin
arc-boutant nm, pl *arcs-boutants*
arc-bouter vt
arc-doubleau nm, pl
  arcs-doubleaux
arceau nm, pl *arceaux*
arc-en-ciel nm, pl *arcs-en-ciel*
archaïque adj (tréma sur *ï*)
archaïsme nm
archange nm
archéologie nf
archéologue nm ou nf
archer nm *#* archet (baguette)
archet nm *#* archer (personne)

archétype nm (prononcé [ke])
archevêché nm (circonflexe)
archevêque nm
archiduc nm ; **archiduchesse** nf
archipel nm
architecte nm ou nf
architectural, e, aux adj
archives nfpl
archivolte n féminin
archonte nm (*ch* prononcé [k])
arçon nm
arctique adj
ardemment adv
ardent, e adj
ardillon nm
ardu, ardue adj
are nm (mesure) # *art*
arec nm, pl *arecs*
arène nf
aréole nf
aréopage n masculin
arête nf (circonflexe, un *r*)
arrête (de *arrêter*)
argent n masculin
argile n féminin
argot nm
arguer vt (attention à la
conjugaison)
argument nm
argus nm inv
argutie nf (prononcé [si])
aria nm (ennui) # **aria** nf (air)
ariette nf
arioso nm, pl *ariosos*
ariser ou **arriser** vt
aristocrate adj, nm ou nf
arithmétique nf ; adj
armistice n masculin
armoiries nfpl
armorial, e, aux adj
arnica nf ou nm
aromate nm (sans circonflexe)
arôme n masculin (circonflexe)
arpège n masculin
arpéger vi, vt (accent aigu)
arpent nm
arpète ou **arpette** nf ou nm
arrache-clou nm, pl
arrache-clous
arrache-pied (d') adv
arracher vt (deux *r*)
arraisonner vt (deux *r*, deux *n*)
arranger vt (deux *r*)
arrérages nmpl
arrestation nf
arrêt nm (circonflexe)
arrêter vt
arrêt-maladie nm, pl
arrêts-maladies
arrhes n féminin pl
arrière adv ; nm
arriéré, e adj, n (accent aigu)
arrière-ban nm, pl *arrière-bans*
arrière-bouche nf, pl
arrière-bouches
arrière-boutique nf, pl
arrière-boutiques

arrière-cour nf, pl *arrière-cours*
arrière-garde nf, pl
arrière-gardes
arrière-gorge nf, pl
arrière-gorges
arrière-goût nm, pl *arrière-goûts*
arrière-grand-mère nf, pl
arrière-grand-mères ou
arrière-grands-mères
arrière-grand-oncle nm, pl
arrière-grands-oncles
arrière-grand-père nm, pl
arrière-grands-pères
arrière-grands-parents nmpl
arrière-grand-tante nf, pl
arrière-grand-tantes ou
arrière-grands-tantes
arrière-main nf, pl *arrière-mains*
arrière-neveu nm, pl
arrière-neveux ; **arrière-nièce**
nf, pl *arrière-nièces*
arrière-pays nm inv
arrière-pensée nf, pl
arrière-pensées
arrière-petite-fille nf, pl
arrière-petites-filles
arrière-petit-fils nm, pl
arrière-petits-fils
arrière-petits-enfants nmpl
arrière-plan nm, pl *arrière-plans*
arrière-saison nf, pl
arrière-saisons
arrière-train nm, pl *arrière-trains*
arrimer vt
arriser ou **ariser** vt
arriver vi, pp *arrivé, e* (deux *r*)
arrogamment adv
arrogance nf
arrogant, e adj
arroger (s') vpr → p 82
arrondir vt (deux *r*)
arroser vt (deux *r*)
arrow-root nm, pl *arrow-roots*
arroyo nm, pl *arroyos*
arsenal nm, pl *arsenaux*
arsenic nm
art nm # *are* (mesure)
artère nf
artériel, elle adj (accent aigu)
arthrite nf (avec *th*)
arthrose nf (avec *th*)
artichaut nm (*t* à la finale)
artifice n masculin
artificier nm
artillerie nf (deux *l*)
artisan, e n
artisanal, e, aux adj
arum nm, pl *arums*
aryen, enne adj (avec *y*)
as nm inv
asa-fœtida nf inv
asbeste n féminin
ascendance nf (attention *sc*)
ascendant, e adj ; **ascendant** nm
ascenseur nm (attention *sc*)

ascension nf
ascensionnel, elle adj (deux *n*)
ascèse nf (avec *sc*)
ascète nm ou nf
ascétique adj # *acétique* (acide)
ascétisme nm (accent aigu)
ase nf # *hase* (lièvre femelle)
asepsie nf (un seul *s* au début)
asexué, e adj (un seul *s*)
ashram ou **asram** nm
asocial, e, aux adj, n (un seul *s*)
asparagus nm inv
aspect nm
aspérité nf
aspersion nf
asphalte n masculin
asphodèle n masculin
asphyxie nf
aspic nm (*c* final)
assagir vt
assaillir vt, pp *assailli, e*
assainir vt, pp *assaini, e*
assaisonner vt
assaut nm (*t* muet final)
assèchement nm (accent grave)
assécher vt
assener ou **asséner** vt
assentiment nm
asseoir vt, pp *assis, e*
assertion nf
assesseur nm
assez adv
assidu, e adj
assidûment adv (*û* circonflexe)
assiéger vt
assiette nf
assise nf (base) ; nfpl (juridiction)
assistance nf
association nf
assoiffer vt (deux *s*, deux *f*)
assombrir vt
assommer vt (deux *s*, deux *m*)
assomption nf
assonance nf (un seul *n*)
assonant, e adj
assortiment nm
assouplir vt (deux *s*, un *p*)
assourdir vt
assouvir vt
assujettir vt (deux *s*, deux *t*)
assumer vt (deux *s*, un *m*)
assurance-vie nf, pl
assurances-vie
aster nm, pl *asters*
astérisque n masculin
asthénie nf
asthme n masculin (*th* muet)
asticot nm (*t* muet final)
astigmate adj, nm ou nf
astiquage nm
astragale n masculin
astrakan nm
astral, e, aux adj
astre nm
astreindre vt, pp *astreint, e*
astreinte nf

astringent, e adj
astrolabe n masculin
astronaute nm ou nf
astronef nm
astuce n féminin
asymétrie nf
asymptote n féminin
asyndète n féminin
atavisme nm
atèle n masculin # **attelle**
(éclisse)
atelier nm
atermoiement nm
atermoyer vi, pp atermoyé inv
athée nm ou nf, adj
athéisme nm
athénée n masculin
athlète nm ou nf
athlétique adj (accent aigu)
atlante n masculin
atlas nm inv
atmosphère nf (pas de h après t)
atmosphérique adj (accent aigu)
atoll nm, pl atolls
atonal, e, aux adj (un seul n)
atours nmpl
atout nm
âtre nm (circonflexe sur â)
atrium nm, pl atriums
atrocité nf
atrophie nf
attabler (s') vpr
attaché-case nm, pl
attachés-cases
attacher vt, vi
attaquer vt
attarder (s') vpr
atteindre vt, pp atteint, e
attelage nm (deux t, un l)
attelle nf (deux t, deux l) # atèle
(singe)
attenant, e adj
attendre vt, pp attendu, e
attendrir vt
attendu nm ; prép → p 75
attenter vti, pp attenté inv
attentif, ive adj
attention nf
attentionné, e adj (deux n)
atténuer vt
atterrer vt (deux t, deux r)
atterrir vi, pp atterri inv (deux t,
deux r)
attester vt
attiédir vt
attifer vt (deux t, un seul f)
attique n masculin
attirail nm, pl attirails
attiser vt (deux t)
attitrer vt (deux t au début)
attitude nf
attorney nm, pl attorneys
attouchement nm
attraction nf (deux t au début)
attrait nm
attrape-mouche nm, pl
attrape-mouches

attrape-nigaud nm, pl
attrape-nigauds
attraper vt (deux t, un p)
attrape-tout adj inv
attrayant, e adj
attribuer vt
attribut nm (t muet final)
attribution nf
attrister vt
attrouper vt (un seul p)
au, aux art contracté
aubère adj ; nm
auburn adj inv
aucun, e adj ; pr indéf → p 65
audace nf
au-dedans adv # en dedans
au-dehors adv # en dehors
au-delà adv ; nm inv
au-dessous adv # en dessous
au-dessus adv # en dessus
au-devant adv
audience nf
Audimat nm (nom déposé)
audio-oral, e, aux adj
audiovisuel, elle adj
auditeur, trice n
audition nf
auditionner vt (deux n)
auditoire n masculin
auditorium nm, pl auditoriums
auge nf
augmenter vt
augural, e, aux adj
augure n masculin
augurer vt
auguste adj
aujourd'hui adv (apostrophe)
aulne ou **aune** nm (arbre) #
aune nf (mesure)
aulx, pl ancien de ail
aumône nf (circonflexe sur ô)
aune nf # aune nm (arbre)
auparavant adv
auprès adv, prép
auquel pr rel, pl auxquels
aura nf, pl auras
auréole nf
aurifier vt
aurochs nm inv
auroral, e, aux adj
ausculter vt
auspices n masculin pl
aussi adv
aussitôt adv (circonflexe sur ô)
aussi tôt que (comparatif)
austère adj
austérité nf (accent aigu)
austral, e, als ou **aux** adj
autan nm # autant adv
autant adv # autan (vent)
autarcie nf
autel nm # hôtel (édifice)
auteur nm # hauteur nf
authentique adj
auto nf, pl autos
autobiographie nf

autobus nm inv
autochtone nm ou nf
autocollant, e adj
autocuiseur nm
autodafé nm, pl autodafés
autodidacte adj, nm ou nf
auto-école nf, pl auto-écoles
autogestion nf
autogestionnaire adj (deux n)
auto-immun, e adj, pl
auto-immuns, es
auto-intoxication nf, pl
auto-intoxications
automate n masculin
automnal, e, aux adj (m muet)
automne nm (m muet)
automobile adj ; n féminin
automoteur, trice adj
autonome adj, nm ou nf
autopsie nf
autoradio n masculin, pl
autoradios
autorail nm, pl autorails
autoritaire adj
autorité nf
autoroute n féminin
autos-couchettes adj inv (train)
auto-stop nm singulier
auto-stoppeur, euse n, pl
auto-stoppeurs, euses
autosuggestion nf
autour adv # nm (oiseau)
autre adj, pr indéf
autrefois adv
autrui pr indéf inv
auvent nm (t final)
auxiliaire adj, nm ou nf
avachir (s') vpr
aval nm, pl avals
avalanche nf
à-valoir nm inv # à valoir sur (le
prix)
avant prép ; adv ; nm, pl avants
avant-bras nm inv
avant-centre nm, pl
avant-centres
avant-clou nm, pl avant-clous
avant-corps nm inv
avant-cour nf, pl avant-cours
avant-coureur adj m, pl
avant-coureurs
avant-dernier, ère adj, n, pl
avant-derniers, dernières
avant-garde nf, pl avant-gardes
avant-goût nm, pl avant-goûts
avant-guerre nm ou nf, pl
avant-guerres (des deux
genres)
avant-hier adv
avant-pays nm inv
avant-port nm, pl avant-ports
avant-poste nm, pl avant-postes
avant-première nf, pl
avant-premières
avant-projet nm, pl avant-projets
avant-propos nm inv

avant-scène nf, pl *avant-scènes*
avant-toit nm, pl *avant-toits*
avant-train nm, pl *avant-trains*
avant-trou nm, pl *avant-trous*
avant-veille nf, pl *avant-veilles*
Ave nm inv (majuscule et pas d'accent)
avec prép
aven nm, pl *avens*
avenant nm ; avenant, e adj
avènement nm (accent grave)
avenir nm # *à venir*
avenue nf
avers nm inv
averse nf # *à verse* (pleuvoir)
aversion nf
aveu nm, pl *aveux*
aveuglement nm
aveuglément adv (accent aigu)
aveugle-né, e adj, n, pl *aveugles-nés, nées*
aviation nf
aviculteur, trice n
avidité nf
avilir vt
aviné, e adj
avion-cargo nm, pl *avions-cargos*
avion-citerne nm, pl *avions-citernes*
avion-école nm, pl *avions-écoles*
avis nm inv (*s* muet final)
aviso nm, pl *avisos*
avocat, e n ; nm (fruit)
avocatier nm
avoine n féminin
avoir vt, pp *eu, e* ; nm, pl *avoirs*
avouer vt
avril nm, pl *avrils* (pas de majuscule)
axial, e, aux adj
axiome n masculin (sans circonflexe sur *o*)
axis nm inv
axolotl nm, pl *axolotls*
ayant cause nm, pl *ayants cause*
ayant droit nm, pl *ayants droit*
ayatollah nm, pl *ayatollahs*
aye-aye nm, pl *ayes-ayes*
azalée n féminin
azimut nm
azimutal, e, aux adj
azote n masculin
azur nm
azyme adj (avec un *y*) ; nm pl (avec majuscule : fête juive)

B

B.A. nm inv (bonne action)
B.A.-Ba nm inv
baba adj et nm, pl *babas*
baba cool nm ou nf, pl *babas cool*
babil nm
babiller vi, pp *babillé* inv

babines nfpl
babiole nf (un seul *l*)
bâbord nm (circonflexe sur *â*)
babouin nm
baby nm, pl *babys* ou *babies*
baby-boom nm, pl *baby-booms*
baby-foot nm inv
baby-sitter nm ou nf, pl *baby-sitters*
baccalauréat nm (deux *c*)
baccara nm (jeu), pl *baccaras*
baccarat nm (cristal)
bacchanale nf
bacchante nf (femme) # *bacchantes* ou *bacantes* nf surtout pl (moustaches)
bâche nf (circonflexe sur *â*)
bachelier, ère n
bachot nm
bacille n masculin
bâcler vt (circonflexe sur *â*)
badaud, e n, adj
badigeonner vt (deux *n*)
badin, e adj ; badine nf
badiner vi, pp *badiné* inv
bad-lands nfpl
badminton nm (pas de *g*)
baffe nf # baffle nm (deux *f*)
bafouer vt
bafouiller vt, vi
bâfrer vt, vi (circonflexe sur *â*)
bagarre nf (deux *r*)
bagatelle nf
bagou ou bagout nm, pl *bagous, bagouts*
baguenauder vi, pp *baguenaudé* inv
baguette nf
bah interj # *bas* adj et nm
bahut nm
bai, e adj (couleur) # *baie* nf
baie nf # *bai* adj
bail nm, pl *baux*
bâillement nm (circonflexe)
bâiller vi, pp *bâillé* inv (circonflexe sur *â*) # bailler (donner)
bailler vt, pp *baillé* dans *baillé belle* (sans circonflexe) # *bâiller* (ouvrir la bouche)
bailleresse nf ; bailleur nm
bâilleur, euse n (circonflexe)
bailli nm
bâillon nm (circonflexe sur *â*)
bâillonner vt (circonflexe et deux *n*)
bain-marie nm, pl *bains-marie*
baïonnette nf (tréma sur *ï*)
baisemain nm
baiser vt ; nm # baisser vt, vi
bajoue nf
bakchich nm, pl *bakchichs*
Bakélite nf (nom déposé)
bal nm, pl *bals*
balade nf # *ballade* (poème)
baladin nm

balafrer vt (un seul *f*)
balai nm # *ballet* (danse)
balai-brosse nm, pl *balais-brosses*
balancelle nf
balançoire nf
balayer vt
balbutiement nm (*e* muet)
balbutier vt
baldaquin nm
baleine nf
baleineau nm, pl *baleineaux*
balèze ou balaise adj, n (fort)
balistique nf (un seul *l*)
baliveau nm, pl *baliveaux*
ballade nf # *balade* (promenade)
ballant, e adj
ballast nm
balle nf # *bal* nm
ballerine nf
ballet nm
ballonner vt (deux *n*)
ballot nm (deux *l*) ; adj m
ballotin nm (emballage)
ballottage nm (deux *t*)
ballottement nm (deux *t*)
ballottine nf (aliment)
ball-trap nm, pl *ball-traps*
balluchon ou baluchon nm
balnéaire adj
balourd, e adj
balustre n masculin
balzan, e adj
bambin nm
bambou nm, pl *bambous*
ban nm # *banc* (siège)
banal, e, als adj (courant)
banal, e, aux adj (féodalité)
banc nm # *ban* (proclamation)
bancaire adj (attention au *c*)
bancal, e, als adj # nm (sabre) pl *bancals*
banc-titre nm, pl *bancs-titres*
bandeau nm, pl *bandeaux*
banderille nf
banderillero nm, pl *banderilleros*
banderole nf
bande-son nf, pl *bandes-son*
bandit nm (*t* final)
bandoulière nf (un seul *l*)
banjo nm, pl *banjos*
banlieue nf
banne nf
bannir vt
banqueroute nf
banquet nm
banqueter vi, pp *banqueté* inv
banquette nf
banquier, ière n
bantou, e adj, n, pl *bantous*
baobab nm
baptême nm (*p* muet et circonflexe sur *ê*)
baptiser vt
baptismal, e, aux adj

baptistère nm
baquet nm
bar nm # *barre* nf
baragouin nm
baratiner vt (un seul *t*)
baratte nf
barbeau nm, pl *barbeaux*
barbecue nm, pl *barbecues*
barbe-de-capucin nf, pl
 barbes-de-capucin
barbelé, e adj
barbet, ette n, adj
barbillon nm
barbital nm, pl *barbitals*
barboter vt, vi (un seul *t*)
barbouiller vt
barbu, e adj # *barbue* nf
 (poisson)
barcarolle nf (deux *l*)
bardane nf (un seul *n*)
barde nm # nf (lard)
bardeau nm (planchette), pl
 bardeaux
bardot ou **bardeau** nm (animal),
 pl *bardots* ou *bardeaux*
barème nm (accent grave)
barguigner vi, pp *barguigné* inv
baril nm
barillet nm
barioler vt
barlong, barlongue adj
barmaid nf, pl *barmaids*
barman nm, pl *barmans* ou
 barmen
baromètre nm
baron, onne n
baronet ou **baronnet** nm
baronnie nf (deux *n*)
baroque adj ; nm
baroud nm
barouf nm
barre nf (deux *r*) # *bar* nm
barreau nm, pl *barreaux* (deux *r*)
barrer vt (deux *r*)
barricade nf (deux *r*)
barrière nf (deux *r*)
barrique nf (deux *r*)
barrir vi, pp *barri* inv
baryton nm
bas nm inv # *bât* (selle)
bas, basse adj
basal, e, aux adj
basalte n masculin
bas-bleu nm, pl *bas-bleus*
bas-côté nm, pl *bas-côtés*
bascule nf
base-ball nm, pl *base-balls*
bas-fond nm, pl *bas-fonds*
basilic nm (plante) # *basilique*
 nf (édifice)
basilical, e, aux adj
bas-jointé, e adj, pl *bas-jointés,*
 es
basket-ball nm, pl *basket-balls*
basketteur, euse n
bas-relief nm, pl *bas-reliefs*

basse-cour nf, pl *basses-cours*
basse-fosse nf pl *basses-fosses*
bassement adv
bassesse nf
basset nm
basse-taille nf, pl *basses-tailles*
bastingage nm
bastonnade nf
bastringue n masculin
bas-ventre nm, pl *bas-ventres*
bât nm (circonflexe) # *bas* nm
 inv
bataille nf
bataillon nm
bâtard, e adj, n (circonflexe)
batardeau nm, pl *batardeaux*
 (pas de circonflexe)
batavia nf, pl *batavias*
bâté, e adj (circonflexe sur *â*)
bateau nm, pl *bateaux* (pas de
 circonflexe)
bateau-citerne nm, pl
 bateaux-citernes
bateau-feu nm, pl *bateaux-feux*
bateau-mouche nm, pl
 bateaux-mouches
bateau-pompe nm, pl
 bateaux-pompes
bateleur, euse n
batelier, ère n
batellerie nf (deux *l*)
bâter vt (circonflexe sur *â*)
bat-flanc nm inv
bath adj inv
bathyal, e, aux adj
bathyscaphe nm
batifoler vi, pp *batifolé* inv
bâtir vt (dérivés avec
 circonflexe : *bâtiment, bâti,*
 bâtisse, etc.)
batiste nf (dentelle) # *baptiste,*
 de *baptiser*
bâton nm
bâtonnet nm (circonflexe sur *â*)
bâtonnier nm (circonflexe sur *â*)
battant, e adj ; *battant neuf →*
 p 69
battre vt, pp *battu, e* (tous les
 dérivés ont deux *t* : *battement,*
 battage, battue)
bau nm, pl *baux* # *beau* adj
baudet nm
bauge nf
baume n masculin # *bôme* nf
 (vergue)
bauxite n féminin
bavard, e adj, n
bavarder vi, pp *bavardé* inv
bayadère nf, adj
bayer vi (aux corneilles), pp
 bayé inv # *bailler* (donner)
bazar nm, pl *bazars*
bazooka nm, pl *bazookas*
béant, e adj
béat, e adj
béatifier vt

beau, bel (devant une voyelle ou
 un *h* muet), **belle** adj, pl
 beaux, belles
beaucoup adv
beau-fils nm, pl *beaux-fils*
beau-frère nm, pl *beaux-frères*
beau-père nm, pl *beaux-pères*
beaux-arts nmpl
beaux-parents nmpl
bébête adj (attention aux
 accents)
be-bop nm inv
bécane nf (un seul *n*)
bécasseau nm, pl *bécasseaux*
bec-croisé nm, pl *becs-croisés*
bec-de-cane nm, pl
 becs-de-cane
bec-de-corbeau nm, pl
 becs-de-corbeau
bec-de-corbin nm, pl
 becs-de-corbin
bec-de-lièvre nm, pl
 becs-de-lièvre
bec-de-perroquet nm, pl
 becs-de-perroquet
bec-fin nm, pl *becs-fins*
béchamel nf
bêche nf (circonflexe à tous les
 dérivés : *bêcher, bêcheur...*)
bécot nm (*t* muet final)
becquée nf (attention *cqu*)
becquet ou **béquet** nm
becqueter vt
bedaine nf
bédane n masculin
bedeau nm, pl *bedeaux*
bedonner vi (deux *n*)
bée adj féminin
béer vi
beffroi nm
bégaiement nm (*e* muet)
bégayer vt, vi
bégonia nm, pl *bégonias*
bègue adj, nm ou nf
bégueule nf, adj
beige adj ; nm
beignet nm
béké nm ou nf, pl *békés*
bel adj m sing → beau
bel canto nm inv
bêler vi, pp *bêlé* inv
bel et bien adv
belette nf
bélître nm (circonflexe sur *î*)
belladone n féminin
bellâtre n masculin (circonflexe)
belle-dame nf, pl *belles-dames*
belle-de-jour nf, pl *belles-de-jour*
belle-de-nuit nf, pl
 belles-de-nuits
belle-famille nf, pl
 belles-familles
belle-fille nf, pl *belles-filles*
bellement adv
belle-mère nf, pl *belles-mères*
belles-lettres nfpl

belle-sœur nf, pl *belles-sœurs*
belligérant, e adj ; nm
belliqueux, euse adj
belote nf (un seul *t*)
bélouga ou béluga nm, pl
   bélougas ou *bélugas*
belvédère nm, pl *belvédères*
bémol nm
bénédicité nm, pl *bénédicités*
bénédictin, e n
bénédiction nf
bénéficier vti, pp *bénéficié* inv
benêt adj m (circonflexe sur 2ᵉ *ê*)
bénévolat nm
bénévole adj, nm ou nf
bénignité nf (attention *gn*)
bénin, bénigne adj
béni-oui-oui n inv
bénit, e adj # *béni, e* pp du v.
benjamin, e n
benjoin nm
benne nf (deux *n*)
benoît, e adj (circonflexe sur *î*)
benzène n masculin
berbérophone n, adj
bercail nm singulier
berceau nm, pl *berceaux*
béret nm
bergamote n féminin (un *t*)
berger, ère n
bergeronnette nf
béribéri nm, pl *béribéris*
berlingot nm (*t* final)
berlue nf
bernard-l'ermite ou
   bernard-l'hermite nm inv
bernicle n féminin
besace nf
besicles ou bésicles n féminin pl
besson, onne n
bestial, e, aux adj
bestiaux nmpl
best-seller nm, pl *best-sellers*
bêta nm (lettre), pl *bêtas*
   (circonflexe sur *ê*)
bêta, bêtasse n, adj, pl *bêtas,*
   bêtasses (circonflexe sur *ê*)
bétail nm (pas de pl).
bête nf et adj (circonflexe sur *ê*)
   # *bette* (plante)
bétonner vt (deux *n*)
bette ou blette nf # *bête* adj et
   nf
betterave nf (deux *t*)
beurette nf
beurre nm
beuverie nf
bévue nf
bey nm, pl *beys*
beylical, e, aux adj
biais nm ; biais, e adj
bibelot nm (*t* final)
bibliographie nf
bibliophile nm ou nf
bibliothécaire nm ou nf (accent
   aigu et *c*)

bibliothèque nf (accent grave)
Bic nm (nom déposé) [stylo]
bicéphale adj
biceps nm inv
bicorne n masculin
bicyclette nf (*i* puis *y*)
bidet nm (*t* final)
bidon nm ; adj inv
bief nm
bielle nf
bien nm, pl *biens* ; adv ; adj inv
bien-aimé, e adj et n, pl
   bien-aimés, es
bien-dire nm inv
bien-être nm inv
bienfaisance nf (attention *ai*)
bienfaisant, e adj
bien-fondé nm, pl *bien-fondés*
bien-fonds nm, pl *biens-fonds*
bienheureux, euse adj, n
biennal, e, aux adj
bien-pensant, e adj, n, pl
   bien-pensants, es
bienséance nf
bienséant, e adj
bientôt adv
bienveillamment adv
bienveillance nf
bienveillant, e adj
bienvenu, e adj, n
biffer vt (deux *f*)
bifocal, e, aux adj
bifteck nm, pl *biftecks*
bifurcation nf
bifurquer vi
bigarade nf (un seul *r*)
bigarreau n masculin, pl
   bigarreaux (deux *r*)
bigarrer vt (deux *r*)
bigarrure nf (deux *r* d'abord)
big-bang ou big bang nm sing
   seulement
bigorneau nm, pl *bigorneaux*
bigot, e n
bigoterie nf (un seul *t*)
bigoudi nm
bihoreau nm, pl *bihoreaux*
bijou nm, pl *bijoux*
bilatéral, e, aux adj
bilboquet nm
bileux, euse adj (inquiet) #
   bilieux, euse adj (de mauvaise
   santé)
biliaire adj
bilingue adj, nm ou nf
bill nm, pl *bills*
billard nm
billet nm
billette nf
billetterie nf (deux *t*)
billevesée nf
billion nm
billot nm (*t* final)
bimensuel, elle adj
binaire adj
binational, e, aux adj

binaural, e, aux adj
biniou nm, pl *binious*
binôme nm (circonflexe sur *ô*)
binomial, e, aux adj (pas de
   circonflexe)
biographie nf
biologie nf
biomédical, e, aux adj
biopsie nf
biparti, e ou bipartite (pour les
   deux genres) adj
bipède adj ; nm
bis adv ; bis, e adj (couleur)
bisaïeul, e n, pl *bisaïeuls, es*
bisannuel, elle adj
bisbille nf
biscornu, e adj
biscotte nf (deux *t*)
biscuit nm (*t* final)
biseau nm, pl *biseaux*
biser vi, pp *bisé* inv
biset nm
bismuth nm (avec *th*)
bisou ou bizou nm, pl *bisous* ou
   bizous
bisquer vi, pp *bisqué* inv
bissextile adj f
bistouri nm
bistre nm ; adj inv
bistro ou bistrot nm
bitte nf
bitter nm, pl *bitters*
biveau nm, pl *biveaux*
bivouac nm
bizarre adj
bizou ou bisou nm, pl *bizous* ou
   bisous
bizut ou bizuth nm
blackbouler vt
black jack nm inv
black-out nm inv
black-rot nm, pl *black-rots*
blafard, e adj
blaireau nm, pl *blaireaux*
blâmable adj (circonflexe sur *â*)
blâme nm (circonflexe)
blanc nm ; blanc, blanche adj, n
blanc-bec nm, pl *blancs-becs*
blanc-étoc ou blanc-estoc nm, pl
   blanc-étocs ou *blanc-estocs*
blanchâtre adj (circonflexe)
blanchiment nm
blanc-seing nm, pl *blancs-seings*
blanquette nf
blasphème nm
blasphémer vt (accent aigu)
blatérer vi, pp *blatéré* inv
blatte nf (deux *t*)
blazer nm, pl *blazers* (veste)
bled nm, pl *bleds*
blême adj (circonflexe sur *ê*)
blennorragie nf (pas de *h*)
blèsement nm (accent grave)
bléser vi, pp *blésé* inv
blésité nf
blesser vt

103

blet, ette adj
blette ou **bette** nf (plante)
blettir vi
bleu nm, pl *bleus* ; **bleu, e** adj
bleuâtre adj (circonflexe sur *â*)
bleuet nm
blizzard nm (deux *z*)
blocage nm
bloc-cuisine nm, pl
  blocs-cuisines
bloc-diagramme nm, pl
  blocs-diagrammes
bloc-eau nm, pl *blocs-eau*
blockhaus nm inv
bloc-moteur nm, pl
  blocs-moteurs
bloc-notes nm, pl *blocs-notes*
bloc-système nm, pl
  blocs-systèmes
blocus nm inv
blond, e adj, n
blottir (se) vpr
blue-jean nm, pl *blue-jeans*
blues nm inv (jazz)
bluette nf
bluff nm, pl *bluffs*
bluffer vt, vi
bluter vt
boa nm, pl *boas*
boat people n inv (sans trait
  d'union)
bobèche nf
bobo nm, pl *bobos*
bobsleigh nm, pl *bobsleighs*
bocal nm, pl *bocaux*
bock nm
body-building nm inv
boette ou **boitte** nf (amorce)
bœuf nm, pl *bœufs*
boghei, boguet ou **buggy** nm, pl
  bogheis, boguets ou *buggies*
bogie ou **boggie** nm, pl
  bog(g)ies
bogue nf
bohème nm ou nf (personnage) ;
  nf (vie) [accent grave]
bohémien, enne adj, n (accent
  aigu)
boire vt, pp *bu, e*
bois nm inv (*s* final)
boisseau nm, pl *boisseaux*
boîte nf (circonflexe sur *î*)
boiter vi, pp *boité* inv (pas
  d'accent circonflexe)
boîtier nm (circonflexe sur *î*)
boitte ou **boette** nf (amorce)
bol nm
bolchevique ou **bolchevik** adj inv
  en genre, nm ou nf
bolchevisme nm
boléro nm
bolet nm
bombance nf
bombyx nm inv
bôme nf # *baume* nm (onguent)
bon, bonne adj → p 63

bonasse adj (un seul *n*)
bonbon nm (*n* devant *b*)
bonbonne nf (*n* devant *b*)
bonbonnière nf (*n* devant *b*)
bon-chrétien nm, pl
  bons-chrétiens
bond nm
bondé, e adj
bondir vi, pp *bondi* inv
bonheur nm
bonheur-du-jour nm, pl
  bonheurs-du-jour
bonhomie nf (un seul *m*)
bonhomme nm, pl *bonshommes* ;
  adj, pl *bonhommes*
boni nm, pl *bonis*
boniment nm
bonjour nm, pl *bonjours*
bonne nf
bonne-maman nf, pl
  bonnes-mamans
bonnement adj (deux *n*)
bonnet nm
bonneteau nm, pl *bonneteaux*
bon-papa nm, pl *bons-papas*
bonsoir nm, pl *bonsoirs*
bonté nf
bonze nm
bonzesse nf
boogie-woogie nm, pl
  boogie-woogies
bookmaker nm, pl *bookmakers*
boomerang nm, pl *boomerangs*
boots nmpl
boqueteau nm, pl *boqueteaux*
borassus nm (le *s* se prononce)
borax nm inv
borborygme nm
bord nm # *bort* (diamant)
bordée nf
border vt
bordereau nm, pl *bordereaux*
boréal, e, aux ou **als** adj
borgne adj, nm ou nf
borin, e ou **borain, e** adj, n
borne-fontaine nf, pl
  bornes-fontaines
bort nm # *bord* (limite)
bortsch nm, pl *bortschs*
bosquet nm
boss nm inv (patron)
bossa-nova nf, pl *bossas-novas*
bosseler vt (un seul *l*)
bossellement nm (deux *l*)
bossu, e adj, n
boston nm, pl *bostons*
bot, e adj (*pied bot*)
botanique nf
botte nf
bottillon nm
bottine nf
boubou nm, pl *boubous*
bouc nm
boucan nm
boucau nm, pl *boucaux* (entrée
  du port) # *boucaud* (crevette)

bouche-à-bouche nm inv
boucher, ère n
bouche-trou nm, pl *bouche-trous*
bouchonner vt (deux *n*)
bouchot nm
bouddha nm
bouddhique adj
bouddhisme nm
bouddhiste adj, nm ou nf
boue nf # *bout* nm (fin)
bouée nf
boueux nm inv ou **boueur** nm
boueux, euse adj
bouffarde nf
bouffée nf
bouffer vt
bouffir vt, vi
bouffon, onne adj
bougainvillée n féminin ou
  bougainvillier n masculin
bougeoir nm
bougeotte nf
bougie nf
bougon, onne adj
bougonner vi (deux *n*)
bougre nm ; **bougresse** nf
boui-boui nm, pl *bouis-bouis*
bouillabaisse nf
bouilli nm # **bouillie** nf
bouillir vi, vt, pp *bouilli, e*
bouillon nm
bouillonner vi, vt (deux *n*)
bouillotte nf
boulaie nf, de *bouleaux* # *boulê*
  (assemblée grecque)
boulanger, ère n
boulê nf (assemblée grecque)
bouleau nm, pl *bouleaux* #
  boulot (travail)
boule-de-neige nf, pl
  boules-de-neige
bouledogue nm
boulet nm
boulevard nm
bouleverser vt
boulimie nf
boulingrin nm
boulonner vi (deux *n*)
boulot nm # *bouleau* (arbre)
boulot, otte adj
boulotter vt (un *l*, deux *t*)
bouquet nm
bouquetin nm
bouquin nm
bourbillon nm
bourdaine nf
bourdonner vi (deux *n*)
bourg nm
bourgade nf
bourgeois, e adj, n
bourgeonner vi (deux *n*)
bourgmestre nm
bourlinguer vi, pp *bourlingué* inv
bourrache nf
bourrade nf (deux *r*)
bourrasque nf

bourreau nm, pl bourreaux
bourrée nf
bourrelé, e adj (deux r, un l)
bourrèlement nm (accent grave)
bourrelet nm
bourrelier nm (un seul l)
bourrellerie nf (deux l)
bourriche nf (deux r)
bourrique nf (deux r)
bourru, e adj (deux r)
boursicoter vi, pp boursicoté inv
   (un seul t)
boursoufler vt (un seul f)
bousiller vt
boussole nf (un seul l)
boustifaille nf
bout nm # boue nf (fange)
bout-dehors nm, pl bouts-dehors
boute-en-train nm inv
boutefeu nm, pl boutefeux
bouteille nf
bouton-d'argent nm, pl
   boutons-d'argent
bouton-d'or nm, pl boutons-d'or
boutonneux, euse adj
bout-rimé nm, pl bouts-rimés
bouvier, ère n
bouvillon nm
bouvreuil nm
bovarysme nm (attention à l'y)
bovidé nm
bovin, e adj
bowling nm, pl bowlings
bow-string nm, pl bow-strings
bow-window nm, pl
   bow-windows
box nm, pl boxes ou box # boxe
   nf (sport)
boxe nf # box nm (garage)
box-office nm, pl box-offices
boy nm, pl boys
boyau nm, pl boyaux
boycott ou boycottage nm, pl
   boycotts ou boycottages
boycotter vt
boy-scout nm, pl boy-scouts
bracelet nm
bracelet-montre nm, pl
   bracelets-montres
brachial, e, aux adj (ch
   prononcé k)
brachycéphale nm ou nf (ch
   prononcé k et attention à l'y)
braconner vi, vt (deux n)
braguette nf
brahmane nm (attention à l'h)
brai nm, pl brais # braies nfpl
   (chausses)
braies nfpl # brai nm (résine)
brailler vt, vi
braiment nm
brainstorming nm, pl
   brainstormings
brain-trust nm, pl brain-trusts
brancard nm
branchial, e, aux adj

branchies nfpl
brandade nf
brandy nm, pl brandys
branle n masculin
branle-bas nm inv
braquage nm
braque nm (chien)
braque adj, nm ou nf (personne)
bras nm inv
brasero nm, pl braseros
brasier nm
brassard nm
brassière nf
brave adj, nm ou nf
bravo interj # nm, pl bravos
break nm, pl breaks
breakfast nm, pl breakfasts
brebis nf inv
brèche nf
bréchet nm
bredouille adj
bredouiller vt, vi
bref, brève adj
breitschwanz nm inv
brème nf (accent grave)
bretèche nf
bretelle nf
bretteur nm
bretzel nf ou nm (des deux
   genres), pl bretzels
breuvage nm
brevet nm
breveter vt
bréviaire nm
bric-à-brac nm inv
brick nm, pl bricks
bridge nm
brie nm # bris (casse)
briefing nm, pl briefings
brièvement adv (accent grave)
brièveté nf
brigand nm (d muet final)
brillamment adv
brillance nf
brillant, e adj
briller vi, pp brillé inv
brimborion nm
brin nm # brun (couleur)
brindille nf
bringuebaler ou brinquebaler vt,
   vi
brio nm, pl brios
briquet nm
briqueterie nf (un seul t)
briquette nf (deux t)
bris nm inv # brie (fromage)
brisant nm
briscard ou brisquard nm
brisées nfpl
brise-glace nm inv
brise-jet nm inv
brise-lames nm inv
brise-mottes nm inv
brise-tout nm ou nf inv
brise-vent nm inv
brisquard ou briscard nm

broc nm (c muet final)
brocante nf
brocard nm # brocart (tissu)
brocart nm # brocard
   (plaisanterie)
brochet nm (poisson)
brocoli nm, pl brocolis
brodequin nm
broiement nm (e muet)
brome nm (pas de circonflexe)
broncher vi, pp bronché inv
broncho-pneumonie nf, pl
   broncho-pneumonies
bronze nm
brou nm, pl brous
brou de noix adj inv (couleur)
brouet nm
brouette nf
brouhaha nm, pl brouhahas
brouillamini nm, pl brouillaminis
brouillard nm
brouillasse nf
brouillon, onne adj
broussaille nf
broutille nf
brownien adj m
browning nm, pl brownings
broyer vt
bru nf (pas de e final)
brucelles nfpl
brucellose nf
brugnon nm
bruire vi, pp brui inv
bruit nm (t muet final)
brûle-gueule nm inv
brûle-parfums nm inv ou
   brûle-parfum nm, pl
   brûle-parfums
brûle-pourpoint (à) adv
brûler vt (circonflexe sur û
   comme tous les dérivés)
brumaire nm, pl brumaires
brumasse nf
brun, e adj, n # brin (fil)
brunâtre adj (circonflexe sur â)
brusque adj
brut, e adj
brutal, e, aux adj
bruyamment adv
bruyant, e adj
bruyère nf
buanderie nf
buccal, e, aux adj
bûche nf (circonflexe sur û)
bûcher nm (circonflexe sur û)
bûcheron, onne n (circonflexe)
bûcheur, euse adj, n
   (circonflexe)
bucolique adj
budget nm
budgétaire adj (accent aigu)
buée nf
buffet nm (deux f)
buffle nm (deux f)
buggy nm, pl buggies
bugle nf (plante) # bugle nm
   (instrument)

105

building nm, pl *buildings*
buis nm inv
buisson-ardent nm, pl
  buissons-ardents
buissonneux, euse adj
buissonnier, ère adj
bulbe n masculin
bulldozer nm, pl *bulldozers*
bulle nf
bulletin nm
bull-finch nm, pl *bull-finchs*
bull-terrier nm, pl *bull-terriers*
bungalow nm, pl *bungalows*
buraliste nm ou nf
bureau nm, pl *bureaux*
burette nf
burin nm
burlesque adj
burnous nm inv
busard nm
busc nm
business nm inv
businessman nm, pl
  businessmans ou *businessmen*
but nm # *butte* nf (tertre)
butée nf
buter vt, vi (heurter)
butiner vt
butor nm
butte nf ; *être en butte à* # *but*
  nm (dessein)
butter vt (entourer de terre)
buvard adj m ; nm
buvette nf
buveur, euse n
by-pass nm inv

C

ça pr dém
çà adv, interj (accent grave sur
  à)
cab nm, pl *cabs*
cabale nf
cabaret nm
cabas nm inv
cabestan nm
cabillaud nm
cabinet nm
câble nm (circonflexe sur *â*)
câbleau ou **câblot** nm, pl
  câbleaux ou *câblots*
  (circonflexe)
câblo-opérateur nm
cabosse nf
cabot nm
cabotin, e n, adj
caboulot nm (*t* final)
cabri nm, pl *cabris*
cabrioler vi, pp *cabriolé* inv
cabriolet nm
cab-signal nm, pl *cab-signaux*
cabus adj m inv
cacahouète ou **cacahuète** nf
cacao nm
cacaoyer nm
cacatoès nm inv (accent grave)

cacatois nm inv
cachalot nm
cache- (les composés de *cache-*
  sont invariables)
cache-cache nm inv
cache-col nm inv
cache-corset nm inv
cachectique adj, nm ou nf
cachemire nm, pl *cachemires*
cache-nez nm inv
cache-pot nm inv
cache-radiateur nm inv
cachère, casher ou **kasher** adj
  inv
cache-sexe nm inv
cachet nm
cachexie nf
cachot nm (*t* final)
cachou nm, pl *cachous*
cacique nm
cacochyme adj
cacophonie nf
cactacée ou **cactée** nf
cactus nm inv
cadastral, e, aux adj
cadavéreux, euse ou
  cadavérique adj
Caddie nm (nom déposé), pl
  Caddies
cade n masculin
cadeau nm, pl *cadeaux*
cadenas nm inv
cadence nf
cadet, ette adj, n
cadi nm, pl *cadis*
caduc, caduque adj
caducée n masculin
cæcal, e, aux adj
cæcum nm, pl *cæcums*
cafard nm (insecte ; idées noires)
cafard, e adj, n (dénonciateur)
café nm
café-concert nm, pl
  cafés-concerts
caféier nm
caféine nf
cafétéria nf
café-théâtre nm, pl
  cafés-théâtres
cafetier nm
cafetière nf
cafouiller vi, pp *cafouillé* inv
cageot nm (avec *ot*)
cagibi nm, pl *cagibis*
cagneux, euse adj
cagnotte nf
cagot, e adj, n
cagou nm, pl *cagous*
cahier nm
cahin-caha adv
cahot nm # *chaos* (désordre)
cahoter vi
cahoteux, euse adj
cahute nf
caïd nm, pl *caïds* (tréma sur *ï*)
caïeu ou **cayeu** nm, pl *caïeux* ou
  cayeux (tréma sur *ï*)

caillasse nf
caille nf
caillebotis nm (avec un seul *t*)
caillebotte nf (deux *t*)
cailler vt
caillette nf
caillot nm (avec *ot*)
caillou nm, pl *cailloux*
caïman nm, pl *caïmans* (tréma)
caïque nm (tréma sur *ï*)
cairn nm
cajoler vt (un seul *l*)
cajou nm, pl *cajous*
cajun adj, n inv en genre
cal nm, pl *cals* # *cale* nf
  (bateau)
calamar ou **calmar** nm, pl
  calamars ou *calmars*
calamité nf
calandre nf
calanque n féminin
calcaire adj ; nm
calcanéum nm, pl *calcanéums*
calcium nm, pl *calciums*
calcul nm
cale nf # *cal* nm (durillon)
calebasse nf
calèche nf
caleçon nm, pl *caleçons*
calembour nm (sans *d* final)
calembredaine nf
calendes nfpl
cale-pied nm, pl *cale-pieds*
calepin nm (avec un *l*)
calice nm
calicot nm (*t* final)
calife nm
califourchon (à) adv
câlin, e adj (circonflexe sur *â*)
calleux, euse adj (deux *l*)
call-girl nf, pl *call-girls*
calligraphe nm ou nf
callipyge adj (attention à l'*y*)
calmar ou **calamar** nm, pl
  calmars ou *calamars*
calomnie nf
calot nm (*t* final)
calotin nm (un seul *t*)
calotte nf (deux *t*)
calque n masculin
calumet nm (*t* final)
calvados nm inv
calvitie nf (prononcé [si])
camaïeu nm, pl *camaïeux*
  (tréma)
camail nm, pl *camails*
camarade nm ou nf
camard, e adj
camarilla nf, pl *camarillas*
cambial, e, aux adj
cambouis nm inv (*s* final)
camée n masculin # *camé, e* adj
  (drogué)
caméléon nm
camélia n, pl *camélias* (nom
  botanique : *camellia*)

camelot nm (*t* final)
camelote nf (un seul *t*)
camembert nm
caméra nf, pl *caméras*
camion-citerne nm, pl
camions-citernes
camionnette nf (deux *n*)
camisard nm
camomille n féminin
camoufler vt
camouflet nm
camp nm (*p* final)
campagnol nm
campanile n masculin
campanule n féminin
campêche nm (circonflexe sur *ê*)
camphre nm
camping nm, pl *campings*
camping-car nm, pl
camping-cars
campus nm inv
camus, e adj (avec *s*)
Canadair nm (nom déposé)
canaille nf
canal nm, pl *canaux*
canapé nm
canapé-lit nm, pl *canapés-lits*
canard nm (*d* final)
canardeau nm, pl *canardeaux*
canari nm, pl *canaris*
cancan nm
cancaner vt
cancer nm
cancéreux, euse adj (accent aigu)
cancrelat nm (*t* final)
candi adj m
candidat, e n
cane nf # *canne* (bâton)
caner vi # *canner* (garnir)
canette nf # **canette** ou **cannette** nf (de bière)
canevas nm inv (*s* final)
canicule nf
canif nm
canin, e adj
canitie nf (prononcé [si])
caniveau nm, pl *caniveaux*
cannage nm
canne nf # *cane* (oiseau)
cannelier nm (un seul *l*)
cannelle nf (deux *l*)
cannelloni nm, pl *cannellonis*
cannelure nf (un seul *l*)
canner vt # *caner* (mourir)
cannibale adj, nm ou nf
canoë nm, pl *canoës* (attention au tréma)
canoéisme nm (accent aigu)
canon nm ; adj m (droit : les dérivés ont un seul *n*)
canonique adj
canoniser vt
canonnade nf (deux *n*)
canonner vt (deux *n*)
canonnière nf (deux *n*)

canot nm (les dérivés ont un seul *t* : *canotier* nm)
cantabile nm, pl *cantabiles*
cantal nm, pl *cantals*
cantaloup nm (*p* final)
cantatrice nf
canter nm, pl *canters*
cantharide n féminin (avec *th*)
cantilène nf
cantonade nf (un seul *n*)
cantonal, e, aux adj (un seul *n*)
cantonnement nm (deux *n*)
cantonner vt (deux *n*)
cantonnier nm (deux *n*)
cantonnière nf (deux *n*)
canule nf (un seul *n*)
canut, canuse n
canyoning nm
caoutchouc nm (*c* final)
caoutchouter vt
cap nm # *cape* (manteau)
caparaçon nm
caparaçonner vt (deux *n*)
cape nf # *cap* (promontoire)
capharnaüm nm, pl *capharnaüms* (avec tréma)
cap-hornier nm, pl *cap-horniers*
capillaire nm
capilotade nf (un seul *l*)
capital nm, pl *capitaux*
capital, e, aux adj
capitation nf
capiteux, euse adj
capitole n masculin
capitonner vt (deux *n*)
capitoul nm
capitulaire adj
capitule n masculin
capituler vi, pp *capitulé* inv
capon, onne adj
caporal nm, pl *caporaux*
capot nm (d'une voiture)
capot adj inv (aux cartes)
capote nf (un seul *t*)
câpre nf (circonflexe sur *â*)
caprice n masculin
capricorne n masculin
caprin, e adj (de *chèvre*)
captal nm, pl *captals*
captieux, euse adj
captif, ive adj, n
capture nf
capucin nm
capucinade nf
capucine nf
caque nf
caquet nm
caqueter vi (un seul *t*)
car conj # nm (véhicule)
carabiné, e adj
caracal nm, pl *caracals*
caraco nm, pl *caracos*
caracoler vi, pp *caracolé* inv
caractère nm
caractériser vt (accent aigu)
caracul ou **karakul** nm, pl *caraculs* ou *karakuls*

carafe nf (un seul *f*)
carafon nm (un seul *f*)
caramboler vi
carambouille nf
caramel nm
caraméliser vt (accent aigu)
carapace nf
carat nm (*t* final)
caravansérail nm, pl *-ails*
caravelle nf
carbonaro nm, pl savant *-i*
carbonnade ou **carbonade** nf
carburant nm
carcailler vi, pp *carcaillé* inv
carcajou nm, pl *carcajous*
carcan nm
carcasse nf
carcéral, e, aux adj
carcinome nm (sans circonflexe)
cardamome nf
cardère nf
cardia n masculin
cardiaque adj
cardinal, e, aux adj
cardio-vasculaire adj, pl *cardio-vasculaires*
carême nm (circonflexe sur *ê*)
carême-prenant nm, pl *carêmes-prenants*
carence nf
carène nf
caréner vt (accent aigu)
caresse nf (un seul *r*)
caret nm (*t* final)
carex nm inv
car-ferry nm, pl *car-ferries*
cargaison nf
cargo nm
cari, carry ou **curry** nm
cariatide ou **caryatide** nf
caribou nm, pl *caribous*
caricatural, e, aux adj
carie nf
carillon nm
carillonner vt (deux *n*)
carlingue nf
carmagnole nf
carmélite nf
carminatif, ive adj
carminé, e adj
carnassier, ère adj
carnation nf
carnaval nm, pl *carnavals*
carné, e adj
carnet nm
carnivore adj, nm ou nf
carotide nf
carotte nf (un *r*, deux *t*)
caroube ou **carouge** nf (un *r*)
carpe nf (poisson) # nm (os du poignet)
carpeau nm, pl *carpeaux*
carpelle n masculin
carpette nf
carquois nm inv (*s* final)
carrare nm

carre nf # *quart* nm (fraction)
carré nm ; **carré, e** adj
carreau nm, pl *carreaux*
carrefour nm
carreler vt (un seul *l*)
carrelet nm (un seul *l*)
carrément adv
carrick nm, pl *carricks*
carrier nm
carrière nf
carriérisme nm (accent aigu)
carriole nf (deux *r*, un *l*)
carrosse nm (deux *r*)
carrosser vt (deux *r*)
carrousel nm (deux *r*, un *s*)
carrure nf (deux *r*)
carry, cari ou **curry** nm
carte-lettre nf, pl *cartes-lettres*
carter nm, pl *carters*
cartésianisme nm (un seul *n*)
cartésien, enne adj
cartographie nf
cartomancie nf
carton-pâte nm, pl *cartons-pâtes*
cartoon nm, pl *cartoons*
cartouche nm (ornement)
cartouche nf (charge de fusil)
cartulaire nm
carvi nm, pl *carvis*
caryatide ou **cariatide** nf
cas nm inv
casanier, ère adj
casbah nf, pl *casbahs*
cascader vi, pp *cascadé* inv
caséine nf
cash adv ; nm inv
casher, cachère ou **kasher** adj inv
cash-flow nm, pl *cash-flows*
casino nm, pl *casinos*
casoar nm, pl *casoars*
casse nf (action de casser) # *casse* nm (cambriolage)
casseau nm, pl *casseaux*
casse-cou nm inv
casse-croûte nm inv
casse-gueule nm inv
casse-noisettes nm inv
casse-noix nm inv
casse-pattes nm inv
casse-pieds n inv et adj inv
casse-pierres nm inv
casse-pipe(s) nm, pl *casses-pipes* (ou inv)
casse-tête nm inv
cassette nf
cassis nm inv
cassolette nf
cassonade nf (un seul *n*)
cassoulet nm
castagnettes nfpl
castor nm
castrat nm (*t* final)
casus belli nm inv
cataclysmal, e, aux adj
cataclysme nm

catacombes nfpl
catafalque nm
catalepsie nf
cataleptique adj, nm ou nf
catalpa nm, pl *catalpas*
catalyse nf (avec un *y*)
Cataphote nm (nom déposé)
cataracte n féminin
catarrhe nm (*h* après les deux *r*)
catastrophe nf
catch nm, pl *catchs*
catéchèse nf (attention aux accents)
catéchisme nm (sans *h* après *t*)
catéchumène nm ou nf
catégorie nf
caténaire adj ; nf
catgut nm, pl *catguts*
catharsis nf inv
cathédrale nf (*h* après *t*)
catherinette nf
cathéter nm
cathétérisme nm (accents aigus)
cathode nf
catholicisme nm
catimini (en) adv
catogan nm
cauchemar nm (pas de *d*)
cauchemardesque adj
caudal, e, aux adj
causal, e, als ou **aux** adj
cause nf # *clause*
causse n masculin
caustique adj
cautèle nf
cauteleux, euse adj
cautère nm
cautériser vt (accent aigu)
caution nf ; *se porter caution* → p 84
cautionner vt (deux *n*)
cavalcade nf
cave nm (en argot) # nf (pièce en sous-sol)
caveau nm, pl *caveaux*
caveçon nm
cavet nm
caviar nm (sans *d* final)
caviarder vt
cavicorne n masculin
ce pr, adj dém # *se* pr pers
céans adv # *séant* (derrière)
ceci pr dém
cécité nf
cedex nm (sans accent)
cédille nf (deux *l*)
cédrat nm (*t* final)
cèdre nm
ceindre vt, pp *ceint, e*
ceinture nf
cela pr dém
célèbre adj (accent aigu puis grave)
célébrité nf
celer vt
céleri nm

célibat nm (*t* final)
célibataire adj, nm ou nf
celle, celles pr dém # *selle* nf
cellier nm
Cellophane nf (nom déposé)
cellule nf
Celluloïd nm (nom déposé)
cellulose nf
celui ; celui-ci, celui-là pr dém
cément nm
cénacle nm
cendrillon n féminin
cène nf # *scène* (de théâtre)
cénobite nm
cénotaphe n masculin
cens nm inv # *sens* (signification)
censé, e adj # *sensé, e* (qui a du bon sens)
censorial, e, aux adj
censure nf
cent adj num → p 63
centaine nf
centaure n masculin
centaurée nf
centenaire adj, nm ou nf
centennal, e, aux adj (deux *n*)
centésimal, e, aux adj
cent-garde nm, pl *cent-gardes*
centième adj ord
centime nm
central, e, aux adj
centuple nm
centurie nf
centurion nm
cep nm # *cèpe* (champignon) # *sep* (pièce de charrue)
cèpe nm # *cep* (vigne) # *sep* (pièce de charrue)
cependant conj
céphalée nf
cérame adj
céramique nf
cérat nm (*t* final)
cerbère n masculin
cerceau nm, pl *cerceaux*
cercueil nm
céréale n féminin
cérébelleux, euse adj
cérébral, e, aux adj
cérébro-spinal, e, aux adj
cérémonial, e, aux nm, pl *cérémonials*
cérémonie nf
cerf nm
cerfeuil nm
cerf-volant nm, pl *cerfs-volants*
cérium nm (*m* final)
cerne n masculin
cerneau nm, pl *cerneaux*
cerner vt
certain, e adj
certal nm, pl *certals*
certes adv
certificat nm
certifier vt
certitude nf

céruléen, enne adj
cérumen nm
céruse nf
cerveau nm, pl cerveaux
cervelas nm inv
cervelet nm
cervelle nf
cervical, e, aux adj
cervoise nf
ces adj dém
césarienne nf
cessant, e adj → p 69
cesser vt, vi
cessez-le-feu nm inv
cessible adj
cession nf # session (période)
c'est loc v # p 74
c'est-à-dire adv
césure nf
cet, cette adj dém
cétacé nm
cétoine nf
ceux pr dém
chabichou nm, pl chabichous
chablis nm inv (s final)
chabot nm (t final)
chacal nm, pl chacals
chacun, e pr ind → p 64
chafouin, e adj
chagrin nm ; chagrin, e adj
chah ou shah nm, pl chahs ou
  shahs
chahut nm
chai nm, pl chais
chaîne nf (circonflexe sur î)
chaînon nm (circonflexe sur î)
chair nf # chère (qualité des
  mets) # chaire (tribune)
chaire nf # chère (qualité des
  mets) # chair (substance)
chaise nf
chaland nm (bateau)
chaland, e n (client)
chalcographie nf (ch prononcé
  k)
châle nm (circonflexe sur â)
chalet nm
châlit nm (circonflexe sur â)
challenge nm ; challenger nm
chaloir vi ; peu me chaut
chalumeau nm, pl chalumeaux
chalut nm (t final)
chamailler (se) vpr
chaman nm
chamarrer vt (deux r)
chambard nm (d final)
chambellan nm
chambranle n masculin
chameau nm, pl chameaux
chamelier nm (un seul l)
chamelle nf (deux l)
chamois nm inv
champ nm (p final)
champart nm (t final)
champêtre adj
champignonnière nf (deux n)

champion, onne n
championnat nm (deux n)
champlever vt (p muet)
chamsin ou khamsin nm
chance nf
chanceler vi, pp chancelé inv
chancelier nm (un seul l)
chancellerie nf (deux l)
chancre nm
chandail nm, pl chandails
chandelier nm (un seul l)
chandelle nf (deux l)
chanoine nm ; chanoinesse nf
chanson nf (dérivés avec deux
  n : chansonnette, chansonnier,
  chansonnière)
chant nm (t final)
chanteau nm, pl chanteaux
chantepleure nf
chanterelle nf
chantoung ou shantung nm, pl
  chantoungs ou shantungs
chanvre n masculin
chaos nm inv # cahot
  (secousse)
chaotique adj
chapeau nm, pl chapeaux
chapelain nm
chapelet nm
chapelier, ère n (un seul l)
chapelle nf (deux l)
chapellerie nf (deux l)
chapelure nf
chaperonner vt (deux n)
chapiteau nm, pl chapiteaux
chapitral, e, aux adj
chapka n féminin, pl chapkas
chaponner vt
chapska n masculin, pl chapskas
chaptaliser vt
chaque adj indéf (sans pl)
charabia nm, pl charabias
charançon nm
charbonnage nm (deux n)
charcutier, ère n
chardonneret nm (deux n)
chariot nm (un seul r)
charité nf
charivari nm, pl charivaris
charlatan nm
charlatanisme nm (un seul n)
charlotte nf (deux t)
charmille nf
charnel, elle adj
charnu, e adj
charpente nf
charpie nf
charretée nf (deux r, un t)
charretier, ère n (deux r, un t)
charrette nf (deux r, deux t)
charrier vt, vi
charroi nm
charron nm
charroyer vt
charrue nf (deux r)
chas nm inv # chat (animal)

chasse nf (sport) # châsse nf
  (coffre à reliques) [circonflexe]
chasse-clou nm, pl chasse-clous
chassé-croisé nm, pl
  chassés-croisés
chasselas nm inv
chasse-mouches nm inv
chasse-neige nm inv
chasse-pierres nm inv
chasseresse nf ; chasseur nm
chassie nf (liquide)
chassieux, euse adj
châssis nm inv [circonflexe]
chat nm # chas (d'une aiguille)
châtaigne nf (circonflexe sur â)
châtain nm, adj inv en genre
  (circonflexe)
château nm, pl châteaux
  (circonflexe sur â)
chateaubriand ou châteaubriant
  nm
châtelain, aine n (circonflexe)
chat-huant nm, pl chats-huants
châtier vt (circonflexe)
chatière nf (un seul t)
châtiment nm (circonflexe sur â)
chatoiement nm (sans
  circonflexe et avec e muet)
chaton nm (pas de circonflexe)
chatouiller vt
chatoyer vi, pp chatoyé inv
châtrer vt (circonflexe sur â)
chatte nf (deux t)
chattemite nf
chatterie nf (deux t)
chatterton nm
chaud, e adj (avec d)
chaud-froid nm, pl chauds-froids
chaudronnier nm (deux n)
chauffe-assiettes nm inv
chauffe-bain nm, pl
  chauffe-bains
chauffe-biberon nm, pl
  chauffe-biberons
chauffe-eau nm inv
chauffe-pieds nm inv
chauffe-plats nm inv
chauffer vt
chaumière nf
chaussée nf
chausse-pied nm, pl
  chausse-pieds
chausse-trape ou
  chausse-trappe nf, pl
  chausse-trap(p)es
chauve-souris nf, pl
  chauves-souris
chauvin, e adj
chaux nf inv
chéchia nf, pl chéchias
check-list nf, pl check-lists
check-up nm inv
chef nm ; cheffesse nf
  (populaire)
chef-d'œuvre nm, pl
  chefs-d'œuvre

chef-lieu nm, pl *chefs-lieux*
cheikh nm, pl *cheikhs*
chelem nm, pl *chelems*
chemin de fer nm, pl *chemins de fer*
chemineau nm, pl *chemineaux* # *cheminot* (SNCF)
cheminée nf
cheminer vi, pp *cheminé* inv
cheminot nm # *chemineau* (vagabond)
chenal nm, pl *chenaux*
chenapan nm
chêne nm (circonflexe sur *ê*)
chéneau nm, pl *chéneaux*
chenet nm (pas d'accent)
chènevière nf (accent grave)
chènevis nm inv (accent grave)
chenil nm
chenille nf
chenu, e adj
cheptel nm
chèque nm
chéquier nm (accent aigu)
cher adv → p 62
cher, ère adj
chère nf # *chair* (substance) # *chaire* (tribune)
chérir vt (un seul *r*)
cherté nf
chester nm, pl *chesters*
chétif, ive adj
cheval nm, pl *chevaux* (dérivés avec un seul *l*: *chevalier, chevaleresque*, etc.)
cheval-arçons ou **cheval-d'arçons** nm inv
cheval-vapeur nm, pl *chevaux-vapeur*
chevaucher vt, vi
chevau-léger nm, pl *chevau-légers*
chevêche nf (circonflexe sur *ê*)
chevet nm
chevêtre nm (circonflexe)
cheveu nm, pl *cheveux*
cheville nf
cheviotte nf (deux *t*)
chèvre nf
chevreau nm, pl *chevreaux*
chèvrefeuille nm (accent grave)
chevreuil nm
chevrier, ère n
chevronné, e adj (deux *n*)
chevrotain nm # *chevrotin* (faon du chevreuil)
chevrotement nm
chevroter vi
chevrotin nm # *chevrotain* (ruminant)
chewing-gum nm, pl *chewing-gums*
chez prép
chez-moi, chez-soi, chez-toi nm inv
chialer vi, pp *chialé* inv

chianti nm, pl *chiantis*
chiasme nm
chic nm ; adj inv en genre # *chique* nf
chicane nf
chiche-kebab nm, pl *chiches-kebabs*
chichi nm, pl *chichis*
chicorée nf
chicot nm (*t* final)
chicotin nm
chien nm ; **chienne** nf
chiendent nm
chienlit nf (désordre)
chiffe nf
chiffonner vt (deux *n*)
chiffre nm
chimère nf
chimérique adj (accent aigu)
chimpanzé nm
chinchilla nm, pl *chinchillas*
chiourme nf
chiper vt (un seul *p*)
chipie nf
chipolata nf, pl *chipolatas*
chipoter vi (un seul *t*)
chips nfpl
chique nf # *chic* (élégant)
chiquenaude nf
chiromancie nf
chirurgical, e, aux adj
chirurgie nf
chistera nm, pl *chisteras* (pas d'accent)
chiure nf
chlamyde nf
chloral nm, pl *chlorals*
chlore nm
choc nm
chocolat nm (*t* final)
choéphore nf
chœur nm # *cœur* (organe)
choir vi, pp *chu, e*
choix nm inv
cholédoque adj m
choléra nm
cholestérol nm
chômage nm (circonflexe sur *ô*)
chope nf (un seul *p*)
choquer vt
choral nm, pl *chorals* # *chorale* nf (chanteurs)
choral, e, als ou **aux** adj (relatif aux chœurs)
chorale nf # *choral* nm (chant)
chorège n masculin
chorégraphie nf
choriste nm ou nf
chorizo nm, pl *chorizos*
chorus nm inv
chose nf
chott nm, pl *chotts*
chou nm, pl *choux*
chouan nm
chouannerie nf (deux *n*)
choucas nm inv

chouchou nm, pl *chouchous*
chouchoute nf
choucroute nf
chouette nf # interj
chou-fleur nm, pl *choux-fleurs*
chou-rave nm, pl *choux-raves*
chow-chow nm, pl *chows-chows*
choyer vt
chrême nm (circonflexe)
chrémeau nm, pl *chrémeaux*
chrestomathie nf
chrétien, enne adj
chrétienté nf
christ nm
christiania nm, pl *christianias*
christianiser vt
chrome nm
chromo nm, pl *chromos*
chronicité nf
chronique adj (qui dure) # nf
chronologie nf
chronomètre nm
chrysalide nf
chrysanthème n masculin (avec *y* et *th*)
chrysolite nf (pas de *h* après *t*)
chuchoter vi, vt (un seul *t*)
chuinter vi, vt
chut interj # *chute* nf
chyle n masculin
chyme n masculin
ci adv
ci-annexé, e adj variable après le n, invariable avant le n
ciboire n masculin
ciboulette nf
cicatriciel, elle adj
cicérone nm, pl *cicérones* (avec accent)
ci-devant n inv (masculin ou féminin)
ciel nm, pl *cieux* ou *ciels* → p 48
ci-gît loc v
cigogneau nm, pl *cigogneaux*
ciguë nf (tréma sur *ë*)
ci-inclus, e adj → p 75
ci-joint, e adj → p 75
cil nm
ciliaire adj (un seul *l*)
cilice # *silice* nf (minéral)
ciller vi
cimaise nf
ciment nm
cimeterre n masculin
cimetière nm
cimier nm
ciné-club nm, pl *ciné-clubs*
cinéma nm
cinémathèque nf
cinéraire n féminin
cinétique adj ; nf
cingler vt
cinq adj num inv
cinquante adj num inv
cinquantenaire nm, adj
cipaye n masculin, pl *cipayes*

circaète nm
circoncire vt, pp *circoncis*
circonférence nf
circonflexe adj
circonlocution nf
circonscrire vt, pp *circonscrit, e*
circonspect, e adj
circonspection nf
circonstance nf
circonstanciel, elle adj
circonvenir vt, pp *circonvenu, e*
circonvolution nf
circuit nm (*t* final)
circuler vi, pp *circulé* inv
circumnavigation nf (avec *u*)
circumpolaire adj (avec *u*)
cire nf # *sire* (titre)
cirrhose nf (*h* après les deux *r*)
cirrus nm inv (deux *r*)
cisailles nfpl
cisalpin, e adj
ciseau nm, pl *ciseaux*
cisèlement nm (un seul *l*)
ciste nm (arbre) # nf (coffre, tombe)
cistre n masculin (musique)
citadelle nf
citadin, e n, adj
cité nf
cité-dortoir nf, pl *cités-dortoirs*
cité-jardin nf, pl *cités-jardins*
citérieur, e adj
cithare nf # *sitar* nm (instrument de musique indien)
citoyen, enne n
citoyenneté nf (deux *n*)
citron nm ; adj inv
citronnade nf (deux *n*)
citrouille nf
civet nm
civette nf
civière nf
civil, e adj, n
clabauder vi, pp *clabaudé* inv
claie nf
clair, e adj
clairet, ette adj ; nm (*clairet*) ; nf (*clairette*)
claire-voie nf, pl *claires-voies*
clair-obscur nm, pl *clairs-obscurs*
claironner vt (deux *n*)
clairsemé, e adj
clairvoyant, e adj
clan nm
clandestin, e adj
clapet nm
clapier nm
clapoter vi, pp *clapoté* inv
clapper vi, pp *clappé* inv (deux *p*)
claque nf
claquemurer vt
claqueter vi, pp *claqueté* inv
clarifier vt
clarinette nf (un seul *n*)

classicisme nm
classique adj
claudicant, e adj # *claudiquant* pprés du v *claudiquer*
claudication nf
claudiquer vi
clause nf # *cause*
claustra nm inv ou pl *claustras*
claustral, e, aux adj
claustrophobie nf
clavaire n féminin
claveau nm, pl *claveaux*
claveciniste nm ou nf
clavelée nf
clavette nf
clayère nf
clayon nm
clayonnage nm (deux *n*)
clearing nm, pl *clearings*
clef ou clé nf
clémence nf
clément, e adj
clepsydre nf (attention à l'*y*)
cleptomane ou kleptomane nm ou nf
cleptomanie ou kleptomanie nf
clerc nm (personne) # *clair* adj
clergé nm
clérical, e, aux adj
cliché nm
client, e n
clientèle nf
clignoter vi, pp *clignoté* inv
climat nm
clin d'œil nm, pl *clins d'œil*
clinfoc nm
clinicien, enne n
clinique adj ; nf
clinquant nm ; clinquant, e adj
clip nm
clipper nm (deux *p*)
cliquet nm
cliquètement ou cliquettement nm
cliqueter vi, pp *cliqueté* inv
cliquetis nm inv (*s* final)
cliquette nf
clisse nf
cloacal, e, aux adj
cloaque nm
cloche-pied (à) loc adv
clocher vi, pp *cloché* inv
clocheton nm
clochette nf
cloisonner vt (deux *n*)
cloître nm (circonflexe sur *î*)
clone nm (sans circonflexe)
clopin-clopant adv
clopiner vi, pp *clopiné* inv
cloporte n masculin
cloque nf
clore vt, pp *clos, e*
clos nm inv
closeau nm, pl *closeaux*
close-combat nm, pl *close-combats*

clôture nf (circonflexe sur *ô*)
clou nm, pl *clous*
clovisse n féminin
clown nm, pl *clowns*
clownesque adj
cloyère nf
club nm, pl *clubs*
clystère nm
co- préf (les composés avec *co-* n'ont pas de trait d'union)
coaccusé, e n
coach nm, pl *coachs* ou *coaches*
coacquéreur nm
coadjuteur nm
coaguler vt, vi
coaliser vt
coasser vi, pp *coassé* inv
coauteur nm
coaxial, e, aux adj
cobalt nm
cobaye nm
cobéa nm, pl *cobéas*
cobra nm, pl *cobras*
coca nf # *Coca* nm (nom déposé)
cocagne nf (*pays, mât de*)
cocaïne nf (tréma sur *ï*)
coccinelle nf
coccyx nm inv
coche nm (bateau, diligence) # *coche* nf (entaille)
cochenille nf
cochère adj f (porte)
cochet nm (jeune coq)
cochon, onne adj, n
cochonnaille nf (deux *n*)
cochonner vt (deux *n*)
cocker nm
cockpit nm, pl *cockpits*
cocktail nm, pl *cocktails*
coco nm, pl *cocos*
cocotier nm
cocotte nf
Cocotte-Minute nf (nom déposé), pl *Cocottes-Minute*
coda nf, pl *codas*
codex nm inv
codicille n masculin (deux *l*)
codifier vt
coefficient nm
cœlacanthe nm (avec *th*)
coéquipier, ère n
coercitif, ive adj
coercition nf
cœur nm # *chœur* (église)
cœur-de-pigeon nm, pl *cœurs-de-pigeon*
coexister vi, pp *coexisté* inv
coffin nm (deux *f*)
coffre nm (deux *f*)
coffre-fort nm, pl *coffres-forts*
cogestion nf
cogitation nf
cognac nm
cognassier nm
cognée nf

cognition nf
cohabiter vi, pp *cohabité* inv
cohérence nf
cohérent, e adj
cohéritier, ère n
cohésif, ive adj
cohésion nf
cohorte nf
cohue nf
coi, coite adj ; *se tenir coi* →
    p 84
coiffe nf (deux *f*)
coin nm # *coing* (fruit)
coïncidence nf (tréma)
coïncident, e adj # *coïncidant*
    pprés du v *coïncider*
coïncider vi, pp *coïncidé* inv
coïnculpé, e n (tréma)
coing nm # *coin* (angle)
coke nm, pl *cokes*
cokéfier vt
col nm # *colle* nf
cola ou kola nm, pl *colas, kolas*
col blanc nm, pl *cols blancs*
col bleu nm, pl *cols bleus*
colchique n masculin
cold-cream nm, pl *cold-creams*
col-de-cygne nm, pl
    cols-de-cygne
coléoptère nm
colère nf
coléreux, euse adj (accent aigu)
colibacille nm
colibri nm, pl *colibris*
colifichet nm
colimaçon nm
colin-maillard nm, pl
    colin-maillards
colin-tampon nm, pl
    colin-tampons
colis nm inv (*s* final)
colite nf (un seul *t*)
collaboration nf (deux *l*)
collaborationniste adj (deux *l*,
    deux *n*)
collaborer vi, pp *collaboré* inv
collapsus nm inv
collatéral, e, aux adj (deux *l*)
collation nf
collationner vt (deux *l*, deux *n*)
colle nf # *col* nm
collecte nf
collectif, ive adj
collection nf
collectionner vt (deux *l*, deux *n*)
collège nm (accent grave)
collégial, e, aux adj
collégien, enne n
collègue nm ou nf
collenchyme n masculin
collerette nf
collet nm
colleter (se) vpr
collier nm
collimateur nm (deux *l*)
colline nf (un seul *n*)

collision nf # *collusion* (entente)
collocation nf
colloïdal, e, aux adj (tréma)
colloïde n masculin (tréma)
colloque n masculin
collusion nf # *collision* (heurt)
collutoire n masculin
collyre n masculin
colocataire nm ou nf (un seul *l*)
colon nm (dérivés avec un seul
    n : *colonial, colonie,
    colonialisme*, etc.) # *côlon*
    (intestin)
côlon nm (circonflexe sur *ô*) #
    colon (personne)
colonel nm
colonnade nf (un *l*, deux *n*)
colonne nf (un *l*, deux *n*)
colophane n féminin
coloquinte nf
colorer vt (un seul *l*)
colossal, e, aux adj (un seul *l*)
colosse nm
colostrum nm, pl *colostrums*
columbarium nm, pl
    columbariums
col-vert ou colvert nm, pl
    cols-verts ou *colverts*
colza nm, pl *colzas*
coma nm, pl *comas* # *comma*
    (musique)
combat nm (*t* muet final)
combatif, ive adj (un seul *t*)
combativité nf (attention un *t*)
combattant, e n (deux *t*)
combattre vt, pp *combattu, e*
combien adv
comble nm (toit ; haut degré) #
    adj (plein)
combustion nf
come-back nm inv
comédie nf
comète nf
comice nm (réunion) # nf (poire)
comitial, e, aux adj
comma nm, pl *commas* # *coma*
commander vt
commandite nf
commando nm, pl *commandos*
comme adv ; conj
commémorer vt
commensal, e, aux n
comment adv
commenter vt
commérage nm (accent aigu)
commercer vi, vti, pp *commercé*
    inv
commercial, e, aux adj
commère nf
commettre vt, pp *commis, e*
comminatoire adj
commis nm inv (*s* final)
commisération nf
commissaire-priseur nm, pl
    commissaires-priseurs
commissariat nm

commissionner vt (deux *n*)
commissure nf
commode adj # nf (meuble)
commodément adv
commodore nm, pl *commodores*
commotion nf
commotionner vt (deux *n*)
commuer vt
commun, e adj ; commune nf
communal, e, aux adj
communard, e n
communauté nf
communément adv
communicant, e adj #
    communiquant pprés du v
    communiquer
communication nf
communier vi, pp *communié* inv
communion nf
communisme nm
commuter vt
compact, e adj
Compact Disc nm, pl *Compact
    Discs* (nom déposé)
compagnie nf
comparaison nf
comparse nm ou nf
compartiment nm
comparution nf
compas nm inv (*s* final)
compassion nf
compatir vti, pp *compati* inv (pas
    de circonflexe)
compatriote nm ou nf
compendium nm, pl
    compendiums
compenser vt
compérage nm (accent aigu)
compère nm (accent grave)
compère-loriot nm, pl
    compères-loriots
compétence nf
compétent, e adj
compétition nf
compil nf
complainte nf
complaire vti, pp *complu* inv
complaisamment adv
complaisance nf
complaisant, e adj
complément nm
complet, ète adj
complètement adv
compléter vt (accent aigu)
complexion nf
complication nf
complice adj, nm ou nf
complies nfpl
compliment nm
complot nm
componction nf
comportement nm
comportemental, e, aux adj
composite adj ; nm

compound adj inv
compréhension nf
comprendre vt, pp *compris*
compresse nf
compris (y) adj → p 75
compromettre vt, pp
compte nm ; *se rendre compte* →
p 84 # *comte* (noble) # *conte*
(récit)
compte(-)chèques nm, pl
comptes(-)chèques
compte courant nm, pl *comptes
courants*
compte-fils nm inv
compte-gouttes nm inv
compter vt
compte(-)rendu nm, pl
comptes(-)rendus
compte-tours nm inv
comptoir nm (sans *e* final)
comput nm
comte nm ; comtesse nf #
compte (calcul) # *conte* (récit)
comté nm
concaténation nf
concéder vt
concentrique adj
concept nm
conception nf
concert nm
concerto nm, pl *concertos*
concession nf
concessionnaire adj, nm ou nf
(deux *s*, deux *n*)
concevoir vt, pp *conçu, e*
conchoïdal, e, aux adj
concierge nm ou nf
concile nm
conciliabule nm
conciliaire adj
concilier vt
concis, e adj (*s* final)
concitoyen, enne n
conclave n masculin
conclure vt, pp *conclu, e*
concombre n masculin
concomitamment adv
concomitance nf (un *m*, un *t*)
concomitant, e adj
concordat nm
concorder vi, pp *concordé* inv
concourir vti, pp *concouru* inv
concours nm inv
concret, ète adj
concrètement adv
concrétion nf (accent aigu)
concrétiser vt (accent aigu)
concubin, e n
concupiscence nf (attention *sc*)
concupiscent, e adj
concurremment adv
concurrence nf
concurrent, e adj, n
concurrentiel, elle adj (attention
tiel)
concussion nf

concussionnaire adj, nm ou nf
condamner vt (*m* muet)
condescendre vti, pp
condescendu inv (attention *sc*)
condiment nm
condisciple nm ou nf
condition nf
conditionnel, elle adj (deux *n*)
condoléances nfpl
condominium nm, pl
condominiums
condottiere nm, pl savant
condottieri
conduire vt, pp *conduit, e*
cône nm (circonflexe)
confection nf
confectionner vt (deux *n*)
confédéral, e, aux adj
conférence nf
confesser vt
confession nf
confessionnal nm, pl
confessionnaux
confessionnel, elle adj
confetti nm, pl *confettis*
confiance nf
confiant, e adj
confidence nf
confident, e n
confier vt
configuration nf
confiner vti, pp *confiné, e*
confins nmpl
confire vt, pp *confit, e*
confiscation nf
confisquer vt
confit nm
confiteor nm inv (pas d'accent)
conflagration nf
conflictuel, elle adj
conflit nm
confluence nf
confluent nm # *confluant* pprés
du v *confluer*
confondre vt, pp *confondu, e*
confort nm
confraternité nf
confrère nm
confrérie nf (accent aigu)
confus, e adj
confusément adv
congé nm
congédiement nm (*e* muet)
congédier vt
congélation nf
congénère adj, nm ou nf
congénital, e, aux adj
congestion nf
congestionner vt (deux *n*)
congre n masculin
congrégation nf
congrès nm
congressiste nm ou nf
congru, e adj
congrûment adv (*û* circonflexe)
conifère n masculin

conique adj (pas de circonflexe)
conjectural, e, aux adj
conjecture nf # *conjoncture*
(situation)
conjoint, e adj, n
conjonction nf
conjoncture nf # *conjecture*
(hypothèse)
conjugaison nf
conjugal, e, aux adj
conjuguer vt
connaissance nf
connaître vt (circonflexe sur *î*),
pp *connu, e*
connecter vt
connétable nm
connexe adj
connexion nf (attention *x*)
connivence nf
conquérir vt, pp *conquis, e*
conquête nf (circonflexe sur *ê*)
conquistador nm, pl
conquistadors ou
conquistadores
consanguin, e adj
consciemment adv (avec *sc*)
conscience nf (avec *sc*)
conscient, e adj (avec *sc*)
conscription nf
conscrit nm
consécration nf
consécutif, ive adj
conseil nm (tous les dérivés ont
deux *l* : conseiller, conseilleur)
consentir vti, vt, pp *consenti, e*
conséquemment adv
conséquence nf
conséquent, e adj
considérable adj
consister vti, pp *consisté* inv
consistoire n masculin
consœur nf
consommer vt (deux *m*)
consomption nf
consonance nf (un seul *n*)
consonant, e adj (un seul *n*)
consonantique adj (un seul *n*)
consonne nf (deux *n*)
consort adj m
consortium nm, pl *consortiums*
consorts nmpl
conspuer vt
constamment adv
constance nf
constant, e adj
constat nm (*t* final)
consteller vt
constituer vt
constitution nf
constitutionnel, elle adj (deux *n*)
constriction nf
construction nf
construire vt, pp *construit, e*
consubstantiel, elle adj
(attention *tiel*)
consul nm

consulat nm (*t* final)
contact nm
container nm, pl *containers*
conte nm # *compte* (calcul) #
  comte (noble)
contempler vt
contemporain, e adj, n
contempteur, trice n
contenance nf
contenant nm
contenir vt, pp *contenu, e*
content, e adj
contentieux, euse adj ; nm
contexte nm
contigu, contiguë adj (attention
  au tréma)
contiguïté nf (tréma sur *i*)
continence nf
continent, e adj
continental, e, aux adj
contingence nf
contingent, e adj
continu, e adj
continuer vt
continûment adv (*û* circonflexe)
contondant, e adj
contorsion nf
contorsionner (se) vpr (deux *n*)
contractuel, elle adj, n
contradiction nf
contraindre vt, pp *contraint, e*
contrainte nf
contralto nm, pl *contraltos*
contrarier vt
contrat nm
contravention nf
contre prép et préf
contre-allée nf, pl *contre-allées*
contre-amiral nm, pl
  contre-amiraux
contre-attaque nf, pl
  contre-attaques
contrebalancer vt
contrebande nf
contrebas (en) loc adv
contrebasse nf
contre-braquer vt, vi
contrecarrer vt
contrechamp nm
contre-chant nm, pl
  contre-chants
contrecœur (à) loc adv
contrecoup nm
contre-courant nm, pl
  contre-courants
contredanse nf
contredire vt, pp *contredit, e*
contrée nf
contre-écrou nm, pl
  contre-écrous
contre-enquête nf, pl
  contre-enquêtes
contre-épreuve nf, pl
  contre-épreuves
contre-espionnage nm, pl
  contre-espionnages

contre-exemple nm, pl
  contre-exemples
contre-expertise nf, pl
  contre-expertises
contrefaçon nf
contrefaire vt, pp *contrefait, e*
contre-feu nm, pl *contre-feux*
contrefiche nf
contre-fil nm, pl *contre-fils*
contre-filet nm, pl *contre-filets*
contrefort nm
contre-haut (en) loc adv
contre-indication nf, pl
  contre-indications
contre-indiquer vt
contre-interrogatoire nm
contre-jour nm, pl *contre-jours*
contremaître, esse n (circonflexe
  sur *î*)
contre-manifestant, e n, pl
  contre-manifestants, es
contre-manifestation nf, pl
  contre-manifestations
contremarque nf
contre-offensive nf, pl
  contre-offensives
contrepartie nf
contre-pente nf, pl *contre-pentes*
contre-performance nf, pl
  contre-performances
contrepèterie nf
contre-pied nm, pl *contre-pieds*
contreplaqué nm, pl
  contreplaqués
contre-plongée nf, pl
  contre-plongées
contrepoids nm inv
contre-poil (à) loc adv
contrepoint nm
contre-pointe nf, pl
  contre-pointes
contrepoison nm
contre-projet nm, pl
  contre-projets
contre-proposition nf, pl
  contre-propositions
contre-révolution nf, pl
  contre-révolutions
contrescarpe nf
contreseing nm
contresens nm inv
contresigner vt
contretemps nm inv
contretype nm
contre-ut nm inv
contre-valeur nf, pl
  contre-valeurs
contrevenir vti, pp *contrevenu*
  inv
contrevent nm
contrevérité nf (en un mot)
contre-visite nf, pl *contre-visites*
contribuer vti, pp *contribué* inv
contrit, e adj
contrition nf
contrôle nm (circonflexe sur *ô*)

contrordre nm (en un mot)
controuvé, e adj
controverse nf
contumace nf
contumax adj inv
contusionner vt (deux *n*)
convaincant, e adj #
  convainquant pprés du v
  convaincre
convaincre vt, pp *convaincu, e*
convalescence nf (attention *sc*)
convalescent, e adj, n
convection nf
convenir vti, pp *convenu, e*
convent nm # *couvent*
convention nf
conventionnel, elle adj (deux *n*)
conventuel, elle adj
convergence nf
convergent, e adj # *convergeant*
  pprés du v *converger*
converger vi, pp *convergé* inv
convers, e adj
converser vi, pp *conversé* inv
conversion nf
conviction nf
convivial, e, aux adj
convivialité nf
convocation nf
convoi nm
convoler vi, pp *convolé* inv
convoquer vt
convoyer vt
convulsion nf
coolie nm, pl *coolies*
coopérer vti, pp *coopéré* inv
coordinateur, trice (un seul *n*)
coordination nf (un seul *n*)
coordonnateur, trice (deux *n*)
  adj, n
coordonné nm (deux *n*)
coordonnée nf (deux *n*)
coordonner vt
copain nm ; **copine** nf
copal nm, pl *copals*
copartager vt
copeau nm, pl *copeaux*
copie nf
copieux, euse adj
coprah ou **copra** nm, pl *coprahs*
  ou *copras*
coprophage adj
copropriété nf
copule n féminin
copyright nm, pl *copyrights*
coq nm # *coque* nf (bateau)
coq-à-l'âne nm inv
coquard ou **coquart** nm
coque nf # *coq* nm (oiseau)
coquecigrue nf
coquelet nm
coquelicot nm
coqueluche nf
coquet, ette adj
coquetier nm
coquettement adv (deux *t*)

coquetterie nf (deux t)
coquille nf
coquin, e n
coquinerie nf
cor nm # corps (organisme)
corail nm, pl coraux
coralliaire n masculin (deux l)
corallien, enne adj
corallin, e adj
corbeau nm, pl corbeaux
corbeille nf
corbillard nm
corbillon nm
cordeau nm, pl cordeaux
cordelette nf
cordial, e, aux adj
cordon-bleu nm, pl
   cordons-bleus
cordonnier nm
coreligionnaire nm ou nf (un
   seul r)
coriace adj
coriandre n féminin
corindon nm (un seul r)
cormoran nm
cornac nm
cornard nm
corned-beef nm inv
cornée nf # cornet (instrument)
corneille nf
cornélien, enne adj
corner nm (balle en coin)
cornet nm # cornée (de l'œil)
cornette nf (coiffure) # nm
   (militaire)
corniaud ou corniot nm
cornouiller nm (deux l)
cornue nf
corollaire n masculin (un r,
   deux l)
corolle nf (un r, deux l)
coronaire adj f et nf # coroner
   nm (personne)
coroner nm, pl coroners #
   coronaire adj f, nf (artère)
corossol nm
corozo nm, pl corozos
corporal nm, pl corporaux
corporel, elle adj
corps nm # cor (instrument ;
   durillon)
corps-mort nm, pl corps-morts
corpulence nf
corpulent, e adj
corpuscule n masculin
corral nm, pl corrals (deux r)
correct, e adj
correction nf
correctionnaliser vt (deux n)
correctionnel, elle adj
corrélatif, ive adj
corrélation nf
correspondance nf
correspondant, e adj, n
correspondre vti, pp
   correspondu inv

corrida nf, pl corridas
corridor nm
corriger vt (deux r)
corroborer vt
corroder vt
corrompre vt, pp corrompu, e
corrosif, ive adj ; nm
corroyer vt
corruption nf
corselet nm
corseter vt
cortège nm
cortex nm inv
cortical, e, aux adj
cortisone nf
corvée nf
corvette nf
corymbe n masculin
coryphée n masculin
coryza nm, pl coryzas
cosaque nm
cosinus nm inv
cosmétique n masculin
cosmopolite adj
cosmos nm inv
cosser vi, pp cossé inv
cossu, e adj
costaud adj inv en genre ; nm
cosy nm, pl cosys
cote nf # côte (rivage ; os) #
   cotte (vêtement)
côte nf (circonflexe sur ô) # cote
   (valeur) # cotte (vêtement)
côté nm (circonflexe sur ô)
coteau nm, pl coteaux (pas de
   circonflexe sur o)
côtelé, e adj (circonflexe sur ô)
côtelette nf (circonflexe sur ô)
coterie nf
cothurne n masculin
côtier, ère adj
cotillon nm
côtoiement nm (circonflexe sur
   le premier ô et e muet)
cotonnade nf
cotonneux, euse adj
coton-poudre nm, pl
   cotons-poudres
Coton-Tige nm (nom déposé)
   [trait d'union]
côtoyer vt
cotre n masculin
cottage nm
cotte nf # cote (valeur) # côte
   (rivage ; os)
cotylédon nm
cou nm, pl cous # coup (choc)
   # coût (prix)
couac nm
couard, e adj, n
couche-culotte nf, pl
   couches-culottes
couci-couça adv
coucou nm, pl coucous
cou-de-pied nm, pl cous-de-pied
coudoiement nm (e muet)

coudoyer vt
coudraie nf
coudre vt, pp cousu, e
coudrier nm
couenne nf
couette nf
couffin nm (deux f)
cougouar nm, pl cougouars
coulemelle n féminin
couleuvre nf
couleuvreau nm, pl couleuvreaux
couleuvrine nf
coulis nm inv (s final)
coulisseau nm, pl coulisseaux
coulomb nm (b final)
coup nm (p final) # cou (partie
   du corps) # coût (prix)
coup-de-poing nm, pl
   coups-de-poing
coupe-chou nm, pl coupe-choux
coupe-cigares nm inv
coupe-circuit nm inv
coupée nf
coupe-faim nm inv
coupe-feu nm inv
coupe-file nm, pl coupe-files
coupe-gorge nm inv
coupe-jarret nm, pl coupe-jarrets
coupe-légumes nm inv
coupellation nf
coupe-ongles nm inv
coupe-papier nm inv
coupe-vent nm inv
couplet nm
cour nf # cours nm inv (leçon) #
   court nm (tennis) # court adj
couramment adv
courant nm ; courant, e adj
courbatu, e adj (un seul t)
courbature nf
courir vi, vt (un r), pp couru, e
courlis nm inv
couronne nf (un seul r)
courre vt (chasse à courre)
courrier nm
courriériste nm ou nf (accent
   aigu)
courroie nf (deux r)
courroucer vt
courroux nm inv
cours nm inv # cour nf (lieu) #
   court nm (tennis) # court adj
coursier nm
court nm # cour nf (lieu) # cours
   nm inv (leçon) # court adj
court, e adj # court (tennis)
courtaud, e adj
court-bouillon nm, pl
   courts-bouillons
court-circuit nm, pl
   courts-circuits
court-courrier nm, pl
   courts-courriers
courtepointe nf (en un seul mot)
courtier, ère n
courtilière nf (un seul l)

courtisan nm ; **courtisane** nf
courtisanerie nf (un seul *n*)
court-jointé, e adj, pl
  court-jointés, es
court-jus nm, pl *courts-jus*
courtois, e adj
court-vêtu, e adj, pl *court-vêtus,
  es*
couscous nm inv
cousin, e n # *coussin* nm
coussinet nm
coût nm (circonflexe sur *û*) #
  cou (partie du corps) # *coup*
  (choc)
couteau nm, pl *couteaux*
coutelas nm inv
coutelier nm (un seul *l*)
coutellerie nf (deux *l*)
coûter vt, vi (circonflexe) → p 79
coutil nm
coutre n masculin
couvent nm # *convent*
couvre-chef nm, pl *couvre-chefs*
couvre-feu nm, pl *couvre-feux*
couvre-joint nm, pl *couvre-joints*
couvre-lit nm, pl *couvre-lits*
couvre-nuque nm, pl
  couvre-nuques
couvre-pieds nm inv
couvre-plat nm, pl *couvre-plats*
couvrir vt, pp *couvert, e*
cover-girl nf, pl *cover-girls*
covoiturage nm
cow-boy nm, pl *cow-boys*
cow-pox nm inv
coyote nm
crachoter vi, pp *crachoté* inv (un
  seul *t*)
crack nm # *craque* nf
  (mensonge) # *krach* nm
  (bourse)
cracker nm
cracking nm, pl *crackings*
cracra adj inv
craie nf
craindre vt, pp *craint, e*
cramoisi, e adj
cramponner vt (deux *n*)
cran nm
crâne nm (tête) ; adj (fier)
crâner vi, pp *crâné* inv
crapahuter ou **crapaüter** vi
crapaud nm
crapaud-buffle nm, pl
  crapauds-buffles
crapaudine nm
crapoteux, euse adj
crapouillot nm
craque nf # *crack* nm
craqueler vt
craquelin nm
craquètement nm (accent grave)
craqueter vi
crash nm, pl *crashs* ou *crashes*
cratère nm
cravate nf (un seul *t*)
crawl nm, pl *crawls*

crayeux, euse adj
crayon nm
crayon-feutre nm, pl
  crayons-feutres
crayonner vt (deux *n*)
créance nf
crécelle nf
crèche nf
crédence nf
crédit nm (*t* final)
credo nm inv (sans accent)
crédule adj
créer vt
crémaillère nf
crémant nm
crématoire adj
crématorium nm, pl
  crématoriums
crème nf
crémerie nf (accent aigu)
crémeux, euse adj
crémier, ère n
crémone nf
créneau nm, pl *créneaux*
créneler vt
créole adj ; nm ou nf ; nm
  (langue)
créosote n féminin
crêpage nm (circonflexe sur *ê*)
crêpe nm (étoffe) (circonflexe
  sur *ê*) # nf (galette)
crêperie nf
crépi nm (accent aigu) # *crépu*
  (frisé)
crépinette nf
crépiter vi, pp *crépité* inv
crépon nm (accent aigu)
crépu, e adj (accent aigu) #
  crépi nm (enduit)
crépuscule nm
crescendo adv ; nm, pl
  crescendos
cresson nm
cressonnière nf (deux *n*)
crésus nm inv
crétacé, e adj
crête nf (circonflexe sur *ê*)
crête-de-coq nf, pl *crêtes-de-coq*
crétin, e n
crétinisme nm
cretonne nf
creuset nm (*t* final)
creux nm ; **creux, creuse** adj
crève-cœur nm inv
crève-la-faim nm ou nf inv
crevette nf
cri nm
criailler vi, pp *criaillé* inv
crible n masculin
cric nm # *crique* nf (échancrure
  dans le rivage)
cricket nm, pl *crickets* # *criquet*
  (insecte)
cricri nm
crier vi, vt
criminel, elle adj, n

crincrin nm
crinoline nf
crique nf # *cric* nm (instrument)
criquet nm # *cricket* (sport)
crisser vi, pp *crissé* inv
cristal nm, pl *cristaux*
cristallin nm (deux *l*)
cristallin, e adj
cristalliser vt
criste-marine nf, pl
  cristes-marines
critère n masculin
critérium nm, pl *critériums*
critiquable adj
critique nf ; nm ou nf (personne)
croasser vi, pp *croassé* inv
croc nm (*c* final)
croc-en-jambe nm, pl
  crocs-en-jambe (prononcé
  [krɔkā-])
croche-pied nm, pl *croche-pieds*
crochet nm
crocheter vt
crochu, e adj
crocodile nm (un seul *l*)
crocus nm inv
croire vt, pp *cru, e* # *crû* (de
  croître)
croisière nf
croissance nf (sans circonflexe)
croît nm (avec circonflexe)
croître vt, pp *crû, crue, crus,
  crues* (avec circonflexe au
  masc sing) # *cru* (de *croire*)
croix nf inv
cromlech nm, pl *cromlechs*
crooner nm
croque-madame nm inv
croque-mitaine nm, pl
  ·*croque-mitaines*
croque-monsieur nm inv
croque-mort nm, pl *croque-morts*
croquet nm (*t* final)
croquette nf
croquignole nf
croquis nm inv (*s* final)
crosne nm (*s* muet)
cross nm inv # **crosse** nf
crotale n masculin
crotte nf
crouler vi, pp *croulé* inv
croup nm (maladie) # *croupe* nf
  (d'animal)
croupir vi, pp *croupi, e*
croustiller vi, pp *croustillé* inv
croûte nf (circonflexe sur *û*)
croûton nm (circonflexe sur *û*)
crown nm, pl *crowns*
croyance nf
croyant, e adj, n
cru nm (terroir)
cru, e adj # *crû* (de *croître*)
cruauté nf
crucial, e, aux adj
crucifiement nm (*e* muet)
crucifier vt

crucifix nm inv
crucifixion nf (attention x)
crudité nf
crue nf # cru adj ou nm
cruel, elle adj
crûment adv (circonflexe sur û)
crural, e, aux adj
crustacé nm
cruzeiro nm, pl cruzeiros
cryochirurgie nf
crypte nf
cryptogame n masculin
cryptogramme n masculin
csardas ou czardas nf inv
cubitus nm inv
cueillir vt, pp cueillie, e ; les
   dérivés en uei : cueillette, etc.
cuiller ou cuillère nf
cuillerée nf (pas d'accent
   devant r)
cuir nm
cuirasse nf
cuire vt, vi, pp cuit, e
cuisseau nm, pl cuisseaux #
   cuissot (cuisse de gros gibier)
cuissot nm # cuisseau (partie du
   veau)
cuistre n masculin
cuivre nm ; adj inv (couleur)
cul nm
culasse nf
cul-blanc nm, pl culs-blancs
culbute nf (un seul t)
cul-de-basse-fosse nm, pl
   culs-de-basse-fosse
cul-de-jatte nm ou nf, pl
   culs-de-jatte
cul-de-lampe nf, pl
   culs-de-lampe
cul-de-sac nm, pl culs-de-sac
culinaire adj (de cuisine)
culminer vi, pp culminé inv
culot nm
culotte nf (deux t)
culotté, e adj
culpabilité nf
cul-terreux nm, pl culs-terreux
cumin nm
cumul nm
cumuler (un seul l)
cumulo-nimbus nm inv
cumulus nm inv
cunéiforme adj
cupule nf
curaçao nm, pl curaçaos
curare nm (un seul r)
curateur, trice n
curé nm
cure-dent(s) nm, pl cure-dents
curée nf
cure-ongles nm inv
cure-oreille nm, pl cure-oreilles
cure-pipe(s) nm, pl cure-pipes
cureter vt (un seul t)
curette nf (deux t)
curie nf

curieux, euse adj, n
curiosité nf
curling nm, pl curlings
curriculum vitae nm inv ou
   curriculum nm, pl curriculums
curry, carry ou cari nm
cursif, ive adj
curviligne adj
cuscute n féminin
custode n féminin
custom nm
cutané, e adj
cut-back nm, pl cut-backs
cuti nf, pl cutis
cuti-réaction nf, pl cuti-réactions
cutter nm, pl cutters
cuveau nm, pl cuveaux
cuvée nf
cyanhydrique adj (h après n)
cyanose n féminin
cyanure n masculin
cybernétique nf
cyclamen nm, pl cyclamens
cycle nm
cyclique adj
cyclisme nm
cyclo-cross nm inv
cyclone nm (sans circonflexe)
cyclopéen, enne adj
cyclothymie nf (deux y)
cyclotron nm
cygne nm # signe (signal)
cylindre nm
cymbale nf
cynégétique adj ; nf
cynique adj
cynisme nm
cynodrome nm
cyprès nm inv (accent grave)
cyrillique adj
cystite nf
cytise n masculin
czar ou tsar ou tzar nm, pl czars
   ou tsars ou tzars
czardas ou csardas nf inv

D

Dacron nm (nom déposé)
dactylo nm ou nf
dactylographe nm ou nf
dada nm, pl dadas
dadais nm inv
dadaïsme nm (tréma sur ï)
daguet nm
dahlia nm, pl dahlias (h avant l)
daigner vt, pp daigné inv → p 81
daim nm ; daine nf
daimyo nm, pl daimyos
dais nm inv
dalaï-lama nm, pl dalaï-lamas
dalle nf
dalmatien, enne n
dalmatique nf
daltonien, enne adj, n
dam nm singulier seulement

damas nm inv
dame nf # dame ! interj
dame-d'onze-heures nf, pl
   dames-d'onze-heures
dame-jeanne nf, pl
   dames-jeannes
damnation nf (m muet)
damner vt (m muet)
damoiseau nm, pl damoiseaux
damoiselle nf
dan nm, pl dans # dans prép
danaïde nf (tréma sur ï)
dancing nm, pl dancings
dandiner (se) vpr
dandy nm, pl dandys
danger nm
dans prép # dan nm
dantesque adj
daphné n masculin
daphnie nf
dard nm (d final)
dare-dare adv
dartre n féminin
darwinisme nm
date nf # datte (fruit)
dation nf # donation
datte nf # date (temps)
datura n masculin, pl daturas
daube n féminin
dauphin nm ; dauphine nf
daurade ou dorade nf
davantage adv
de prép
dé nm
dead-heat nm, pl dead-heats
deal nm, pl deals
dealer nm ou nf, pl dealers
déambuler vi, pp déambulé inv
débâcle nf (circonflexe sur â)
déballer vt (deux l)
débarbouiller vt
débarcadère nm (attention c)
débarquement nm
débarquer vt, vi
débarras nm inv (deux r)
débarrasser vt (deux r, deux s)
débat nm
débâtir vt (circonflexe sur â)
débattre vt, pp débattu, e
débaucher vt
débet nm
débile adj, nm ou nf
débit nm (t final)
déblai nm
déblaiement nm (e muet)
déblatérer vti, pp déblatéré inv
déblayer vt
déblocage nm
débloquer vt
déboires nm pl
déboîter vt (circonflexe sur î)
débonnaire adj
débotté (au) ou débotter (au) loc
débouler vt
débourrer vt
débours nm inv

117

debout adv
déboutonner vt
débraillé, e adj # débrayé pp
du v débrayer
débrayer vt
débris nm inv
débrouiller vt
début nm
décacheter vt
décadence nf
décadent, e adj
deçà (en) loc adv (accent grave)
décaféiné, e adj
décalcomanie nf
décaler vt (un seul l)
décalotter vi, vt (deux t)
décalquage nm
décamper vi, pp décampé inv
décan nm
décanat nm
décarreler vt
décasyllabe adj ; nm
décathlon nm
décathlonien nm (un seul n)
décatir vt, pp décati, e
décavé, e adj
décéder vi
déceler vt
décélérer vi, pp décéléré inv
décembre nm, pl décembres
(pas de majuscule)
décemment adv
décemvir nm, pl décemvirs
décence nf
décennal, e, aux adj
décent, e adj
déception nf
décès nm inv (attention aux
accents)
décevoir vt, pp déçu, e
déchaîner vt (circonflexe sur î)
déchanter vi, pp déchanté inv
décharné, e adj
dèche nf (accent grave)
déchéance nf
déchet nm (t final)
déchiffrer vt
déchiqueter vt
déchoir vi, pp déchu, e
déchristianiser vt
décibel n masculin
décimal, e, aux adj
décimer vt
décision nf
déclencher vt (attention e)
déclic nm
déclive adj
décoction nf
décoiffer vt (deux f)
décoincer vt
décolérer vi, pp décoléré inv
décollation nf
décollement nm
décoller vt
décolleté nm (deux l, un t)
décombres n masculin pl

décommander vt
décomplexer vt
décomposition nf
décompter vt
déconcentrer vt
déconcerter vt
déconfit, e adj (t final)
décongeler vt
décongestionner vt (deux n)
déconseiller vt
décontenancer vt
déconvenue nf
décor nm
décorticage nm
décortiquer vt
décorum nm, pl décorums
décote nf (un seul t)
découcher vi, pp découché inv
découdre vt, pp décousu, e
découler vi, pp découlé inv
découronner vt (un r, deux n)
décours nm inv
décousu, e adj
découvrir vt, pp découvert, e
décrépit, e adj (vieux) # décrépi
pp de décrépir
decrescendo adv ; nm, pl
decrescendos (sans accent)
décret nm
décréter vt
décret-loi nm, pl décrets-lois
décrier vt
décrire vt, pp décrit, e
décrochez-moi-ça nm inv
décroissance nf
décroître vi (circonflexe sur î),
pp décru inv
décrue nf
décrypter vt
décubitus nm inv
de cujus nm inv (en deux mots)
déculotter vt (deux t)
dédaigner vt
dédain nm
dédale n masculin
dedans adv ; nm inv
dédicace n féminin
dédier vt
dédire (se) vpr, pp dédit, e
dédit nm
dédommager vt (deux m)
dédouaner vt (un seul n)
déduction nf
déduire vt, pp déduit, e
déesse nf, (féminin de dieu)
défaillir vi, pp défailli inv
défaire vt, pp défait, e
défaite nf
défalcation nf
défalquer vt
défatigant, e adj ; nm #
défatiguant pprés du v
défatiguer
défatiguer vt
défaut nm
défécation nf

défectif, ive adj
défection nf
défendre vt, pp défendu, e
défenestrer vt (pas d'accent sur
le 2e e)
déféquer vt
déférence nf
déférent, e adj # déférant pprés
du v déférer
déférer vt, vti # déferrer (ôter le
fer)
déferrer vt (deux r) # déférer
(attribuer)
défeuiller vt
défi nm
défiance nf
défiant, e adj
déficeler vt
déficience nf
déficient, e adj
déficit nm, pl déficits
défier (se) vpr
déflagration nf
déflation nf
déflecteur nm
défloraison nf
défoncer vt
défraîchir vt (circonflexe sur î)
défrayer vt (un seul f)
défroque nf
défunt, e adj, n
dégaine nf (sans circonflexe)
dégainer vt (sans circonflexe)
dégât nm (circonflexe sur â)
dégel nm
dégelée nf
dégénérescence nf (attention sc)
dégingandé, e adj
déglingue nf
dégommer vt (deux m)
dégotter ou dégoter vt
dégouliner vi, pp dégouliné inv
dégoupiller vt
dégoût nm (circonflexe sur û)
dégoûter vt # dégoutter vi
(couler goutte à goutte)
dégoutter vi, pp dégoutté inv #
dégoûter, vt (écœurer)
dégrafer vt (un seul f)
dégressif, ive adj
dégrèvement nm (attention aux
accents)
dégrever vt
déguenillé, e adj
déguerpir vi, pp déguerpi inv
dégueuler vt, vi
déhancher (se) vpr
dehors adv ; nm inv
déicide nm ou nf ; adj
déifier vt
déisme nm
déjà adv (attention aux accents)
déjanter vt
déjà-vu nm inv
déjection nf
déjeuner vi, pp déjeuné inv (pas
de circonflexe)

déjeuner nm (pas de circonflexe)
déjouer vt
de jure adv (pas d'accent)
delà adv (accent grave sur *à*)
délacer vt # *délasser* (reposer)
délai nm
délai-congé nm, pl
  délais-congés
délasser vt # *délacer* (défaire
  les lacets)
délateur, trice n
délation nf
délayer vt
Delco n (nom déposé)
deleatur nm inv (pas d'accent)
délégation nf
délétère adj (attention aux
  accents)
délibéré, e adj
délibérer vi, pp *délibéré* inv
délicat, e adj
délice nm → p 38
délictueux, euse adj
délinquance nf
délinquant, e n
déliquescence nf (attention *sc*)
déliquescent, e adj (*sc*)
délire nm
délirer vi, pp *déliré* inv
delirium tremens nm inv (pas
  d'accent)
délit nm (*t* final)
déloyal, e, aux adj
delphinium nm, pl *delphiniums*
delta nm, pl *deltas*
deltaplane ou **delta-plane** nm, pl
  deltaplanes ou *delta-planes*
déluré, e adj
démagogie nf
démailloter vt (un seul *t*)
demain adv
demande nf
demandeur, eresse ou **euse** n
démanger vi, pp *démangé* inv
démantèlement nm (attention
  aux accents)
démanteler vt
démantibuler vt
démaquiller vt
démarcation nf
démarche nf
démarrer vt, vi (deux *r*)
démâter vt (circonflexe sur *â*)
démêler vt (circonflexe sur *ê*)
démence nf
dément, e adj, n
démentir vt, pp *démenti, e*
démériter vi, pp *démérité* inv
démesuré, e adj
démettre vt, pp *démis, e*
demeurant (au) loc adv
demeure nf
demi nm
demi préf (suivi d'un trait
  d'union) ; **demi, e** adj → p 63
demi, e adj
demi-bouteille nf, pl
  demi-bouteilles

demi-brigade nf, pl
  demi-brigades
demi-cercle nm, pl *demi-cercles*
demi-dieu nm, pl *demi-dieux*
demi-douzaine nf, pl
  demi-douzaines
demi-finale nf, pl *demi-finales*
demi-finaliste nm ou nf, pl
  demi-finalistes
demi-fond nm inv
demi-frère nm, pl *demi-frères*
demi-gros nm inv
demi-heure nf, pl *demi-heures*
demi-jour nm, pl *demi-jours*
demi-journée nf, pl
  demi-journées
demi-litre nm, pl *demi-litres*
demi-lune nf, pl *demi-lunes*
demi-mal nm, pl *demi-maux*
demi-mesure nf, pl
  demi-mesures
demi-mondaine nf, pl
  demi-mondaines
demi-mort, e adj, pl *demi-morts,
  es*
demi-mot (à) loc adv
demi-pause nf, pl *demi-pauses*
demi-pension nf, pl
  demi-pensions
demi-pensionnaire nm ou nf, pl
  demi-pensionnaires
demi-pièce nf, pl *demi-pièces*
demi-place nf, pl *demi-places*
demi-saison nf, pl *demi-saisons*
demi-sang nm inv
demi-sel nm inv
demi-sœur nf, pl *demi-sœurs*
demi-solde nm inv ; nf, pl
  demi-soldes
démission nf
démissionner vi, vt (deux *n*)
demi-tarif nm, pl *demi-tarifs*
demi-tasse nf, pl *demi-tasses*
demi-teinte nf, pl *demi-teintes*
demi-tour nm, pl *demi-tours*
démiurge nm
demi-volée nf, pl *demi-volées*
démocrate adj, nm ou nf
démocrate-chrétien, enne n, pl
  démocrates-chrétiens, ennes
démocratie nf
demoiselle nf
démonétiser vt
démonstration nf
démonte-pneu nm, pl
  démonte-pneus
démordre vti, pp *démordu* inv
démoustication nf
démoustiquer vt
démultiplication nf
démultiplier vt
démystifier vt
dénatalité nf
dénationaliser vt (un seul *n*)
dendrite n féminin

dénégation nf
déni nm
déniaiser vt
denier nm # **dénier** vt
déniveler vt (un seul *l*)
dénivellation nf (deux *l*)
dénivellement nm (deux *l*)
dénombrer vt
dénominateur nm
dénomination nf (un seul *m*)
dénommer vt (deux *m*)
dénouement nm (*e* muet)
dénouer vt
dénoyauter vt
denrée nf
dense adj
dental, e, aux adj
dent-de-lion nf, pl *dents-de-lion*
denteler vt (un seul *l*)
dentelle nf
dentellier, ère adj, nf (deux *l*)
dentelure nf (un seul *l*)
denticule n masculin
dentifrice adj ; nm
dénué, e adj
dénuement nm (*e* muet)
dénutrition nf
déodorant nm
déontologie nf
dépanner vt (deux *n*)
dépaqueter vt (un seul *t*)
dépareiller vt
déparer vt (un seul *r*)
départ nm (*t* final)
départager vt
département nm
départemental, e, aux adj
dépayser vt
dépeçage nm
dépècement nm (attention à
  l'accentuation)
dépêche nf (circonflexe sur *ê*)
dépêcher vt (circonflexe sur *ê*)
dépeigner vt
dépeindre vt, pp *dépeint, e*
dépenaillé, e adj
dépendance nf
dépendant, e adj
dépendre vti, pp *dépendu* inv #
  vt, pp *dépendu, e* (détacher)
dépens nmpl (frais)
dépérir vi, pp *dépéri* inv
dépêtrer vt (circonflexe sur *ê*)
déphaser vt
dépiauter vt
dépiquage nm
dépit nm (*t* final)
déplaire vti, pp *déplu* inv
déplâtrer vt (circonflexe sur *â*)
déplier vt
déploiement nm (*e* muet)
déployer vt
dépoétiser vt (accent aigu)
dépolluer vt
déponent, e adj ; nm
dépopulation nf

dépôt nm (circonflexe sur ô)
dépoter vt (un seul t)
dépouiller vt
dépourvu, e adj
dépoussiérer vt
déprécation nf
déprécier vt
déprédation nf
déprendre (se) vpr, pp dépris, e
dépression nf
de profundis nm inv (en deux
    mots, pas d'accent)
depuis prép
député nm
dérader vi, pp déradé inv
dérager vi, pp déragé inv
dérailler vi, pp déraillé inv
déraisonner vi, pp déraisonné
    inv (deux n)
déraper vi, pp dérapé inv
dératé, e n
derby nm, pl derbys ou derbies
derechef adv (pas d'accent)
dérèglement nm (attention aux
    accents)
dérégler vt
déréliction nf
dérisoire adj
dernier, ère adj, n
dernièrement adv
dernier-né, dernière-née adj, n,
    pl derniers-nés, dernières-nées
déroger vti, pp dérogé inv
dérouiller vt
derrick nm, pl derricks
derrière prép, nm
des art pl # dès prép
désabonner vt (deux n)
désaccord nm (deux c, d final)
désaccoutumer vt
désaffecter vt (deux f)
désaffection nf (deux f)
désagrégation nf
désagréger vt
désagrément nm
désaltérer vt
désamorcer vt
désapparier vt (deux p)
désappointer vt (deux p)
désapprendre vt, pp
    désappris, e
désapprobation nf
désapprouver vt
désapprovisionner vt
désarçonner vt
désarroi nm (deux r)
désarticuler vt
désassembler vt
désaveu nm, pl désaveux
désavouer vt
desceller vt (avec sc)
descendre vi, vt, pp descendu, e
    (avec sc)
descente de lit nf, pl descentes
    de lit (sans trait d'union)
description nf

déséchouer vt
désembourgeoiser vt
désemparer (sans) loc adv
désemplir vt (seulement négatif)
désenchaîner vt (circonflexe)
désenfler vi, vt
désengager vt
désenivrer vt (un seul n)
désennuyer vt (deux n)
désensibiliser vt (un seul s au
    début)
déséquilibre nm
désert, e adj ; nm
désescalade nf
désespérément adv
désespoir nm
déshabiller vt
déshabituer vt
désherber vt
déshérence nf
déshériter vt
déshonnête adj (deux n)
déshonneur nm (deux n)
déshonorer vt (un seul n)
déshumaniser vt
déshydrater vt
desiderata nmpl
design nm, pl designs
désillusionner vt (deux n)
désincarné, e adj
désinence nf
désintéresser vt
désintoxication nf # détoxication
désintoxiquer vt
désinvolte adj
désir nm
désobéir vti, pp désobéi inv
désobéissance nf
désobéissant, e adj
désobligeamment adv
désobligeant, e adj
désocialisation nf
désœuvré, e adj
désolidariser (se) vpr (un seul s
    au début)
désopilant, e adj
désordonné, e adj
désormais adv
désosser vt
desquamer vpr, vi
desquels, desquelles pr rel pl
dessabler vt (deux s)
dessaisir vt (deux s)
dessaler vt (deux s)
dessangler vt (deux s)
dessaouler ou dessoûler vi, vt
dessèchement nm (accent
    grave)
dessécher vt
dessein nm (but) # dessin
desseller vt (deux s, deux l)
desserrer vt (deux s, deux r)
dessert nm (deux s)
desserte nf (deux s)
dessertir vt (deux s)
desservir vt (deux s)

dessiccation nf (deux s, deux c)
dessiller vt (deux s, deux l)
dessin nm # dessein (but)
dessoler vt (deux s, un l)
dessouder vt (deux s)
dessoûler ou dessaouler vi, vt
dessous adv ; nm inv (s final)
dessous-de-bras nm inv
dessous-de-plat nm inv
dessus adv ; nm inv (s final)
dessus-de-lit nm inv
déstabiliser vt
destroyer nm
destruction nf (pas d'accent)
déstructuration nf (accent aigu)
désuet, ète adj
désuétude nf (accents aigus)
désunir vt, pp désuni, e
détail nm, pl détails
détaler vi, pp détalé inv
détaxe nf
détective nm
déteindre vt, vi, pp déteint, e
dételer vt (un seul l)
détendre vt, pp détendu, e
détenir vt, pp détenu, e
détergent nm # détergeant
    pprés du v déterger
détériorer vt
déterrer vt (deux r)
détonation nf (un seul n)
détoner vi, pp détoné inv #
    détonner (sortir du ton)
détonner vi, pp détonné inv
    (deux n) # détoner (exploser)
détordre vt, pp détordu, e
détorsion nf
détoxication nf
détracteur, trice adj, n
détrempe nf
détresse nf
détriment de (au) loc prép
détritus nm inv
détroit nm
détrôner vt (circonflexe sur ô)
détruire vt, pp détruit, e
dette nf (deux t)
deuil nm
deus ex machina nm inv
deux adj num inv
deuxième adj ord
deux-mâts nm inv
deux-pièces nm inv
deux-points nm inv
deux-ponts nm inv
deux-roues nm inv
deux-temps nm inv
dévaluer vt
devancer vt
devant prép ; nm, pl devants
devanture nf
déveine nf
développer vt (un l, deux p)
devenir vi, pp devenu, e
déverbal, e, aux adj
déverrouiller vt (deux r)

dévers nm inv (accent aigu)
devers (par-) prép
dévêtir vt, pp *dévêtu, e*
déviation nf
déviationnisme nm (deux *n*)
dévier vt
devin, devineresse n
devis nm inv (*s* final)
deviser vti, pp *devisé* inv
dévisser vt (deux *s*)
devoir vt, pp *dû, due, dus, dues* (circonflexe au masc sing)
devoir nm
dévolu, e adj
dévot, e adj, n (pas de circonflexe)
dévotion nf
dévouement nm (*e* muet)
dévouer (se) vpr
dévoyer vt
dextérité nf
dey nm, pl *deys*
diabète nm
diabétique adj, nm ou nf (accent aigu)
diable nm ; **diablesse** nf
diabolo nm, pl *diabolos*
diaconat nm
diadème n masculin
diagnostic nm # **diagnostique** adj
diagonal, e, aux adj
diagonale nf
diagramme n masculin
dialectal, e, aux adj
dialogue nm
dialyse nf
diamant nm (*t* final)
diamétral, e, aux adj
diamétralement adv
diamètre nm (accent grave)
diantre interj
diaphane adj
diaphragme nm
diarrhée nf (deux *r* devant *h*)
diaspora nf, pl *diasporas*
dichotomie nf (*h* après *c*)
dicotylédone n féminin
dictame n masculin
dictateur nm
dictatorial, e, aux adj
dictée nf
diction nf
dictionnaire nm (deux *n*)
didactique adj
dièdre n masculin
diérèse nf
dièse n masculin
diesel nm, pl *diesels*
diète nf
diététique adj (accents aigus)
dieu nm, pl *dieux*
diffamer vt (deux *f*)
différemment adv (deux *f*, deux *m*)
différence nf (deux *f*)

différend nm (débat) # *différent* adj
différent, e adj # *différant* pprés du v *différer*
différentiel, elle adj (deux *f*)
difficile adj (deux *f*)
difforme adj (deux *f*)
diffus, e adj (deux *f*)
diffuser vt (deux *f*)
digeste nm, adj
digestion nf
digital, e, aux adj
digression nf
diktat nm, pl *diktats*
dilacérer vt
dilatoire adj
dilection nf
dilemme nm (deux *m*)
dilettante nm ou nf, pl *dilettantes* (deux *t*)
diligemment adv
diligence nf
diligent, e adj
diluer vt
diluvien, enne adj
dimanche nm, pl *dimanches* (pas de majuscule)
dîme nf (circonflexe sur *î*)
diminuendo adv
diminuer vt, vi
dinar nm, pl *dinars*
dindonneau nm, pl *dindonneaux* (deux *n*)
dîner vi, pp *dîné* inv (circonflexe)
dîner nm (circonflexe)
dinghy nm, pl *dinghys* ou *dinghies*
dingo nm, pl *dingos*
dingue adj, nm ou nf
dinosaure nm
diocésain, e adj, n (accent aigu)
diocèse nm
dionysiaque adj (attention *y*)
diorama nm
diorite n féminin
diphtérie nf
diphtongue nf
diplodocus nm inv
diplomate n, adj (pas de circonflexe)
diplôme nm (circonflexe sur *ô*)
diptyque nm
dire vt, pp *dit, e* # nm, pl *dires*
direct, e adj
directeur, trice adj, n
directorial, e, aux adj
dirimant, e adj
discal, e, aux adj
discerner vt (attention *sc*)
disciple nm ou nf (attention *sc*)
discipline nf (attention *sc*)
disc-jockey n, pl *disc-jockeys*
disco adj ; nm, pl *discos*
discobole nm
discontinu, e adj
disconvenir vti, pp *disconvenu* inv

discordant, e adj
discount nm, pl *discounts*
discourir vi, pp *discouru* inv
discours nm
discourtois, e adj
discrédit nm
discret, ète adj
discrétion nf (accent aigu)
discrétionnaire adj (deux *n*)
discursif, ive adj
discussion nf
disert, e adj
disette nf
diseur, euse n
disgrâce nf (circonflexe sur *â*)
disgracier vt (sans circonflexe)
disgracieux, euse adj
disjoindre vt, pp *disjoint, e*
disjonction nf
dislocation nf
disloquer vt
disparaître vi, pp *disparu, e*
disparate adj ; nm ou nf
disparition nf
dispatching nm, pl *dispatchings*
dispendieux, euse adj
dispensaire nm
dispos, e adj
disproportion nf
disquaire nm ou nf
disqualifier vt
dissection nf (deux *s*)
dissemblable adj (deux *s*)
disséminer vt (deux *s*)
dissension nf (deux *s*)
dissentiment nm (deux *s*)
disserter vi, pp *disserté* inv
dissidence nf (deux *s*, puis *c*)
dissident, e adj, n
dissimilitude nf (deux *s*)
dissimuler vt (deux *s*)
dissiper vt (deux *s*)
dissocier vt (deux *s*)
dissolu, e adj
dissolution nf
dissonance nf (un seul *n*)
dissonant, e adj
dissoner vi, pp *dissoné* inv
dissoudre vt, pp *dissous, oute*
dissuader vt
dissymétrie nf (deux *s* et un *y*)
distance nf
distancer vt (devancer)
distancier (se) vpr (prendre ses distances)
distant, e adj
distendre vt, pp *distendu, e*
distiller vt (deux *l*)
distinct, e adj
distinguo nm, pl *distinguos* (attention *guo*)
distique n masculin
distorsion nf
distraction nf
distraire vt, pp *distrait, e*
distribuer vt

distribution nf
distributionnalisme nm (deux *n*)
distributionnel, elle adj
district nm
dithyrambe n masculin
dito adv
diurèse nf
diurétique adj (accent aigu)
diurne adj
diva nf, pl *divas*
divagation nf
divaguer vi, pp *divagué* inv
divan nm
divergence nf
divergent, e adj # *divergeant*
pprés du v *diverger*
diverger vi, pp *divergé* inv
divers, e adj
dividende nm (avec un *e*)
divin, e adj
divination nf
divorce nm
divulgation nf
divulguer vt
dix adj num inv
dix-huit adj num inv
dix-huitième adj ord
dixième adj ord
dix-neuf adj num inv
dix-neuvième adj ord
dix-sept adj num inv
dix-septième adj ord
dizain nm
dizaine nf
djebel nm, pl *djebels*
djellaba nf, pl *djellabas*
djinn nm, pl *djinns*
do nm inv (note)
doberman nm, pl *dobermans*
docile adj
dock nm
docker nm
docteur nm ; **doctoresse** nf
doctoral, e, aux adj
doctorat nm
document nm
dodeliner vti, pp *dodeliné* inv
dodo nm, pl *dodos*
dodu, e adj
dog-cart nm, pl *dog-carts*
dogme nm
dogue nm
doigt nm
doigté nm
dol nm, pl *dols*
Dolby nm (nom déposé), pl
Dolbys
dolce adv
dolce vita nf inv (pas d'accent)
doléances nfpl
dolent, e adj
dollar nm
dolman nm, pl *dolmans*
dolmen nm, pl *dolmens*
doloire n féminin
domanial, e, aux adj

dôme nm (circonflexe sur *ô*)
domestication nf
domicile nm
domicilier vt
dominicain, e n
dominical, e, aux adj
dominion nm
domino nm, pl *dominos*
dommage nm
dommages-intérêts ou
dommages et intérêts nmpl
dompter vt (attention *p* muet)
don nm # **don** nm, **doña** nf (titre)
donataire nm ou nf (un seul *n*)
donateur, trice n (un seul *n*)
donation nf (un seul *n*)
donation-partage nf, pl
donations-partages
donc conj
donne nf (deux *n*)
donnée nf (deux *n*)
donner vt ; *donné à* (et l'infinitif)
→ p 82 ; *se donner raison, tort*
→ p 84
donneur, euse n (deux *n*)
donquichottisme nm (deux *t*)
dont pr rel # *don* nm
donzelle nf
doping nm, pl *dopings*
dorade ou **daurade** nf
dorénavant adv
doris nm inv (bateau) # nf inv
(mollusque)
dorloter vt (un seul *t*)
dormir vi, pp *dormi* inv
dorsal, e, aux adj
dortoir nm (sans *e*)
doryphore nm
dos nm inv
dos-d'âne nm inv
dossard nm (*d* final)
dossier nm
dot nf
douaire nm
douairière nf
douar nm, pl *douars*
double-crème nm, pl
doubles-crèmes
double-rideau nm, pl
doubles-rideaux
douceâtre adj (circonflexe sur *â*)
douer vt
douille nf
douillet, ette adj
douleur nf
douloureux, euse adj
douro nm, pl *douros*
douter vti, pp *douté* inv
doux, douce adj
douzaine nf
douze adj num inv
douzième adj ord
doyen, enne n
doyenné nm
drachme n féminin
draconien, enne adj

drag nm, pl *drags*
dragage nm
dragée nf
drageon nm # *dragon* (animal)
dragonne nf (deux *n*)
dragueur nm
drain nm
drainer vt
drakkar nm, pl *drakkars*
drap nm (*p* final)
drapeau nm, pl *drapeaux*
drap-housse nm, pl
draps-housses
drastique adj
drawback nm, pl *drawbacks*
dribbler vt (deux *b*)
drille nm (compagnon)
drisse nf
drive-in nm inv
drogman nm, pl *drogmans*
drogué, e n, pl *drogués, ées*
droit nm ; adv ; **droit, e** adj
drôle adj, nm ou nf ; **drôlesse** nf
(circonflexe sur *ô*)
dromadaire nm
drop-goal nm, pl *drop-goals*
droppage nm (deux *p*)
dru, e adj
drugstore nm, pl *drugstores*
druide nm ; **druidesse** nf
drupe n féminin
dryade nf (attention à l'*y*)
du art # *dû* pp masc du v *devoir*
dû nm (circonflexe sur *û*)
dû, due, dus, dues adj
dual, e, aux adj
dubitatif, ive adj
duc nm ; **duchesse** nf
ducat nm
ductile adj
duègne nf
duel nm
duelliste nm (deux *l*)
duettiste nm ou nf (deux *t*)
duffle-coat nm, pl *duffle-coats*
dugong nm, pl *dugongs*
dum-dum adv inv
dûment adv (*û* circonflexe)
dumping nm, pl *dumpings*
dundee nm, pl *dundees*
dunette nf (un *n*, deux *t*)
duo nm, pl *duos*
duodécimal, e, aux adj
duodénal, e, aux adj
duodénum nm, pl *duodénums*
duplex nm inv
duplicata nm, pl *duplicatas* ou
inv
duquel pr rel, pl *desquels*
dur, e adj
Duralumin nm (nom déposé)
durant prép
dure-mère nf, pl *dures-mères*
durer vi, pp *duré* inv
Durit nf (nom déposé)
duvet nm (*t* final)

dynamique adj
dynamite nf
dynamo nf, pl *dynamos*
dynastie nf
dysenterie nf
dyslexie nf
dyspnée nf
dyssocial, e, aux adj (deux *s*)

E

eau nf, pl *eaux*
eau-de-vie nf, pl *eaux-de-vie*
eau-forte nf, pl *eaux-fortes*
eaux-vannes nfpl
ébahir vt (attention au *h*)
ébats nmpl
ébattre (s') vpr, pp *ébattu, e*
ébaubi, e adj
ébène n féminin
ébéniste n
éberlué, e adj
éboueur nm
ébouillanter vt
ébouler vt (un seul *l*)
ébouriffer vt (un *r*, deux *f*)
ébouter vt (un seul *t*)
ébranler vt
ébrèchement nm (attention aux
   accents)
ébrécher vt
ébriété nf
ébrouer (s') vpr
ébullition nf (deux *l*)
éburnéen, enne adj
écaille nf
écarlate adj ; nf
écarquiller vt
écart nm (*t* final)
écartèlement nm
écarteler vt
ecce homo nm inv (en deux
   mots, sans accent)
ecchymose nf
ecclésiastique adj ; nm
écervelé, e adj, n
échafaud nm (*d* final)
échalas nm inv (*s* final)
échalote nf (un seul *t*)
échantillon nm
échantillonner vt (deux *n*)
échappatoire n féminin (deux *p*)
échapper vti (deux *p*)
échasse nf
échauder vt
échauffer vt (deux *f*)
échauffourée nf (deux *f*, un *r*)
échéance nf
échéant, e adj
échec nm # échecs nmpl
échelle nf (deux *l*)
échelonner vt (deux *n*)
écheveau nm, pl *écheveaux*
écheveler vt
échevin nm
échidné n masculin

échinoderme nm
échiquier nm
écho nm # *écot* (paiement) ; *se
   faire l'écho* → p 84
échographie nf
échoir vti, vi, pp *échu, e*
écholalie nf
échoppe nf (deux *p*)
échotier, ère n
échouer vt, vi
éclabousser vt
éclair nm (sans *e* final)
éclaircie nf
éclairer vt
éclat nm (*t* final)
éclater vi (un seul *t*)
éclectique adj
éclipse nf
éclisse nf
éclopé, e adj
éclore vi, pp *éclos, e*
écobilan nm
écœurer vt
écologie nf
éconduire vt, pp *éconduit, e*
économe adj, nm ou nf
écope nf
écorce nf
écot nm # *écho* (bruit)
écoutille nf
écouvillon nm
écrabouiller vt
écran nm
écrémer vt (accents aigus)
écrêter vt (circonflexe)
écrevisse nf
écrier (s') vpr
écrin nm
écrire vt, pp *écrit, e*
écriteau nm, pl *écriteaux*
écritoire n féminin
écrou nm, pl *écrous*
écrouelles nfpl
écru, e adj
ectoplasme n masculin
écu nm
écueil nm (attention *uei*)
écuelle nf
éculé, e adj
écureuil nm
écurie nf
écussonner vt (deux *n*)
écuyer, ère n
eczéma nm, pl *eczémas*
eczémateux, euse adj
edelweiss n masculin inv
éden nm
édenté, e adj, n
édicule n masculin
édifice nm
édifier vt
édile n masculin
édit nm
éducation nf
éduquer vt
éfaufiler vt (un seul *f* partout)

éfendi ou effendi nm
effacer vt (deux *f*)
effarement nm (deux *f*, un seul *r*)
effaroucher vt (deux *f*, un *r*)
effectif, ive adj (deux *f*)
effectuer vt
efféminer vt (deux *f*)
efférent, e adj
effervescence nf (attention *sc*)
effervescent, e adj
effet nm (pas d'accent)
effeuiller vt
efficace adj
efficience nf
efficient, e adj
effigie nf
effiler vt (deux *f*, un seul *l*)
effilocher vt
efflanqué, e adj
effleurer vt
efflorescence nf (attention *sc*)
efflorescent, e adj
effluve nm (parfois féminin au pl)
effondrer vt
efforcer (s') vpr
effort nm (*t* final)
effraction nf
effraie n féminin
effranger vt
effrayer vt
effréné, e adj
effriter vt
effroi nm
effronté, e adj
effroyable adj
effusion nf
éfrit nm (un seul *f*)
égailler (s') vpr # *égayer* vt
   (amuser)
égal, e, aux adj
égard nm (*d* final)
égayer vt # *s'égailler* vpr (se
   disperser)
égérie nf
égide n féminin
églefin ou aiglefin nm # *aigrefin*
   (escroc)
ego nm inv (pas d'accent)
égoïne nf (tréma sur *i*)
égoïsme nm (tréma sur *i*)
égosiller (s') vpr
égout nm (pas de circonflexe)
égoutier nm (un seul *t*)
égoutter vt (deux *t*)
égrainer ou égrener vt
égrapper vt (deux *p*)
égrillard, e adj
eh interj # *hé*
éhonté, e adj
eider nm
élagage nm
élaguer vt
élan nm
élancer vi
eldorado nm, pl *eldorados*
élection nf

123

électricité nf
électro- préf. (composés en un mot, sans trait d'union)
électroaimant nm
électrocardiogramme nm
électrochoc nm
électrocuter vt
électrode nf
électrogène adj
électrolyse nf
électrolyte n masculin
électroménager adj m, nm
électron nm
électronique nf, adj
électrophone nm
électrum nm, pl *électrums*
élégamment adv
élégance nf
élégant, e adj
élégie nf
élément nm (*t* final)
éléphant nm ; **éléphanteau** nm, pl *éléphanteaux*
élève nm ou nf
élever vt
elfe nm
éligible adj
élire vt, pp *élu, e*
élision nf
élite nf (un seul *t*)
élixir nm, pl *élixirs*
elle pr pers
ellébore ou **hellébore** nm
ellipse nf (deux *l*)
ellipsoïdal, e, aux adj (tréma)
elliptique adj
élocution nf
élongation nf
éloquemment adv
éloquence nf
éloquent, e adj
élucider vt
élyséen, enne adj
élytre n masculin
elzévir nm, pl *elzévirs*
émacié, e adj
émail nm, pl *émaux*
émailler vt
émanciper vt
émaner vti, pp *émané* inv
embâcle n masculin (circonflexe)
emballer vt
embarcadère nm
embarcation nf
embardée nf
embargo nm, pl *embargos*
embarquement nm
embarras nm inv
embarrasser vt (deux *r*, deux *s*)
embauche nf
embaumer vt
embellir vt, pp *embelli, e*
emberlificoter vt
embêter vt (circonflexe sur *ê*)
emblée (d') loc adv
emblématique adj (accent aigu)

emblème nm
emboîter vt (circonflexe sur *î*)
embolie nf
embonpoint nm (*n* devant *p*)
embouchure nf
embout nm (*t* final)
embouteiller vt
emboutir vt, pp *embouti, e*
embraser vt # *embrasser* (baiser)
embrasser vt # *embraser* (incendier)
embrayer vt
embringuer vt
embrocation nf
embrouillamini nm, pl *embrouillaminis*
embrouille nf
embroussaillé, e adj
embruns nmpl
embryon nm
embryonnaire adj (deux *n*)
embu, e adj
embûche nf (circonflexe sur *û*)
embuer vt
embuscade nf
embusquer vt
éméché, e adj
émeraude nf (pierre précieuse) ; adj inv (vert)
émergence nf
émergent, e adj # *émergeant* pprés du v *émerger*
émeri nm, pl *émeris*
émerillon nm
émérite adj (un seul *t*)
émerveiller vt
émettre vt, pp *émis, e*
émeu nm, pl *émeus*
émeute nf
émietter vt (deux *t*)
émincer vt
éminemment adv
éminence nf
éminent, e adj # *imminent* (sur le point de se produire)
émir nm
émissaire nm
émission nf
emmagasiner vt
emmailloter vt
emmancher vt
emmêler vt (circonflexe sur *ê*)
emménager vt, vi
emmener vt
emmenthal ou **emmental** nm
emmieller vt (deux *l*)
emmitoufler vt (un *t*, un *f*)
emmurer vt
émoi nm
émollient, e adj (deux *l*)
émolument nm
émotion nf
émotionner vt (deux *n*)
émoulu, e adj, *frais émoulu, frais émoulue*

émousser vt
émoustiller vt
émouvoir vt, pp *ému, e*
empailler vt
empan nm
empanacher vt
empaqueter vt (un seul *t*)
empâter vt (circonflexe sur *â*)
empathie nf (avec *th*)
empattement nm (deux *t*)
empêcher vt (circonflexe sur *ê*)
empeigne nf
empenné, e adj (deux *n*)
empereur nm
empêtrer vt (circonflexe sur *ê*)
emphase nf
emphysème nm (accent grave)
empièement nm (accent grave)
empierrer vt
empiétement nm (accent aigu)
empiéter vti, pp *empiété* inv
empiffrer (s') vpr (deux *f*)
empirer vi, pp *empiré* inv
empirique adj
emplacement nm
emplâtre nm (circonflexe sur *â*)
emplette nf
emplir vt, pp *empli, e*
emploi nm
employer vt
empois nm inv (*s* final)
empoisonner vt
empoissonner vt
emporium nm, pl savant *emporia*
emporte-pièce nm inv ou pl *emporte-pièces*
empoté, e adj, n
empreint, e adj # *emprunt* nm (prêt)
empreinte nf
emprisonner vt (deux *n*)
emprunt nm # *empreint, e* adj (marqué)
emprunté, e adj (embarrassé)
empuantir vt
empyrée n masculin
émule nm ou nf
émulsion nf
émulsionner vt (deux *n*)
en prép # pr pers
enamourer (s') ou **énamourer (s')** vpr
énarque nm ou nf
en-avant nm inv (trait d'union)
en-but nm inv (trait d'union)
encablure nf (pas de circonflexe)
encan nm singulier
encanailler (s') vpr
encapuchonner vt (deux *n*)
encart nm (*t* final)
en-cas nm inv (trait d'union)
encaustique n féminin
enceindre vt, pp *enceint, e*
enceinte nf (mur) ; adj f
encens nm inv (*s* final)
encéphale n masculin

enchaîner vt (circonflexe sur *î*)
enchanter vt
enchanteresse nf ; **enchanteur**
nm
enchâsser vt (circonflexe sur *â*)
enchère nf
enchérir vti, vi, pp *enchéri* inv
enchevêtrer vt (circonflexe sur *ê*)
enchifrené, e adj (un seul *f*)
enclave n féminin
enclencher vt
enclin, e adj
enclore vt, pp *enclos, e*
enclos nm
enclouer vt
enclume n féminin
encoche nf
encoignure nf (*i* muet)
encoller vt
encolure nf (un seul *l*)
encombrer vt
encontre de (à l') loc prép
encorbellement nm (deux *l*)
encorder (s') vpr
encore adv
encourir vt, pp *encouru, e*
en-cours nm inv
encrage nm # *ancrage*
(amarrage)
encrasser vt
encre nf # *ancre* (amarre)
encrer vt # *ancrer* (amarrer)
encroûter vt (circonflexe sur *û*)
encyclique nf
encyclopédie nf
endetter vt (deux *t*)
endeuiller vt
endêver vi, pp *endêvé* inv
(circonflexe sur *ê*)
endiablé, e adj
endiguer vt
endimanché, e adj
endive nf
endocrine adj f
endolorir vt, pp *endolori, e*
endommager vt (deux *m*)
endormir vt, pp *endormi, e*
endos nm inv (*s* final)
endothélial, e, aux adj
endothélium nm, pl
endothéliums
endroit nm
enduire vt, pp *enduit, e*
enduit nm
endurance nf
endurant, e adj
énergétique adj
énergie nf
énergumène nm ou nf
enfance nf
enfant nm ou nf
enfantin, e adj
enfer nm
enferrer vt (deux *r*)
enfeu nm, pl *enfeus*

enfiévrer vt
enfin adv
enflammer vt
enfler vt, vi
enfoncer vt
enfouir vt, pp *enfoui, e*
enfreindre vt, pp *enfreint, e*
enfuir (s') vpr, pp *enfui, e*
engager vt
engeance nf
engelure nf
engin nm
engineering nm, pl *engineerings*
engluer vt
engoncer vt
engorger vt
engouement nm (*e* muet)
engouffrer vt (deux *f*)
engoulevent nm
engourdir vt
engrais nm inv
engranger vt
engrènement nm
engrener vt
engueuler vt
enguirlander vt
enhardir vt
enharnacher vt
énigme n féminin
enivrer vt (un seul *n*)
enjamber vt
enjeu nm, pl *enjeux*
enjoindre vt, pp *enjoint, e*
enjôler vt (circonflexe sur *ô*)
enjoliver vt
enjoué, e adj
enkyster (s') vpr
enlacer vt
enlèvement nm
enneiger vt (deux *n*)
ennemi, e n, adj (deux *n*, un *m*)
ennoblir vt (sens figuré) #
anoblir (sens propre)
ennui nm
ennuyer vt
énoncé nm
enorgueillir (s') vpr
énormément adv
enquérir (s') vpr, pp *enquis, e*
enquête nf (circonflexe)
enraiement ou **enrayement** nm
enrayer vt
enrégimenter vt
enrhumer vt
enrôler vt (circonflexe sur *ô*)
enrouer vt
enrouler vt (un seul *l*)
enrubanner vt (deux *n*)
enseigne nf (drapeau) ; nm
(homme)
enseigner vt
ensemble adv ; nm
ensemencer vt
enserrer vt (deux *r*)
ensevelir vt, pp *enseveli, e*
ensoleiller vt

ensommeillé, e adj (deux *m*)
ensorceler vt (un seul *l*)
ensuite adv
ensuivre (s') vpr (*en* est le plus
souvent séparé du verbe par
l'auxiliaire : *il s'en est suivi*)
entaille nf
entame n féminin
entendement nm
entendre vt, pp *entendu, e*
enter vt
entériner vt
entérite n féminin
enterrer vt (deux *r*)
en-tête n masculin, pl *en-têtes*
entêter vt (circonflexe sur *ê*)
enthousiasme nm (*h* après *t*)
entièrement adv
entier, ère adj
entièreté nf (attention à
l'accentuation)
entité nf
entomologie nf (pas de *h*)
entonner vt (deux *n*)
entonnoir nm (deux *n*)
entorse nf
entortiller vt
entournure nf (surtout pl)
entracte nm (en un seul mot)
entraide nf (un seul mot)
entraider (s') vpr
entrailles nfpl
entr'aimer (s') vpr (apostrophe)
entrain nm
entraîner vt (circonflexe sur *î*)
entrait nm (*t* final)
entr'apercevoir vt, pp
entr'aperçu, e (apostrophe)
entrave nf
entre prép
entrebâiller vt (circonflexe sur *â*)
entre-bande nf, pl *entre-bandes*
entrechat nm (en un seul mot)
entrechoquer (s') vpr (en un
mot)
entrecôte nf (circonflexe sur *ô*)
entrecuisse n masculin
entre-déchirer (s') vpr (trait
d'union)
entre-détruire (s') vpr (trait
d'union)
entre-deux n masculin inv
entre-deux-guerres nf inv ou nm
inv (des deux genres)
entre-dévorer (s') vpr (trait
d'union)
entrée nf
entrefaites nfpl
entrefilet nm
entregent nm (*t* final)
entr'égorger (s') vpr
(apostrophe)
entre-haïr (s') vpr (trait d'union)
entrejambe n masculin
entrelacs nm inv
entremêler vt (circonflexe)

entremets nm inv
entremettre (s') vpr, pp
  entremis, e
entre-nœud nm, pl *entre-nœuds*
entrepont nm
entrepôt nm (circonflexe sur *ô*)
entreprendre vt, pp *entrepris, e*
entresol nm
entre-temps adv (trait d'union)
entretenir vt, pp *entretenu, e*
entretien nm
entretoise n féminin
entre-tuer (s') vpr (trait d'union)
entrevoir vt, pp *entrevu, e*
entrevue nf
entropie nf
entrouvrir vt, pp *entrouvert, e*
énumérer vt
envahir vt
enveloppe nf (un *l*, deux *p*)
envenimer vt
envergure nf
envers prép ; nm inv
envi (à l') loc adv (à qui mieux
  mieux) [pas de *e*] # *envie*
envie nf (désir) # *envi*
environ adv
environner vt (deux *n*)
environs nmpl
envoi nm
envol nm
envoûter vt (circonflexe sur *û*)
envoyer vt
envoyeur, euse n
enzyme nm ou nf
épagneul, e n
épais, aisse adj
épaisseur nf
épancher vt
épandage nm
éparpiller vt
épars, e adj
épatamment adv
épatant, e adj
épaulard nm
épaulé-jeté nm, pl *épaulés-jetés*
épée nf
épeire nf
épéiste nm ou nf
épeler vt (un seul *l*)
épellation nf (deux *l*)
éperdu, e adj
éperdument adv
éperlan nm
éperonner vt (deux *n*)
éphèbe nm
éphémère adj (attention aux
  accents)
éphéméride nf
épi nm
épice n féminin
épicéa n masculin, pl *épicéas*
épicentre n masculin
épicurien, enne adj
épidémie nf
épiderme n masculin

épididyme n masculin
épieu nm, pl *épieux*
épiglotte n féminin
épigone n masculin
épigramme n féminin
épilepsie nf
épileptique adj, nm ou nf
épiler vt (un seul *l*)
épilogue n masculin
épiloguer vti, pp *épilogué* inv
épinard nm (*d* final)
épine nf (un seul *n*)
épinette nf (deux *t*)
épine-vinette nf, pl
  épines-vinettes
épinoche n féminin
épiphénomène nm
épiphyse nf
épique adj
épiscopal, e, aux adj
épiscopat nm (*t* final)
épisode n masculin
épistaxis n féminin inv
épistolaire adj
épitaphe n féminin
épithalame n masculin
épithélium nm, pl *épithéliums*
épithète n féminin
épitomé nm, pl *épitomés*
épître nf (circonflexe sur *î*)
éploré, e adj
éponyme adj
épopée nf
épouiller vt
époumoner (s') vpr (un seul *n*)
épousseter vt
épouvantail nm, pl *épouvantails*
époux, épouse n
éprendre (s') vpr, pp *épris, e*
epsilon nm, pl *epsilons*
épure nf
équarrir vt (deux *r*)
équateur nm
équation nf
équatorial, e, aux adj
équerre n féminin
équestre adj
équidistant, e adj
équilatéral, e, aux adj
équille nf
équin, e adj
équinoxe n masculin
équinoxial, e, aux adj
équipe nf
équipollent, e adj (deux *l*)
équitation nf
équité nf
équivalence nf
équivalent, e adj # *équivalant*
  pprés du v *équivaloir*
équivaloir vti, pp *équivalu* inv
équivoque adj ; n féminin
éradication nf
éradiquer vt
érafler vt (un seul *f*)
érailler vt

ère nf # *erre* (vitesse)
érection nf
éreinter vt
érésipèle ou **érysipèle** n
  masculin
erg nm, pl *ergs*
ergot nm (*t* final)
ergoter vi, pp *ergoté* inv
ermite nm (pas de *h*)
érosion nf
érotique adj
erratique adj (deux *r*)
erratum nm, pl *errata* (le pl
  errata peut aussi être sing)
erre nf # *ère* (époque)
errer vi, pp *erré* inv
erreur nf
erroné, e adj (deux *r*, un *n*)
ers nm inv
ersatz nm inv
erse adj ; nm (dialecte) ; nf
  (anneau)
érudit, e adj, n
érugineux, euse adj
éruption nf
érysipèle ou **érésipèle** nm
érythème n masculin
ès prép
esbroufe nf (un seul *f*)
escabeau nm, pl *escabeaux*
escalade nf (un seul *l*)
escale nf (un seul *l*)
escalier nm
escalope n féminin
escamoter vt (un seul *t*)
escampette nf (deux *t*)
escapade nf
escarbille nf
escarboucle nf
escarcelle nf
escargot nm (*t* final)
escarmouche nf
escarpe nf (muraille) ; nm
  (bandit)
escarpé, e adj
escarpolette nf
escarre n féminin
eschatologie nf (*h* après *c*) #
  scatologie (en rapport avec les
  excréments)
esche nf
escient nm (attention *sc*)
esclaffer (s') vpr (deux *f*)
esclandre n masculin
esclave nm ou nf
escogriffe n masculin
escompte n masculin
escopette nf (deux *t*)
escouade nf
escourgeon ou **écourgeon** nm
escrime n féminin
escroc nm
escroquer vt
escudo nm, pl *escudos*
ésotérique adj
espace n masculin

espadrille nf
espagnolette nf
espalier nm
espar nm, pl espars
espèce n féminin
espérance nf
espéranto nm
espiègle adj
espièglerie nf
espion, onne n
espionner vt (deux n)
esprit-de-sel nm inv
esprit-de-vin nm inv
esquif nm, pl esquifs
esquille nf
Esquimau nm (nom déposé)
 [glace]
esquimau, aude adj, pl
 esquimaux, audes (relatif aux
 Eskimos ou Esquimaux)
esquinter vt
esquisse nf
esquive nf
essai nm
essaim nm
essaimer vi, pp essaimé inv
essayer vt
esse nf
essence nf
essentiel, elle adj (tiel à la fin)
esseulé, e adj
essieu nm, pl essieux
essor nm
essorer vt (un seul r)
essoriller vt
essouffler vt (deux f)
essuie-glace nm, pl
 essuie-glaces
essuie-mains nm inv
essuie-pieds nm inv
essuie-verres nm inv
essuyer vt
est nm inv
estafette nf
estafilade nf
estaminet nm
estampe n féminin
estampille nf
ester vi, pp esté inv
esthète nm ou nf (accent grave)
esthétique adj
estival, e, aux adj
estoc nm, pl estocs
estocade nf
estomac nm
estomaquer vt
estragon nm
estropier vt
estuaire n masculin
estudiantin, e adj
esturgeon nm
et conj
êta nm inv (circonflexe sur ê)
établi nm, pl établis
étai nm, pl étais
étaiement nm (e muet)

étain nm
étal nm, pl étals ou étaux
étale adj ; nm (un seul l)
étaler vt (un seul l)
étalonner vt (deux n)
étambot nm (t final)
étanche adj
étang nm (g final)
état nm (t final)
état-major nm, pl états-majors
étau nm, pl étaux
étayer vt
et cetera ou et cætera, etc. loc
 adv (pas d'accent)
été pp inv de être
été nm
éteindre vt, pp éteint, e
étendard nm (d final)
étendre vt, pp étendu, e
étendue nf
éternel, elle adj
éternuement nm (e muet)
éternuer vi, pp éternué inv
étésien adj m
étêter vt (circonflexe sur ê)
éther nm, pl éthers
éthique adj (avec th) # étique
 (très maigre)
ethnie nf
ethnique adj
éthyle n masculin
étiage nm
étinceler vi, pp étincelé inv (un
 seul l)
étincelle nf (deux l)
étincellement nm (deux l)
étioler vt
étique adj # éthique (morale)
étiquetage nm (un seul t)
étiqueter vt
étiquette nf
étoffe nf (deux f)
étonnamment adv
étonnant, e adj (deux n)
étonner vt
étouffe-chrétien nm inv
étouffer vt (deux f)
étoupe nf (un seul p)
étoupille nf
étourdi, e adj, n
étourdiment adv
étourneau nm, pl étourneaux
étranger, ère adj, n
être vi, pp été inv # nm, pl êtres
étreindre vt, pp étreint, e
étreinte nf
étrenne nf surtout pl (deux n)
êtres ou aîtres nmpl (circonflexe)
 [maison]
étrier nm # étriller vt
étrille nf
étriqué, e adj
étroit, e adj
étui nm
étymologie nf (pas de h après t)
eu pp de avoir

eucalyptus nm inv
eucharistie nf
eugénisme nm ou eugénique nf
euh interj # heu
eunuque n masculin
euphémisme n masculin
euphonie nf
euphorie nf
eurêka interj
euristique ou heuristique adj ; nf
eurodéputé nm
eurodollar nm
eurythmie nf (attention th)
euthanasie nf (h après t)
eux pr pers
évacuation nf
évaluation nf
évanescence nf (attention sc)
évanescent, e adj
évangile n masculin
évanouir (s') vpr, pp évanoui, e
évêché nm (circonflexe)
éveil nm
éveiller vt
événement ou évènement nm
événementiel, elle ou
 évènementiel, elle adj
évent nm
éventail nm, pl éventails
éventaire nm (étal) # inventaire
éventualité nf
éventuel, elle adj
évêque nm (circonflexe)
évertuer (s') vpr
éviction nf
évidemment adv
évidence nf
évident, e adj
évier nm
évocation nf
évoluer vi
évolution nf
évolutionnisme nm (deux n)
evzone nm, pl evzones
ex abrupto loc adv (deux mots)
exacerber vt
exact, e adj
exaction nf
ex aequo adj inv ; nm ou nf inv
exagéré, e adj
exagérément adv
exalter vt # exhaler (répandre)
examen nm
exaspérer vt
exaucer vt # exhausser
 (surélever)
ex cathedra loc adv (sans trait
 d'union ni accent)
excédent nm
excéder vt
excellemment adv
excellence nf
excellent, e adj # excellant
 pprés du exceller
exceller vi, pp excellé inv
excentrer vt

127

excentrique adj
excepté prép → p 75
exception nf
exceptionnel, elle adj (deux n)
excès nm inv (accent grave)
excessif, ive adj
exciper vti, pp excipé inv
excipient nm (t final)
exciser vt
excitation nf
exclamer (s') vpr
exclure vt, pp exclu, e
excommunier vt
excrément nm (accent aigu)
excrétion nf
excroissance nf
excursion nf
excursionner vi, pp excursionné
  inv (deux n)
excuse nf
exeat nm inv (sans accent)
exécrer vt
exécuter vt
exégèse nf
exempt, e adj
exemption nf
exequatur nm inv (sans accent)
exercice nm
exérèse nf (attention aux
  accents)
exergue n masculin
exhalaison nf (h après x)
exhalation nf
exhaler vt # exalter (célébrer)
exhausser vt (h après x) #
  exaucer (satisfaire)
exhaustif, ive adj (h après x)
exhiber vt (h après x)
exhibition nf
exhibitionnisme nm (deux n)
exhorter vt (h après x)
exhumer vt (h après x)
exigeant, e adj
exigence nf (attention en)
exigu, exiguë adj (tréma sur ë)
exiguïté nf (tréma sur ï)
exil nm
existant, e adj
existence nf
existentialisme nm
exister vi, pp existé inv
ex-libris nm inv
ex nihilo loc adv (deux mots)
exocet nm, pl exocets
exode nm # exorde (discours)
exorbitant, e adj (pas de h)
exorde nm # exode (départ)
exotique adj
expansion nf (attention an)
expansionnisme nm (deux n)
expatrier vt
expectative nf
expédient nm
expédition nf
expéditionnaire adj (deux n)
expérience nf

expérimental, e, aux adj
expert, e adj ; nm
expert-comptable nm, pl
  experts-comptables
expier vt
expirer vt, pp expiré, e
expirer vi, pp expiré inv (mourir)
explétif, ive adj
explicable adj
explication nf
explicite adj
expliquer vt
exploit nm (t final)
exploser vi, pp explosé inv
exprès adj inv ; nm inv (lettre,
  paquet) ; adv (voulu) # exprès,
  esse adj (formel) [accent grave
  au masc]
express adj inv ; nm inv (train,
  café)
expressément adv
expression nf
expressionnisme nm (deux n)
exproprier vt
expulser vt
expurger vt
exquis, e adj
exquisément adv (accent aigu)
exsangue adj
exsuder vi
extatique adj
extension nf (avec en)
exténuer vt
extérieur, e adj
extermination nf
extinction nf
extorquer vt
extorsion nf
extra nm inv ; adj inv
extrabudgétaire adj
extrader vt
extradition nf
extra-dry adj inv
extrafin, e adj, pl extrafins, es
extrafort nm, pl extraforts
extraire vt, pp extrait, e
extrait nm
extrajudiciaire adj
extralégal, e, aux adj
extralucide adj
extra-muros loc adv
extraordinaire adj
extraterrestre adj, nm ou nf
extra-utérin, e adj, pl
  extra-utérins, es
extravagance nf
extravagant, e adj
extraversion nf
extraverti, e adj, n
extrême adj (circonflexe)
extrêmement adv (circonflexe)
extrême-onction nf, pl
  extrêmes-onctions
extrême-oriental, e, aux adj
extrémiste adj, nm ou nf
extrémité nf (accent aigu)

extrinsèque adj
exubérant, e adj (pas de h)
exulter vi, pp exulté inv (sans h)
exutoire n masculin
ex-voto nm inv
eye-liner nm, pl eye-liners

F

fa nm inv
fabliau nm, pl fabliaux
fabricant, e n # fabriquant
  pprés du v fabriquer
fabrication nf
fabriquer vt
fabuleux, euse adj
façade nf
face-à-face nm inv
face-à-main nm, pl faces-à-main
facétie nf
facétieux, euse adj
facette nf
fâcher vt (circonflexe sur â)
fâcheux, euse adj
facial, e, aux adj
faciès nm inv (accent grave)
facile adj
façon nf
façonner vt (deux n)
fac-similé nm, pl fac-similés
factice adj (avec ce)
factieux, euse adj
faction nf
factionnaire nm (deux n)
factitif, ive adj
factotum nm, pl factotums
factrice nf (fém de facteur)
factum nm, pl factums
faculté nf
fading nm, pl fadings
fagot nm
fagoter vt (un seul t)
faiblir vi, pp faibli inv
faïence nf (tréma sur ï)
faignant, e ou feignant, e adj, n
faille nf
failli, e n
faillible adj (deux l)
faillir vi, pp failli inv
faim nf # fin (terme)
fainéant, e adj, n
fainéanter vi, pp fainéanté inv
faire vt, pp fait, e → p 82, 84
faire-part nm inv
faire-valoir nm inv
fair-play adv
faisan nm
faisandeau nm, pl faisandeaux
faisane nf (un seul n)
faisceau nm, pl faisceaux
  (attention sc)
fait nm # faix (charge)
fait-divers ou fait divers nm, pl
  faits-divers ou faits divers
faîte nm (circonflexe sur î) #
  fête nf (festivités)

fait-tout nm inv ou **faitout** nm, pl
 faitouts
faix nm # *fait* (événement)
fakir nm, pl *fakirs*
falaise nf
falbala nm, pl *falbalas*
fallacieux, euse adj
falloir vi, pp *fallu* inv
falot nm (lanterne)
falot, falote adj (terne)
falsification nf
falsifier vt
famé, e adj
famélique adj
fameux, euse adj
familial, e, aux adj
familier, ère adj
famille nf ; nom de famille
 → p 50
fan nm ou nf, pl *fans*
fanal nm, pl *fanaux*
fanatique adj, nm ou nf
fan-club nm, pl *fans-clubs*
fandango nm, pl *fandangos*
fane nf (un seul *n*)
fanfare nf (un seul *r*)
fanfaron, onne adj, n
fanfaronnade adj (deux *n*)
fanfreluche nf
fantaisie nf
fantasia nf, pl *fantasias*
fantasmagorie nf
fantasme nm (attention *f*)
fantassin nm
fantoche nm (sans circonflexe)
fantomatique adj (sans
 circonflexe)
fantôme nm (circonflexe sur *ô*)
faon nm (*o* muet)
far nm # *fard* (enduit) # *fart*
 (pour les skis)
faramineux, euse adj (avec *f*)
farandole nf (un seul *l*)
faraud, e adj (*d* final)
fard nm # *far* (gâteau) # *fart*
 (pour les skis)
fardeau nm, pl *fardeaux*
farfadet nm
farfouiller vi, pp *farfouillé* inv
faribole nf (un seul *l*)
farniente nm, pl *farnientes*
farouche adj
fart nm # *fard* (enduit) # *far*
 (gâteau)
fascicule nm (avec *sc*)
fasciner vt (avec *sc*)
fascisme nm (avec *sc*)
fastidieux, euse adj
fat nm ; adj m
fatal, e, als adj
fatalité nf
fatigable adj
fatigant, e adj # *fatiguant* pprés
 du v *fatiguer*
fatras nm inv (*s* final)
fatuité nf

faubourg nm (*g* final)
faubourien, enne adj
faucheux nm inv
faucille nf
fauconneau nm, pl *fauconneaux*
faune nm (mythologie) # nf
 (animaux)
fausse couche nf, pl *fausses
 couches* (sans trait d'union)
fauteuil nm
fauteur, trice n
fauve adj ; nm
fauvette nf
faux nf inv ; **faux, fausse** adj
faux-bourdon nm, pl
 faux-bourdons
faux-col nm, pl *faux-cols*
faux-fuyant nm, pl *faux-fuyants*
faux-monnayeur nm, pl
 faux-monnayeurs
faux-pont nm, pl *faux-ponts*
faux-semblant nm, pl
 faux-semblants
faux-sens nm inv
faux-titre nm, pl *faux-titres*
favori, ite adj, n
fayot nm
fayoter vi, pp *fayoté* inv
féal, e, aux adj
fébrile adj (un seul *l*)
fécal, e, aux adj
fèces nfpl (accent grave)
fécond, e adj
féculent nm
fédéral, e, aux adj
fée nf
feed-back nm inv
feeder nm, pl *feeders*
féerie nf (un seul accent)
féerique adj
feignant, e ou **faignant, e** adj, n
feindre vt, pp *feint, e*
feinte nf
feld-maréchal nm, pl
 feld-maréchaux
fêler vt (circonflexe sur *ê*)
félicitations nfpl
félin, e adj
fellaga ou **fellagha** nm, pl
 fellag(h)as
fellah nm, pl *fellahs*
fellation nf (deux *l*)
félon, onne adj
félonie nf (un seul *n*)
felouque nf (pas d'accent)
fêlure nf (circonflexe sur *ê*)
femelle nf (un seul *m*)
féminin, e adj (un seul *m*)
femme nf (deux *m*)
fémoral, e, aux adj
fendre vt, pp *fendu, e*
fenêtre nf (circonflexe sur le 2ᵉ *ê*)
féodal, e, aux adj
fer-blanc nm, pl *fers-blancs*
ferblantier nm (en un seul mot)
férié, e adj

fermail nm, pl *fermaux*
ferme adj (solide) # nf
 (habitation)
ferment nm
féroce adj
ferrer vt (deux *r*)
ferret nm (deux *r*)
ferronnier, ère n (deux *r*,
 deux *n*)
ferroviaire adj (deux *r*)
ferry-boat nm, pl *ferry-boats*
féru, e adj
fervent, e adj
fesse-mathieu nm, pl
 fesse-mathieux
festival nm, pl *festivals*
festivité nf surtout pl
fest-noz nm inv
festoiement nm (*e* muet)
festonner vt (deux *n*)
festoyer vi
fête nf (circonflexe sur *ê*) #*faîte*
 nm (sommet)
Fête-Dieu nf, pl *Fêtes-Dieu*
fétu nm, pl *fétus*
feu nm, pl *feux* # *feu* adj
feu, e adj, pl *feus, feues* → p 62
feu follet nm, pl *feux follets*
 (sans trait d'union)
feuille-morte adj inv (couleur)
feuillet nm
feuilleter vt
feuilleton nm
feuilletoniste nm ou nf (un *n*)
feuler vi, pp *feulé* inv
fève nf
février nm, pl *févriers* (pas de
 majuscule)
fez nm inv
fi interj
fiabilité nf
fiançailles nfpl
fiasco nm, pl *fiascos*
fiasque nf
Fibranne nf (nom déposé) [avec
 deux *n*]
fibrille nf
fibrome nm (sans circonflexe)
ficeler vt (un seul *l*)
ficelle nf
fichtre interj
fichu nm # **fichu, e** adj
fiction nf
fidéicommis nm inv
fidèle adj
fidélité nf (accent aigu)
fiduciaire adj
fief nm
fieffé, e adj
fiel nm
fielleux, euse adj
fiente nf
fier, ère adj
fier-à-bras nm, pl *fiers-à-bras*
fiérot, e adj
fierté nf

fièvre nf
fiévreux, euse adj (accent aigu)
fifrelin nm
fifty-fifty nm, pl *fifty-fifties*
(yacht) ; adv (moitié-moitié)
fignoler vt (un seul *l*)
fil nm # *file* nf (suite, rang)
filament nm
filandreux, se adj
filanzane n masculin
file nf # *fil* nn (brin)
filet nm
filial, e, aux adj
filiation nf
filière nf
filigrane n masculin
fille nf ; **fillette** nf
filleul, e n
filou nm, pl *filous*
filouter vt
fils nm inv (*l* muet)
filtre nm # *philtre* (d'amour)
filtre-presse nm, pl
filtres-presses
fin nf ; **fin, fine** adj
final ou **finale** nm (musique), pl
final(e)s
final, e, als ou **aux** adj
finale nf (dernière épreuve)
finance nf
finasser vi, pp *finassé* inv
finassier, ère n
finaud, e adj (*d* final)
finesse nf
finette nf (deux *t*)
fini, e adj
finish nm inv
fin-keel nm, pl *fin-keels*
finnois, e adj ; n ; nm (deux *n*)
fioritures nfpl
firmament nm
fisc nm
fiscal, e, aux adj
fissile ou **fissible** adj
fission nf
fjord nm, pl *fjords*
flaccidité nf (deux *c*)
flaconnage nm (deux *n*)
flacon-pompe nm, pl
flacons-pompes
fla-flas nm inv
flageller vt
flageoler vi
flageolet nm
flagrant, e adj
flair nm
flamand nm (langue)
flamant nm (oiseau)
flambant, e adj → p 69
flambard nm
flambeau nm, pl *flambeaux*
flamboiement nm (*e* muet)
flamboyer vi, pp *flamboyé* inv
flamingant, e adj, n
flamme nf (deux *m*)
flan nm (tarte) # **flanc** nm (côté)

flanc-garde nf, pl *flancs-gardes*
flancher vi, pp *flanché* inv
flanelle nf
flâner vi, pp *flâné* inv
(circonflexe sur *â*)
flapi, e adj
flash nm, pl *flashs*
flash-back nm inv
flasque adj
flatter vt
flatulence ou **flatuosité** nf
flatulent, e adj
flavescent, e adj (avec *sc*)
fléau nm, pl *fléaux*
flèche nf
fléchette nf (accent aigu)
fléchir vt
flegme nm
flemme nf (deux *m*)
fleurdelisé, e adj
fleurer vi, pp *fleuré* inv
fleuret nm
flexion nf
flipper nm (deux *p*)
flipper vi, pp *flippé* inv
flirt nm, pl *flirts*
flirter vi, pp *flirté* inv
floconner vi (deux *n*)
floculer vi, pp *floculé* inv
flonflon nm
flood adj inv
flopée nf (un seul *p*)
floral, e, aux adj
floréal nm, pl *floréals*
florès (faire) loc v
florilège nm
florissant, e adj (prospère) #
fleurissant (de *fleurir*)
flot nm (pas de circonflexe)
flotte nf (deux *t*)
flou, e adj, pl *flous, floues*
flouer vt
fluctuer vi, pp *fluctué* inv
fluent, e adj
fluet, ette adj
fluor nm, pl *fluors*
fluorescent, e adj (*sc*)
flûte nf (circonflexe sur *û*)
fluvial, e, aux adj
flux nm inv (*x* final)
fluxion nf
foc nm, pl *focs*
focal, e, aux adj
fœhn ou **föhn** nm, pl *fœhns* ou
föhns
foëne ou **fouëne** n féminin
(tréma)
fœtal, e, aux adj
fœtus nm inv
foi nf (fidélité) # *foie* # *fois*
foie nm (viscère) # *fois* # *foi*
foirail ou **foiral** nm, pl *foirails* ou
foirals
fois nf (quantité) # *foi* # *foie*
foison (à) adv
foisonner vi, pp *foisonné* inv
(deux *n*)

fol adj m sing → fou
folâtre adj (circonflexe sur *â*)
folâtrer vi, pp *folâtré* inv
folichon, onne adj (un seul *l*)
folio nm, pl *folios*
folioter vt (un *l*, un *t*)
folklore nm, pl *folklores*
folle nf, adj f
follet adj m (deux *l*)
follicule n masculin
foncé, e adj
foncier, ère adj
fonction nf
fonctionner vi, pp *fonctionné* inv
(deux *n*)
fond nm # *fonds* (bien
immobilier) # *fonts*
(baptismaux)
fondamental, e, aux adj
fondre vt, pp *fondue, e*
fonds nm inv # *fond* (partie
basse) # *fonts* (baptismaux)
fontanelle nf (un *n*, deux *l*)
fontange n féminin
fonts (baptismaux) nmpl
football nm, pl *footballs*
footing nm, pl *footings*
for nm inv (for intérieur) # *fort*
(puissant) # *fors* prép
forain, e adj ; nm
forban nm
forçat nm
forcené, e adj, n
forceps nm inv
forcing nm, pl *forcings*
forclos, e adj
forestier, ère adj (pas de
circonflexe)
forêt nf (circonflexe sur *ê*) #
foret nm (outil)
forfait nm
forfaitaire adj
format nm (*t* final)
formeret nm
Formica nm (nom déposé)
formol nm, pl *formols*
fornication nf
forniquer vi, pp *forniqué* inv
fors prép # *for* (intérieur) # *fort*
(puissant)
forsythia nm
fort adv ; *se faire fort* → p 62
fort, e adj # *fors* prép # *for* (for
intérieur)
forte adv (pas d'accent)
forteresse nf
fortifier vt
fortiori (a) loc adv
fortissimo adv
fortuit, e adj
forum nm, pl *forums*
fosse nf
fossé nm
fossette nf
fossile n masculin
fossoyeur nm

fou nm, pl *fous* ; **folle** nf
fou, fol (devant une voyelle ou un *h* muet) adj m
fouace ou **fougasse** nf
fouailler vt
foucade nf
foudre nf (décharge du ciel) →
  p 38 # nm (tonneau)
foudroiement nm (*e* muet)
foudroyer vt
fouëne ou **foëne** n féminin (tréma)
fouet nm
fouetter vt
fougasse ou **fouace** nf
fougère nf
fouille-merde nm ou nf inv
fouiller vt
fouiner vi, pp *fouiné* inv
foulard nm (*d* final)
foulée nf
foulque nf
fourbu, e adj
fourchette nf
fourgonner vi, pp *fourgonné* inv (deux *n*)
fourgonnette nf (deux *n*)
fourgon-pompe nm, pl *fourgons-pompes*
fourmi nf
fourmilier nm
fourmilière nf (un seul *l*)
fourmilion ou **fourmi-lion** nm, pl *fourmilions* ou *fourmis-lions*
fourmiller vi, pp *fourmillé* inv (deux *l*)
fourneau nm, pl *fourneaux*
fournée nf
fournil nm (*l* final)
fourniment nm
fourrage nm (deux *r*)
fourrager vi, pp *fourragé* inv
fourragère nf (deux *r*)
fourreau nm, pl *fourreaux*
fourrer vt (deux *r*)
fourre-tout nm inv
fourrier nm (deux *r*)
fourrière nf (deux *r*)
fourrure nf (deux *r*)
fourvoiement nm (*e* muet)
fourvoyer vt
foutral, e, als adj
fox-terrier nm, pl *fox-terriers*
fox-trot nm inv
foyer nm
frac nm, pl *fracs*
fracas nm inv
fractal, e, als adj
fraction nf
fractionner vt (deux *n*)
fragment nm
frai nm, pl *frais*
fraîcheur nf (circonflexe)
fraîchir vi, pp *fraîchi* inv
frais adv → p 63
frais nmpl (dépenses) # *frais* adj

frais, fraîche adj
fraisil nm
framboise nf
framée nf
franc nm
franc, franche adj (loyal)
franc, franque adj (peuple)
franc-alleu nm, pl *francs-alleux*
franc-bord nm, pl *francs-bords*
franc-bourgeois nm, pl *francs-bourgeois*
franc-comtois, e adj, pl *francs-comtois, franc-comtoises*
francisque n féminin
franc-jeu nm, pl *francs-jeux*
franc-maçon, onne n, pl *francs-maçons, franc-maçonnes*
franco adv
franc-parler nm, pl *francs-parlers*
franc-tireur nm, pl *francs-tireurs*
frangipane nf
franquette (à la bonne) loc adv
frapper vt (deux *p*)
fraternel, elle adj
fraterniser vi, pp *fraternisé* inv
fratrie nf (frères et sœurs) # *phratrie* (clan)
fraxinelle nf
frayer vt
frayeur nf
fredaine nf
fredonner vt (deux *n*)
freezer nm, pl *freezers*
frein nm
freiner vt
frêle adj (circonflexe sur *ê*)
freluquet nm (*t* final)
frémir vi, pp *frémi* inv
french cancan nm, pl *french cancans* (sans trait d'union)
frêne nm (circonflexe sur *ê*)
frénésie nf
Fréon nm singulier (nom déposé)
fréquemment adv
fréquence nf
fréquent, e adj
fréquenter vt
frère nm
frérot nm (accent aigu)
fresque nf
fressure nf
fret nm
fréter vt (accent aigu)
frétiller vi, pp *frétillé* inv
friand, e adj
fricandeau nm, pl *fricandeaux*
fric-frac nm inv
fricot nm (*t* final)
fricoter vt, vi (un seul *t*)
friction nf
frictionner vt (deux *n*)
frigo nm, pl *frigos*
frigorifier vt
frileux, euse adj

frimaire nm, pl *frimaires*
frimas nm inv (*s* final)
frime nf (un seul *m*)
frimousse nf
fringale nf (un seul *l*)
fringant, e adj
friper vt (un seul *p*)
fripon, onne adj
friponnerie nf (deux *n*)
frire vt, pp *frit, e*
frisquet, ette adj
frisson nm
frissonner vi, pp *frissonné* inv (deux *s*, deux *n*)
froc nm, pl *frocs*
froid, e adj
froisser vt (deux *s*)
frôler vt (circonflexe sur *ô*)
froment nm
fromental nm, pl *fromentaux*
frondaison nf
front nm
frontail nm, pl *frontails*
frontal, e, aux adj
frontalier, ère adj, n
fronteau nm, pl *fronteaux*
frontière nf
frotter vt (deux *t*)
frou-frou ou **froufrou** nm, pl *frous-frous* ou *froufrous*
froufrouter vi, pp *froufrouté* inv
fructidor nm, pl *fructidors*
fructifier vi, pp *fructifié* inv
fructueux, euse adj
frugal, e, aux adj
frusques nfpl
fruste adj
fuchsia n masculin, pl *fuchsias* ; adj inv (couleur)
fucus nm inv
fuel-oil nm, pl *fuel-oils*
fugace adj
führer nm, pl *führers* (tréma et *h*)
fuir vt, pp *fui, e*
fulgurer vi, pp *fulguré* inv
fuligineux, euse adj
full nm, pl *fulls*
fume-cigare nm inv
fume-cigarette nm inv
fumet nm (*t* final)
fumeterre n féminin
funambule nm ou nf
funèbre adj
funérailles nfpl
funéraire adj
funiculaire nm
furet nm (*t* final)
fur et à mesure (au) loc adv
fureter vi, pp *fureté* inv
furibond, e adj (*d* final)
furie nf (*e* final)
furioso adv
furoncle nm (un seul *r*)
furtif, ive adj
fusain nm
fuseau nm, pl *fuseaux*

fusée-sonde nf, pl fusées-sondes
fuselage nm (un seul l)
fuser vi, pp fusé inv
fusil nm (l final)
fusilier nm (un seul l, deux i)
fusiller vt (deux l)
fusil-mitrailleur nm, pl
 fusils-mitrailleurs
fusionner vt (deux n)
fût nm (circonflexe sur û)
futaie nf (e final)
futaille nf
fût-ce loc v
futé, e adj
futile adj
futur, e adj # futur nm
fuyard nm

G

gabardine nf
gabare nf
gabarit nm (t final)
gabegie nf
gabelle nf
gabelou nm, pl gabelous
gabionnage nm (deux n)
gâche nf (circonflexe sur â)
gâchette nf
gâchis nm (circonflexe sur â)
gadget nm, pl gadgets
gadoue nf
gaélique adj
gaffe nf (deux f)
gag nm
gaga nm ou nf ; adj inv
gageure nf
gagman nm, pl gagmans ou
 gagmen
gagne-pain nm inv
gagne-petit nm inv
gai, gaie adj # gay nm
gaïac nm, pl gaïacs (tréma sur ï)
gaiement adv (e muet)
gaieté nf (e muet)
gaillard nm (bateau)
gaillard, e adj (solide), n
gailletin nm
gaillette nf
gain nm
gal nm, pl gals
gala nm, pl galas
galactique adj
galamment adv
galant, e adj
galantine nf
galapiat nm (t final)
galaxie nf
gale nf # galle (noix)
galéjade nf
galère nf
galérien nm (accent aigu)
galet nm (t final)
galetas nm inv (s final)
galette nf (deux t)
galgal nm, pl galgals

galhauban nm (attention h)
galimatias nm inv (s final)
galion nm (un seul l)
galipette nf
galipot nm (t final)
galle nf # gale (maladie)
gallican, e adj (deux l)
gallicisme nm (deux l)
gallinacé nm (deux l)
gallique adj (deux l)
gallon nm #galon (ruban)
gallo-romain, e adj, pl
 gallo-romains, es
galon nm # gallon (unité de
 mesure)
galonner vt (deux n)
galop nm (p muet final)
galoper vi, pp galopé inv (un p)
galvano nm, pl galvanos
galvauder vt
gambit nm, pl gambits
gamelle nf
gamète n masculin
gamin, e n
gamma nm, pl gammas
gamme nf (deux m)
gandoura nf, pl gandouras
gang nm
ganglion nm
ganglionnaire adj (deux n)
gangrène nf
gangrener vt (pas d'accent)
gangster nm (pas d'accent)
gangstérisme nm
gant nm (t final)
garance nf ; adj inv (couleur)
garant, e adj
garce nf
garçon nm ; garçonne nf
garçonnet nm
garde nf (surveillance)
garde nm (surveillant)
garde-à-vous nm inv
garde-barrière nm ou nf, pl
 gardes-barrière(s)
garde-boue nm inv
garde-chasse nm, pl
 gardes-chasse(s)
garde-chiourme nm, pl
 gardes-chiourme(s)
garde-corps nm inv
garde-côte(s) nm (bateau), pl
 garde-côtes
garde-feu nm inv
garde-fou nm, pl garde-fous
garde-française nm, pl
 gardes-françaises
garde-magasin nm, pl
 gardes-magasin(s)
garde-malade nm ou nf, pl
 gardes-malade(s)
garde-manger nm inv
garde-marine nm, pl
 gardes-marine
garde-meuble(s) nm, pl
 garde-meubles

gardénia nm, pl gardénias
garden-party nf, pl garden-partys
 ou parties
garde-pêche nm, pl
 gardes-pêche (personnes) et
 garde-pêche (bateaux)
garde-place nm, pl garde-places
garde-rivière nm, pl
 gardes-rivière(s)
garde-robe nf, pl garde-robes
garde-temps nm inv
garde-voie nm, pl gardes-voie(s)
garde-vue nm inv
gardien, enne n
gardiennage nm
gare nf # gare ! interj
garenne nf
gargantua nm, pl gargantuas
gargote nf (un seul t)
gargouille nf (deux l)
gargoulette nf (un l, deux t)
garnement nm
garou nm, pl garous
garrigue nf
garrot nm
garrotter vt (deux r, deux t)
gars nm inv
gas-oil, gasoil ou gazole nm, pl
 gas-oils, gasoils ou gazoles
gaspiller vt
gastronome nm ou nf
gâteau nm, pl gâteaux
 (circonflexe sur â)
gâte-bois nm inv
gâter vt (circonflexe sur â)
gâte-sauce nm inv
gâteux, euse adj
gâtine nf (circonflexe sur â)
gâtisme nm
gattilier nm (deux t, un l)
gaucho nm, pl gauchos
gaudriole nf (un seul l)
gaufre nf (un seul f)
gaullien, enne adj (deux l)
gaullisme nm
gaulois, e adj # Gauloise nf
 (cigarette) [nom déposé]
gaupe nf
gavial nm, pl gavials
gavotte nf
gay nm (homosexuel) # gai adj
gayal nm, pl gayals
gaz nm inv # gaze nf (étoffe)
gaze nf # gaz nm inv
gazéifier vt
gazelle nf
gazetier nm (un seul t)
gazette nf
gazole nm masculin
gazonner vt (deux n)
gazouiller vi
geai nm, pl geais
géant, e n
gecko nm, pl geckos
géhenne nf (avec un h)
geignement nm

geindre vi, pp *geint* inv
geisha nf, pl *geishas*
gélatine nf (un seul *n*)
gelée nf
geler vt
gélifier vt (accent aigu, un seul *l*)
gelinotte ou **gélinotte** nf
gémellaire adj (deux *l*)
gémir vi, pp *gémi* inv
gemmail nm, pl *gemmaux*
gemme n féminin
gémonies nfpl
gencive nf
gène nm # *gêne* nf (embarras)
gêne nf (circonflexe sur *ê*) #
gène nm (chromosome)
généalogie nf
génépi ou **genépi** nm, pl *génépis* ou *genépis*
gêner vt (circonflexe sur *ê*)
général nm, pl *généraux*
général, e, aux adj
généreux, euse adj
générosité nf
genèse nf
genet nm # *genêt* (plante)
genêt nm (circonflexe sur le 2e *ê*)
genet (cheval)
génétique adj ; nf
genette nf (deux *t*)
genévrier nm (accent aigu)
génial, e, aux adj
génie nm
genièvre nm
génisse nf
génital, e, aux adj
génocide nm
genou nm, pl *genoux*
genouillère nf
gens nmpl → p 83
gent nf (*t* final)
gentiane nf
gentil, ille adj
gentilé nm
gentilhomme nm, pl
gentilshommes (en un mot)
gentillesse nf
gentiment adv
gentleman nm, pl *gentlemans* ou *gentlemen*
gentleman-farmer nm, pl
gentlemans-farmers ou
gentlemen-farmers
gentleman's agreement nm, pl
gentlemen's agreements
gentry nf, pl *gentrys*
génuflexion nf
géographe nm ou nf
geôle nf (circonflexe sur *ô*)
geôlier, ère n
géomètre nm ou nf
géométrie nf (accents aigus)
géosynclinal nm, pl
géosynclinaux
géothermie nf

gérance nf
géranium nm, pl *géraniums*
gérant, e n
gerçure nf
gerfaut nm (*t* final)
germain, e adj
germinal nm, pl *germinals*
gérontocratie nf
gerseau nm, pl *gerseaux*
gésier nm
gesse n féminin
gestation nf
geste nm (mouvement) # nf (chanson)
gestionnaire nm ou nf (deux *n*)
geyser nm, pl *geysers*
ghetto nm, pl *ghettos*
gibbon nm (deux *b*)
gibbosité nf (deux *b*)
gibecière nf
gibelotte nf
gibet nm (*t* final)
giboyeux, euse adj
gibus nm inv
gifle nf (un seul *f*)
gifler vt (un seul *f*)
gigogne adj
gigolo nm, pl *gigolos*
gigot nm (*t* final)
gigoter vi, pp *gigoté* inv (un *t*)
gilet nm
gin nm, pl *gins*
gin-fizz nm inv
gingembre nm
gingival, e, aux adj
ginguet, ette adj
gin-rami ou **gin-rummy** nm, pl
gin-ramis ou *gin-rummys*
giorno (a) loc adj inv
girafe nf (un seul *r*)
girafeau nm, pl *girafeaux*
giration nf
girl nf, pl *girls*
girodyne n masculin
girofle n masculin
giroflée nf
girolle nf (deux *l*)
giron nm # *girond, e* adj
girouette nf
gisant, e adj
gitan, e n
gîte nm (logis) # nf (d'un navire)
[circonflexe sur *î*]
givre n masculin
glabre adj
glacial, e, als ou **aux** adj
glacis nm inv
glaçon nm
gladiateur nm
glaïeul nm (tréma sur *ï*)
gland nm (*d* final)
glaner vi (un seul *n*)
glas nm inv (*s* final)
glaucome nm
glauque adj
glèbe nf (accent grave)

glial, e, aux adj
glissando nm, pl *glissandos*
global, e, aux adj
globe-trotter nm ou nf, pl
globe-trotters
globulaire adj
globule n masculin
glomérule n masculin
gloria n masculin, pl *glorias*
glorieux, euse adj
gloriole nf
glossaire nm
glosso-pharyngien, enne adj, pl
glosso-pharyngiens, ennes
glottal, e, aux adj
glotte nf
glouglou nm, pl *glouglous*
glouglouter vi, pp *glouglouté* inv
glouton, onne adj, n
gloutonnerie nf (deux *n*)
glu nf (pas de *e*)
gluau nm, pl *gluaux*
glucide n masculin
glucose n masculin
glume n féminin
gluten nm, pl *glutens*
glycémie nf
glycérine nf
glycine nf (*y* d'abord, *i* ensuite)
glycogène nm
gneiss nm inv
gnocchi nm, pl *gnocchis*
gnose nf
gnou nm, pl *gnous*
go (tout de) loc. adv.
goal nm, pl *goals*
goal-average nm, pl
goal-averages
gobelet nm (*t* final)
gobe-mouches nm inv
godailler vi, pp *godaillé* inv
godelureau nm, pl *godelureaux*
godet nm (*t* final)
godille nf
godillot nm (*t* final)
godiveau nm, pl *godiveaux*
goéland nm (accent aigu)
goélette nf (accent aigu)
goémon nm (accent aigu)
goguenard, e adj
goguette nf
goinfre nm ou nf
goitre nm (pas de circonflexe)
golf nm # *golfe* (baie)
golfe nm # *golf* (jeu)
golfeur, euse n
gomme nf (deux *m*)
gomme-gutte nf, pl
gommes-guttes
gomme-laque nf, pl
gommes-laques
gomme-résine nf, pl
gommes-résines
gond nm # *gong* (tambour)
gondole nf (un seul *l*)
gondoler vi, vt (un seul *l*)
gonfalon ou **gonfanon** nm

gong nm, pl *gongs* # *gond*
goret nm
gorfou nm, pl *gorfous*
gorge-de-pigeon adj inv
gorgonzola nm, pl *gorgonzolas*
gorille nm
gosse nm ou nf
gothique adj ; nm (art) # *gotique*
gotique nm (langue) # *gothique*
gouache nf
gouailler vi, pp *gouaillé* inv
gouape nf (un seul *p*)
goudronner vt (deux *n*)
gouffre nm (deux *f*)
goujat nm (*t* final)
goujon nm
goulag nm, pl *goulags*
goulasch nm, pl *goulaschs*
goulée nf # **goulet** nm
gouleyant, e adj
goulot nm (*t* final)
goulu, e adj (pas de circonflexe)
goulûment adv (*û* circonflexe)
goupille nf
goupillon nm
gourbi nm, pl *gourbis*
gourd, e adj
gourmand, e adj (*d* final)
gourmé, e adj
gourmet nm (*t* final)
gourmette nf
gourou nm, pl *gourous*
gousse nf
gousset nm
goût nm (circonflexe sur *û*)
goûter vt ; nm (circonflexe)
goutte nf
goutte-à-goutte nm inv
goutter vi, pp *goutté* inv # *goûter*
vt (de *goût*)
gouttière nf
gouvernail nm, pl *gouvernails*
gouvernement nm
gouvernemental, e, aux adj
goyave n féminin
grabat nm (*t* final)
grâce nf ; *se faire grâce* → p 84
gracieux, euse adj (sans circonflexe)
gracile adj
gradient nm (attention *ient*)
graffiti nm, pl *graffiti* ou *graffitis*
grailler vi, pp *graillé* inv
graillonner vi, pp *graillonné* inv
grain nm ; **graine** nf
graineterie nf (un seul *t*)
grainetier, ère n
graisse nf
graminée nf
grammaire nf
grammatical, e, aux adj
gramme nm
grand, e adj
grand-angle nm, pl *grands-angles*
grand-chose (pas) pr indéf inv ; nm ou nf

grand-croix nf inv (décoration) ; nm (personne décorée), pl *grands-croix*
grand-duc nm, pl *grands-ducs*
grand-ducal, e, aux adj
grand-duché nm, pl *grands-duchés*
grande-duchesse nf, pl *grandes-duchesses*
grand ensemble nm, pl *grands ensembles* (sans trait d'union)
grand-guignolesque adj, pl *grand-guignolesques*
grandiloquence nf
grandiloquent, e adj
grand-maman nf, pl *grand(s)-mamans*
grand-mère nf, pl *grand(s)-mères*
grand-messe nf, pl *grand(s)-messes*
grand-oncle nm, pl *grands-oncles*
grand-papa nm, pl *grands-papas*
grand-père nm, pl *grands-pères*
grands-parents nmpl
grand-tante nf, pl *grand(s)-tantes*
granit (usuel) ou **granite** (géologie) n masculin
granule nm (petit grain) ; nf (astronomie)
granulé nm
grape-fruit nm, pl *grape-fruits*
graphie nf
graphite n masculin
grappe nf
grappiller vt (deux *p*, deux *l*)
grappin nm (deux *p*)
gras, grasse adj
gras-double nm, pl *gras-doubles*
grasseyement nm
grasseyer vi, vt
grassouillet, ette adj
gratification nf
gratifier vt
gratis adv (un seul *t*)
gratte-ciel nm inv
gratte-papier nm inv
gratter vt (deux *t*)
gratuit, e adj
grau nm, pl *graux*
gravats nmpl
graveleux, euse adj
gravelle nf
graviter vi, pp *gravité* inv
grazioso adv
gré nm singulier (volonté)
grèbe n masculin
grec, grecque adj
gréco-latin, e adj, pl *gréco-latins, es*
gréco-romain, e adj, pl *gréco-romains, es*
gredin, e n
gréement nm (attention *ée*)
gréer vt

greffe nm (d'un tribunal) # nf (bourgeon, opération)
grégaire adj
grège adj ; nm
grégeois adj m
grégorien, enne adj
grègues nfpl
grêle adj ; nf (circonflexe sur *ê*)
grêler vi, pp *grêlé* inv
grelot nm (*t* final)
grelotter vi, pp *grelotté* inv (deux *t*)
grenadin, e n, adj
grenaille nf
grenat nm ; adj inv (couleur)
grené, e adj
grènetis nm inv
grenouille nf
grenouiller vi, pp *grenouillé* inv
grenu, e adj
grès nm inv (quartz)
gréser vt (accent aigu)
grésil nm
grésiller vi, pp *grésillé* inv
gressin nm
grève nf
grever vt (sans accent)
gréviste nm ou nf (accent aigu)
gribouille nm
grièche adj
grief nm
grièvement adv
griffe nf
griffon nm (deux *f*)
griffonner vt (deux *f*, deux *n*)
grignoter vt (un seul *t*)
grigou nm, pl *grigous*
gri-gri ou **grigri** nm, pl *gris-gris* ou *grigris*
gril nm (ustensile) # *grill* (restaurant)
grill ou **grill-room** nm, pl *grills* ou *grill-rooms*
grille-pain nm inv
griller vt
grillon nm
grimace nf
grimaud nm (*d* final)
grimoire n masculin
grimpereau nm, pl *grimpereaux*
grincer vi, pp *grincé* inv
grincheux, euse adj, n
gringalet nm
griot nm (*t* final)
griotte nf (deux *t*)
grippal, e, aux adj (deux *p*)
grippe nf (deux *p*)
gripper vi (deux *p*)
grippe-sou nm, pl *grippe-sou(s)*
gris, e adj
grisette nf
grison, onne adj
grisonner vi, pp *grisonné* inv
grisou nm, pl *grisous*
grisouteux, euse adj
grivèlerie nf (accent grave)

grivois, e adj
grizzli ou grizzly nm, pl grizzlis
ou grizzlys
grœnendael nm, pl grœnendaels
grog nm, pl grogs
grognard nm
grognon, onne adj
groin nm
grole ou grolle nf
grommeler vt
grommellement nm (deux m,
deux l)
groom nm, pl grooms
gros, grosse adj
gros-bec nm, pl gros-becs
gros bras nm inv (sans trait
d'union)
gros-cul nm (camion), pl
gros-culs
groseille nf
gros-porteur nm, pl
gros-porteurs
grosseur nf
grossir vt, vi
grosso modo adv
grotesque adj (un seul t)
grotte nf (deux t)
grouiller vi
grouper vt (un seul p)
gruau nm, pl gruaux
grume n féminin
grumeau nm, pl grumeaux
grumeleux, euse adj
gruppetto nm, pl savant gruppetti
gruyère nm
guanaco nm, pl guanacos
guano nm, pl guanos
gué nm
guelte n féminin
guenille nf
guépard nm
guêpe nf (circonflexe sur ê)
guère adv
guéret nm
guérilla nf, pl guérillas (un
seul r)
guérillero nm, pl guérilleros
guerre nf (deux r)
guerroyer vi, pp guerroyé inv
guet nm
guet-apens nm, pl guets-apens
guêtre nf (circonflexe sur ê)
guetter vt (deux t)
gueule-de-loup nf, pl
gueules-de-loup
gueuletonner vi, pp gueuletonné
inv (deux n)
gueuse nf # gueux, euse n
gueuze ou gueuse nf (bière)
gui nm (pas de y)
guichet nm
guichetier, ère n
guide nm ou nf (personne) ; nm
(livre) ; nf (lanière)
guide-âne nm, pl guide-ânes
guideau nm, pl guideaux

guigne nf
guignol nm
guilledou nm (au sing)
guillemet nm (deux l)
guillemot nm (t final)
guilleret, ette adj
guillocher vt
guillotine nf
guillotiner vt (un seul n)
guimauve nf
guimbarde nf
guimpe n féminin
guinée nf
guingois (de) loc adv
guinguette nf
guiper vt (un seul p)
guipure nf (un seul p)
guirlande nf
gummifère adj (deux m)
gustation nf
gutta-percha nf, pl
guttas-perchas
guttural, e, aux adj
gymkhana nm, pl gymkhanas
(h après k)
gymnase nm
gymnote n masculin
gynécée n masculin
gynécologie nf
gypaète nm
gypse n masculin
gyroscope nm

H

L'astérisque (*) indique le h
aspiré
* ha interj # ah
habeas corpus nm inv (sans
accent)
habile adj
habileté nf
habiliter vt
habiller vt
habit nm
habitacle n masculin
habitat nm
habituer vt
* hâblerie nf (circonflexe sur â)
* hâbleur, euse adj, n
* hache nf
* hache-légumes nm inv
* hacher vt
* hachereau nm, pl hachereaux
* hache-viande nm inv
* hachis nm
* hachisch ou haschisch nm, pl
hachischs ou haschischs
hacienda nf, pl haciendas
* hadal, e, aux adj
* haddock nm, pl haddocks
* hafnium nm, pl hafniums
* hagard, e adj
hagiographie nf
* haie nf
* haïk nm, pl haïks

* haïkaï ou haïku nm, pl haïkaïs
ou haïku
* haillon nm
* haillonneux, euse adj (deux n)
* haine nf
* haïr vt (tréma sur ï)
* haire nf (chemise)
* haïssable adj (tréma sur ï)
* halbran nm
* hâle nm (circonflexe sur â)
haleine nf
* haler vt (pas de circonflexe) #
hâler (bronzer)
* hâler vt (circonflexe sur â) #
haler (tirer)
* halètement nm (accent grave)
* haleter vi, pp haleté inv
half-track nm, pl half-tracks
halieutique adj ; nf
* hall nm, pl halls # halle nf
(marché)
hallali nm, pl hallalis
* halle nf # hall nm (entrée)
* hallebarde nf
* hallier nm
halluciner vt
* halo nm, pl halos # allô interj
* halte nf
haltère n masculin
haltérophile n (accent aigu)
* hamac nm
* hamada nf, pl hamadas
hamamélis nm inv
* hamburger nm, pl hamburgers
* hameau nm, pl hameaux
hameçon nm
* hammam nm, pl hammams
* hammerless nm inv
* hampe nf
* hamster nm, pl hamsters
* hanap nm
* hanche nf # anche (musique)
* handball nm, pl handballs
* handicap nm
* handicapé, e n
* hangar nm
* hanneton nm
* hanter vt
* happening nm, pl happenings
* happer vt
* happy end nm, pl happy ends
(sans trait d'union)
* haquenée nf
* hara-kiri nm, pl hara-kiris
* harangue nf
* haras nm inv (un seul r)
* harasser vt
* harcèlement nm (accent
grave)
* harceler vt
* hard adj inv # harde nf
(troupeau)
* harde nf # hardes nfpl
(vêtements) # hard (dur)
* hardi, e adj
* hardiment adv

135

* **hard-top** nm, pl *hard-tops*
* **harem** nm, pl *harems*
* **hareng** nm (*g* final)
* **hareng saur** nm, pl *harengs saurs* (sans trait d'union)
* **hargne** nf
* **haricot** nm
* **haridelle** nf
harmattan nm, pl *harmattans*
harmonica nm
harmonie nf
harmonium nm, pl *harmoniums*
* **harnacher** vt
* **harnais** nm inv
* **haro** nm, pl *haros*
* **harpe** nf
* **harpie** nf
* **harpon** nm
* **harponner** vt (deux *n*)
* **hart** nf, pl *harts*
haruspice n masculin
* **hasard** nm
* **hasch, haschisch** ou **hachisch** nm, pl *haschs, haschischs* ou *hachischs*
* **hase** nf # *ase* (résine)
* **hâte** nf (circonflexe sur *â*)
* **hauban** nm
* **haubert** nm
* **hausse** nf
* **hausse-col** nm, pl *hausse-cols*
* **hausser** vt
* **haut, e** adj ; adv → p 62
* **hautbois** nm
* **hautboïste** nm ou nf (tréma)
* **haut-commissaire** nm, pl *hauts-commissaires*
* **haut-commissariat** nm, pl *hauts-commissariats*
* **haut-de-chausses** nm, pl *hauts-de-chausses*
* **haut-de-forme** nm, pl *hauts-de-forme*
* **haute-contre** nf, pl *hautes-contre*
* **haute-fidélité** nf, pl *hautes-fidélités*
* **hauteur** nf # *auteur* nm
* **haut-fond** nm, pl *hauts-fonds*
* **haut-le-cœur** nm inv
* **haut-le-corps** nm inv
* **haut-parleur** nm, pl *haut-parleurs*
* **haut-relief** nm, pl *hauts-reliefs*
* **hauturier, ère** adj
* **havane** nm ; adj inv (couleur)
* **hâve** adj (circonflexe sur *â*) # *havre* nm (port)
* **haveneau** nm, pl *haveneaux*
* **havre** nm (sans circonflexe) # *hâve* adj (pâle)
* **havresac** nm
* **hé** interj # *eh*
* **heaume** nm
hebdomadaire adj
héberger vt

hébétement nm (accents aigus)
hébétude nf
hébraïque adj
hébreu adj m ; nm, pl *hébreux*
hécatombe nf
hédonisme nm
hégémonie nf
* **hein** interj
hélas interj
* **héler** vt
hélianthe n masculin (avec *th*)
hélice nf
hélicoïdal, e, aux adj (tréma)
hélicon nm
hélicoptère nm
héliogravure nf
héliomarin, e adj
héliothérapie nf
héliotrope n masculin
héliport nm
hélium nm, pl *héliums*
hélix nm inv
hellébore ou **ellébore** n masculin
hellène adj
hellénique adj (accent aigu)
helminthe n masculin (avec *th*)
* **hem** interj
hématome n masculin (pas de circonflexe)
hémicycle nm (avec *cy*)
hémiplégie nf
hémisphère n masculin
hémisphérique adj (accents aigus)
hémistiche n masculin
hémoglobine nf
hémolyse nf
hémophilie nf (pas de *y*)
hémoptysie nf (attention *y*)
hémorragie nf (deux *r*)
hémorroïde n féminin (tréma)
* **henné** nm
* **hennin** nm
* **hennir** vi, pp *henni* inv
hépatique adj
hépatite nf
héraldique adj
* **héraut** nm # *héros* (personne)
herbe nf
herboriser vi, pp *herborisé* inv
herboriste nm ou nf
* **hercher** ou **herscher** vi, pp *herché* ou *hersché* inv
hercule nm
herculéen, enne adj
hercynien, enne adj
* **herd-book** nm, pl *herd-books*
* **hère** nm (pauvre) # *erre* nf (vitesse) # *ère* nf (période)
hérédité nf
hérésie nf
* **hérisser** vt
* **hérisson** nm
hériter vt, vti
hermaphrodite adj, nm ou nf
hermétique adj

hermine nf
* **hernie** nf
héroï-comique adj, pl *héroï-comiques* (tréma)
héroïne nf (tréma)
héroïsme nm (tréma)
* **héron** nm
* **héronneau** nm, pl *héronneaux*
* **héros** nm # *héraut* (d'armes)
herpès nm inv (accent grave)
herpétique adj (accent aigu)
* **herse** nf
* **hertzien, enne** adj
hésiter vi, pp *hésité* inv
hétaïre nf (tréma sur *ï*)
hétéroclite adj
hétérogène adj (attention aux accents)
hétérogénéité nf
hetman nm, pl *hetmans*
* **hêtre** nm (circonflexe sur *ê*)
heu interj # *euh*
heur nm (chance) # *heure* # *heurt*
heure nf (partie du jour) # *heur*
heureux, euse adj
heuristique ou **euristique** adj ; nf
* **heurt** nm (choc) # *heur* # *heure*
hévéa nm, pl *hévéas*
hexaèdre nm
hexagonal, e, aux adj
hexagone nm
hexamètre adj ; nm
hiatus nm inv
hibernal, e, aux adj
hiberner vi, pp *hiberné* inv
* **hibou** nm, pl *hiboux*
* **hic** nm inv
* **hickory** nm, pl *hickorys*
hidalgo nm, pl *hidalgos*
* **hideux, euse** adj
* **hidjab** nm
hiémal, e, aux adj
hier adv
* **hiérarchie** nf
hiératique adj
hiéroglyphe n masculin
* **hi-fi** nf inv
* **highlander** nm, pl *highlanders*
hilare adj
* **hile** nm
hiloire nf
hilote ou **ilote** nm
hindou, e adj, pl *hindous, es*
hinterland nm, pl *hinterlands*
hippique adj (deux *p*)
hippocampe nm
hippodrome nm
hippogriffe n masculin
hippophagique adj
hippopotame nm
hircin, e adj
hirondeau nm, pl *hirondeaux*
hirondelle nf
hirsute adj

* **hisser** vt
histoire nf
histologie nf
historien, enne n
histrion nm
* **hit-parade** nm, pl *hit-parades*
hiver nm
hivernal, e, aux adj
hiverner vi, pp *hiverné* inv
H.L.M. nm ou nf inv
* **hobby** nm, pl *hobbies*
* **hobereau** nm, pl *hobereaux*
* **hochepot** nm
* **hochequeue** nm
* **hocher** vt
* **hochet** nm
* **hockey** nm, pl *hockeys*
hoir nm
* **holà** interj
* **holding** nm ou nf, pl *holdings*
* **hold-up** nm inv
* **hollywoodien, enne** adj
holmium nm, pl *holmiums*
holocauste n masculin
holothurie nf
* **homard** nm
* **home** nm
homélie nf
homéopathe nm ou nf
homérique adj
* **home-trainer** nm, pl
   home-trainers
homicide nm ou nf (personne) ;
   nm (acte)
hominien nm (un seul *m*)
hommage nm
homme nm
homme-grenouille nm, pl
   hommes-grenouilles
homme-orchestre nm, pl
   hommes-orchestres
homme-sandwich nm, pl
   hommes-sandwichs
homogène adj
homogénéité nf (accents aigus)
homologue adj, nm ou nf
homonyme adj ; nm
homophone adj ; nm
homosexuel, elle adj, n
homuncule ou **homoncule** nm
* **hongre** nm, adj m
* **hongroyer** vt
honnête adj (circonflexe sur *ê*)
honneur nm (deux *n*)
* **honnir** vt
honorable adj (un seul *n*)
honoraire adj
honorifique adj
* **honte** nf
hôpital nm, pl *hôpitaux*
   (circonflexe sur *ô*)
hoplite nm
* **hoquet** nm
* **hoqueter** vi
horaire adj ; nm
* **horde** nf

* **horion** nm
horizon nm
horizontal, e, aux adj
horloge nf
* **hormis** prép
hormonal, e, aux adj
hormone nf
horodateur nm
horoscope nm
horreur nf
horrifier vt (deux *r*, un *f*)
horripiler vt (deux *r*)
* **hors** prép # *or* conj # *or* nm
* **hors-bord** nm inv
* **hors concours** adj
* **hors-cote** nm inv
* **hors-d'œuvre** nm inv
* **horse-guard** nm, pl
   horse-guards
* **hors-jeu** nm inv
* **hors-la-loi** nm inv
* **hors-pistes** nm inv
* **hors-sol** adj inv, nm inv
* **hors-texte** nm inv
hortensia nm, pl *hortensias*
horticole adj
horticulture nf
hortillonnage nm
hosanna nm, pl *hosannas*
hospice nm
hospitalier, ère adj
hospitaliser vt
hospitalité nf (sans circonflexe)
hospodar nm
hostellerie nf # *hôtellerie*
   (profession)
hostie nf
hostile adj
* **hot dog** nm, pl *hot dogs*
hôte nm (circonflexe sur *ô*)
hôtel nm (circonflexe sur *ô*)
hôtel-Dieu nm, pl *hôtels-Dieu*
hôtelier, ère n
hôtellerie nf # *hostellerie*
   (restaurant)
hôtesse nf (circonflexe sur *ô*)
* **hotte** nf
* **houblon** nm
* **houblonner** vt (deux *n*)
* **houe** nf
* **houille** nf
* **houle** nf
* **houlette** nf
* **houppe** nf
* **houppelande** nf
* **hourdis** nm inv
* **houri** nf, pl *houris* (pas de e)
* **hourra** ou * **hurrah** interj ; nm,
   pl *hourras* ou *hurrahs*
* **hourvari** nm, pl *hourvaris*
* **houseaux** nmpl
* **houspiller** vt
* **housse** nf
* **houx** nm inv
hovercraft nm, pl *hovercrafts*
* **hoyau** nm, pl *hoyaux*

* **hublot** nm
* **huche** nf
* **huer** vt
* **huguenot, e** adj
huile nf
huis nm inv
* **huis clos** nm inv
huisserie nf
huissier nm
* **huit** adj num inv
* **huitaine** nf
* **huitième** adj ord
huître nf (circonflexe sur *î*)
* **huit-reflets** nm inv
* **hulotte** nf
* **hululer** ou **ululer** vi, pp *hululé*
   ou *ululé* inv
* **humage** nm
humain, e adj
humble adj
humecter vt
* **humer** vt
huméral, e, aux adj
humérus nm inv
humeur nf
humide adj
humilier vt
humoral, e, aux adj
humoriste nm ou nf
humour nm
humus nm inv
* **hune** nf
* **huppe** nf
* **hure** nf
* **hurler** vt, vi
hurluberlu, e n
* **hurrah** ou * **hurra** interj ; nm,
   pl *hurrahs* ou *hurras*
* **hussard** nm
* **hutte** nf
hyacinthe nf
hyalin, e adj
hybride adj ; nm
hydrater vt
hydraulique nf, adj (attention *au*)
hydravion nm
hydre n féminin
hydrique adj
hydrocarbure n masculin
hydrocéphale nm ou nf
hydrogène nm
hydroglisseur nm
hydrolyse nf
hydromel nm
hydropisie nf
hydrothérapie nf
hyène nf
hygiène nf
hygiénique adj (accent aigu)
hymen nm
hyménée n masculin
hymne mn (chant national) ; nf
   (chant religieux) → p 39
hypallage n féminin
hyperbole n féminin
hypercorrect, e adj

137

hyperémotif, ive adj, n
hyperémotivité nf
hypermétrope adj, nm ou nf
hypernerveux, euse adj
hypersensibilité nf
hypertension nf
hypertrophie nf
hypnose nf
hypnotique adj
hypocauste n masculin
hypocrisie nf (*y* d'abord)
hypocrite adj, nm ou nf
hypogée n masculin
hypoïde adj (tréma sur *ï*)
hypophyse n féminin (deux *y*)
hypostyle adj (deux *y*)
hypoténuse n féminin (sans *th*)
hypothèque nf
hypothéquer vt (accent aigu)
hypothèse nf
hypothétique adj (accent aigu)
hystérie nf

i

ïambe n masculin (tréma sur *ï*)
ibidem adv
ibis nm inv (*s* final)
iceberg nm, pl *icebergs*
ice-cream nm, pl *ice-creams*
ichneumon nm
ichtyologie nf
ichtyosaure nm
ici adv
ici-bas adv (trait d'union)
icône nf (circonflexe sur *ô*)
iconique adj (pas de circonflexe)
iconoclaste nm ou nf
iconographie nf
ictère n masculin
ictus nm inv
idéal nm, pl *idéals* ou *idéaux*
idéal, e, als ou **aux** adj
idée nf
idem adv
idéogramme n masculin
idéologie nf
ides nfpl
idiomatique adj (pas de circonflexe)
idiome n masculin
idiot, e adj, n
idiotie nf # *idiotisme* (expression particulière)
idiotisme nm # *idiotie* (bêtise)
idoine adj
idolâtre adj, nm ou nf (circonflexe sur *â*)
idole n féminin
idylle n féminin
if nm
igname n féminin
ignare adj, nm ou nf
igné, e adj
iguane n masculin
iguanodon nm

il pr pers
ilang-ilang ou **ylang-ylang** nm, pl *ilangs-ilangs* ou *ylangs-ylangs*
île nf (circonflexe sur *î*)
iliaque adj (un seul *l*)
ilien, enne n (circonflexe)
illégal, e, aux adj
illégalité nf
illégitime adj
illettré, e adj, n
illicite adj
illico adv
illico presto loc adv
illimité, e adj (deux *l*, un *m*)
illisible adj
illogique adj
illuminer vt
illusion nf
illusionner vt (deux *l*, deux *n*)
illusoire adj
illustre adj
illustrer vt
îlot nm (circonflexe)
îlotage nm (circonflexe sur *î*)
ilote ou **hilote** nm (pas de circonflexe)
il y a loc v
imago nm (insecte) # nf (psychanalyse) ; pl *imagos*
iman nm, pl *imans*
imbattable adj (deux *t*)
imbécile adj, nm ou nf (un seul *l*)
imbécillité nf (deux *l*)
imbrication nf
imbriquer vt
imbroglio nm, pl *imbroglios*
imbu, e adj
immaculé, e adj
immanence nf
immanent, e adj
immangeable adj
immanquable adj
immatériel, elle adj
immatriculer vt
immédiat, e adj
immémorial, e, aux adj
immense adj
immensément adv (accent aigu)
immerger vt
immérité, e adj
immersion nf
immettable adj
immeuble adj ; nm
immigrer vi
imminence nf
imminent, e adj # *éminent* (remarquable)
immiscer (s') vpr (avec *sc*)
immixtion nf (avec *xt*)
immobile adj
immobilier, ère adj
immodéré, e adj
immodérément adv
immoler vt (deux *m*, un *l*)

immonde adj
immondices nfpl
immoral, e, aux adj # *amoral*
immortel, elle adj
immuable adj
immuniser vt
impact nm
impair, e adj ; nm # **impair** nm
impardonnable adj
imparfait, e adj
impartageable adj
impartial, e, aux adj
impartialité nf
impassible adj
impatiemment adv
impatience nf
impatient, e adj
impayable adj
impeccable adj (deux *c*)
impedimenta nmpl (pas d'accent)
impénitent, e adj
impératif, ive adj
impératrice nf (fém de *empereur*)
imperceptible adj
imperfection nf
impérial, e, aux adj
impérieux, euse adj
impérissable adj (un seul *r*)
impéritie nf
imperméable adj ; nm
impersonnel, elle adj
impertinemment adv
impertinence nf
impertinent, e adj
impétigo nm, pl *impétigos*
impétrant, e n
impétueux, euse adj
impétuosité nf
impie adj, nm ou nf
impiété nf
impitoyable adj
implacable adj (un seul *c*)
implant nm (*t* final)
implication nf
implicite adj
impliquer vt
imploser vi, pp *implosé* inv
impoli, e adj
impoliment adv
importance nf
important, e adj
importer vt, vti, pp *importé* inv
import-export nm singulier
importun, e adj # *opportun* (qui convient)
importunément adv (accent aigu)
imposant, e adj
imposte n féminin
impôt nm (circonflexe sur *ô*)
impotence nf
impotent, e adj
impraticable adj (avec *c*)

imprécation nf
imprécis, e adj
imprégner vt (attention é)
imprésario ou impresario nm, pl
 imprésarios ou impresarii
imprescriptible adj
impressionner vt (deux n)
impressionnisme nm (deux n)
imprévoyance nf
imprévoyant, e adj
imprévu, e adj
imprimatur nm inv
improductif, ive adj
impromptu adv # nm (musique),
 pl impromptus
impromptu, e adj
imprononçable adj
improviste (à l') loc adv
imprudemment adv
imprudence nf
imprudent, e adj
impubère adj
impudemment adv
impudence nf
impudent, e adj
impuissance nf
impuissant, e adj
impulsif, ive adj
impunément adv
impuni, e adj
impur, e adj
impureté nf
imputrescible adj (attention sc)
in adj inv
inacceptable adj (deux c)
inaccessible adj (deux c)
inaccomplissement nm (deux c)
inaccoutumé, e adj (deux c)
inadvertance nf
inamical, e, aux adj
inanimé, e adj
inanité nf
inanition nf
inapaisable adj (un seul p)
inaperçu, e adj (un seul p)
inapparent, e adj (deux p)
inappétence nf (deux p)
inapplicable adj (deux p)
inappliqué, e adj (deux p)
inapprécié, e adj (deux p)
inapprivoisable adj (deux p)
inassimilable adj (deux s)
inassouvi, e adj (deux s)
inattaquable adj (deux t)
inattendu, e adj (deux t)
inattention nf (deux t)
inaugural, e, aux adj
inauguration nf
inca adj, pl incas
incandescence nf (attention sc)
incandescent, e adj (avec sc)
incantation nf
incarnat nm # incarnat, e adj
incendie nm
incertain, e adj
incessamment adv

incessant, e adj
incessible adj
inceste nm
inchoatif, ive adj
incidemment adv
incidence nf
incident nm ; incident, e adj
incisif, ive adj
incivil, e adj
inclément, e adj
inclure vt, pp inclus, e
incoercible adj
incognito adv # nm, pl
 incognitos
incohérence nf
incohérent, e adj
incomber vti, pp incombé inv
incommensurable adj (deux m)
incommode adj (deux m)
incommunicable adj (avec c)
incompétence nf
incompétent, e adj
incomplet, ète adj
incomplètement adv
incomplétude nf (accent aigu)
incompréhensible adj
incompressible adj
incompris, e adj
inconciliable adj
inconditionnel, elle adj (deux n)
inconfort nm (t final)
incongru, e adj
incongruité nf
incongrûment adv (circonflexe)
inconnu, e adj, n
inconsciemment adv (avec sc)
inconscience nf (avec sc)
inconscient, e adj (avec sc)
inconséquemment adv
inconséquence nf
inconséquent, e adj
inconsidéré, e adj
inconsidérément adv
inconsistance nf
inconsistant, e adj
inconstance nf
inconstant, e adj
inconstitutionnel, elle adj
incontesté, e adj
incontinence nf
incontinent adv (t final)
incontinent, e adj
incontrôlable adj (circonflexe)
incontrôlé, e adj (circonflexe)
inconvenant, e adj
inconvénient nm
incoordination nf
incorporel, elle adj
incorrect, e adj (deux r)
incorrigible adj (deux r)
incorruptible adj (deux r)
incrédule adj
incroyable adj
incroyant, e n
incube n masculin
inculcation nf

inculpation nf
inculper vt
inculquer vt
incunable n masculin
incursion nf
indécemment adv
indécence nf
indécent, e adj
indéchiffrable (deux f)
indécis, e adj
indécollable adj (deux l)
indécrottable (deux t)
indéfectible adj
indéfini, e adj
indéfiniment adv
indéfrisable n féminin
indélébile adj
indélicat, e adj
indemne adj (attention mn)
indemniser vt (attention mn)
indépendamment adv
indépendance nf
indépendant, e adj
indétrônable adj (circonflexe)
index nm inv
indication nf
indice nm
indicible adj
indien, enne adj, n
indifférence nf
indifférent, e adj
indigence nf
indigène adj, nm ou nf
indigent, e adj
indigo nm, pl indigos ; adj inv
 (couleur)
indiquer vt
indirect, e adj
indiscernable adj (attention sc)
indiscipline nf (attention sc)
indiscret, ète adj
indiscrétion nf (accent aigu)
indiscuté, e adj
indissoluble adj (deux s)
indistinct, e adj
individu nm
individualiser vt
individuel, elle adj
indivis, e adj
indolemment adv
indolence nf
indolent, e adj
indolore adj (un seul l)
indompté, e adj
in-douze nm inv (trait d'union)
indu, e adj (pas de circonflexe)
induction nf
induire vt, pp induit, e
indulgence nf
indulgent, e adj
indûment adv (circonflexe sur û)
induré, e adj
inédit, e adj
ineffable adj (deux f)
ineffaçable adj (deux f)
inefficace adj (deux f)

139

inégal, e, aux adj
inélégamment adv
inélégance nf
inélégant, e adj
inemployé, e adj
inénarrable adj (un n, deux r)
ineptie nf (avec t)
inertie nf (avec t)
inespéré, e adj
inexact, e adj
inexcusable adj
inexécution nf
inexistant, e adj
inexistence nf
inexorable adj
inexpérience nf
inexpérimenté, e adj
inexplicable adj (avec c)
inexpliqué, e adj
inexpressif, ive adj
inexprimé, e adj
inexpugnable adj
inextensible adj
in extenso loc adv (deux mots)
inextinguible adj
in extremis loc adv (deux mots)
inextricable adj
infaillible adj (deux l)
infaisable adj (de faire)
infamant, e adj (sans circonflexe)
infâme adj (circonflexe sur â)
infamie nf (sans circonflexe)
infant, e n
infanticide nm (meurtre) ; nm ou nf (personne)
infantile adj
infarctus nm inv
infatigable adj (sans u après g)
infatuation nf
infécond, e adj
infect, e adj
infectieux, euse adj
infection nf
inféoder vt
inférer vt
inférieur, e adj
infériorité nf
infernal, e, aux adj
infidèle adj
infidélité nf (accents aigus)
infime adj (un seul m)
infini, e adj
infiniment adv
infinitésimal, e, aux adj
infirme adj, nm ou nf
infirmier, ère n
inflammable adj (deux m)
inflation nf
inflationniste adj (deux n)
inflexible adj
inflexion nf
inflorescence nf (attention sc)
influence nf
influent, e adj # influant pprés du v influer

influenza n féminin, pl influenzas
influer vti, pp influé inv
influx nm inv (x final)
in-folio nm inv (trait d'union)
infraction nf
infrarouge nm, adj (en un mot)
infrason nm (en un mot)
infrastructure nf (en un mot)
infructueux, euse adj
infus, e adj
infusoire n masculin
ingambe adj (avec g)
ingénierie nf (deux e muets)
ingénier (s') vpr
ingénu, e adj
ingénuité nf
ingénument adv (pas de circonflexe)
ingérence nf
ingestion nf
ingrat, e adj
ingrédient nm
inguinal, e, aux adj
inhabile adj
inhabité, e adj
inhaler vt
inharmonieux, euse adj
inhérent, e adj (avec ent)
inhiber vt
inhumain, e adj
inhumer vt
inimitié nf
ininflammable adj (deux m)
inintelligemment adv
inintelligence nf
inintelligent, e adj
inintéressant, e adj
ininterrompu, e adj
inique adj
initial, e, aux adj ; initiale nf
initiative nf
injonction nf
inlandsis nm inv
inlassable adj (deux s)
inlay nm, pl inlays
inné, e adj (deux n)
innerver vt (deux n)
innocemment adv
innocence nf
innocent, e adj
innocuité nf (deux n)
innombrable adj (deux n)
innomé, e ou innommé, e adj
innommable adj (deux n, deux m)
innover vt (deux n)
inobservance nf
inoccupé, e adj (deux c, un p)
in-octavo nm inv (trait d'union)
inoffensif, ive adj (deux f)
inonder vt (un seul n)
inopérant, e adj
inopiné, e adj
inopinément adv
inopportun, e adj
inopportunément adv

inopportunité nf
inorganisé, e adj
inouï, e adj (tréma sur ï)
inoxydable adj
in partibus loc adj (deux mots)
in petto loc adv (deux mots)
in-quarto nm inv (trait d'union)
inquiet, ète adj
inquiéter vt (accent aigu)
inquisiteur, trice adj, n
inquisition nf
inquisitorial, e, aux adj
insane adj
insatiable adj
insatisfait, e adj
inscrire vt, pp inscrit, e
insectarium nm, pl insectariums
insécurité nf
in-seize nm inv (trait d'union)
inséminer vt
insérer vt
insertion nf
insidieux, euse adj
insight nm, pl insights
insignifiant, e adj
insinuer vt
insistance nf
insister vi, pp insisté inv
in situ loc adv (deux mots)
insolation nf
insolemment adv
insolence nf
insolent, e adj, n
insomniaque adj (attention mn)
insomnie nf
insonoriser vt (un seul n)
insouciance nf
insouciant, e adj
insoumis, e adj
insoumission nf
insoupçonné, e adj
installer vt (deux l)
instamment adv (deux m)
instance nf
instant nm ; instant, e adj
instantané, e adj
instantanément adv
instar de (à l') loc prép
instaurer vt
instigation nf
instiller vt
instinct nm (ct à la finale)
instinctif, ive adj
instituer vt
institution nf
institutionnaliser vt (deux n)
instructif, ive adj
instruction nf
instruire vt, pp instruit, e
instrumental, e, aux adj
insubmersible adj
insubordonné, e adj
insuccès nm inv (accent grave)
insu de (à l') loc prép (pas de e final)
insuffisamment adv

insuffisance nf
insuffisant, e adj
insuffler vt (deux f)
insulaire adj, nm ou nf
insularité nf
insuline (un seul l)
insulte n féminin
insupportable adj
insurger (s') vpr
insurrection nf (deux r)
insurrectionnel, elle adj
intact, e adj
intangible adj
intarissable adj (un seul r)
intégral, e, aux adj
intègre adj (accent grave)
intégrer vt (accent aigu)
intégrité nf (accents aigus)
intellect nm
intellectuel, elle adj, n
intelligemment adv
intelligence nf
intelligent, e adj
intelligentsia nf, pl intelligentsias
intempérant, e adj
intempestif, ive adj
intendant, e n
intensément adv
intensifier vt
intention nf
intentionnel, elle adj (deux n)
interaction nf
interallié, e adj (de allié)
interarmes adj inv (s final)
intercéder vi, pp intercédé inv
intercession nf # intersession
    (entre deux sessions)
interchangeable adj
interclasse n masculin
interclubs adj inv (s final)
interconnecter vt
interconnexion nf
intercontinental, e, aux adj
intercostal, e, aux adj
interdépendant, e adj
interdiction nf
interdire vt, pp interdit, e
interdit nm
intéresser vt (un r, deux s)
intérêt nm (circonflexe sur le
    dernier ê)
interférence nf
intérieur, e adj
intérim nm inv (pas de e final)
intériorité nf
interjection nf
interligne n masculin
interlocuteur, trice n
intermède nm
intermédiaire adj, nm ou nf
intermezzo nm, pl intermezzos
intermittent, e adj (deux t)
international, e, aux adj
internationalisme nm (un seul n)
interpellation nf
interpeller vt (deux l)

Interphone nm (nom déposé)
interpolation nf (un seul l)
interprète nm ou nf
interpréter vt (accent aigu)
interrègne nm (deux r)
interrogatoire nm
interrompre vt, pp interrompu, e
interruption nf
intersection nf
intersession nf (avec s)
    #intercession (intervention)
intersidéral, e, aux adj
interstellaire adj
interstice n masculin
interstitiel, elle adj (avec tiel)
interurbain, e adj
intervalle n masculin
intervenir vi, pp intervenu, e
intervention nf
interventionnisme nm (deux n)
interview nf ou nm (des deux
    genres), pl interviews
interviewer nm, pl interviewers
intestat adj inv en genre (t final)
intestin, e adj # intestin nm
intestinal, e, aux adj
intolérance nf
intolérant, e adj
intonation nf (un seul n)
intoxicant, e adj # intoxiquant
    pprés du v intoxiquer
intoxication nf
intra-muros loc adv (avec trait
    d'union)
intramusculaire adj
intransigeance nf (attention ea)
intransigeant, e adj
intransitif, ive adj
intra-utérin, e adj, pl
    intra-utérins, es
intrigant, e adj # intriguant
    pprés du v intriguer
intrinsèque adj
introduire vt, pp introduit, e
introït nm inv (tréma sur ï)
intromission nf
introniser vt (un seul n)
introspection nf
introversion nf
introverti, e adj, n
intrus, e adj
intuitif, ive adj
intuition nf
intuitionnisme nm (deux n)
intuitu personae loc adv
in utero loc adv, adj inv (deux
    mots, sans accent)
invendu, e adj ; nm
inventaire nm # éventaire (étal)
inventorier vt
inversion nf
invertébré nm
investigation nf
invétéré, e adj
invincible adj
in vitro loc adv (deux mots)

in vivo loc adv (deux mots)
invocation nf
involontaire adj
involution nf
invoquer vt
invraisemblable adj (un seul s)
iode n masculin
iodler vi, pp iodlé inv
iodure n masculin
ioniser vt
iota nm, pl iotas
ipéca nm, pl ipécas
ipso facto loc adv
irascible adj (un seul r et sc)
ire nf
iridium nm, pl iridiums
iris nm inv
ironie nf
irradier vt (deux r)
irraisonné, e adj (deux r,
    deux n)
irrationalisme nm (deux r)
irrationnel, elle adj (deux r,
    deux n)
irréalisable adj (deux r)
irréalité nf (deux r)
irrecevable adj (deux r)
irréconciliable adj (deux r)
irrécusable adj (deux r)
irréductible adj (deux r)
irréel, elle adj (deux r)
irréfléchi, e adj (deux r)
irréflexion nf (deux r)
irréfuté, e adj (deux r)
irrégulier, ère adj (deux r)
irréligion nf (deux r, accent)
irrémédiable adj (deux r)
irrémissible adj (deux r)
irremplaçable adj (deux r)
irréparable adj (deux r)
irrépréhensible adj (deux r)
irréprochable adj (deux r)
irrésistible adj (deux r)
irrésolu, e adj (deux r)
irrespect nm (deux r)
irrespirable adj (deux r)
irresponsable adj (deux r)
irrétrécissable adj (deux r,
    deux s)
irrévérence nf (deux r)
irréversible adj (deux r)
irrévocable adj (deux r)
irrigable adj (deux r)
irrigation nf (deux r)
irriguer vt (deux r)
irritable adj (deux r)
irriter vt (deux r)
irruption nf (deux r)
isabelle adj inv
isard nm (d final)
isba nf, pl isbas
ischémie nf
islam nm
isocèle adj
isoclinal, e, aux adj
isolation nf

isolement nm
isolément adv (accent aigu)
isomère adj ; nm
isomorphe adj
israélien, enne adj (accent)
issu, e adj ; issue nf
isthme n masculin (avec th)
item adv (de même)
item nm (élément), pl items
itération nf
itinéraire nm
ivoire n masculin
ivraie nf

J

jabot nm (t final)
jacasser vi, pp jacassé inv
jachère nf
jacinthe nf (h après t)
jack nm, pl jacks
jacobin, e n
jacquard nm
jacquerie nf
jactance nf
jade n masculin
jadis adv
jaguar nm
jaillir vi
jais nm inv
jalonner vt (deux n)
jaloux, ouse adj, n
jamaïcain, e adj (tréma sur ï)
jamais adv (s final)
jambonneau nm, pl
  jambonneaux (deux n)
jamboree nm, pl jamborees
jam-session nf, pl jam-sessions
janvier nm, pl janviers (pas de
  majuscule)
japper vi, pp jappé inv (deux p)
jaque n masculin (pas de c
  devant qu)
jaquette nf (pas de c devant qu)
jarre nf (deux r) # jars nm inv
  (mâle de l'oie)
jarret nm (deux r)
jarretelle nf (deux r, deux l)
jars nm inv # jarre nf (récipient)
jas nm inv (s final)
jaser vi, pp jasé inv
jaspe n masculin
jatte nf (deux t)
jaugeage nm
jaunâtre adj (circonflexe sur â)
jaunisse nf
java nf
Javel (eau de) nf # javelle (tas)
javelle nf # Javel (eau de)
javelliser vt (deux l)
javelot nm (t final)
jazz nm inv
jazz-band nm, pl jazz-bands
jazzman nm, pl jazzmans ou
  jazzmens
je pr pers

jean ou jeans nm, pl jeans
jean-foutre nm inv
jeannette nf (deux n, deux t)
Jeep nf (nom déposé), pl Jeeps
jéjunum nm, pl jéjunums
je-m'en-fichisme ou
  je-m'enfoutisme nm singulier
  seulement (traits d'union)
je-ne-sais-quoi nm inv (traits
  d'union)
jérémiade nf
jerrican ou jerricane nm, pl
  jerricans ou jerricanes
jersey nm, pl jerseys
jésuite nm
jésus nm inv
jet nm, pl jets
jetée nf
jet-set nm ou nf, pl jet-sets
jet-stream nm, pl jet-streams
jettatura nf (deux t, puis un t)
jeu nm, pl jeux
jeudi nm, pl jeudis (pas de
  majuscule)
jeun (à) loc adv
jeune adj # jeûne nm (privation
  d'aliments)
jeûne nm (circonflexe) # jeune
  adj
jeûner vi, pp jeûné inv
  (circonflexe)
jeunesse nf
jeunet, ette adj, n
jeunot, otte adj, n
jiu-jitsu nm inv
joaillerie nf
joaillier, ère n
job nm, pl jobs
jobard, e adj, n
jockey n, pl jockeys
jocrisse n masculin
jodhpurs nmpl
joie nf
joindre vt, pp joint, e
joint nm
jointoiement nm (e muet)
jointoyer vt
joint-venture nm, pl
  joint-ventures
joli, e adj
joliesse nf
jonc nm (c final)
jongler vi, pp jonglé inv
jonquille nf ; adj inv (couleur)
jota nf, pl jotas (j prononcé r)
joual nm singulier seulement
joue nf
joufflu, e adj (deux f)
joug nm (g final)
jouir vti, pp joui inv
joujou nm, pl joujoux
jour nm ; se faire jour → p 84
journal nm, pl journaux
journellement adv (deux l)
jouter vi, pp jouté inv
jouvenceau nm, pl jouvenceaux

jouvencelle nf
jouxter vt
jovial, e, als ou aux adj
joyau nm, pl joyaux
joyeux, euse adj
jubé nm
jubilé nm
jubiler vi, pp jubilé inv
judaïque adj (tréma)
judaïsme nm (tréma sur ï)
judas nm inv (s final)
judiciaire adj
judicieux, euse adj
judo nm, pl judos
judoka nm ou nf, pl judokas
jugeote nf (un seul t)
jugulaire adj ; nf
juif, ive n
juillet nm, pl juillets (pas de
  majuscule)
juin nm, pl juins (pas de
  majuscule)
jujube n masculin
juke-box nm inv ou pl juke-boxes
julep nm, pl juleps
jumbo-jet nm, pl jumbo-jets
jumeau, elle adj, n, pl jumeaux,
  jumelles
jumeler vt (un seul l)
jument nf (t final)
jumping nm, pl jumpings
jungle nf
junior adj (inv en genre) ; nm ou
  nf ; pl juniors
junte nf
jupe-culotte nf, pl jupes-culottes
jurande nf
juridiction nf
jurisprudence nf
jury nm, pl jurys
jus nm inv (s final)
jusant nm
jusqu'au-boutisme nm, pl
  jusqu'au-boutismes
jusqu'au-boutiste adj, nm ou nf,
  pl jusqu'au-boutistes
jusque adv
justaucorps nm inv
juste-milieu nm, pl justes-milieux
justice nf
justification nf
justifier vt
jute n masculin
juter vi, pp juté inv
juteux, euse adj
juteux, euse adj
juvénile adj (e final)
juxtalinéaire adj
juxtaposer vt

K

kabbale nf
kabig ou kabic nm
kabyle adj ; nm (langue)
kafkaïen, enne adj (tréma)

kakatoès ou **cacatoès** nm inv
kakemono nm, pl *kakemonos*
kaki adj inv (couleur) ; nm, pl *kakis*
kaléidoscope nm
kamikaze nm, pl *kamikazes*
kandjar nm, pl *kandjars*
kangourou nm, pl *kangourous*
kaolin nm
kapok nm, pl *kapoks*
kappa nm, pl *kappas*
karakul ou **caracul** nm, pl *karakuls* ou *caraculs*
karaoké nm, pl *karaokés*
karaté nm
karatéka nm ou nf, pl *karatékas*
karstique adj
karting nm, pl *kartings*
kasher, cachère ou **casher** adj inv
kayak nm, pl *kayaks*
keepsake nm, pl *keepsakes*
képhir ou **kéfir** nm
képi nm
kératine nf
kermès nm inv (accent grave) # *kermesse* nf (fête)
kermesse nf # *kermès* (arbre)
kérosène nm
ketch nm, pl *ketchs*
ketchup n masculin
Kevlar nm (nom déposé)
keynésianisme nm
khâgne nf (circonflexe sur â)
khâgneux, euse n
khamsin ou **chamsin** nm, pl *khamsins* ou *chamsins*
khan nm (titre), pl *khans*
khan ou **kan** nm (abri)
khédive nm
khmer, ère adj ; nm (langue)
kibboutz nm inv ou pl *kibboutzim*
kick nm, pl *kicks*
kid nm, pl *kids*
kidnapper vt (deux *p*)
kidnapping nm
kif nm, pl *kifs* ; **kif-kif** adj inv
kilo nm, pl *kilos*
kilt nm, pl *kilts*
kimono nm, pl *kimonos*
kinésithérapeute nm ou nf
king-charles nm inv
kinkajou nm, pl *kinkajous*
kiosque nm
kirsch nm, pl *kirschs*
kitsch adj inv
kiwi nm, pl *kiwis*
Klaxon nm (nom déposé), pl *Klaxons*
klaxonner vt, vi (deux *n*)
Kleenex nm inv (nom déposé)
kleptomane ou **cleptomane** nm ou nf
knock-down nm inv
knock-out nm inv
knout nm

koala nm, pl *koalas*
kobold nm, pl *kobolds*
kohol ou **khôl** nm, pl *kohols* ou *khôls*
kola ou **cola** nm, pl *kolas* ou *colas*
kolkhoz ou **kolkhoze**, nm, inv ou pl *kolkhozes*
konzern nm, pl *konzerns*
kopeck nm, pl *kopecks*
korrigan, e n (deux *r*)
kouglof nm, pl *kouglofs*
kraal nm, pl *kraals*
krach nm, pl *krachs* #*crack* nm (champion)
kraft nm, pl *krafts*
krypton nm (avec *y*)
ksar nm, pl *ksour*
kummel nm, pl *kummels*
kumquat nm, pl *kumquats*
kwas ou **kvas** nm inv
K-way nm inv (nom déposé)
Kyrie ou **Kyrie eleison** nm inv
kyrielle nf
kyste nm

L

la art ; pr pers f # *là* adv
la nm inv (note)
là adv (accent grave) # *la* art
là-bas adv (accent)
label nm (marque)
labelle n masculin (pétale)
labial, e, aux adj
laboratoire nm
laborieux, euse adj
labrador nm, pl *labradors*
labyrinthe nm (*y* d'abord)
lac nm # *lacs* (nœud)
lacer vt (pas de circonflexe)
lacet nm
lâche adj (circonflexe sur â)
lâchement adv (circonflexe)
lacis nm inv (*s* final)
laconique adj (un seul *n*)
lacrima-christi nm inv
lacrymal, e, aux adj (avec *y*)
lacs nm (*s* final) # *lac* (étendue d'eau)
lactaire n masculin
lacté, e adj
lad nm, pl *lads*
lady nf, pl *ladys* ou *ladies*
laguiole n masculin
là-haut adv (accent)
lai nm (poème) ; adj m (frère)
laïc, ïque ou **laïque** adj, n (tréma sur *i*)
laïcité nf (tréma sur *i*)
laid, e adj
laideron nm → p 37
laie nf (femelle du sanglier)
lais nmpl (alluvion)
laisse nf
laissé-pour-compte nm, pl *laissés-pour-compte*

laisser-aller nm inv
laissez-passer nm inv
lait nm (un seul *t* dans les dérivés : *laitage, laitier, laiterie*)
laitonner vt (deux *n*)
laïus nm inv (tréma sur *i*)
laïusser vi, pp *laïussé* inv
lama nm, pl *lamas*
lamaïsme nm (tréma sur *i*)
lambda nm, pl *lambdas*
lambeau nm, pl *lambeaux*
lambin, e adj, n
lambiner vi, pp *lambiné* inv
lambourde n féminin
lambrequin nm
lambris nm inv (*s* final)
lambruche ou **lambrusque** nf
lamelle nf
lamento nm, pl *lamentos*
laminaire n féminin
lampadaire nm
lampant, e adj
lamparo nm, pl *lamparos*
lampas nm inv
lampée nf
lamproie nf
lampyre n masculin
lance nf
lance-bombes ou **-bombe** nm inv ou pl *lance-bombes*
lance-flammes ou **-flamme** nm inv ou pl *lance-flammes*
lance-fusées ou **-fusée** nm inv ou pl *lance-fusées*
lance-grenades ou **-grenade** nm inv ou pl *lance-grenades*
lance-missiles ou **-missile** nm inv ou pl *lance-missiles*
lance-pierres ou **-pierre** nm inv ou pl *lance-pierres*
lance-roquettes ou **-roquette** nm inv ou pl *lance-roquettes*
lance-torpilles ou **-torpille** nm inv ou pl *lance-torpilles*
lanciner vt
Land nm, pl *Länder* (pl avec tréma)
landau nm, pl *landaus*
lange n masculin
langue-de-bœuf nf, pl *langues-de-bœuf*
langue-de-chat nf, pl *langues-de-chat*
langue-de-serpent nf, pl *langues-de-serpent*
langueur n féminin
langueyer vt
languissamment adv
languissant, e adj
lanière nf (un seul *n*)
lanifère ou **lanigère** adj
lansquenet nm
lanterneau nm, pl *lanterneaux*
lapalissade nf
laper vt (un seul *p*)
lapereau nm, pl *lapereaux*

143

lapidaire nm, adj
lapin, e n
lapis ou **lapis-lazuli** nm inv
lapon, laponne ou **lapone** adj
laps nm inv
lapsus nm inv
laquais nm inv
laque nf (vernis) ; nm (objet)
lard nm (*d* final)
lare nm, adj
large adj → p 63
larghetto adv # nm, pl *larghettos*
largo adv # nm, pl *largos*
larigot nm (*t* final)
larme-de-Job nf, pl
   larmes-de-Job
larmoiement nm (*e* muet)
larmoyer vi, pp *larmoyé* inv
larron nm (deux *r*)
laryngé, e adj (avec *y*)
larynx nm inv
las, lasse adj
lasagne ou **lasagnes** nfpl
lascar nm
lascif, ive adj (attention *sc*)
lascivité nf
lasso nm, pl *lassos*
Lastex nm inv (nom déposé)
latence nf (un seul *t*)
latent, e adj
latéral, e, aux adj
latérite n féminin
latex nm inv
latifundium nm, pl savant
   latifundia
latin, e adj
latitude nf (un seul *t*)
latrines nfpl
latte nf (deux *t*)
laudanum nm, pl *laudanums*
laudatif, ive adj
lauré, e adj
lauréat, e adj, n
laurier-rose nm, pl *lauriers-roses*
lavallière nf (deux *l*)
lavaret nm
lavatory nm, pl *lavatorys* ou
   lavatories
lave-glace nm, pl *lave-glaces*
lave-linge nm inv
lave-mains nm inv
lave-pont nm, pl *lave-ponts*
lave-tête nm inv
lavette nf
lave-vaisselle nm inv
lavis nm inv (*s* final)
laxatif, ive adj
layetier nm (un seul *t*)
layette nf
layon nm
lazaret nm
lazzarone nm, pl *lazzarones* ou
   lazzaroni
lazzi nm inv ou pl *lazzis*
le, la, les art ; pr pers
lé nm (largeur)
leader nm, pl *leaders*

leasing nm, pl *leasings*
lèche nf (accent grave)
lèchefrite nf
lécher vt
lèche-vitrines nm inv
leçon nf
lecteur, trice n
légal, e, aux adj
légat nm (*t* final)
légataire nm ou nf
légation nf
légende nf
léger, ère adj
légèrement adv (attention aux
   accents)
légèreté nf
leggings nfpl (deux *g*)
légiférer vi, pp *légiféré* inv
légionnaire nm (deux *n*)
législation nf
legs nm inv (*s* final)
léguer vt
légume nm (plante) # nf
   (personne)
leishmania nf, pl *leishmanias*
leitmotiv nm, pl *leitmotive* ou
   leitmotivs
lemme nm (deux *m*)
lemming nm, pl *lemmings*
lémures nmpl
lendemain nm, pl *lendemains*
lénifier vt
lent, e adj ; nf (œuf de pou)
lentille nf
lentisque n masculin
léonin, e adj
léopard nm (*d* final)
lépiote nf
lèpre nf
lépreux, euse n (accent aigu)
lequel, laquelle, pl *lesquels,*
   lesquelles pr rel ; pr interr
lès ou **lez** prép (près de)
lèse-majesté nf, pl *lèse-majestés*
lésiner vi, pp *lésiné* inv
lésionnel, elle adj (deux *n*)
lest nm # *leste* adj (agile)
leste adj # *lest* nm (poids)
létal, e, aux adj (pas de *h*)
letchi, litchi ou **lychee** nm, pl
   letchis, litchis ou *lychees*
léthargie nf (*h* après *t*)
letton, lettonne ou **lettone** adj, n
lettre nf
leu nm (monnaie), pl *lei* # nm
   inv (à la queue leu leu)
leucémie nf
leucocyte nm
leur adj poss, pl *leurs* ; pr pers
   inv
leurre n masculin (deux *r*)
lev nm, pl *leva*
levain nm
levant nm
levantin, e adj, n

lève-glace ou **lève-vitre** nm, pl
   lève-glaces ou *lève-vitres*
lève-tôt nm ou nf (circonflexe)
lévitation nf
lévite nm (prêtre) # nf
   (redingote)
léviter vi, pp *lévité* inv
levraut nm (*t* final)
lèvre nf
levrette nf ; **lévrier** nm
lexical, e, aux adj
lexique nm
lez ou **lès** prép (près de)
lézard nm (*d* final)
liaison nf
liard nm
lias nm inv
liasse nf
libelle n masculin # *libellé*
   (rédaction)
libellé nm (accent aigu) # *libelle*
   (écrit diffamatoire)
libeller vt (deux *l*)
libellule nf (deux *l* d'abord)
liber nm, pl *libers*
libéral, e, aux adj
libérien, enne adj (accent aigu)
liberté nf
libidinal, e, aux adj
libidineux, euse adj
libido nf
libre-échange nm, pl
   libre-échanges
libre-échangiste nm ou nf, pl
   libre-échangistes
libre-service nm, pl
   libres-services
librettiste nm ou nf
libretto nm, pl *librettos* ou *libretti*
lice nf (chienne)
lice ou **lisse** nf (métier à tisser)
licence nf
licenciement nm (*e* muet)
licencier vt
licencieux, euse adj
lichen nm, pl *lichens*
licou nm, pl *licous*
lie nf # *lit* (meuble)
lied nm, pl *lieds* ou *lieder*
lie-de-vin adj inv
liège nm
lierre nm (deux *r*)
liesse nf
lieu nm (poisson), pl *lieus* # *lieu*
   (endroit) # *lieue* (mesure)
lieu nm (endroit), pl *lieux*
lieu commun nm, pl *lieux*
   communs (sans trait d'union)
lieu-dit ou **lieudit** nm, pl
   lieux-dits ou *lieudits*
lieue nf (mesure) # *lieu* (endroit)
lieutenant nm
lieutenant-colonel nm, pl
   lieutenants-colonels
lièvre nm
lift nm, pl *lifts*

liftier nm
lifting nm, pl *liftings*
ligament nm
lige adj (homme)
lignée nf
ligneux, euse adj
lignite n masculin
ligoter vt (un seul *t*)
lilas nm inv
lilial, e, aux adj
lilliputien, enne adj
limaçon nm
limaille nf
limbe n masculin
liminaire ou liminal, e, aux adj
limite nf (un seul *t*)
limitrophe adj
limonade nf
lin nm
linceul nm (avec *c*)
linéaire adj
linéament nm
lingot nm (*t* final)
lingual, e, aux adj
linguiste nm ou nf
liniment nm
links nmpl
linoléum nm, pl *linoléums*
linotte nf (deux *t*)
linteau nm, pl *linteaux*
lion, lionne n
lionceau nm, pl *lionceaux*
lipome nm (pas de circonflexe)
lippe nf (deux *p*)
lippu, e adj
liquéfaction nf
liquéfier vt
liquette nf
liquidité nf
liquoreux, euse adj
lire nf # *lyre* (instrument)
lis ou lys nm inv
lisérer ou liserer vt
lisse adj # *lice* nf
lisse ou lice nf (métier à tisser)
listeau nm, pl *listeaux*
lit nm # *lie* nf (dépôt)
lit-cage nm, pl *lits-cages*
litchi, letchi ou lychee nm, pl
litchis, letchis ou *lychees*
liteau nm, pl *liteaux*
lithium nm, pl *lithiums*
lithographie nf (pas de *y*)
litière nf
litige n masculin
littéral, e, aux adj (deux *t*)
littérature nf (deux *t*)
littoral, e, aux adj (deux *t*)
livarot nm (*t* final)
living-room nm, pl *living-rooms*
livre nm # nf (monnaie ou
mesure)
livrée nf
llanos nmpl
lob nm, pl *lobs* # *lobe*
(d'organe)

lobby nm, pl *lobbies* ou *lobbys*
lobe nm # *lob* (tennis)
lobule n masculin
local nm, pl *locaux*
local, e, aux adj
locataire nm ou nf
location nf
loch nm, pl *lochs*
loche nf
lochies nfpl
lock-out nm inv
lock-outer vt
locomotion nf
locution nf
loden nm, pl *lodens*
lœss nm inv
lof nm, pl *lofs* # *loft* (local)
loft nm # *lof* (marine)
logarithme nm (avec *i*)
loggia nf, pl *loggias*
logiciel nm
logicien, enne n
logomachie nf
logorrhée nf (deux *r* et *h*)
loi nf
loi-cadre nf, pl *lois-cadres*
loin adv
lointain, e adj
loi-programme nf, pl
lois-programmes
loir n masculin
lokoum ou loukoum nm, pl
lokoums ou *loukoums*
lombago ou lumbago nm, pl
lombagos ou *lumbagos*
lombes n féminin pl
lombric nm, pl *lombrics*
londrès nm inv (accent)
long, longue adj
long-courrier nm, pl
long-courriers
longévité nf
longiligne adj
longitudinal, e, aux adj
long-jointé, e adj, pl
long-jointés, es
longtemps adv
longueur nf
longue-vue nf, pl *longues-vues*
looping nm, pl *loopings*
loquace adj
loquacité nf
loque n féminin
loquet nm
loqueteau nm, pl *loqueteaux*
lord nm, pl *lords*
lord-maire nm, pl *lords-maires*
lorette nf (deux *t*)
loriot nm (*t* final)
lorry nm, pl *lorrys* ou *lorries*
lors adv
lorsque conj
losange n masculin
lot nm (*t* final)
lote ou lotte nf
loti, e adj

lotionner vt (deux *n*)
lotir vt (un seul *t*)
loto nm, pl *lotos*
lotte ou lote nf
lotus nm inv
loubar ou loubard nm
louche nf (grande cuiller) # adj
louer vt
loufoque adj (un seul *f*)
louis nm inv
louise-bonne nf, pl
louises-bonnes
loukoum ou lokoum nm, pl
loukoums ou *lokoums*
loulou nm, pl *loulous*
loup nm (*p* final)
loup-cervier nm, pl
loups-cerviers
loup-garou nm, pl *loups-garous*
loupiot, e n (gamin)
loupiote nf (petite lampe)
lourd, e adj
lourdaud, e adj, n
loustic nm
louve nf
louveteau nm, pl *louveteaux*
louveter vi, pp *louveté* inv
louvoiement nm (*e* muet)
louvoyer vi, pp *louvoyé* inv
loyal, e, aux adj
loyaliste adj, nm ou nf
loyauté nf
loyer nm
lubrification nf
lubrifier vt
lucane n masculin (insecte) #
lucarne nf (fenêtre)
lucide adj
luciole nf
lucratif, ive adj
luette nf
lueur nf
lui pr pers
luire vi, pp *lui* inv
lumbago ou lombago nm, pl
lumbagos ou *lombagos*
lumen nm
lumière nf
luminaire nm
lumineux, euse adj
lunch nm, pl *lunchs* ou *lunches*
lundi nm, pl *lundis* (pas de
majuscule)
luné, e adj
lunetier, ère n (un seul *t*)
lunette nf
lunetterie nf (deux *t*)
luni-solaire adj, pl *luni-solaires*
lunule nf (un seul *l*)
lupanar nm, pl *lupanars*
lupercales nfpl
lupus nm inv
lurette nf (un *r*, deux *t*)
luron, onne n
lustral, e, aux adj

lut nm (ciment) # *luth*
(instrument de musique) #
lutte (combat)
luth nm # *lut* (ciment)
lutin, e adj
lutte nf (deux *t*)
lutter vi, pp *lutté* inv
luxe nm
luxueux, euse adj
luxuriant, e adj
luzerne nf
lycée nm
lycéen, enne n
lychee, letchi ou **litchi** nm, pl
lychees, letchis ou *litchis*
lycopode nm (attention à l'*y*)
lymphe nf (attention à l'*y*)
lymphocyte nm (deux *y*)
lyncher vt (attention à l'*y*)
lynx nm inv (attention à l'*y*)
lyophiliser vt (avec *y*)
lyre nf # *lire* (monnaie)
lyrique adj (attention à l'*y*)
lys ou **lis** nm inv

M

ma adj poss
macadam nm, pl *macadams*
macaque n masculin
macareux nm inv
macaroni nm inv ou pl
macaronis
macédoine nf
machaon nm
mâche nf (circonflexe sur *â*)
mâchefer nm (circonflexe sur *â*)
mâcher vt (circonflexe sur â)
machiavélique adj
mâchicoulis nm inv (circonflexe
sur *â*)
machinal, e, aux adj
machine-outil nf, pl
machines-outils
machisme nm
macho nm, pl *machos*
mâchoire nf (circonflexe sur *â*)
mâchonner vt (circonflexe sur *â*)
mâchure nf (circonflexe sur *â*)
macle n féminin
maçon nm
mâcon nm (vin) (circonflexe
sur *â*)
maçonner vt (deux *n*)
maçonnique adj
macrocosme nm
maculer vt (un seul *l*)
madame nf, pl *mesdames*
madapolam nm, pl *madapolams*
madeleine nf
mademoiselle nf, pl
mesdemoiselles
madère nm
madériser vt (accent aigu)
madras nm inv
madré, e adj

madrépore nm
madrigal nm, pl *madrigaux*
maelström (attention ae et tréma
sur *ö*) ou **malstrom** nm, pl
maelströms ou *malstroms*
maestria nf, pl *maestrias*
maestro nm, pl *maestros*
maffia ou **mafia** nf, pl *maffias* ou
mafias (majuscule au singulier
s'il s'agit de l'organisation
sicilienne)
maffieux, euse ou **mafieux,
euse** adj
maffioso ou **mafioso** nm, pl
maffiosi ou *mafiosi*
magasin nm (avec un *s*)
magazine nm (avec un *z*)
magenta adj inv, nm
maghrébin, e adj, n
magicien, enne n
magique adj
magister nm, pl *magisters*
magistère nm
magistral, e, aux adj
magistrat nm
magma nm, pl *magmas*
magnanerie nf
magnanimité nf
magnat nm (*t* final)
magner (se) vpr
magnésium nm, pl *magnésiums*
magnéto nf, pl *magnétos*
magnétophone nm
magnétoscope nm
magnificat nm inv
magnificence nf
magnolia n masculin
magnum nm, pl *magnums*
magot nm (*t* final)
magouille nf
maharaja ou **maharadjah** nm, pl
maharajas ou *maharadjahs*
maharani nf, pl *maharanis*
mahatma nm, pl *mahatmas*
mahdi nm, pl *mahdis*
mah-jong nm, pl *mah-jongs*
mahométan, e adj, n
mai nm, pl *mais* (pas de
majuscule) # *mais* prép
maïeutique nf (tréma sur *ï*)
maigriot, otte adj
mail nm, pl *mails*
mail-coach nm, pl *mail-coachs*
ou *mail-coaches*
maillechort nm
mailler vt
maillet nm
mailloche nf
maillon nm
maillot nm (*t* final)
main nf # *maint* adj indéf
main-d'œuvre nf, pl
mains-d'œuvre
main-forte nf singulier
mainlevée nf
mainmise nf
mainmorte nf

maint, e adj indéf, pl *maints,
maintes* # *main* nf
maintenance nf
maintenant adv
maintenir vt, pp *maintenu, e*
maintien nm
maire nm # *mère* # *mer*
mairesse nf
mais conj # *mai* nm (mois)
maïs nm inv (tréma sur *ï*)
maisonnée nf (deux *n*)
maistrance nf
maître nm ; *se rendre maître*
→ p 84 # *mètre* nm (mesure) #
mettre vt
maître-à-danser nm, pl
maîtres-à-danser
maître-autel nm, pl
maîtres-autels
maître-chien nm, pl
maîtres-chiens
maîtresse nf (circonflexe sur *î*)
maîtrise nf (circonflexe)
majesté nf
majeur, e adj et n
major nm
majordome nm
majorette nf (deux *t*)
majorité nf
majuscule nf
mal nm, pl *maux* # adv (*mal*) #
malle nf (valise)
malabar adj inv en genre ; nm,
pl *malabars*
malachite n féminin
maladroit, e adj
malaga nm, pl *malagas*
mal-aimé, e n, pl *mal-aimés, es*
malaisé, e adj
malandrin nm
malappris, e adj, n (deux *p*)
malaria nf, pl *malarias*
malavisé, e adj (en un mot)
malbâti, e adj (circonflexe sur *â*)
malchance nf
malcommode adj
maldonne nf
mâle adj ; nm (circonflexe sur *â*)
malédiction nf
maléfice nm
malencontreux, euse adj
mal-en-point adj inv
malentendu nm
malfaçon nf
malfaire vi (seulement infinitif)
malfaisant, e adj (attention *ai*)
malfamé, e adj
malformation nf
malfrat nm (*t* final)
malgré prép (*é* final)
malhabile adj
malheur nm
malhonnête adj (circonflexe)
malice nf
malignité nf (attention *gn*)
malin, maligne adj

malingre adj
malintentionné, e adj
malle nf (deux *l*) # *mal* adv
malléable adj (deux *l*)
malléole nf (deux *l* d'abord)
malle-poste nf, pl *malles-poste*
(trait d'union)
mallette nf (deux *l*, deux *t*)
mal-logé, e n, pl *mal-logés, es*
malotru, e adj
malsain, e adj
malséant, e adj
malsonnant, e adj (deux *n*)
malstrom ou **maelström** nm, pl
malstroms ou *maelströms*
malt nm
malthusien, enne adj (avec *th*)
malvacée nf
malveillance nf
malveillant, e adj
malvenu, e adj
malversation nf
mamelle nf
mamelon nm (un seul *l*)
mamelonné, e adj (deux *n*)
mamelouk nm, pl *mamelouks*
mammaire adj (deux *m*)
mammifère nm (deux *m*, un *f*)
mammouth nm, pl *mammouths*
(deux *m*)
manager nm, pl *managers*
manant nm (*t* final)
manche nm (outil) # nf
(vêtement)
manchot, ote adj (un seul *t*)
mandat nm (*t* final)
mandat-carte nm, pl
mandats-cartes
mandat-lettre nm, pl
mandats-lettres
mandibule n féminin
mandragore n féminin
mandrill nm, pl *mandrills*
mandrin nm
manécanterie nf
manège nm (accent grave)
mânes n masculin pl
(circonflexe)
manette nf (deux *t*)
manganèse nm
mangeoire nf
mangeotter vt (deux *t*)
mange-tout ou **mangetout** nm
inv
mangonneau nm, pl
mangonneaux
mangouste n féminin
mangue n féminin
manichéen, enne adj
manicle ou **manique** nf
manie nf
maniement nm (*e* muet)
manier vt
manière nf
maniéré, e adj (accents aigus)
manigance nf

manille nf
manioc nm, pl *maniocs*
manipule n masculin
manique ou **manicle** nf
manitou nm, pl *manitous*
manivelle nf
manne nf (deux *n*)
mannequin nm (deux *n*)
manœuvre nf ; nm (ouvrier)
manse nm ou nf
mansuétude nf
mante nf
manteau nm, pl *manteaux*
manucure nm ou nf
manuel, elle adj
manu militari loc adv
manuscrit, e adj
manutention nf
manutentionnaire nm ou nf
(deux *n*)
maoïsme nm (tréma sur *ï*)
maoïste adj, nm ou nf (tréma)
mappemonde n féminin (deux *p*)
maquereau nm, pl *maquereaux*
maquette nf (deux *t*)
maquignonnage nm (deux *n*)
maquiller vt
maquis nm inv (*s* final)
marabout nm
maraîcher, ère n (circonflexe)
marais nm inv
marâtre nf (circonflexe sur *â*)
maraud, e n ; **maraude** nf
marauder vi, pp *maraudé* inv
maravédis nm inv
marc nm (*c* final)
marcassin nm
marchand, e n
marché nm
marchepied nm
marcher vi, pp *marché* inv
marcotte nf
mardi nm, pl *mardis* (sans
majuscule)
mare nf # *marre* adv
maréchal nm, pl *maréchaux*
maréchalerie nf
maréchal-ferrant nm, pl
maréchaux-ferrants
maréchaussée nf
marée nf
marelle nf (deux *l*)
marengo adj inv
mareyeur, euse n
margelle nf (deux *l*)
marginal, e, aux adj, n
marguerite nf (un seul *t*)
marguillier nm
mari nm # *marri* adj (fâché)
marial, e, als adj
marie-salope nf, pl
maries-salopes
marigot nm (*t* final)
marijuana ou **marihuana** nf
marin, e adj ; **marin** nm
marinade nf (un seul *n*)

marine nf
maringouin nm
mariole ou **mariolle** adj, nm ou
nf
marionnette nf (un *r*, deux *n*)
marital, e, aux adj
marivauder vi, pp *marivaudé* inv
marjolaine nf
Mark nm, pl *Marks*
marketing nm, pl *marketings*
marmaille nf
marmelade nf (un seul *l*)
marmenteau nm, pl
marmenteaux
marmite nf (un seul *t*)
marmiton nm
marmonner vt (deux *n*)
marmoréen, enne adj
marmot nm (*t* final)
marmotte nf (deux *t*)
marmotter vt (deux *t*)
maroilles ou **marolles** nm inv
maronite adj, nm ou nf (un *r*,
un *n*)
maronner vi (un *r*, deux *n*)
maroquin nm
maroquinier, ère nm
marotte nf (deux *t*)
maroufle n féminin
marque nf
marqueter vt (un seul *t*)
marqueur nm (feutre)
marquis, e n
marraine nf (deux *r*, un *n*)
marrant, e adj (deux *r*)
marre adv (en avoir marre) #
mare nf (eau)
marrer (se) vpr
marri, e adj (deux *r*) # *mari* nm
(époux)
marron nm ; adj inv (couleur)
marron, onne adj, n
marronnier nm (deux *r*, deux *n*)
mars nm inv (pas de majuscule)
marsouin nm
marsupial nm, pl *marsupiaux*
marte ou **martre** nf
marteau nm, pl *marteaux*
marteau-pilon nm, pl
marteaux-pilons
martel nm
martèlement nm (accent grave)
martial, e, aux adj
martien, enne adj
martin-chasseur nm, pl
martins-chasseurs
martinet nm
martin-pêcheur nm, pl
martins-pêcheurs
martre ou **marte** nf
martyr, e adj, n (personne)
martyre nm (supplice)
marxiste adj, nm ou nf
maryland nm, pl *marylands*
mas nm inv # *mât* (d'un navire)
mascaret nm

mascotte nf (deux *t*)
masculin, e adj
masse nf
massepain nm (un seul *p*)
masséter nm, pl *masséters*
massicot nm (*t* final)
massicoter vt (un seul *t*)
massif, ive adj ; **massif** nm
massue nf
mastaba nm, pl *mastabas*
mastic nm (*c* final)
masticage nm
mastication nf
mastiquer vt
mastite n féminin
mastoc adj inv
mastodonte n masculin
mastoïde adj (tréma sur le *ï*)
mastroquet nm
m'as-tu-vu nm inv
mat nm (aux échecs), pl *mats* ; adj inv (sans circonflexe)
mat, e adj (terne)
mât nm (circonflexe sur *â*) # *mas* (maison)
matador nm, pl *matadors*
matamore nm
match nm, pl *matchs*
mât de cocagne nm, pl *mâts de cocagne* (sans trait d'union)
maté nm
matelas nm inv
matelasser vt
matelot nm (*t* final)
matelote nf (un seul *t*)
mater vt # **mâter** (bateau) [circonflexe]
mâtereau nm, pl *mâtereaux* (circonflexe sur *â*)
matériau nm, pl *matériaux*
matériel, elle adj
maternel, elle adj
mathématique adj ; nf
matheux, euse n
matière nf
matin nm → p 57 # *mâtin* (chien)
mâtin nm (circonflexe sur *â*) # *matin* (temps)
mâtin, e n (circonflexe sur *â*)
matinal, e, aux adj
matines nfpl (sans circonflexe)
matir vt (sans circonflexe)
matité nf (sans circonflexe)
matois, e adj
maton, onne n
matorral nm, pl *matorrals*
matou nm, pl *matous*
matraquage nm
matras nm inv (*s* final)
matriarcal, e, aux adj
matriarcat nm
matricule n masculin
matrilocal, e, aux adj
matrimonial, e, aux adj
matrone nf (un seul *n*)
matronyme nm (avec *y*)

mâture nf (circonflexe sur *â*)
maturité nf
maudire vt, pp *maudit, e*
maugréer vt
maure ou **more** adj
mauresque nf
mauresque ou **moresque** adj
mausolée nm
maussade adj
mauvais, e adj
mauve nf (fleur) ; adj ; nm (couleur)
mauviette nf (deux *t*)
mauvis nm inv (*s* final)
maxillaire nm (deux *l*)
maximal, e, aux adj
maximum nm, pl *maximums* ou *maxima* → p 49
maya adj, pl *mayas*
mayonnaise nf
mazagran nm
mazarinade nf
mazette nf (deux *t*)
mazout nm
mazurka nf, pl *mazurkas*
me pr pers
mea culpa nm inv (en deux mots, sans accent)
méat nm (*t* final)
mécanique adj ; nf
mécanographie nf
mécénat nm
mécène nm (attention aux accents)
méchamment adv
méchanceté nf
méchant, e adj
mèche nf
mécher vt (accent aigu)
mécompte n masculin
méconnaissance nf
méconnaître vt (circonflexe sur *î*), pp *méconnu, e*
mécontent, e adj
mécréant nm
médaille nf
médecine-ball ou **medicine-ball** nm, pl *médecine-balls* ou *medicine-balls*
medersa nf (sans accent)
media nm inv ou **média** nm, pl *médias*
médian, e adj ; **médiane** nf
médianoche nm, pl *médianoches*
médiat, e adj
médiation nf
médical, e, aux adj
médicament nm
médication nf
médicinal, e, aux adj
medicine-ball ou **médecine-ball** nm, pl *medicine-balls* ou *médecine-balls*
médico-légal, e, aux adj
médico-social, e, aux adj
médiéval, e, aux adj

médina nf, pl *médinas*
médire vti, pp *médit* inv
médisance nf
médisant, e adj
méditerranéen, enne adj (un *t*, deux *r*, un *n* avant *é*)
médium nm, pl *médiums*
médius nm inv
médoc nm, pl *médocs*
médullaire adj (deux *l*)
meeting nm, pl *meetings*
méfait nm
mégalithe n masculin (avec *th*)
mégalithique adj
mégalomane adj, nm ou nf
mégalopole ou **mégapole** nf
mégaphone nm
mégarde (par) loc adv
mégathérium nm, pl *mégathériums*
mégère nf
mégis nm inv (*s* final)
mégot nm (*t* final)
mégoter vi, pp *mégoté* inv
méhari nm, pl *méharis* ou *méhara*
meilleur, e adj ; *des meilleurs* → p 59
mélampyre n masculin
mélancolie nf
mélanome nm
mélasse nf
mêlé-cassis ou **mêlé-cass** nm inv (circonflexe)
mélèze nm (accent aigu + grave)
méli-mélo nm, pl *mélis-mélos*
mélinite n féminin
mélioratif, ive adj
mélisse nf
mélodie nf
mélomane nm ou nf
melonnière nf (deux *n*)
mélopée nf
melting-pot nm, pl *melting-pots*
membrane nf (un seul *n*)
même adj, adv → p 65
mémento nm, pl *mémentos*
mémoire nf # nm (écrit)
mémorandum nm, pl *mémorandums*
mémorial nm, pl *mémoriaux*
menace nf
ménager, ère adj
mendiant, e n
mendicité nf
mendier vt
mendigot, e n (*t* final)
meneau nm, pl *meneaux*
menées nfpl
ménestrel nm
ménétrier nm
menhir nm, pl *menhirs*
méninge nf (surtout au pl)
méniscal, e, aux adj
ménisque nm

ménopause nf
menotte nf
menstrues nfpl
mensuel, elle adj
mensuration nf
mental, e, aux adj
menthe nf (avec *th*)
menthol nm (avec *th*)
mention nf
mentionner vt (deux *n*)
mentir vi, pp *menti* inv
mentonnière nf (deux *n*)
mentor nm, pl *mentors*
menu nm # *menu* adj (petit)
menu, e adj # *menu* adv
menuet nm
menu-vair nm, pl *menus-vairs*
méphistophélique adj
méphitique adj
méplat, e adj ; **méplat** nm
méprendre (se) vpr, pp
  mépris, e
mépris nm inv (*s* final)
mer nf # *mère* #*maire* nm
mercanti nm, pl *mercantis*
mercantile adj
mercenaire nm
mercerie nf
merci nm, nf (à la merci de)
mercredi nm, pl *mercredis* (pas
  de majuscule)
mercure n masculin
mercuriale nf
merdoyer vi, pp *merdoyé* inv
mère nf # *maire* nm # *mer* nf
mère-grand nf, pl *mères-grand*
merguez nf inv
méridien, enne adj
méridional, e, aux adj
meringue nf
mérinos nm inv
merlan nm
merlu nm, pl *merlus*
mérou nm, pl *mérous*
merrain nm (deux *r*)
mérule nm ou nf
merveille nf
mes adj poss
mésalliance nf (deux *l*)
mésallier (se) vpr (deux *l*)
mescal nm, pl *mescals*
mesdames nfpl
mesdemoiselles nfpl
mésentente nf
mésestimer vt
mésintelligence nf
mesquin, e adj
mesquinerie nf
mess nm inv # *messe* nf
  (célébration)
messagerie nf
messe nf # *mess* nm inv (salle)
messianique adj
messidor nm, pl *messidors*
messie nm
messieurs nmpl

messire nm
métacarpe n masculin
métairie nf
métal nm, pl *métaux* (les dérivés
  avec deux *l* : *métallique* adj,
  métalliser vt, *métallurgie* nf)
métalloïde nm (tréma sur *ï*)
métamorphose nf
métaphore nf
métaphysique nf
métastase nf
métathèse nf (*t* puis *th*)
métayer, ère n
métempsycose nf (pas de *h*)
météo nf, pl *météos*
météore n masculin
météorite n féminin
météorologie nf
métèque nm
méthane nm
méticuleux, euse adj
métis, isse adj, n
métonymie nf
mètre nm # *maître* nm # *mettre*
  vt
métrer vt (accent aigu)
métro nm, pl *métros*
métropole nf
mets nm inv (attention à la finale)
mettre vt, pp *mis, e* # *mètre* nm
  (mesure) # *maître* nm
meuble adj ; nm
meugler vi, pp *meuglé* inv
meunier, ère n
meurette nf (deux *t*)
mezzanine n féminin, pl
  mezzanines
mezza voce adv (pas d'accent)
mezzo-soprano n masculin, pl
  mezzo-sopranos (trait d'union)
mi nm inv # *mie* nf (pain)
miaou nm, pl *miaous*
miasme nm
miauler vi, pp *miaulé* inv
mica nm, pl *micas*
mi-carême nf, pl *mi-carêmes*
micelle nf
mi-chemin (à) loc adv
mi-clos, e adj, pl *mi-clos, es*
micmac nm, pl *micmacs*
mi-corps (à) loc adv
mi-côte (à) loc adv
mi-course (à) loc adv
micro nm, pl *micros*
microclimat nm
microcosme nm
microfilm nm
microlite nm (petit cristal)
micro-ondes nm inv (*s* final)
micro-ordinateur nm, pl
  micro-ordinateurs
micro-organisme nm, pl
  micro-organismes
microphone nm
microprocessus nm
microscope nm

microsillon nm
micro-trottoir nm, pl
  micros-trottoirs
miction nf
midi n masculin, pl *midis* → p 57
midinette nf
midship nm, pl *midships*
mie nf # *mi* nm inv (note)
mielleux, euse adj
mien, enne adj poss
miette nf
mieux-être nm inv
mièvre adj
mièvrerie nf
mignard, e adj
mignon, onne adj, n
mignonnette adj f, nf
migrant, e n
migrateur, trice adj
mi-jambe (à) loc adv
mijaurée nf (attention *au*)
mijoter vt
mikado nm, pl *mikados*
mil nm ; **mil** adj num inv
milan nm
mildiou nm, pl *mildious*
milicien, enne n
milieu nm, pl *milieux*
militaire nf
militer vi, pp *milité* inv
milk-bar nm, pl *milk-bars*
mille nm ; **mille** adj num inv
mille-feuille nf (plante) ; nm
  (gâteau) ; pl *mille-feuilles*
millénaire nm (deux *l*, un *n*)
millénarisme nm
mille-pattes nm inv
mille-pertuis ou **millepertuis** nm
  inv
millésime nm
millet nm
milliard nm
millième adj ord
millier nm
million nm
millionième adj ord (un seul *n*)
millionnaire nm ou nf (deux *n*)
milord nm, pl *milords*
mi-lourd, e adj m, pl *mi-lourds*
mime n masculin
mimosa n masculin, pl *mimosas*
mi-moyen nm, adj m, pl
  mi-moyens
minaret nm
minauder vi, pp *minaudé* inv
minerai nm
minéral, e, aux adj
minestrone nm, pl *minestrones*
minet, ette n
mineur, e adj, n
mini adj inv, nm
minibus nm inv
minima (a) loc adv
minimal, e, aux adj
minimum nm, pl *minimums* ou
  minima → p 49

ministère nm
ministériel, elle adj (accent aigu)
Minitel nm (nom déposé)
minium nm, pl *miniums*
minois nm inv (*s* final)
minuit n masculin, pl *minuits*
minus nm inv
minuscule adj ; nf
minute nf (un seul *t*)
minutie nf
minutieux, euse adj
mi-parti, e adj, pl *mi-partis, es*
mirabelle nf
miraculé, e n
miraculeux, euse adj
mirador nm, pl *miradors*
mire-œufs nm inv
mirepoix nf inv
mirettes nfpl (deux *t*)
mirobolant, e adj
miroiter vi, pp *miroité* inv
miroton ou **mironton** nm
misaine nf
misanthrope adj, nm ou nf (attention *th*)
miscellanées nfpl (avec *sc*)
miscible adj (attention *sc*)
misérable adj (accent aigu)
misère nf (accent grave)
miséréré nm, pl *misérérés*
miséreux, euse adj, n (accent aigu)
miséricorde nf
misogyne adj, nm ou nf (avec *y*)
miss nf, pl *miss* ou *misses*
missel nm
missile nm (deux *s*)
mission nf
missionnaire nm ou nf (deux *n*)
mistral nm, pl *mistrals*
mitan n masculin
mitard nm
mite nf # *mythe* nm (légende)
mi-temps nf inv (trait d'union)
miteux, euse adj
mithridatiser vt (avec *th*)
mitigé, e adj
mitonner vt (deux *n*)
mitoyen, enne adj
mitoyenneté nf
mitraille nf
mitral, e, aux adj
mi-voix (à) loc adv
mixité nf
mixte adj
mixtion nf
mnémotechnique adj ; nf
mobile adj ; nm
mobile home nm, pl *mobile homes* (sans trait d'union)
mobilier nm ; **mobilier, ère** adj
Mobylette nf (nom déposé)
mocassin nm
mocheté nf
modal, e, aux adj

mode nf (vogue) # nm (manière d'être)
modèle nm
modéliste nm ou nf (accent aigu)
moderato adv (sans accent)
modern style nm singulier, adj inv
modification nf
modifier vt
modillon nm
modiste nm ou nf
module n masculin
modus vivendi nm inv (en deux mots)
moelle nf (deux *l*, pas d'accent)
moelleux, euse adj (deux *l*)
moellon nm (deux *l*)
mœurs nfpl
mofette, mouffette, moufette nf
mohair nm, pl *mohairs*
moi pr pers ; nm inv # *mois* nm inv (temps)
moie ou **moye** nf
moignon nm
moineau nm, pl *moineaux*
moins adv
moins-disant nm, pl. *moins-disants*
moins-perçu nm, pl *moins-perçus*
moins-value nf, pl *moins-values*
mois nm inv # *moi* pr pers
moïse nm, pl *moïses* (tréma)
moissonner vt (deux *n*)
moissonneuse-batteuse nf, pl *moissonneuses-batteuses*
moitié nf
moka nm, pl *mokas*
molaire nf (sans circonflexe)
mole nf (physique) [sans circonflexe]
môle n masculin (digue) # n féminin (poisson) [circonflexe]
molécule nf
moleskine nf
molester vt (pas d'accent)
moleter vt (un seul *t*)
molette nf
mollah nm, pl *mollahs*
mollesse nf (deux *l*)
mollet nm (deux *l*)
molleton nm
molletonner vt (deux *l*, deux *n*)
mollir vi, vt
mollusque n masculin
moloch nm, pl *molochs*
molosse nm (un seul *l*)
molybdène nf
môme nm ou nf (circonflexe)
moment nm
momentané, e adj
momentanément adv
momerie nf (pas de circonflexe)
momie nf
mon adj poss
monacal, e, aux adj

monachisme nm
monarchie nf
monastère nm
monaural, e, aux adj
monceau nm, pl *monceaux*
mondain, e adj
mondanité nf
mondial, e, aux adj
monétaire adj
mongolien, enne n
mongoloïde adj (tréma sur *ï*)
moniale nf
moniteur, trice n
monitorat nm (*t* final)
monitoring nm
monnaie nf
monnaie-du-pape nf, pl *monnaies-du-pape*
monnayer vt
monobloc adj
monochrome adj
monoclinal, e, aux adj
monocoque adj
monocorde adj
monogramme nm
monographie nf
monolingue adj
monolithe n masculin (avec *th*)
monologue nm
monomanie nf
monôme nm (circonflexe)
monoplan nm
monopole n masculin
Monopoly nm (nom déposé)
monorail nm, pl *monorails*
monoski nm, pl *monoskis*
monosyllabe n masculin
monothéisme nm
monotonie nf
monovalent, e adj
monozygote adj
monseigneur nm, pl *messeigneurs* ou *nosseigneurs*
monsieur nm, pl *messieurs*
mont nm
mont-blanc nm, pl *monts-blancs*
mont-de-piété nm, pl *monts-de-piété*
mont-d'or nm, pl *monts-d'or*
monte-charge nm inv
monte-en-l'air nm inv
monte-plats nm inv
monte-sac(s) nm, pl *monte-sacs*
montgolfière nf
mont-joie nm, pl *monts-joie*
montre-bracelet nf, pl *montres-bracelets*
monument nm
monumental, e, aux adj
moquette nf
moquetter vt (deux *t*)
moraine nf (un *r*, un *n*)
moral nm singulier
moral, e, aux adj ; **morale** nf
morasse nf
moratoire n masculin

morbleu interj
morceau nm, pl *morceaux*
morceler vt (un seul *l*)
morcellement nm (deux *l*)
mordacité nf
mordicus adv
mordiller vt
mordoré, e adj
mordre vt, pp *mordu, e*
more ou **maure** adj # *mort*
morelle nf (deux *l*)
moresque ou **mauresque** adj
morfil nm
morfondre (se) vpr, pp
  morfondu, e
morganatique adj
moribond, e adj (*d* final)
moricaud, e adj, n (*d* final)
morigéner vt
morille nf (deux *l*)
morillon nm (deux *l*)
mormon, e n
morphine nf
morphologie nf
mors nm inv # (il) *mord* # *mort*
morse n masculin
mort nf (fin de la vie)
mort, morte n (personne)
mortadelle nf
mortaise nf
mortalité nf
mort-aux-rats nf inv
mort-bois nm, pl *morts-bois*
morte-eau nf, pl *mortes-eaux*
mortel, elle adj, n
morte-saison nf, pl
  mortes-saisons
mortification nf
mortifier vt
mort-né, e adj, n,
  pl *mort-nés, es*
mortuaire adj
morula nf, pl *morulas*
morutier, ère adj
morveux, euse adj, n
mosaïque nf (tréma sur le *ï*)
mosquée nf
mot nm # *maux* (pl de *mal*)
motard nm
motel nm (*l* final)
motet nm
moteur nm ; **moteur, trice** adj
motif nm
motion nf
motoculture nf
motocyclette nf
motopompe nf
motricité nf
motte nf (deux *t*)
motu proprio loc adv
motus interj
mou nm, pl *mous* # *moût* nm
  (jus de raisin) # *moue* nf
  (grimace)
mou, mol (devant une voyelle ou
  un *h* muet), **molle** adj, pl.
  mous, molles

moucharabieh nm, pl
  moucharabiehs
mouchard, e n
moucheter vt (un seul *t*)
mouchette nf (deux *t*)
moudre vt, pp *moulu, e*
moue nf (grimace) # *mou* #
  moût
mouette nf (deux *t*)
mouffette, moufette, mofette nf
moufle n féminin (un seul *f*)
mouflet, ette n (un seul *f*)
moufter vi, pp *moufté* inv
mouiller vt
moujik nm, pl *moujiks*
moule nm # nf (coquillage)
mourir vi, pp *mort, e*
mouron nm (un seul *r*)
mousmé nf, pl *mousmés*
mousquet nm
moussaillon nm
mousse nm # nf (écume)
mousse adj (émoussé)
mousseline nf
mousson nf
moustiquaire n féminin
moustique nm
moût nm (circonflexe) # *mou*
  (poumon) # *moue* nf (grimace)
moutard nm (*d* final)
moutonner vi, pp *moutonné* inv
  (deux *n*)
mouvement nm
mouvoir vt, pp *mû* (circonflexe),
  mue, mus, mues
moye ou **moie** nf
moyen, enne adj, n
Moyen Âge nm (sans trait
  d'union)
moyenâgeux, euse adj (en un
  seul mot)
moyen-courrier nm, pl
  moyen-courriers
moyennant prép
moyen-oriental, e, aux adj (trait
  d'union)
moyette nf
moyeu nm, pl *moyeux*
mozarabe adj
mucilage n masculin
mucosité nf
mucus nm inv
muer vi
muet, ette adj
muezzin nm, pl *muezzins*
muffin nm, pl *muffins*
mufti ou **muphti** nm, pl *muftis* ou
  muphtis
mugir vi, pp *mugi* inv
muguet nm
muid nm, pl *muids*
mulâtre nm (circonflexe sur *â*)
mulâtresse nf (circonflexe sur *â*)
mule-jenny nf, pl *mule-jennys*
mulet nm
muleta nf, pl *muletas*

muletier, ère adj, n
mulot nm (*t* final)
multicolore adj
multicoque adj ; nm
multicouche adj
multiforme adj
multilinguisme nm
multipare adj ; nf
multipartisme nm
multiplier vt
multiposte adj ; nm
multirisque adj
multisalles adj (*s* au singulier)
multiservice adj
municipal, e, aux adj
munificent, e adj
munitions nfpl
muqueux, euse adj ; **muqueuse**
  nf
mur nm # *mûr* adj (à maturité)
mûr, e adj (circonflexe sur *û*) #
  mur nm (cloison)
muraille nf
mural, e, aux adj ; nm (décor),
  pl *murals*
mûre nf (circonflexe sur *û*) [fruit]
murène nf
murex nm inv
mûrir vi (circonflexe sur *û*)
murmure n masculin
musaraigne nf
musarder vi, pp *musardé* inv
musc nm
muscadet nm
muscat nm (*t* final)
musculation nf
museau nm, pl *museaux*
musée nm
muser vi, pp *musé* inv
musette nf
muséum nm, pl *muséums*
musical, e, aux adj ; nm
  (comédie), pl *musicals*
music-hall nm, pl *music-halls*
musicien, enne adj, n
musique nf
musqué, e adj
musulman, e adj
mutatis mutandis loc adv
mutin, e adj
mutité nf
mutualisme nm
mutuel, elle adj
mycélium nm, pl *mycéliums*
mycologie nf
mycose nf
mygale nf
myocarde nm
myopathe nm ou nf
myope adj, nm ou nf
myosotis n masculin inv
myriade nf
myrrhe n féminin (*h* après les
  deux *r*)
myrte n masculin
myrtille nf (deux *l*)

mystère nm
mystérieux, euse adj (accent aigu)
mysticisme nm
mystifier vt
mystique adj
mythe nm # *mite* nf (insecte)
mythologie nf
myxomatose nf (attention à l'*y*)

N

nabab nm, pl *nababs*
nabi nm, pl *nabis*
nabot, e n (*t* final)
nacelle nf
nacre n féminin
nadir nm
nævus nm inv
naguère adv
naïade nf (tréma sur *ï*)
naïf, ïve adj (tréma sur *ï*)
nain, naine n
naissain nm
naissance nf (sans circonflexe)
naître vi (circonflexe), pp *né, e*
naïvement adv (tréma)
naïveté nf (tréma)
naja nm, pl *najas*
nanan nm (au sing)
nandou nm, pl *nandous*
nankin nm, pl *nankins*
napalm nm, pl *napalms*
naphtaline nf
naphte n masculin
napoléonien, enne adj
nappe vt (deux *p*)
narcisse n masculin
narco-analyse nf, pl *narco-analyses*
narcose nf (sans circonflexe)
narguilé ou **narghilé** nm
narine nf (un seul *r*)
narquois, e adj
narrateur, trice n (deux *r*)
narration nf (deux *r*)
narrer vt (deux *r*)
narthex nm inv
narval nm, pl *narvals*
nasal, e, aux ou **als** adj
naseau nm, pl *naseaux*
nasiller vi, pp *nasillé* inv
natal, e, als adj
natif, ive adj
nation nf
national, e, aux adj
nationaliser vt (un seul *n*)
nationalisme nm
natron ou **natrum** nm, pl *natrons* ou *natrums*
natte nf (deux *t*)
naturel, elle adj
nauséabond, e adj
nauséeux, euse adj
nautique adj
nautonier nm (un seul *n*)

navaja nf, pl *navajas*
naval, e, als adj
navarin nm
navet nm
navette nf
navicert nm inv
navigable adj (pas de *u*)
navigant, e n # *naviguant* pprés du v *naviguer*
navigation nf
naviguer vi, pp *navigué* inv
navire-citerne nm, pl *navires-citernes*
navire-hôpital nm, pl *navires-hôpitaux*
nazi, e adj, pl *nazis, es*
ne adv
néanmoins conj
néant nm
nébuleuse nf
nécessaire adj ; nm
nec plus ultra nm inv
nécromancie nf
nécropole n féminin
nécrose nf (sans circonflexe)
nectaire n masculin
nectar nm, pl *nectars*
nef nf, pl *nefs*
nèfle nf
néflier nm (accent aigu)
négatif, ive adj
négation nf
négligemment adv
négligence nf
négligent, e adj # *négligeant* pprés du v *négliger*
négoce n masculin
négocier vt
nègre nm
négresse nf (accent aigu)
négrier nm (accent aigu)
négro-africain, e adj, pl *négro-africains, es*
negro spiritual nm, pl *negro spirituals* (sans accent)
négus nm inv (accent aigu)
neiger vi, pp *neigé* inv
némathelminthe nm (deux *th*)
nénuphar nm (attention *ph*)
néoclassicisme nm
néocolonialisme nm
néoformation nf
néogrec, néogrecque adj
néo-impressionnisme nm
néolithique adj ; nm (avec *th*)
néologie nf
néonatal, e, als adj
néophyte nm ou nf (avec *phy*)
néoréalisme nm
néo-zélandais, e adj
népenthès nm inv
néphrétique adj
néphrite nf
népotisme nm
nerf nm (*f* final)
nerveux, euse adj

nervi nm, pl *nervis*
net, nette adj
netteté nf
nettoiement nm (*e* muet)
nettoyage nm
neuf adj num inv
neuf, neuve adj
neural, e, aux adj
neurasthénie nf (avec *th*)
neurologie nf
neurologue nm ou nf
neurone nm (un seul *n*)
neutre adj, nm ou nf
neuvaine nf
neuvième adj ord
névé nm, pl *névés*
neveu nm
névralgie nf
névrite nf (un seul *t*)
névropathe adj, nm ou nf
névrose nf
new deal nm singulier
new-look nm inv
nez nm inv
ni conj
niais, e adj, n
nickel nm, pl *nickels* ; adj inv
nid nm (*d* final)
nid-d'abeilles nm, pl *nids-d'abeilles*
nid-de-poule nm, pl *nids-de-poule* (traits d'union)
nièce nf
nielle nm # nf (plante)
nigaud, e n (avec *d*)
night-club nm, pl *night-clubs*
nihilisme nm (attention au *h*)
nimbe n masculin
nimbus nm inv
nippe nf ; **nipper** vt (deux *p*)
nippon, nippone ou **nipponne** adj
nirvana nm, pl *nirvanas*
nitre n masculin
nival, e, aux adj
niveau nm, pl *niveaux*
niveler vt (un seul *l*)
nivellement nm (deux *l*)
nivôse nm, pl *nivôses* (circonflexe sur *ô*)
nô ou **no** nm, pl *nôs* ou *nos*
nobliau nm, pl *nobliaux*
nocif, ive adj
noctambule adj, nm ou nf
nocturne adj ; nm ou nf (ouverture en soirée)
nodal, e, aux adj
nodosité nf
nodule n masculin
noël nm (cantique), pl *noëls* (tréma sur *ë*) [majuscule s'il s'agit de la fête]
nœud nm
noir, e adj ; n
noirâtre adj (circonflexe sur *â*)
noisetier nm (un seul *t*)

noisette nf
noix nf inv
noli-me-tangere nm inv (pas d'accents)
nom nm
no man's land nm, pl *no man's lands*
nombril nm (*l* final)
nomenclature nf
nominal, e, aux adj
nomination nf (un seul *n*)
nommer vt (deux *m*)
non adv de négation
non- préf (composés avec trait d'union. Au pluriel, *non* reste inv)
non-activité nf, pl *non-activités*
nonagénaire adj, nm ou nf
non-agression nf, pl *non-agressions*
non-aligné, e n, pl *non-alignés, es*
non-alignement nm, pl *non-alignements*
nonante adj num inv
non-assistance nf, pl *non-assistances*
non-belligérant, e n, pl *non-belligérants, es*
nonce nm
nonchalamment adv
nonchalance nf
nonchalant, e adj
non-combattant nm, pl *non-combattants*
non-conformiste nm ou nf, pl *non-conformistes*
non-croyant, e n, pl *non-croyants, es*
non-directif, ive adj, n, pl *non-directifs, ives*
non-dissémination nf, pl *non-disséminations*
non-engagé, e n, pl *non-engagés, es*
non-événement nm, pl *non-événements*
non-fumeur nm, pl *non-fumeurs*
non-ingérence nf, pl *non-ingérences*
non-intervention nf, pl *non-interventions*
non-lieu nm, pl *non-lieux*
nonne nf
nonobstant prép
non-paiement nm, pl *non-paiements*
non-recevoir nm singulier
non-résident, e n, pl *non-résidents, es*
non-retour nm singulier
non-réussite nf, pl *non-réussites*
non-sens nm inv
non-spécialiste nm ou nf, pl *non-spécialistes*
non-stop nf, pl *non-stops* ; adj inv

non-valeur nf, pl *non-valeurs*
non-violence nf, pl *non-violences*
non-violent, e adj, n, pl *non-violents, es*
nopal nm, pl *nopals*
nord nm inv
nord-africain, e adj, pl *nord-africains, es*
nord-américain, e adj, pl *nord-américains, es*
nord-coréen, enne adj, pl *nord-coréens, ennes*
nord-est nm inv
nordique adj
nord-ouest nm inv
noria nf, pl *norias*
normal, e, aux adj
nos adj poss
nosologie nf
nostalgie nf
nota ou **nota bene** nm inv
notaire nm ; **notairesse** nf
notamment adv
notarial, e, aux adj
note nf
noter vt (un seul *t*)
notice nf
notifier vt
notion nf
notionnel, elle adj (deux *n*)
notre adj poss # **nôtre** pr poss
nôtres (les) nmpl (circonflexe)
notule nf
nouba nf, pl *noubas*
noue nf
noueux, euse adj
nougat nm (*t* final)
nouille nf
noumène nm
nounou nf, pl *nounous*
nourrain nm (deux *r*)
nourrir vt (dérivés avec deux *r* : *nourriture, nourrice,* etc.)
nourrisson nm (deux *r*, deux *s*)
nous pr pers
nouure nf (attention *uu*)
nouveau nm ; **nouvelle** nf, pl *nouveaux, nouvelles* → p 62
nouveau, nouvel (devant voyelle ou *h* muet), **nouvelle** adj
nouveau-né, e n, adj, pl *nouveau-nés, es*
nouveauté nf
nouvelliste nm ou nf (deux *l*)
novation nf
novembre nm, pl *novembres* (pas de majuscule)
novice nm ou nf
noyau nm, pl *noyaux*
noyer vt ; **noyer** nm
nu nm ; **nu, e** adj
nuageux, euse adj
nuance nf
nubile adj (un seul *l*)
nucal, e, aux adj
nucléaire adj ; nm

nucléole n masculin
nudité nf
nuée nf
nu (nue)-propriétaire n, pl *nus (nues)-propriétaires*
nue-propriété nf, pl *nues-propriétés*
nues nfpl (nuages)
nuire vti, pp *nui* inv
nuit nf
nuitamment adv
nul, nulle adj indéf
nul et non avenu, nulle et non avenue loc adj
nullard, e adj
nullement adv
nûment ou **nuement** adv
numéraire nm
numéral, e, aux adj
numéro nm, pl *numéros*
numismate nm ou nf
nunchaku nm, pl *nunchakus*
nu-pieds nm inv
nuptial, e, aux adj
nurse nf
nursery nf, pl *nurserys* ou *nurseries*
nursing nm, pl *nursings*
nutritif, ive adj
nyctalope adj
Nylon nm (nom déposé)
nymphal, e, als adj
nymphe nf
nymphéa n masculin, pl *nymphéas*
nymphée n masculin
nymphette nf
nymphomane nf

O

ô interj (circonflexe sur *ô*)
oasis n féminin inv
obédience nf
obéir vti
obélisque n masculin
obèse adj
obésité nf (accents aigus)
obi nf, pl *obis*
objectal, e, aux adj
objectif, ive adj
objet nm
objurgations nfpl
oblat, e n
obligeamment adv
obligeance nf
obligeant, e adj
oblong, ongue adj
obole nf (un seul *l*)
obscène adj (avec *sc*)
obscénité nf (accents aigus)
obscur, e adj
obscurément adv
obsèques n féminin pl
obséquieux, euse adj
observatoire nm

obsession nf
obsessionnel, elle adj (deux *n*)
obsidienne nf
obsidional, e, aux adj
obsolescent, e adj (avec *sc*)
obsolète adj (accent grave)
obstacle n masculin
obstétrical, e, aux adj
obstétricien, enne n
obstétrique nf
obstructionnisme nm (deux *n*)
obtempérer vti, pp *obtempéré* inv
obtenir vt, pp *obtenu, e*
obtention nf
obtus, e adj (avec *s*)
obus nm inv (*s* final)
obvier vti, pp *obvié* inv
ocarina n masculin, pl *ocarinas*
occasion nf (deux *c*)
occasionnel, elle adj (deux *n*)
occident nm
occidental, e, aux adj
occipital, e, aux adj
occiput nm
occire vt, pp *occis, e*
occitan nm
occlusif, ive adj (deux *c*)
occlusion nf (deux *c*)
occulte adj (deux *c*)
occuper vt (deux *c*, un *p*)
occurrence nf (deux *c*, deux *r*)
occurrent, e adj (deux *c*)
océan nm
ocelle n masculin
ocelot nm (*t* final)
ocre nf (argile) ; adj inv ; nm (couleur)
octal, e, aux adj
octane n masculin
octante adj num inv
octave n féminin
octobre nm, pl *octobres* (pas de majuscule)
octogénaire adj, nm ou nf
octogonal, e, aux adj
octogone nm (pas de circonflexe)
octosyllabe adj ; nm
octroi nm
octroyer vt
oculaire adj ; nm
oculiste nm ou nf
odalisque nf
ode nf
odieux, euse adj
odorant, e adj
odorat nm (*t* final)
odoriférant, e adj
odyssée nf
œcuménique adj
œdémateux, euse adj (accent aigu)
œdème n masculin
œdipe nm
œil nm, pl *yeux*, ou *œils* (technique) → p 48

œil-de-bœuf nm, pl *œils-de-bœuf*
œil-de-chat nm, pl *œils-de-chat*
œil-de-perdrix nm, pl *œils-de-perdrix*
œil-de-pie nm, pl *œils-de-pie*
œillade nf
œilleton nm
œilletonner vt (deux *n*)
œillette nf
œnologie nf
œsophage nm
œstral, e, aux adj
œstrogène nm
œuf nm, pl *œufs*
œuvre n féminin ; masculin → p 39
offense nf (deux *f*)
offertoire n masculin
office nm (fonction) ; nf ou nm (des deux genres) [pièce]
official nm, pl *officiaux*
officiel, elle adj (deux *f*)
officier vi, pp *officié* inv
officier nm (deux *f*)
officieux, euse adj (deux *f*)
officinal, e, aux adj (deux *f*)
officine nf (deux *f*)
offre nf
offrir vt, pp *offert, e*
offset nm inv (deux *f*)
offshore adj inv, nm inv
offusquer vt (deux *f*)
ogival, e, aux adj
ogre nm ; **ogresse** nf
oh, ohé interj
oïdium nm (tréma)
oignon nm
oignonade nf (un seul *n*)
oindre vt, pp *oint, e*
oing nm
oiseau nm, pl *oiseaux*
oiseau-lyre nm, pl *oiseaux-lyres*
oiseau-mouche nm, pl *oiseaux-mouches*
oiselet nm
oiseux, euse adj
oisif, ive adj
oisillon nm
O.K. interj
okapi nm, pl *okapis*
okoumé nm, pl *okoumés*
oléagineux, euse adj
oléoduc nm
olfactif, ive adj
olibrius nm inv
olifant nm (un seul *l* et *t* final)
oligarchie nf
oligocène adj ; nm
oligoélément nm
olographe adj (pas de *h* au début du mot)
ombelle nf (deux *l*)
ombellifère nf
ombilic nm
ombilical, e, aux adj
omble n masculin
ombrageux, euse adj

ombre nf (zone sombre) # nm (poisson)
ombrelle nf
oméga nm, pl *omégas*
omelette nf (un *l*, deux *t*)
omettre vt, pp *omis, e*
omission nf (un seul *m*)
omnibus nm inv
omnidirectionnel, elle adj
omnipotent, e adj
omniscient, e adj (avec *sc*)
omnisports adj inv
omnium nm, pl *omniums*
omnivore adj, nm ou nf
omoplate n féminin
on pr indéf
onagre nm (animal) # nf (plante)
once n féminin
oncial, e, aux adj ; **onciale** nf
oncologie nf
onction nf
onctueux, euse adj
ondée nf
ondin, e n
on-dit nm inv
ondoiement nm (*e* muet)
ondoyer vt
one-man-show nm, pl *one-man-shows*
onéreux, euse adj
onguent nm
oniromancie nf
onomatopée nf
onusien, enne adj
onychophagie nf
onyx nm inv
onzain nm
onze adj num inv
onzième adj ord
oolithe ou **oolite** n féminin
opacification nf
opacifier vt
opale n féminin
opalin, e adj ; **opaline** nf
opéra nm, pl *opéras*
opéra-comique nm, pl *opéras-comiques*
opération nf
opérationnel, elle adj (deux *n*)
opercule n masculin
opérer vt
ophtalmie nf
ophtalmologie nf
opiacé, e adj
opiner vi, pp *opiné* inv
opiniâtre adj (circonflexe)
opiniâtrement adv
opiniâtreté nf
opiomane nm ou nf
opium nm, pl *opiums*
opopanax nm inv (deux fois un seul *p*)
opossum nm, pl *opossums* (un seul *p*)
opportun, e adj # *importun* (gêneur)

opportunément adv
opportunité nf
opposer vt (deux *p*)
oppresser vt (deux *p*)
opprimer vt (deux *p*)
opprobre n masculin (deux *p*)
opter vi, pp *opté* inv
opticien, enne n
optimal, e, aux adj
optimum nm, pl *optimums* ou
　optima → p 49
option nf
opulence nf
opulent, e adj
opus nm inv
opuscule n masculin
or nm (métal) # conj # *hors*
　prép
oraison nf
oral, e, aux adj
orange nf (fruit) ; adj inv ; nm
　(couleur)
orangeade nf
orang-outan(g) nm, pl
　orangs-outan(g)s
oratoire adj ; n masculin
oratorio nm, pl *oratorios*
orbe n masculin
orbiculaire adj
orbital, e, aux adj
orbite n féminin
orchestral, e, aux adj
orchestre nm
orchidée nf
ordinaire adj ; nm
ordinal, e, aux adj
ordinand nm (clerc)
ordinant nm (évêque)
ordinateur nm (un seul *n*)
ordo nm inv
ordonnance nf (prescription,
　décret) ; nm ou nf (soldat)
ordonnancer vt (deux *n*)
ordonner vt (deux *n*)
oreille-de-mer nf, pl
　oreilles-de-mer
oreille-de-souris nf, pl
　oreilles-de-souris
oreillons nmpl
orémus nm inv (avec accent)
orfèvre nm ou nf
orfraie nf
organdi nm, pl *organdis*
organeau nm, pl *organeaux*
organiste nm ou nf
orge nf (plante) # nm (grain)
orgeat nm
orgelet nm
orgue nm → p 39
orgueil nm (attention *ueil*)
orgueilleux, euse adj
orient nm
oriental, e, aux adj
orifice nm (un seul *f*)
oriflamme n féminin
original nm, pl *originaux*

original, e, aux adj, n
oripeau nm, pl *oripeaux*
ormeau nm, pl *ormeaux*
orne n masculin
ornement nm
ornemental, e, aux adj
ornithologue nm ou nf
ornithorynque n masculin
orogenèse nf (pas d'*h*)
oronge n féminin
orpailleur nm
orphelinat nm
orphelin, e n
orphéon nm
orphie nf
orque n féminin
orthodoxe adj
orthogonal, e, aux adj
orthographe nf
orthopédie nf
orthophonie nf
ortie nf
ortolan nm
orvet nm
orviétan nm
os nm inv
osciller vi, pp *oscillé* inv
　(attention *sc*)
oseille nf
osselet nm (deux *s*, un *l*)
osseux, euse (deux *s*)
osso-buco nm inv
ostéite nf
ostentation nf
ostéomyélite n féminin (avec *y*)
ostéopathe nm ou nf
ostracisme nm
ostréiculture nf
otage n masculin
ôter vt (circonflexe), pp *ôté, e*
otite n féminin
oto-rhino-laryngologie nf
ottoman, e adj
ou conj # *où* adv (de lieu)
où adv (de lieu) # *ou* conj
ouailles nfpl
ouais interj
ouate n féminin
oubli nm (sans *e* final)
oued nm, pl *oueds*
ouest nm inv
oui adv ; nm inv # *ouïe* nf (sens)
ouï-dire nm inv (tréma sur *ï*)
ouïe nf (tréma sur *ï*) # *oui* adv
ouïr vt, pp *ouï, e* (tréma sur *ï*)
ouistiti nm, pl *ouistitis*
oukase ou **ukase** nm, pl *oukases*
　ou *ukases*
ouléma ou **uléma** nm, pl
　oulémas ou *ulémas*
ourlet nm
ours nm inv ; **ourse** nf
outardeau nm, pl *outardeaux*
outil nm (*l* final)
outillage nm (deux *l*)
outrance nf

outre nf # prép
outre-Atlantique adv
outrecuidant, e adj
outre-Manche adv (trait d'union)
outremer nm, pl *outremers* ; adj
　inv (couleur)
outre-mer adv (trait d'union)
outrepasser vt
outre-Rhin adv (trait d'union)
outre-tombe adv (trait d'union)
outsider nm, pl *outsiders*
ouvrage n masculin ; féminin
　rare : *la belle ouvrage*
ouvré, e adj
ouvre-boîtes nm inv (circonflexe)
ouvre-bouteilles nm inv
ouvre-huîtres nm inv
ouvrier, ère n
ouvriérisme nm (accent aigu)
ouvrir vt, pp *ouvert, e*
ouzbek ou **uzbek** adj ; nm
　(langue)
ouzo nm, pl *ouzos*
ovaire n masculin
ovation nf
ovationner vt (deux *n*)
ove n masculin
overdose nf
ovin, e adj
ovipare adj, nm ou nf
ovni nm, pl *ovnis*
ovoïde adj (tréma sur *ï*)
ovule n masculin
oxhydrique adj (*h* après *x*)
oxyde n masculin
oxygène nm
oxygéner vt (accent aigu)
oxymore ou **oxymoron** nm
oxyure n masculin
oyat nm
Ozalid nm (nom déposé)
ozone n masculin

P

pacage nm
pacemaker nm, pl *pacemakers*
pacha nm, pl *pachas*
pachyderme n masculin
pacification nf
pacifier vt
pack nm, pl *packs*
pacotille nf (deux *l*)
pactiser vi, pp *pactisé* inv
pactole n masculin
paddock nm, pl *paddocks*
paddy nm, pl *paddys*
paella nf, pl *paellas*
paf adj inv (ivre)
pagaie nf (rame)
pagaille, pagaye ou **pagaïe** nf
　(désordre)
paganisme nm
pagayer vi, pp *pagayé* inv
page nf # nm (jeune noble)
paie ou **paye** nf

paiement ou **payement** nm
païen, enne n (tréma sur *ï*)
paierie nf (*e* muet)
paillard, e n, adj (deux *l*)
paillasse nf (deux *l*)
paille nf (deux *l*)
paille-en-queue nm, pl
   pailles-en-queue
paillet nm (*t* final)
pailleter vt (un seul *t*)
paillette nf (deux *t*)
pain nm # *pin* (arbre)
pair nm # *père* (famille)
pair, e adj ; **paire** nf (couple)
pairesse nf
pairie nf
paisible adj
paisseau nm, pl *paisseaux*
paître vt, vi (circonflexe)
paix nf inv # *paie* (salaire)
pal nm, pl *pals*
palabre nf ou nm
palace nm
palais nm inv (*s* final)
palan nm
palanquin nm
palatal, e, aux adj
palatial, e, aux adj
palatin, e adj
pale nf (sans circonflexe) # *pâle*
   adj (blanc, clair)
pâle adj (circonflexe sur *â*) #
   pale nf (d'hélice)
pale-ale nm, pl *pale-ales*
palefrenier nm
palefroi nm
paléolithique adj
palestre n féminin
palet nm
paletot nm (*t* final)
palette nf (deux *t*)
palétuvier nm (un seul *t*)
pâleur nf (circonflexe sur *â*)
pali nm (langue) # *pâli* (de *pâlir*)
palimpseste n masculin
palindrome n masculin
palinodie nf (un seul *l*)
palissade nf
palissandre n masculin
palladium nm, pl *palladiums*
palléal, e, aux adj
palliatif nm
pallier vt # *palier* nm
pallium nm, pl *palliums*
palmaire adj
palmarès nm inv (accent grave)
palmé, e adj
palmer nm, pl *palmers*
palombe nf (un seul *l*)
palonnier nm (un *l*, deux *n*)
pâlot, otte adj (circonflexe sur *â*)
palpe n masculin
palpébral, e, aux adj
palpiter vi, pp *palpité* inv
paltoquet nm
paludéen, enne adj

pâmer (se) vpr (circonflexe)
pâmoison nf (circonflexe)
pampa nf, pl *pampas*
pamphlet nm (avec *ph*)
pamplemousse nm ou nf
pampre n masculin
pan nm
panacée nf
panache n masculin
panais nm inv
panama nm, pl *panamas*
panaméricain, e adj
panard, e adj (*d* final)
panaris nm inv (*s* final)
panathénées nfpl
pan-bagnat nm, pl *pans-bagnats*
panchen-lama nm, pl
   panchen-lamas
panchromatique adj
pancrace nm
pancréas nm inv
panda nm, pl *pandas*
pandémonium nm, pl
   pandémoniums
panégyrique nm (*y* après le *g*)
panel nm (*l* final)
paner vt (un seul *n*)
paneton nm # *panneton* (clef)
pangermanisme nm
panhellénisme nm
panicaut nm
panier nm (un seul *n*)
panislamique adj
panne nf (deux *n*)
panneau nm, pl *panneaux*
panneton nm # *paneton* (panier)
panonceau nm, pl *panonceaux*
panorama nm, pl *panoramas*
panser vt # *penser* (réfléchir)
panslave adj
pantagruélique adj
pantalonnade nf (deux *n*)
pantelant, e adj
panthéisme nm (avec *th*)
panthéon nm (avec *th*)
panthère nf (avec *th*)
pantois, e adj
pantomime n féminin
pantoum nm, pl *pantoums*
paon nm ; **paonne** nf
papa nm, pl *papas*
papal, e, aux adj
papaye nf
pape nm ; **papesse** nf
papelard, e adj
paperasse nf
papeterie nf (pas d'accent)
papetier, ère n
papier-calque nm, pl
   papiers-calque
papier-émeri nm, pl
   papiers-émeri
papier-filtre nm, pl *papiers-filtres*
papier-monnaie nm, pl
   papiers-monnaies
papille nf

papillome n masculin
papillon nm
papillote nf (deux *l*, un *t*)
papilloter vi, pp *papilloté* inv
papoter vi, pp *papoté* inv
papou, e adj, pl *papous, es*
paprika nm, pl *paprikas*
papule n féminin (un seul *l*)
papyrus nm inv
pâque nf (circonflexe sur *â*)
paquebot nm (*t* final)
pâquerette nf (circonflexe sur *â*)
Pâques nf ou nm → p 39
paquet nm
par prép # *part* nf (partie)
para nm, pl *paras*
parabellum nm, pl *parabellums*
parabole nf (un seul *l*)
parachèvement nm
paradigme n masculin
paradis nm inv (*s* final)
parados nm inv (*s* final)
paradoxal, e, aux adj
parafe ou **paraphe** n masculin
paraffine nf (deux *f*)
parafiscal, e, aux adj
parages n masculin pl
paragraphe n masculin
paragrêle nm (circonflexe sur *ê*)
paraître vi (circonflexe sur *î*
   devant *t*), pp *paru, e*
parallaxe n féminin (deux *l*)
parallèle adj ; nf (ligne) ; nm
   (comparaison) [deux *l* d'abord,
   un *l* ensuite]
parallélépipède nm
parallélisme nm
parallélogramme nm
paralogisme nm (un seul *l*)
paralympique adj
paralysie nf (avec *y*)
paramédical, e, aux adj
paramètre nm
parangon nm
paranoïa nf (tréma sur *ï*)
paranoïaque adj, nm ou nf
   (tréma sur *ï*)
paranormal, e, aux adj
parapet nm
paraphe ou **parafe** n masculin
paraphrase nf
paraplégie nf
parapluie nm
parapsychologie nf
parasite n masculin
parasol nm (un seul *s*)
parasympathique adj ; nm
parathyroïde nf
paratonnerre nm (deux *n*,
   deux *r*)
paratyphoïde nf
paravalanche n masculin
paravent nm
parbleu interj
parc nm
parcage nm

parcellaire adj (deux *l*)
parcelle nf
parce que loc conj
parcimonie nf
par-ci, par-là loc adv
parcourir vt, pp *parcouru, e*
parcours nm inv (*s* final)
par-derrière loc adv
par-dessous loc adv
par-dessus loc adv
pardessus nm (en un seul mot)
par-devant loc adv
pardi ou **pardieu** interj
pardonner vt (deux *n*)
pare-balles adj inv
pare-brise nm inv
pare-chocs nm inv
pare-éclats nm inv
pare-étincelles nm inv
pare-feu nm inv
parégorique adj
pareil, eille adj, n → p 59
parélie ou **parhélie** n masculin
parenchyme n masculin
parent, e n
parental, e, aux adj
parentéral, e, aux adj
parenthèse nf (avec *th*)
paréo nm, pl *paréos*
parésie nf
pare-soleil nm inv
paresse nf (un seul *r*)
parfaire vt, pp *parfait, e*
parfait, e adj
parfois adv
parfum nm
parhélie ou **parélie** n masculin
pari nm
paria nm, pl *parias*
pariétal, e, aux adj
parigot, e n
parisianisme nm (un seul *n*)
parisien, enne adj
parisyllabique adj ; nm (un *s*)
parjure n masculin
parking nm, pl *parkings*
parlement nm
parlementer vi, pp *parlementé* inv
parmesan nm, pl *parmesans*
parmi prép
parodie nf
parodontal, e, aux adj
paroi n féminin
paroissial, e, aux adj
parole nf (un *r*, un *l*)
paronyme nm (attention à l'*y*)
parotide n féminin
paroxysme nm (avec *y*)
paroxysmique, paroxystique ou **paroxysmal, e, aux** adj
parpaillot, e n (deux *l*)
parpaing nm, pl *parpaings*
parquer vt
parquet nm
parqueter vt (un seul *t*)

parrain nm
parrainer vt (deux *r*, un *n*)
parricide nm ou nf (personne) ; nm (acte)
parsi, e adj, n
part nf # **par** prép
partenaire nm ou nf
parterre nm # **par terre**
parthénogenèse nf (*h* après *t*)
parti nm # **partie** nf (portion)
partial, e, aux adj (avec un *t*)
participer vti, pp *participé* inv
participial, e, aux adj
particulier, ère adj
partie nf # **parti** nm (association)
partir vi, pp *parti, e*
partisan, partisane adj, n
partitif, ive adj
partition nf
partout adv (*t* final)
parturiente nf (avec un *e*)
parution nf
parvenir vi, pp *parvenu, e*
parvis nm inv (*s* final)
pas nm inv, adv
pascal nm (mesure), pl *pascals*
pascal, e, als ou **aux** adj (de Pâques)
pas-d'âne nm inv
pas-de-porte nm inv
pas-grand-chose nm ou nf inv
paso doble nm inv
passacaille nf
passavant nm
passé nm
passe-bande adj inv
passe-boules nm inv
passe-crassane nf inv
passe-droit nm, pl *passe-droits*
passe-lacet nm, pl *passe-lacets*
passementerie nf
passe-montagne nm, pl *passe-montagnes*
passe-partout nm inv
passe-passe nm inv
passe-pied nm, pl *passe-pieds*
passe-plat nm, pl *passe-plats*
passepoil nm (en un mot)
passeport nm (en un mot)
passereau nm, pl *passereaux*
passerelle nf
passe-temps nm inv
passe-thé nm inv
passe-tout-grain nm inv
passe-volant nm, pl *passe-volants*
passif, ive adj ; **passif** nm
passim adv
passing-shot nm, pl *passing-shots*
passion nf
passionnel, elle adj (deux *n*)
passionner vt (deux *n*)
passoire nf
pastel nm
pastelliste nm ou nf (deux *l*)

pastèque nf
pastiche n masculin
pastille nf
pastis nm inv
pastoral, e, aux adj
pastoureau, elle n, pl *pastoureaux, elles*
pat adj m inv
pataquès nm inv (accent grave)
patatras interj
pataud, e adj, n (*d* final)
patauger vi, pp *pataugé* inv
patchouli nm, pl *patchoulis*
patchwork nm, pl *patchworks*
pâte nf # **patte** (partie du corps)
pâté nm (circonflexe sur *â*)
pâtée nf (circonflexe sur *â*)
patelin, e adj
patelle nf (deux *l*)
patène nf
patenôtre n féminin (circonflexe)
patent, e adj
patente nf
Pater nm inv (majuscule)
patère nf
paternalisme nm
paternel, elle adj
pâteux, euse adj (circonflexe)
pathétique adj (attention *th*)
pathologie nf (attention *th*)
pathos nm inv (attention *th*)
patibulaire adj
patiemment adv
patience nf
patient, e adj ; n (client d'un médecin)
patienter vi, pp *patienté* inv
patio nm, pl *patios*
pâtir vi, pp *pâti* inv (circonflexe)
pâtis nm inv (circonflexe sur *â*)
pâtisserie nf (circonflexe sur *â*)
pâtissier, ère n (circonflexe)
patois nm inv
patouiller vi, pp *patouillé* inv
pâtre nm (circonflexe sur *â*)
patriarcal, e, aux adj
patriarcat nm (*t* final)
patriarche nm
patricien, enne n
patrie nf
patrilocal, e, aux adj
patrimoine nm
patrimonial, e, aux adj
patriote nm ou nf
patron, onne n
patronage nm (un seul *n*)
patronal, e, aux adj (un seul *n*)
patronner vt (avec deux *n*)
patronnesse adj f (deux *n*)
patronyme nm (un *n* et *y*)
patrouille nf
patte nf # **pâte** (farine)
patte-de-loup nf, pl *pattes-de-loup*
patte-d'oie nf, pl *pattes-d'oie*
pattemouille nf

pâturage nm (circonflexe sur *â*)
pâture nf (circonflexe sur *â*)
paturon nm (sans circonflexe)
paupérisme nm
paupiette nf (deux *t*)
pause nf # *pose* (de *poser*)
pause-café nf, pl *pauses-café*
pauvre adj, nm ou nf
pauvresse nf
pavane nf (un seul *n*)
pavillon nm
pavois nm inv (*s* final)
pavot nm (*t* final)
paye ou **paie** nf
payeur, euse n
pays nm inv
paysage nm
paysan, anne n (deux *n* au fém)
paysannat nm (deux *n*)
paysannerie nf
péan nm
peau nf, pl *peaux*
peaucier nm
peaufiner vt
peau-rouge adj, pl *peaux-rouges*
peausserie nf
pécaïre interj (tréma sur *ï*)
pécari nm, pl *pécaris*
peccadille nf (deux *c*)
pechblende n féminin
pêche nf
péché nm (accents aigus) #
  pêcher (arbre)
pêcher nm (circonflexe sur *ê*) #
  péché (faute)
pêcher vt (du poisson)
pécher vi, pp *péché* inv
pécheur, eresse n (accent aigu)
pêcheur, euse n (circonflexe)
pectoral, e, aux adj
pécule n masculin
pécuniaire adj
pédagogie nf
Pédalo nm (nom déposé)
pédant, e adj
pédéraste nm
pédestre adj
pédiatre nm ou nf (sans
  circonflexe)
pédicule n masculin
pédicure nm ou nf
pedigree nm, pl *pedigrees*
pédoncule n masculin
peeling nm, pl *peelings*
pègre nf
peigne nm
peindre vt, pp *peint, e*
peine nf # *penne* nf (plume) #
  pêne nm (de serrure)
peinture nf
péjoratif, ive adj
pékin ou **péquin** nm
pelade nf (un seul *l*)
pelage nm (un seul *l*)
pélagique adj (de la mer)
pêle-mêle adv (deux
  circonflexes)

pèlerin nm (accent grave)
pèlerinage nm (accent grave)
pèlerine nf (accent grave)
pélican nm
pelisse nf (un seul *l*)
pellagre nf (deux *l*)
pelle nf
pelle-bêche nf, pl *pelles-bêches*
pelletée nf (deux *l*, un *t*)
pelleter vt
pelleterie nf
pellicule nf (deux *l*, puis un *l*)
pelotari nm, pl *pelotaris*
pelote nf (un seul *t*)
pelotonner vt (deux *n*)
pelvis nm inv
pénal, e, aux adj
penalty nm, pl *penaltys* ou
  penalties
pénates n masculin pl
penaud, e adj (avec *d*)
pencher vt, vi
pendant prép (*t* final)
pendard, e n (avec *d*)
pendeloque n féminin
pendentif nm
pendre vt, pp *pendu, e*
pendule nm (poids oscillant) # nf
  (horloge)
pêne nm (circonflexe sur *ê*) #
  penne nf (plume) # *peine* nf
  (chagrin)
pénéplaine nf
pénible adj
pénicilline nf (deux *l*)
péninsule nf
pénis nm inv
pénitence nf
pénitencier nm (avec un *c*)
pénitent, e n
pénitentiaire adj (avec un *t*)
penne n féminin # *pêne* nm (de
  serrure) # *peine* nf (chagrin)
penny nm, pl *pence* ou *pennies*
pénombre nf
pense-bête nm, pl *pense-bêtes*
penser vt # *panser* (soigner)
pension nf
pensionnaire nm ou nf (deux *n*)
pensum nm, pl *pensums*
pentagone nm
pentathlon nm
pente nf
Pentecôte nf (circonflexe sur *ô*)
penthotal nm, pl *penthotals*
penture nf (avec *en*)
pénultième adj ; nf
pénurie nf
pépie nf
pépiement nm (*e* muet)
pépier vi, pp *pépié* inv
pépinière nf (attention aux
  accents)
pépiniériste nm ou nf
pépite n féminin (un seul *t*)
péplum nm, pl *péplums*

peppermint nm, pl *peppermints*
péquenot nm (*t* final)
péquin ou **pékin** nm
perçant, e adj
perce-muraille nf, pl
  perce-murailles
perce-neige nf ou nm inv
perce-oreille nm, pl
  perce-oreilles
perce-pierre nf, pl *perce-pierres*
perception nf
percevoir vt, pp *perçu, e*
perclus, e adj
percussion nf (deux *s*)
percussionniste nm ou nf
  (deux *n*)
percutané, e adj
perdre vt, pp *perdu, e*
perdreau nm, pl *perdreaux*
perdrix nf inv (*x* final)
perdurer vi, pp *perduré* inv
père nm # *pair* (noble)
pérégrination nf
péremption nf
péremptoire adj
pérenniser vt (deux *n*)
péréquation nf
perfection nf
perfectionner vt (deux *n*)
perfectionnisme nm (deux *n*)
performance nf
pergola nf, pl *pergolas*
péricarde n masculin
péricliter vi, pp *périclité* inv
péridural, e, aux adj
péridurale nf
périgée n masculin
périhélie n masculin
péril nm
périlleux, euse adj (deux *l*)
périnatal, e, aux adj
périnéal, e, aux adj
périnée nm
périoste n masculin
péripatéticien, enne n
péripétie nf (avec un *t*)
périphérie nf
périphrase nf
périple n masculin
périscope n masculin
périssoire n féminin
péristaltique adj
péristyle nm (avec un *y*)
perlimpinpin nm (un seul *m*)
perlot nm (*t* final)
permanence nf
permanent, e adj
permanganate n masculin
permettre vt, pp *permis, e*
permission nf
permissionnaire nm ou nf
  (deux *n*)
pernicieux, euse adj
péroné nm (un seul *n*)
péronnelle nf (un *r*, deux *n*)
pérorer vi, pp *péroré* inv

perpendiculaire adj ; nf
perpette ou **perpète (à)** loc adv
perpétuer vt
perplexité nf
perquisition nf
perquisitionner vt (deux *n*)
perron nm (deux *r*)
perroquet nm (deux *r*)
perruche nf (deux *r*)
perruque nf (deux *r*)
pers, e adj (avec un *s*)
persécution nf
persévérance nf
persévérer vi, pp *persévéré* inv
persienne nf (deux *n*)
persifler vt (un seul *f*)
persil nm (*l* final)
persillade nf (deux *l*)
persister vi, pp *persisté* inv
persona grata adj inv
personnage nm
personne nf (dérivés avec deux
  n : *personnel, personnalité,*
  etc) ; pr indéf → p 60
perspectif, ive adj ; **perspective**
  nf
perspicace adj
pertinemment adv
pertinence nf
pertinent, e adj
pertuis nm inv (*s* final)
pervenche nf
pervers, e adj, n
perversion nf
pesamment adv
pesant, e adj
pèse-alcool nm inv
pèse-bébé nm inv ou pl
  pèse-bébés
pèse-lait nm inv
pèse-lettre nm inv ou pl
  pèse-lettres
pèse-liqueur nm inv ou pl
  pèse-liqueurs
pèse-personne nm inv ou pl
  pèse-personnes
peser vt → p 39
pèse-sirop nm inv ou pl
  pèse-sirops
peseta nf, pl *pesetas* (sans
  accent)
pessimisme nm
pester vi, pp *pesté* inv
pesticide nm
pestilence nf
pestilentiel, elle adj (avec un *t*)
pétale n masculin
pétant, e adj → p 69
pétard nm (*d* final)
pétaudière nf
pet-de-nonne nm, pl
  pets-de-nonne
péter vt, vi (accent aigu)
pète-sec nm ou nf inv
pétiller vi, pp *pétillé* inv
pétiole n masculin

petiot, ote adj (un seul *t* à la
  finale du fém)
petit, e adj
petit-beurre nm, pl *petits-beurre*
petit-bourgeois,
  petite-bourgeoise adj, n,
  pl *petits-bourgeois,*
  petites-bourgeoises
petitesse nf
petit-fils, petite-fille n, pl
  petits-fils, petites-filles
petit-four nm, pl *petits-fours*
pétition nf
pétitionner vt (deux *n*)
petit-lait nm, pl *petits-laits*
petit-maître, petite-maîtresse n,
  pl *petits-maîtres,*
  petites-maîtresses
petit-nègre nm singulier
petit-neveu, petite-nièce n, pl
  petits-neveux, petites-nièces
petit pois nm, pl *petits pois*
petit salé nm, pl *petits salés*
petits-enfants nmpl
petit-suisse nm, pl *petits-suisses*
pétoire n féminin
pétoncle n masculin
pétrel nm
pétrification nf
pétrifier vt
pétrochimie nf
pétrole n masculin
pétulance nf
pétulant, e adj
pétunia n masculin, pl *pétunias*
peu adv # **peuh** interj
peuple nm
peut-être adv (circonflexe)
pfennig nm, pl *pfennigs* ou
  pfennige
phacochère n masculin
phaéton nm
phagocyte nm
phalange nf
phalanstère n masculin
phalène n féminin
phalloïde adj (tréma sur *i*)
phallus nm inv
phanérogame n féminin
pharaon nm
phare nm
pharisien nm
pharmacie nf
pharyngien, enne adj
pharynx nm inv
phase nf
phénix nm inv
phénol nm
phénoménal, e, aux adj
phénomène nm (attention aux
  accents)
philanthrope nm ou nf (avec *th*)
philatélie nf
philharmonie nf (*h* après *l*)
philippique nf (deux *p*)
philodendron nm

philologie nf
philosophale adj f (pierre)
philosopher vi, pp *philosophé*
  inv
philtre n masculin (d'amour) #
  filtre (appareil)
phlébite nf
phlegmon nm
phobie nf
phonème nm (accent grave)
phonétique adj ; nf
phonographe nm
phonothèque nf
phoque nm
phosphate nm
phosphore nm
phosphorescent, e adj (avec *sc*)
photo nf
photocopie nf
photocopillage nm
photoélectrique adj
photo-finish n féminin, pl
  photos-finish
photogénique adj
photographe nm ou nf
Photomaton nm (nom déposé)
photon nm
photopile nf
photo-robot n féminin, pl
  photos-robots
photo-roman n masculin, pl
  photos-romans
photostoppeur, euse n
photothèque nf
phrase nf
phratrie nf (clan) # *fratrie*
  (ensemble des frères et sœurs)
phréatique adj
phrygien, enne adj
phtisie nf (sans *y*)
phylactère n masculin
phylloxéra ou **phylloxera** nm, pl
  phylloxéras ou *phylloxeras*
physiocrate nm ou nf
physiognomonie nf
physiologie nf
physionomie nf
physique adj ; nf ; nm
phytothérapie nf
pi nm inv (lettre grecque)
piaffer vi, pp *piaffé* inv
piailler vi, pp *piaillé* inv
pianissimo adv (un *n*, deux *s*)
pianiste nm ou nf
piano-bar nm, pl *pianos-bars*
pianoter vi, vt (un seul *t*)
piastre n féminin
piaule nf
piauler vi, pp *piaulé* inv
piazza nf (deux *z*)
pic nm # *pique* (carte)
picador nm, pl *picadors*
picaillons nmpl (deux *l*)
picaresque adj
piccolo nm, pl *piccolos* (deux *c*)
pichenette nf (deux *t*)

pichet nm
picholine nf
pickles nmpl
pickpocket nm, pl *pickpockets*
pick-up nm inv
picot nm (*t* final)
picoter vt (un seul *t*)
picpoul nm, pl *picpouls*
pictogramme nm
pictural, e, aux adj
picvert ou **pivert** nm
pidgin nm
pie nf (oiseau) # adj (couleur)
pièce nf
piécette nf (accent aigu)
pied nm (*d* final)
pied-à-terre nm inv
pied-bot nm, pl *pieds-bots* (personne) [trait d'union]
pied-d'alouette nm, pl *pieds-d'alouette*
pied-de-biche nm, pl *pieds-de-biche*
pied-de-cheval nm, pl *pieds-de-cheval*
pied-de-loup nm, pl *pieds-de-loup*
pied-de-mouton nm, pl *pieds-de-mouton*
pied-de-poule nm, pl *pieds-de-poule* ; adv inv
piédroit ou **pied-droit** nm, pl *piédroits* ou *pieds-droits*
piédestal nm, pl *piédestaux*
pied-fort ou **piéfort** nm, pl *pieds-forts* ou *piéforts*
pied-noir nm, pl *pieds-noirs*
piédouche n masculin
pied-plat nm, pl *pieds-plats*
piéfort ou **pied-fort** nm, pl *piéforts* ou *pieds-forts*
piège nm
piéger vt (accent aigu)
pie-grièche nf, pl *pies-grièches*
pie-mère nf, pl *pies-mères*
pierre nf
pierreries nfpl
pierrot nm (deux *r* et *t* final)
piétaille nf
piété nf
piétement nm (accent aigu)
piéter vi, pp *piété* inv
piéton nm ; **piéton, onne** adj
piétonnier, ère adj (deux *n*)
piètre adj
pieu nm, pl *pieux*
pieux, euse adj
pif nm, pl *pifs*
pifomètre nm
pigeon nm ; **pigeonne** nf
pigeonneau nm, pl *pigeonneaux*
pigment nm
pignocher vi, pp *pignoché* inv
pilaf nm, pl *pilafs*
pile nf, adv (un seul *l*)
piler vt (un seul *l*)

pileux, euse adj (un seul *l*)
piller vt
pillow-lava nf, pl *pillow-lavas*
pilonner vt (deux *n*)
pilori nm, pl *piloris*
pilotis nm inv (*s* final)
pilou nm, pl *pilous*
pilule nf (pas de *l* double)
pimbêche nf (circonflexe sur *ê*)
piment nm (*t* final)
pimpant, e adj
pin nm # *pain* (nourriture)
pinacothèque nf
pinailler vi, pp *pinaillé* inv
pinard nm (*d* final)
pinasse nf
pinceau nm, pl *pinceaux*
pince-monseigneur nf, pl *pinces-monseigneur*
pince-nez nm inv
pince-oreille(s) nm, pl *pince-oreilles*
pince-sans-rire nm ou nf
pinçon nm
pinéal, e, aux adj
pineau nm, pl *pineaux* # *pinot* (vin de Bourgogne)
pinède nf
pingouin nm
ping-pong nm, pl *ping-pongs*
pingre adj
pinot nm # *pineau* (liqueur)
pintadeau nm, pl *pintadeaux*
pin-up nf inv
pinyin nm singulier (*i* après *y*)
piolet nm
pion, pionne n
pioncer vi, pp *pioncé* inv
pionnier nm
pipeau nm, pl *pipeaux*
pipelet, ette n
pipe-line ou **pipeline** nm, pl *pipe-lines* ou *pipelines*
piper-cub nm, pl *piper-cubs*
pipette nf (deux *t*)
pipistrelle nf
pique nf (arme)
pique nm (carte) # *pic* (sommet)
pique-assiette nm ou nf, pl *pique-assiette(s)*
pique-bœuf nm, pl *pique-bœufs*
pique-feu nm inv
pique-nique nm, pl *pique-niques*
pique-niquer vi, pp *pique-niqué* inv
pique-olive nm, pl *pique-olives*
piquer vt
piquet nm
piqueter vt (un seul *t*)
piquette nf (deux *t*)
piqûre nf (circonflexe sur *û*)
piranha ou **piraya** nm, pl *piranhas* ou *pirayas*
pirate nm (un seul *t*)
piriforme adj
pirogue nf

pirojki nmpl
pirouette nf
pirouetter vi, pp *pirouetté* inv
pis nm inv (de vache)
pis adv (plus mauvais)
pis-aller nm inv
pisciculture nf (attention *sc*)
piscine nf (attention *sc*)
pisé nm
pisse-froid nm ou nf inv
pissenlit nm
pistil nm (*l* final)
pistolet nm
pistolet-mitrailleur nm, pl *pistolets-mitrailleurs*
pistonner vt (deux *n*)
pistou nm, pl *pistous*
pitance nf
pitbull ou **pit-bull** nm
pitchpin nm
piteux, euse adj
pithécanthrope nm
pitié nf
pitonner vt (deux *n*)
pitoyable adj
pittoresque adj (deux *t*)
pivert ou **picvert** nm
pivot nm (*t* final)
pivoter vi, pp *pivoté* inv
pizza nf, pl *pizzas* (deux *z*)
pizzeria nf, pl *pizzerias* (deux *z*)
pizzicato nm, pl *pizzicati*
placage ou **plaquage** nm
placard nm (*d* final)
placebo nm, pl *placebos* (sans accent)
placenta nm, pl *placentas*
placer nm, pl *placers*
placet nm
plafond nm
plafonner vt, vi (deux *n*)
plaid nm, pl *plaids* # *plaie* nf (blessure)
plaidoirie nf
plaidoyer nm
plaie nf # *plaid* nm (couverture)
plain, e adj # *plein* (entier)
plain-chant nm, pl *plains-chants*
plaindre vt, pp *plaint, e*
plain-pied (de) loc adv
plainte nf # *plinthe* (bas mur)
plaire vi, pp *plu* inv
plaisamment adv
plaisance nf
plaisancier, ère n
plaisant, e adj
plan nm # *plant* (plante)
plan, e adj
planchéier vt (accent aigu)
plancher nm
plancton nm
planétaire adj (accent aigu)
planétarium nm, pl *planétariums*
planète nf
planèze n féminin
planification nf (un seul *n*)

planifier vt
planisphère n masculin
plan-masse nm, pl *plans-masses*
planning nm, pl *plannings*
plan-relief nm, pl *plans-reliefs*
plant nm # *plan* (projet)
plantain nm
plantigrade nm
plantureux, euse adj
plaquer vt
plasma nm
plastic nm (explosif) ; plastique
  adj ; nm (matière) # nf
  (beauté)
plastronner vi, pp *plastronné* inv
  (deux *n*)
plat nm ; plat, e adj
platane nm (un seul *n*)
plat-bord nm, pl *plats-bords*
plate nf (un seul *t*)
plateau nm, pl *plateaux*
plateau-repas nm, pl
  plateaux-repas
plate-bande nf, pl *plates-bandes*
platée nf
plate-forme nf, pl *plates-formes*
platine nm (métal) ; nf
  (électrophone)
platitude nf
plâtre nm (circonflexe aussi dans
  les dérivés : *plâtras, plâtreux,*
  plâtrer, plâtrier, etc)
plausible adj
play-back nm inv
play-boy nm, pl *play-boys*
plèbe nf
plébéien, enne adj (accents
  aigus)
plébiscite nm (attention *sc*)
pléiade nf
plein, e adj → p 62 # *plain*
  (héraldique)
plein-emploi nm, pl
  pleins-emplois
plein-temps nm, pl *pleins-temps*
plein-vent nm, pl *pleins-vents*
plénier, ère adj
plénipotentiaire adj ; nm
plénitude nf
pléonasme nm
pléthore nf (*h* après *t*)
pleur nm
pleural, e, aux adj
pleurésie nf
pleurite nf (un seul *t*)
pleurnicher vi, pp *pleurniché* inv
pleurote n masculin (un seul *t*)
pleuvoir vi, pp *plu* inv
plèvre nf
Plexiglas nm (nom déposé)
plexus nm inv
pli nm (marque) # *plie* nf
  (poisson)
plier vt
plinthe nf (avec *th*) # *plainte*
  (gémissement)

plomb nm
plombières nf inv
plongeoir nm
plot nm (*t* final)
ploutocratie nf
ployer vt, vi
pluie nf
plumard nm (*d* final)
plumassier, ère n
plum-cake nm, pl *plum-cakes*
plumeau nm, pl *plumeaux*
plumet nm
plum-pudding nm, pl
  plum-puddings
plupart (la) nf singulier
plural, e, aux adj
pluricausal, e, als ou aux adj
pluridimensionnel, elle adj
pluriel nm ; pluriel, elle adj
plurilatéral, e, aux adj
plus adv
plusieurs adj indéf
plus-que-parfait nm, pl
  plus-que-parfaits
plus-value nf, pl *plus-values*
plutonium nm, pl *plutoniums*
plutôt adv (circonflexe sur *ô*) #
  plus tôt (comparatif)
pluvial, e, aux adj
pluvieux, euse adj
pluviôse nm, pl *pluviôses*
  (circonflexe sur *ô*)
pneu nm, pl *pneus*
pneumatique nm
pneumocoque n masculin
pochard, e n
poche nf # nm (livre)
pochetée nf (un seul *t*)
pochette nf
podium nm, pl *podiums*
podzol nm, pl *podzols*
poêle nm (fourneau ; drap
  mortuaire) # nf (ustensile)
  [circonflexe aussi dans les
  dérivés : *poêlée, poêler,*
  poêlon]
poème nm (accent grave)
poésie nf (accent aigu)
poète nm (accent grave)
poétesse nf (accent aigu)
poétique adj (accent aigu)
pognon nm
pogrom ou pogrome nm, pl
  pogroms ou *pogromes* #
  prodrome (début)
poids nm inv # *pois* (légume)
poignant, e adj
poignard nm (*d* final)
poignée nf
poignet nm
poil nm
poil-de-carotte adj inv (couleur)
poinçonner vt (deux *n*)
poindre vi, pp *point* inv
poing nm # *point*
point nm ; point adv

point de vue nm, pl *points de*
  vue (sans trait d'union)
pointeau nm, pl *pointeaux*
pointiller vt
point-virgule nm, pl
  points-virgules
poireau nm, pl *poireaux*
pois nm inv # *poids* (charge)
poissard, e adj
poisser vt
poisseux, euse adj
poisson-chat nm, pl
  poissons-chats
poisson-lune nm, pl
  poissons-lunes
poissonnerie nf (deux *n*)
poisson-scie nm, pl
  poissons-scies
poitrail nm, pl *poitrails*
poix nf inv
poker nm, pl *pokers*
polaire adj (pas de circonflexe)
polar nm, pl *polars*
Polaroïd nm (nom déposé)
polder nm, pl *polders*
pôle nm (circonflexe sur *ô*)
polémique adj ; nf
polenta nf, pl *polentas*
poli, e adj
policeman nm, pl *policemans* ou
  policemen
polichinelle nm (un *n*, deux *l*)
policlinique nf (dispensaire) #
  polyclinique
poliment adv
poliomyélite nf (*y* après le *m*)
polisson, onne n
polissonnerie nf (deux *n*)
politesse nf
poljé n masculin, pl *poljés*
polka nf, pl *polkas*
pollen nm, pl *pollens*
polluer vt (deux *l*)
polo nm, pl *polos*
poltron, onne adj
poltronnerie nf (deux *n*)
polychrome adj
polyclinique nf # *policlinique*
polycopie nf
polyèdre nm (avec un *y*)
polyester nm (avec un *y*)
polygamie nf
polyglotte adj, nm ou nf (deux *t*)
polygone nm (sans circonflexe)
polymorphe adj
polynôme nm (circonflexe)
polynomial, e, aux adj (pas de
  circonflexe)
polype nm
polyphonie nf
polyptyque nm
polytechnique adj
polythéisme nm
polyvalence nf
polyvalent, e adj
pommade nf (deux *m*)

pomme nf (deux *m*)
pommeau nm, pl *pommeaux*
pomme de terre nf, pl *pommes de terre* (sans trait d'union)
pommeler (se) vpr
pommelle nf (deux *m*, deux *l*)
pommer vi (deux *m*)
pommette nf (deux *m*, deux *t*)
pompes funèbres nfpl
pomponner vt (deux *n*)
ponant nm singulier
ponce nf
ponceau nm, pl *ponceaux*
poncho nm, pl *ponchos*
poncif nm, pl *poncifs*
ponction nf
ponctionner vt (deux *n*)
ponctualité nf
ponctuel, elle adj
pondéral, e, aux adj
pondre vt, pp *pondu, e*
poney nm, pl *poneys*
pont nm (*t* final)
ponte nm (personne importante)
   # nf (action de pondre)
pontife nm
pontifical, e, aux adj
pontifier vi, pp *pontifié* inv
pont-l'évêque nm inv (circonflexe)
pont-levis nm, pl *ponts-levis*
ponton-grue nm, pl *pontons-grues*
pontonnier nm (deux *n*)
pont-promenade nm, pl *ponts-promenade*
pont-rail nm, pl *ponts-rails*
pont-route nm, pl *ponts-route*
pool nm, pl *pools*
pop-corn nm iv
pop music nf inv
popote nf (un seul *t*)
populace nf
porc nm # *pore* (orifice) # *port* (abri)
porcelaine nf
porcelet nm
porc-épic nm, pl *porcs-épics*
pore n masculin # *porc* (animal) # *port* (abri)
pornographie nf
porphyre n masculin
port nm # *porc* (animal) # *pore* (orifice)
portail nm, pl *portails*
porte-aéronefs nm inv
porte-à-faux nm inv
porte-aiguille nm, pl *porte-aiguille(s)*
porte-à-porte nm inv
porte-avions nm inv
porte-bagages nm inv
porte-bébé nm, pl *porte-bébé(s)*
porte-billet(s) nm, pl *porte-billets*
porte-bonheur nm inv
porte-bouteille(s) nm, pl *porte-bouteilles*

porte-carte(s) nm, pl *porte-cartes*
porte-cigarette(s) nm, pl *porte-cigarettes*
porte-clef(s) ou -clé(s) nm, pl *porte-clefs* ou -clés
porte-conteneurs nm inv
porte-couteau nm, pl *porte-couteau(x)*
porte-crayon nm, pl *porte-crayon(s)*
porte-document(s) nm, pl *porte-documents*
porte-drapeau nm, pl *porte-drapeau(x)*
portée nf
portefaix nm inv
porte-fenêtre nf, pl *portes-fenêtres* (circonflexe)
portefeuille nm, pl *portefeuilles*
porte-hélicoptères nm inv
porte-malheur nm inv
portemanteau nm, pl *portemanteaux*
portemine nm
porte-monnaie nm inv
porte-outil nm, pl *porte-outil(s)*
porte-parapluie(s) nm, pl *porte-parapluies*
porte-parole nm inv
porte-plume nm, pl *porte-plume(s)*
porter vt ; *se porter caution, garant* → p 84
porter nm, pl *porters*
porte-savon nm, pl *porte-savon(s)*
porte-serviette nm, pl *porte-serviette(s)*
porte-voix nm inv
portillon nm (deux *l*)
portion nf (avec un *t*)
porto nm, pl *portos*
portrait nm
portraitiste nm ou nf
portrait-robot nm, pl *portraits-robots*
Port-Salut nm inv (nom déposé)
posé, e adj
posément adv
positif, ive adj
posologie nf
posséder vt
possessif nm ; **possessif, ive** adj
possession nf
possible adj ; adv → p 63 ; nm
postal, e, aux adj
postdater vt
poste nf # nm (emploi)
postérieur, e adj
posteriori (a) adj inv, adv
postérité nf
postface nf
posthume adj (avec *th*)
postillonner vi, pp *postillonné* inv (deux *n*)

postnatal, e, als ou aux adj
postopératoire adj
postposer vt
postprandial, e, aux adj
postproduction nf
postscolaire adj
post-scriptum nm inv
postsynchroniser vt
postulat nm (*t* final)
postural, e, aux adj
pot nm # *peau* nf (épiderme)
potard nm (*d* final)
potassium nm, pl *potassiums*
pot-au-feu nm inv, adj inv
pot-de-vin nm, pl *pots-de-vin*
poteau nm, pl *poteaux*
potée nf
potelé, e adj
potence nf
potentat nm (*t* final)
potentiel, elle adj
potentiomètre nm
potiner vi, pp *potiné* inv
potion nf (avec un *t*)
pot-pourri nm, pl *pots-pourris*
potron-jaquet (dès) loc adv
potron-minet (dès) loc adv
pou nm, pl *poux* # *pouls* (pulsation)
pouah interj
poubelle nf
pouce-pied nm, pl *pouces-pieds*
poucettes nfpl
pou-de-soie, pout-de-soie ou poult-de-soie nm, pl *poux-, pouts-* ou *poults-de-soie*
pouding ou pudding nm, pl *poudings* ou *puddings*
poudroiement nm (*e* muet)
poudroyer vi
pouf nm, pl *poufs*
pouffer vi, pp *pouffé* inv
pouillerie nf
pouilles nfpl
pouilleux, euse n
pouilly nm, pl *pouillys*
poulailler nm
poulain nm
poulaine nf (un seul *l*)
pouliche nf
poulie nf
pouliner vi, pp *pouliné* inv
poulpe n masculin
pouls nm inv # *pou* (animal)
poupard, e n (avec *d*)
poupée nf
poupin, e adj
pouponner vt (deux *n*)
pour prép
pourboire n masculin
pourceau nm, pl *pourceaux*
pour-cent nm inv
pourcentage nm
pourfendre vt, pp *pourfendu, e*
pourlécher (se) vpr
pourparlers nmpl

pourpoint nm (*t* final)
pourpre n masculin (couleur) ;
adj ; nf (étoffe)
pourquoi adv
pourrir vi, vt, pp *pourri, e*
poursuivre vt, pp *poursuivi, e*
pourtant conj
pourtour nm
pourvoi nm
pourvoir vt, pp *pourvu, e*
pourvoyeur, euse n
pourvu que loc conj
poussah nm, pl *poussahs*
pousse-au-crime nm inv
pousse-café nm inv
pousse-pied nm inv
pousse-pousse nm inv
poussette nf
poussière nf
poussiéreux, euse adj (accent
aigu)
poussif, ive adj
poussin nm
poussinière nf (un seul *n*)
pouvoir vt, pp *pu* inv
pouvoir nm, pl *pouvoirs*
pouzzolane nf, pl *pouzzolanes*
praesidium nm, pl *praesidiums*
pragmatique adj
praire nf
prairial nm, pl *prairials*
prandial, e, aux adj
praticable adj
praticien, enne n
pratiquant, e adj
pré nm # *prêt* adj # *prêt* nm
(don provisoire)
préaccord nm
préalable adj ; nm
préambule n masculin
préau nm, pl *préaux*
préavis nm inv
prébende nf (avec *en*)
précaire adj
précaution nf
précautionner (se) vpr (deux *n*)
précédemment adv
précédent, e adj # *précédant*
pprés du v *précéder*
précepte nm
précepteur, trice n
prêche n masculin (circonflexe)
prêchi-prêcha nm inv
(circonflexe sur *ê*)
précieux, euse adj
précipice nm
précipitamment adv
précipité nm
précis, e adj
précisément adv
précité, e adj
précoce adj
précompte nm
préconçu, e adj
précurseur nm
prédécesseur nm

prédicat nm (*t* final)
prédicateur, trice n
prédiction nf
prédilection nf
prédire vt, pp *prédit, e*
prédominance nf
prédominer vi, pp *prédominé* inv
préélectoral, e, aux adj
prééminence nf (attention *éé*)
prééminent, e adj
préemption nf
préencollé, e adj (en un mot)
préexistant, e adj
préexistence nf
préexister vi, pp *préexisté* inv
préface nf
préfectoral, e, aux adj
préférence nf
préférentiel, elle adj (attention
tiel)
préfet nm ; **préfète** nf
préfixe nm
prégnance nf (attention *é*)
prégnant, e adj
préhension nf
préhistoire nf
préjudice n masculin
prélasser (se) vpr
prélat nm (*t* final)
prêle ou **prèle** nf
prélèvement nm (attention à
l'accentuation)
préliminaire adj ; n masculin
prélude n masculin
préluder vti, pp *préludé* inv
prématuré, e adj, n
prémices n féminin pl #
prémisse nf (première
proposition en logique)
premier, ère adj
premièrement adv (accent
grave)
premier-né, première-née adj,
n, pl *premiers-nés,*
premières-nées
prémisse nf # *prémices* nfpl
(début)
prémolaire nf (un seul *l*)
prémonition nf
prenant, e adj
prénatal, e, als ou **aux** adj
prendre vt, pp *pris, e*
preneur, euse n
prénom nm
prénommé, e adj (deux *m*)
prénuptial, e, aux adj
préoccuper vt (deux *c*)
préopératoire adj
prépondérance nf
prépondérant, e adj
prépuce nm
préretraité, e adj, n, pl
préretraités, es
prérogative nf
près adv # *prêt* adj # *pré*
(champ)

pré-salé nm, pl *prés-salés*
presbyte nm ou nf
presbytéral, e, aux adj (accent
aigu)
presbytère nm
presbytie nf (avec un *t*)
prescience nf (attention *sc*)
préscolaire adj
prescription nf
prescrire vt, pp *prescrit, e*
préséance nf (un seul *s*)
présent, e adj, n
président, e n
présidentiel, elle adj (avec *tiel*)
présidial nm, pl *présidiaux*
présomptif, ive adj
présomption nf
présomptueux, euse adj
presque adv → p 14
presqu'île nf, pl *presqu'îles*
presse-citron nm inv
pressentir vt, pp *pressenti, e*
presse-papiers nm inv
presse-purée nm inv
presse-viande nm inv
pressing nm, pl *pressings*
prestance nf
prestation nf
prestidigitateur, trice n
prestige n masculin
prestissimo adv
presto adv
présure nf
prêt nm # *près* adv # *pré* nm
(champ)
prêt, e adj
prétantaine ou **prétentaine** nf
prêt-à-porter nm, pl
prêts-à-porter
prétendre vt, pp *prétendu, e*
prétendument adv
prête-nom nm, pl *prête-noms*
prétention nf
prêter vt
prétérit nm, pl *prétérits*
prétérition nf
prêteur nm # *préteur* (qui prête)
prêteur, euse n (circonflexe sur
ê) # *préteur* (magistrat romain)
prétexte n masculin
prétoire n masculin
prêtre n masculin
prêtresse nf (circonflexe sur *ê*)
preux nm inv (*x* final)
prévaloir vi, vpr, pp *prévalu, e*
prévarication nf
prévariquer vi, pp *prévariqué* inv
prévenance nf
prévenant, e adj
prévenir vt, pp *prévenu, e*
préventorium nm, pl
préventoriums
prévoir vt, pp *prévu, e*
prévôt nm (circonflexe sur *ô*)
prévoyant, e adj
prie-Dieu nm inv

163

prière nf (accent grave)

prieur, e n

prieuré nm

prima donna nf, pl savant *prime donne*

primat nm (*t* final)

primate nm

primauté nf

primesautier, ère adj

primevère nf

primipare adj ; nf

primitif, ive adj

primo adv

primo-infection nf, pl *primo-infections*

primordial, e, aux adj

prince nm ; **princesse** nf

prince-de-Galles nm inv ; adj inv

princeps adj inv

princier, ère adj

principal, e, aux adj

principauté nf

printanier, ère adj

printemps nm inv

priori (a) adj inv ; adv ; nm inv (sans accent sur le *a*)

prisme nm

prisonnier, ère n (deux *n*)

privatdocent ou **privatdozent** nm, pl *privatdocents, privatdozents*

privautés nfpl

privilège nm

privilégier vt (accent aigu)

prix nm inv (*x* final)

probant, e adj

probité nf

problématique adj ; nf (accent aigu)

problème nm (accent grave)

procédé nm

procéder vti, pp *procédé* inv

procès nm inv

processif, ive adj

procession nf

processionnaire adj (deux *s*, deux *n*)

processus nm inv

procès-verbal nm, pl *procès-verbaux*

prochain, e adj

proche-oriental, e, aux adj

procréation nf

procréer vt

prodigalité nf

prodige nm # **prodigue** adj (dépenser)

pro domo loc adv

prodrome nm # *pogrom* (meurtre de juifs)

producteur, trice adj, n

production nf

produire vt, pp *produit, e*

proéminent, e adj

prof nm ou nf, pl *profs*

profane adj, nm ou nf

proférer vt

profès, esse adj, n

professeur nm

profession nf

professionnalisme nm (un *f*, deux *s*, deux *n*)

professionnel, elle adj

professoral, e, aux adj

profil nm # **profilé** nm

profit nm (*t* final)

profiter vti, pp *profité* inv

profond, e adj

profondément adv

progéniture nf

prognathe adj, nm ou nf (avec *th*)

prognathisme nm

programme nm (deux *m*)

progrès nm (accent grave)

progresser vi, pp *progressé* inv

progressiste adj, nm ou nf

prohiber vt

prohibition nf

prohibitionnisme nm (deux *n*)

proie nf

projectile n masculin

projection nf

projectionniste nm ou nf (deux *n*)

projet nm

prolapsus nm inv

prolégomènes n masculin pl

prolétaire nm ou nf

prolétariat nm (*t* final)

prolifère adj

proliférer vi, pp *proliféré* inv

prolifique adj (un seul *l*)

prolixe adj (un seul *l*)

prologue n masculin

promesse nf

promettre vt, pp *promis, e*

promiscuité nf

promontoire n masculin

promotion nf

promotionnel, elle adj (deux *n*)

promouvoir vt, pp *promu, e*

prompt, e adj

promptitude nf

promulgation nf

promulguer vt

prône nm (circonflexe sur *ô*)

pronom nm

pronominal, e, aux adj

prononciation nf

pronostic nm

pronostiquer vt

pronunciamiento nm, pl *pronunciamientos*

propension nf

propergol nm, pl *propergols*

prophète nm (accent grave)

prophétesse nf (accent aigu)

prophétie nf (accent aigu)

prophylaxie nf

propice adj

propitiation nf

proportion nf

proportionnel, elle adj (deux *n*)

propos nm inv (*s* final)

propre-à-rien nm ou nf, pl *propres-à-rien*

propret, ette adj

propriété nf

propylée n masculin

prorata nm inv

prosaïque adj

prosaïsme nm (tréma sur *ï*)

proscenium nm, pl *prosceniums*

proscription nf

proscrire vt, pp *proscrit, e*

prosélyte nm ou nf (attention *ly*)

prosélytisme nm

prosodie nf

prosopopée nf

prospectus nm inv

prospère adj (accent grave)

prospérer vi, pp *prospéré* inv (accent aigu)

prospérité nf (accents aigus)

prostration nf

prostré, e adj

protagoniste nm ou nf

prote n masculin

protection nf

protectionnisme nm (deux *n*)

protée n masculin

protège-cahier nm, pl *protège-cahiers*

protège-dents nm inv

protéger vt

protège-tibia nm, pl *protège-tibias*

protestant, e n

protêt nm (circonflexe sur *ê*)

prothèse nf (*h* après *t*)

prothésiste nm ou nf (accent aigu)

protide n masculin

protocole n masculin

prototype nm

protozoaire nm

protubérance nf

protubérant, e adj

prou adv # **proue** nf (de navire)

prouesse nf

provençal, e, aux adj ; nm (langue)

provende nf

provenir vi, pp *provenu, e*

proverbial, e, aux adj

providence nf

providentiel, elle adj (avec *tiel*)

provincial, e, aux adj, n

provisionnel, elle adj (deux *n*)

provisoire adj ; nm

provocant, e adj # *provoquant* pprés du v *provoquer*

provocation nf

proxénète nm

proxénétisme nm (accents aigus)

proximité nf

prudemment adv

prudence nf
prudent, e adj
prud'homal, e, aux adj (avec
  apostrophe et un seul m)
prud'homme nm (avec
  apostrophe et deux m)
pruneau nm, pl pruneaux
prurigineux, euse adj
prurigo nm
prurit nm
prussique adj m
prytanée n masculin
psalmodie nf
psaume n masculin
psautier nm
pschent nm, pl pschents
pseudonyme nm (attention y)
psittacisme nm
psoriasis nm inv
psychanalyse nf (deux y)
psychanalyste nm ou nf (deux y)
psychasthénie nf
psyché n féminin, pl psychés
psychédélique adj
psychiatre nm ou nf (pas de
  circonflexe)
psychique adj
psychodrame nm
psychologue nm ou nf
psychopathe nm ou nf (avec th)
psychose nf (sans circonflexe)
psychosocial, e, aux adj
psychosomatique adj
psychothérapie nf
psychotique adj, nm ou nf
ptérodactyle nm
ptôse nf (circonflexe sur ô)
pubère adj
puberté nf
pubescent, e adj (attention sc)
pubis nm inv
public nm ; public, ique adj
publicain nm
publication nf
publiciste nm ou nf
publicité nf
public-relations nfpl
publier vt
puceau nm, pl puceaux
pucelage nm (un seul l)
pucelle nf
puceron nm
pudding ou pouding nm, pl
  puddings ou poudings
puddler vt
pudique adj
puer vi, pp pué inv
puériculture nf
puéril, e adj
puerpéral, e, aux adj
pugilat nm (t final)
pugnace adj
puîné, e adj (circonflexe sur î)
puis adv # puits nm inv (trou)
puisatier nm
puiser vt

puisque conj → p 14
puissamment adv
puissance nf
puissant, e adj
puits nm inv # puis adv (ensuite)
pull nm, pl pulls
pullman nm, pl pullmans
pull-over nm, pl pull-overs
pullulement nm ou pullulation nf
  (deux l puis un seul)
pulluler vi, pp pullulé inv
pulmonaire adj # nf (plante)
pulpe n féminin
pulsar nm, pl pulsars
pulsation nf
pulvérulent, e adj
puma nm, pl pumas
punch nm, pl punchs
punching-ball nm, pl
  punching-balls
pupazzo nm, pl pupazzos ou
  pupazzi
pupille nf (personne) # nm ou nf
pur, e adj
purée nf
pureté nf
purgatoire n masculin
purification nf
purifier vt
puritain, e adj
puritanisme nm (un seul n)
purotin nm (un seul t)
purpurin, e adj
pur-sang nm inv
purulent, e adj
pus nm inv (s final)
push-pull nm inv
pusillanime adj (deux l, un n)
pustule nf (un seul l)
putain ou pute nf
putatif, ive adj
putois nm inv (s final)
putréfaction nf
putréfier vt
putrescible adj (attention sc)
putsch nm, pl putschs
putto nm, pl puttos ou putti
  (deux t)
puy nm # puits nm inv (trou)
puzzle nm, pl puzzles
pygmée nm ou nf
pyjama nm
pylône nm (circonflexe sur ô)
pylore nm (avec un y)
pyorrhée nf (deux r et h)
pyralène nm
pyramidal, e, aux adj
pyramide nf
Pyrex nm (nom déposé)
pyrite n féminin
pyrolyse nf
pyrotechnie nf
pyroxène n masculin
pythie nf
python nm # piton (clou)
pythonisse nf

Q

quadragénaire nm ou nf
quadragésimal, e, aux adj
quadrangulaire adj
quadrant nm
quadrature nf
quadriennal, e, aux adj
quadrige nm
quadrilatéral, e, aux adj
quadrilatère nm (accent grave)
quadrille n masculin
quadriller vt
quadrimoteur nm
quadripartite adj
quadriréacteur nm
quadrupède nm
quadruple adj
quai nm, pl quais
quaker nm ; quakeresse nf
qualification nf
qualifier vt
qualité nf
quand adv # quant à prép
quant à prép # quand adv
quant-à-soi nm inv
quantième nm
quantité nf
quantum nm, pl quanta
quarante adj num inv
quarantième adj ord
quart nm # carre nf (tranchant)
quart-de-pouce nm, pl
  quarts-de-pouce
quart-de-rond nm, pl
  quarts-de-rond
quart d'heure nm, pl quarts
  d'heure (sans trait d'union)
quarte nf
quarteron, onne n
quartette n masculin
quartier-maître nm, pl
  quartiers-maîtres
quarto adv
quartz nm inv
quasi adv (les noms composés
  avec quasi ont un trait d'union ;
  les adjectifs composés n'ont
  pas de trait d'union)
quasi-contrat nm, pl
  quasi-contrats
quasi-délit nm, pl quasi-délits
quasiment adv
quater adv
quaternaire nm
quatorze adj num inv
quatorzième adj ord
quatrain nm
quatre adj num inv
quatre-épices nm inv
quatre-feuilles nm inv
quatre-mâts nm inv
quatre-quarts nm inv
quatre-saisons nf inv
quatre-temps nmpl
quatre-vingt(s) adj num → p 63
quatrième adj ord
quatrillion nm

quattrocento nm singulier
quatuor nm, pl *quatuors*
quel, quelle adj interr
quelconque adj indéf
quelque adj indéf # *quel que*
(en deux mots) ; adv → p 65
quel que adj rel indéf → p 65
quelque chose pr indéf masc
→ p 60
quelquefois adv
quelqu'un, e pr indéf, pl
quelques-uns, -unes
quémander vt
qu'en-dira-t-on nm inv
quenelle nf (deux *l*)
quenotte nf
quenouille nf
querelle nf (un *r*, deux *l*)
quereller vt
quérir vt, pp *quéri, e*
questeur nm
questionner vt (deux *n*)
quête nf (circonflexe sur *ê*)
quetsche nf (*s* avant *ch*)
quetzal nm, pl *quetzals*
queue-d'aronde nf, pl
queues-d'aronde
queue-de-cheval nf, pl
queues-de-cheval
queue-de-morue nf, pl
queues-de-morue
queue-de-pie nf, pl
queues-de-pie
queue de poisson nf, pl *queues
de poisson* (sans trait d'union)
queue-de-rat nf, pl *queues-de-rat*
queue-de-renard nf, pl
queues-de-renard
queue leu leu (à la) loc adv
queuter vi, pp *queuté* inv
queux nm inv (maître queux)
qui pr rel
quia (à) loc adv
quiconque pr indéf
quidam nm, pl *quidams*
quiet, ète adj
quiétude nf (accent aigu)
quignon nm
quille nf (deux *l*)
quinaud, e adj
quincaillerie nf
quincaillier, ère n (*i* avant et
après *ll*)
quinconce n masculin
quinine nf
quinquagénaire nm ou nf
quinquennal, e, aux adj
quinquet nm
quinquina nm, pl *quinquinas*
quintal nm, pl *quintaux*
quintessence nf (deux *s*)
quintette n masculin
quinteux, euse adj
quintuple adj
quinzaine nf
quinze adj num inv

quinzième adj ord
quiproquo nm, pl *quiproquos*
quittance nf (deux *t*)
quitte adj, pl *quittes* (deux *t*)
quitter vt (deux *t*)
quitus nm inv (un seul *t*)
qui-vive nm inv
quoi pr rel interr
quoi que pr rel indéf (en deux
mots) # **quoique** conj → p 66
quolibet nm
quorum nm, pl *quorums*
quota nm, pl *quotas*
quote-part nf, pl *quotes-parts*
quotidien nm
quotidien, enne adj
quotient nm
quotité nf

R

rabâchage nm (circonflexe)
rabâcher vt (circonflexe)
rabais nm (*s* final)
rabat nm (*t* final)
rabat-joie nm inv
rabattre vt, pp *rabattu, e* (tous
les dérivés avec deux *t* :
rabattage, rabatteur, etc.)
rabbin nm (deux *b*)
rabbinique adj
rabelaisien, enne adj
rabiot nm (*t* final)
râble nm (circonflexe sur *â*)
rabot nm (*t* final)
raboteux, euse adj
rabouilleur, euse n
rabouter vt (un seul *t*)
racaille nf
raccommoder vt (deux *c*,
deux *m*)
raccord nm (deux *c*, *d* final)
raccourcir vt (deux *c*)
raccroc nm (*c* muet final)
raccrocher vt
racé, e adj, pl *racés, ées*
racémique adj
racer nm, pl *racers*
rachat nm (*t* final)
rachidien, enne adj
rachis nm inv
racial, e, aux adj
racinal nm, pl *racinaux*
racket nm, pl *rackets*
racketteur, euse n (deux *t*)
racontar nm (*r* final)
radar nm, pl *radars* (*r* final)
radeau nm, pl *radeaux*
radial, e, aux adj
radian nm # *radiant* (astronomie)
radiant nm # *radian* (mesure
d'angle) ; **radiant, e** adj
radiation nf
radical, e, aux adj
radicalité nf
radical-socialiste adj, pl
radicaux-socialistes

radicelle nf
radier vt
radiesthésie nf (attention *th*)
radieux, euse adj
radin, e adj
radio nf, pl *radios*
radioactif, ive adj
radiodiffusion nf
radiographie nf
radiologie nf
radiophonie nf
radioscopie nf
radio-taxi nm, pl *radios-taxis*
(trait d'union)
radiothérapie nf
radis nm inv (*s* final)
radium nm, pl *radiums*
radius nm inv
radôme nm (circonflexe sur *ô*)
radoter vi, pp *radoté* inv
radoub nm, pl *radoubs* (*b* final)
rafale nf (un seul *f*)
raffermir vt (deux *f*)
raffiner vt (tous les dérivés avec
deux *f* et un *n* : *raffinage,
raffinement,* etc.)
raffoler vti, pp *raffolé* inv (deux *f*,
un *l*)
raffut nm (sans circonflexe)
raffûter vt (circonflexe sur *û*)
rafiot nm (un seul *f*)
rafistoler vt (un seul *f*)
rafle nf (un seul *f*)
rafraîchir vt (circonflexe sur *î*)
ragaillardir vt (deux *l*)
ragot, e adj (*t* final)
ragoût nm (circonflexe sur *û*)
ragoûtant, e adj (circonflexe)
ragréer vt
ragtime nm, pl *ragtimes*
rahat-loukoum ou **-lokoum** nm,
pl *rahat-loukoums* ou *-lokoums*
rai nm, pl *rais* # *raie* nf (ligne ;
poisson)
raid nm, pl *raids* ; **raide** adj
→ p 63
rai-de-cœur nm, pl *rais-de-cœur*
raie nf # *rai* nm (rayon)
raifort nm
rail nm, pl *rails*
raillerie nf
rainer vt (un seul *n*)
rainette nf # *reinette* (pomme) #
rénette (outil)
rainure nf
raiponce n féminin
raison nf
raisonner vt (deux *n*) # *résonner*
vi (produire un son)
rajah nm, pl *rajahs*
rajeunir vt, vi
rajout nm (*t* final)
raki nm, pl *rakis*
râle nm (circonflexe sur *â*)
ralentir vt, vi
râler vi, pp *râlé* inv

ralingue n féminin
ralliement nm (*e* muet)
rallier vt
rallonger vt
rallumer vt
rallye nm, pl *rallyes*
ramadan nm, pl *ramadans*
ramasse-miettes nm inv
ramdam nm, pl *ramdams*
rameau nm, pl *rameaux*
ramée nf
ramequin nm
ramer vi, pp *ramé* inv
rameux, euse adj
rami nm, pl *ramis*
ramification nf
ramifier vt
ramilles nfpl
ramollir vt (deux *l*)
ramoner vt (un seul *n*)
ramper vi, pp *rampé* inv
ramponneau nm, pl *ramponneaux*
rancard, rancart ou **rencard** nm # *rancart* (au rancart)
rancart nm # *rancard* (rendez-vous)
rance adj
ranch nm, pl *ranchs* ou *ranches*
rancœur nf
rançon nf
rançonner vt (deux *n*)
rancunier, ère adj
randonnée nf
rang nm (*g* final)
ranger nm, pl *rangers*
ranimer vt # *réanimer* (rétablir les fonctions vitales)
ranz nm inv
raout nm, pl *raouts*
rapace adj
rapatriement nm (*e* muet)
rapatrier vt
râpe nf (circonflexe sur *â*)
rapetasser vt
raphia nm, pl *raphias*
rapiéçage nm
rapiècement nm (accent grave)
rapiécer vt
rapière nf
rapine nf (un seul *n*)
rappareiller vt (deux *p*)
rapparier vt (deux *p*)
rappel nm (deux *p*)
rappeler vt
rappliquer vi, pp *rappliqué* inv (deux *p*)
rapport nm (deux *p*)
rapprendre vt, pp *rappris, e* (deux *p*)
rapprocher vt (deux *p*)
rapprovisionner vt (deux *p*)
rapt nm, pl *rapts*
raquette nf (deux *t*)
ras, e adj
rascasse nf

ras-du-cou adj, nm inv
rase-mottes nm inv
rasibus adv
ras-le-bol nm inv
rassasiement nm (*e* muet)
rassasier vt
rassembler vt (deux *s*)
rasseoir vt, pp *rassis, e* (attention *eoir*)
rasséréner vt (deux *s*, un *r*)
rassir vi, vt, pp *rassi, e*
rassis, e adj
rassortiment nm
rasta ou **rastafari** adj inv, n # *rasta* nm (rastaquouère)
rastaquouère ou **rasta** nm, pl *rastaquouères* (péjoratif) ou *rastas*
rata nm, pl *ratas*
ratafia n masculin, pl *ratafias*
ratatouille nf
rat-de-cave nm, pl *rats-de-cave*
rate nf (un seul *t*)
râteau nm, pl *râteaux* (circonflexe sur *â*)
râteler vt
râtelier nm (circonflexe)
ratification nf
ratifier vt
ratio nm, pl *ratios*
ratiociner vi, pp *ratiociné* inv
ration nf
rationaliser vt (un seul *n*)
rationalisme nm
rationalité nf
rationnel, elle adj (deux *n*)
rationner vt (deux *n*)
ratisser vt (pas de circonflexe)
rattacher vt (deux *t*)
rattraper vt (deux *t*, un *p*)
rature nf (un seul *t*)
raucité nf
rauque adj
raval nm, pl *ravals*
ravalement nm
ravigote nf (un seul *t*)
ravigoter vt (un seul *t*)
ravioli nm inv ou pl *raviolis*
ravitailler vt
ravoir vt (seulement infinitif)
rayer vt
ray-grass nm inv
rayon nm
rayonne nf (deux *n*)
rayonner vi, pp *rayonné* inv
raz nm inv
raz-de-marée ou **raz de marée** nm inv
razzia nf, pl *razzias*
razzier vt
ré nm inv
réacteur nm
réactif, ive adj
réaction nf
réactionnaire adj, nm ou nf
réadmettre vt, pp *réadmis, e*

réagir vi, pp *réagi* inv
réal nm, pl *réaux* ou *réals*
réal, e, aux adj ; nf (*réale*) # *réal* nm (monnaie)
réaléser vt
réalité nf
réanimer vt # *ranimer* (redonner vigueur)
réapparaître vi, pp *réapparu, e* (deux *p*)
réapparition nf
réapprendre vt, pp *réappris, e*
réapprovisionner vt (deux *p*)
réassigner vt (deux *s*)
réassortir vt (deux *s*)
réassurer vt (deux *s*)
rébarbatif, ive adj
rebâtir vt (circonflexe sur *â*)
rebattu, e adj (deux *t*)
rebec nm, pl *rebecs*
rebelle nm ou nf
rébellion nf (accent aigu)
rebiffer (se) vpr (deux *f*)
rebond nm (*d* final)
rebondir vi, pp *rebondi* inv
rebord nm (*d* final)
rebours (à) loc adv
rebouteux, euse n
rebrousse-poil (à) loc adv
rebuffade nf (deux *f*)
rébus nm inv (*s* final)
rebut nm (*t* final)
récalcitrant, e adj
recarreler vt (deux *r*, un *l*)
recauser vi, pp *recausé* inv
recéder vt
recel nm
receler vt
récemment adv
recensement nm
recension nf (attention *sion*)
récent, e adj
receper ou **recéper** vt
récépissé nm
réception nf
réceptionner vt (deux *n*)
récessif, ive adj
récession nf
recette nf (deux *t*)
recevoir vt, pp *reçu, e*
rechaper vt (un seul *p*) # *réchapper* vti
réchapper vti, pp *réchappé* inv (deux *p*) # *rechaper* vt (pneu)
réchaud nm (*d* final)
réchauffer vt
rêche adj (circonflexe sur *ê*)
rechigner vi, pp *rechigné* inv
récidive nf
récif nm
récipiendaire nm ou nf
récipient nm
réciprocité nf
réciproque adj ; nf
récit nm (*t* final)
récital nm, pl *récitals*

reclus, e adj
réclusion nf (accent aigu)
recoller vt (deux *l*)
recommander vt (deux *m*)
recommencer vt (deux *m*)
récompense nf
recompter vt (de *compte*)
réconcilier vt
reconduction nf
reconduire vt, pp *reconduit, e*
réconfort nm
reconnaissance nf
reconnaissant, e adj
reconnaître vt (circonflexe sur *î* devant *t*), pp *reconnu, e*
reconquérir vt, pp *reconquis, e*
reconquête nf (circonflexe)
reconstruction nf
reconstruire vt, pp *reconstruit, e*
reconventionnel, elle adj (deux *n*)
reconversion nf (attention *sion*)
record nm (*d* final)
recordman nm, pl *recordmans* ou *recordmen*
recors nm inv (*s* final)
recourir vi, vti, vt, pp *recouru, e*
recours nm (*s* final)
recouvrir vt, pp *recouvert, e*
récréation nf
recréer vt # *récréer* (amuser)
récréer vt #*recréer* (créer de nouveau)
récrier (se) vpr
récriminer vi, pp *récriminé* inv
récrire ou **réécrire** vt, pp *récrit, e* ou *réécrit, e*
recroqueviller (se) vpr
recru, e adj ; **recrue** nf
recrudescence nf (attention *sc*)
recrudescent, e adj
recta adv
rectal, e, aux adj
recteur nm ; **recteur, trice** adj
rectification nf
rectifier vt
recto nm, pl *rectos*
rectoral, e, aux adj
rectum nm, pl *rectums*
recueil nm (attention *ueil*)
recueillir vt, pp *recueilli, e*
recuire vt, vi, pp *recuit, e*
recuit nm
recul nm
reculons (à) loc adv
récurrence nf (deux *r*)
récurrent, e adj
recycler vt
rédaction nf
redan ou **redent** nm
reddition nf (deux *d*)
rédempteur, trice adj
redent ou **redan** nm
redescendre vt, vi, pp *redescendu, e* (avec *sc*)
redevance nf

redevenir vi, pp *redevenu, e*
rédhibition nf (*h* après *d*)
rédhibitoire adj (*h* après *d*)
rediffuser vt (deux *f*)
redingote nf (un seul *t*)
redire vt, pp *redit, e*
redondance nf
redondant, e adj
redoux nm inv (*x* final)
réduction nf
réductionnisme nm (deux *n*)
réduire vt, pp *réduit, e*
réduit nm (*t* final)
réduplication nf (accent aigu)
rééducation nf
rééduquer vt
réélection nf
réel, elle adj
réélire vt, pp *réélu, e*
réemploi ou **remploi** nm
réemployer ou **remployer** vt
réengager ou **rengager** vt
réescompte nm
réessayer ou **ressayer** vt
réfaction nf
refaire vt, pp *refait, e*
réfection nf (accent aigu)
réfectoire n masculin
refend nm, pl *refends*
refendre vt, pp *refendu, e*
référence nf
référendaire adj
référendum nm, pl *référendums*
référent nm
référentiel, elle adj (avec *tiel*)
référer vti, pp *référé* inv
réfléchir vt, vti, pp *réfléchi, e*
reflet nm
refléter vt (accent aigu)
refleurir vi, vt
reflex adj inv (pas d'accent) # **réflexe** nm (réaction)
réflexion nf (attention *x*)
refluer vi, pp *reflué* inv
reflux nm inv (*x* final)
refondre vt, pp *refondu, e*
reformer vt # **réformer** vt (corriger)
refrain nm
réfrangible adj
refrènement ou **réfrènement** nm
refréner ou **réfréner** vt
réfringent, e adj
réfugier (se) vpr
refus nm inv (*s* final)
regain nm
régal nm, pl *régals* (délice)
régale nf (droit) # adj f (eau)
regard nm (*d* final)
regel nm
régence nf
régénérer vt
régent, e n
régicide nm (acte) ; adj, nm ou nf (personne)
regimber vi, pp *regimbé* inv

régiment nm
régional, e, aux adj
régionalisme nm (un seul *n*)
régisseur nm
règlement nm (accent grave)
réglementaire adj (accent aigu)
réglementer vt (accent aigu)
réglette nf (accent aigu)
réglisse n féminin
règne nm (accent grave)
régner vi, pp *régné* inv (accent aigu)
regorger vti, pp *regorgé* inv
regratter vt (deux *t*)
régressif, ive adj (deux *s*)
regret nm
regrettable adj (deux *t*)
regretter vt (deux *t*)
régulier, ère adj
réhabiliter vt
rehausser vt (attention *h*)
réifier vt
rein nm
reine nf # *rêne* nf (guide) # *renne* nm (animal)
reine-claude nf, pl *reines-claudes*
reine-des-prés nf, pl *reines-des-prés*
reine-marguerite nf, pl *reines-marguerites*
reinette nf # *rénette* (outil) # *rainette* (grenouille)
réinscrire vt, pp *réinscrit, e*
réintroduire vt, pp *réintroduit, e*
réitérer vt
reître nm (circonflexe sur *î*)
rejaillir vi
rejet nm
rejoindre vt, pp *rejoint, e*
relâche nf (circonflexe sur *â*)
relais nm inv (*s* final)
relaps, e adj
relatif, ive adj
relation nf
relationnel, elle adj (deux *n*)
relax ou **relaxe** adj
relaxation nf
relayer vt
relégation nf
reléguer vt
relent nm (avec *ent*)
relève nf (accent grave)
relèvement
relief nm
reliquat nm (*t* final)
relire vt, pp *relu, e*
reluire vt, pp *relui* inv
remâcher vt (circonflexe sur *â*)
remaillage ou **remmaillage** nm
remailler ou **remmailler** vt
remake nm, pl *remakes*
rémanent, e adj
remaniement nm (*e* muet)
remanier vt
remballer vt (deux *l*)

rembarrer vt (deux *r*)
remblai nm (pas de *s* au sing)
remblayer vt
remboîter vt (circonflexe sur *î*)
rembourrer vt (deux *r*)
rembucher vt (sans circonflexe)
remède nm
remédier vti, pp *remédié* inv
remerciement nm (*e* muet)
remettre vt, pp *remis, e*
réminiscence nf (attention *sc*)
rémission nf
rémittent, e adj (un *m*, deux *t*)
remmaillage ou remaillage nm
remmailler ou remailler vt
remmener vt (deux *m*)
remmoulage ou remoulage nm
remonte-pente nm, pl
    remonte-pentes
rémora nm, pl *rémoras*
remords nm inv
rémoulade nf (un seul *l*)
remoulage ou remmoulage nm
remous nm inv (*s* final)
rempailler vt
rempaqueter vt (un seul *t*)
rempart nm
remplacer vt
remploi ou réemploi nm
remployer ou réemployer vt
rempoter vt (un seul *t*)
remue-ménage nm inv
remugle n masculin
rémunérer vt
renâcler vi, pp *renâclé* inv
    (circonflexe sur *â*)
renaissance nf (sans circonflexe)
renaissant, e adj
renaître vi (circonflexe sur *ît*)
rénal, e, aux adj
renard nm ; renarde nf
renardeau nm, pl *renardeaux*
rencard, rancard ou rancart nm
    # *rancart* (au rancart)
renchérir vi, pp *renchéri* inv
rencogner vt
rendez-vous nm inv
rendormir vt, pp *rendormi, e*
rendre vt, pp *rendu, e*
rêne nf # *reine* nf (de *roi*) #
    renne nm (animal)
renégat, e n
rénette nf # *rainette* (grenouille)
    # *reinette* (pomme)
renflouement nm (*e* muet)
renflouer vt
renfort nm (*t* final)
renfrogner (se) vpr
rengager ou réengager vt
rengrènement nm (accent grave)
rengréner ou rengrener vt
renne nm # *rêne* nf (guide) #
    reine nf (de *roi*)
renom nm
renommé, e adj (deux *m*)
renommée nf (deux *m*)

renouveau nm, pl *renouveaux*
renouveler vt (un seul *l*)
renouvellement nm (deux *l*)
rentrayer vt
renvoi nm
renvoyer vt
réoccuper vt (deux *c*, un *p*)
repaire nm # *repère* (marque)
repaître vt (circonflexe sur *î*
    devant *t*), pp *repu, e*
répandre vt, pp *répandu, e*
reparaître vi (circonflexe sur *î*
    devant *t*), pp *reparu, e*
reparler vi, pp *reparlé* inv
repartie nf (pas d'accent)
repartir vt (répliquer) [pas
    d'accent]
répartir vt (partager) [accent
    aigu]
repas nm inv (*s* final)
repayer vt
repêcher vt (circonflexe sur *ê*)
repeindre vt, pp *repeint, e*
repentir nm
repentir (se) vpr, pp *repenti, e*
repérage nm (accent aigu)
répercussion nf
reperdre vt, pp *reperdu, e*
repère nm # *repaire* (antre)
répertoire nm
répertorier vt
répit nm (*t* final)
replat nm (*t* final)
replâtrer vt (circonflexe sur *â*)
replet, ète adj
réplétif, ive adj (accents aigus)
repli nm
repliement nm (*e* muet)
replier vt
réplique nf
reploiement nm (*e* muet)
reployer vt
répondre vt, pp *répondu, e*
répons nm inv (chant) # *réponse*
    nf
report nm (*t* final)
reporter nm, pl *reporters*
reporter-cameraman nm, pl
    reporters-cameramans ou
    reporters-cameramen
repos nm inv
repose-pieds nm inv
repose-tête nm inv
répréhensible adj
reprendre vt, pp *repris, e*
représailles nfpl
répressif, ive adj
répression nf
reprint nm, pl *reprints*
réprobation nf
reproduction nf
reproduire vt, pp *reproduit, e*
reprographie nf
reps nm inv
reptation nf
reptile nm

repu, e adj
républicain, e adj
républicanisme nm (un seul *n*)
république nf
répugner vti, pp *répugné* inv
répulsion nf
réputé, e adj
requérir vt, pp *requis, e*
requête nf (circonflexe)
requiem nm inv (pas d'accent)
requin nm
réquisition nf
réquisitionner vt (deux *n*)
réquisitoire n masculin
resaler vt (un seul *s*)
rescapé, e adj, n
rescinder vt (avec *sc*)
rescision nf (avec *sc*)
rescousse nf
rescrit nm
réseau nm, pl *réseaux*
résection nf
réséda n masculin, pl *résédas*
réséquer vt
résidant, e adj, n (qui réside en
    un lieu) # *résident*
résidence nf (demeure)
résident, e n (qui réside ailleurs
    que dans son pays d'origine)
résidentiel, elle adj (avec *tiel*)
résider vi, pp *résidé* inv
résidu nm
résiduel, elle adj
résilier vt (un seul *l*)
résille nf (deux *l*)
résine nf (un seul *n*)
résipiscence nf (attention *sc*)
résister vti, pp *résisté* inv
résolu, e adj
résolument adv
résolution nf
résonance nf (un seul *n*)
résonateur nm (un seul *n*)
résonnant, e adj (deux *n*)
résonner vi, pp *résonné* inv #
    raisonner (penser)
résorption nf
résoudre vt, pp *résolu, e*
respect nm (*ct* final muet)
respectif, ive adj
resplendir vi, pp *resplendi* inv
resquille nf
ressac nm (deux *s*)
ressaisir vt (deux *s*)
ressasser vt (deux fois deux *s*)
ressaut nm (deux *s*)
ressayer ou réessayer vt
ressemblance nf
ressembler vti, pp *ressemblé* inv
ressemeler vt (deux *s*, un *l*)
ressemer vt (deux *s*, un *l*)
ressentiment nm
ressentir vt, pp *ressenti, e*
resserre nf (deux *s*, deux *r*)
resserrer vt (deux *s*, deux *r*)
resservir vt, pp *resservi, e*

ressort nm (*t* final)

ressortir vi (sortir de nouveau), pp *ressorti, e*

ressortir vti (être du ressort de), pp *ressorti* inv

ressouder vt (deux *s*)

ressource nf (deux *s*)

ressouvenir (se) vpr, pp *ressouvenu, e*

ressuer vi, pp *ressué* inv

ressusciter vt (avec *sc*)

restreindre vt, pp *restreint, e*

restrictif, ive adj

restriction nf

résultat nm

résurgence nf

resurgir vi (un seul *s*)

résurrection nf (deux *r*)

retard nm (*d* final)

retâter vt, vti (circonflexe sur *â*)

reteindre vt, pp *reteint, e*

retendre vt, pp *retendu, e*

retenir vt, pp *retenu, e*

retentir vi, pp *retenti* inv

rétiaire nm

réticence nf

réticent, e adj

réticule n masculin

réticulé, e adj

rétif, ive adj

rétine nf (un seul *n*)

retordre vt, pp *retordu, e*

rétorquer vt

retors, e adj

rétorsion nf

retour nm

retrait nm (*t* final)

retranscription nf

retranscrire vt, pp *retranscrit, e*

retransmettre vt, pp *retransmis, e*

retransmission nf

rétrécir vt, vi

rétribuer vt

rétro adj inv

rétroactif, ive adj

rétrocéder vt

rétrocession nf

rétrofusée nf

rétroprojecteur nm

rétrospectif, ive adj

rétrospective nf

rets nm inv

réussite nf

revanche nf (avec *an*)

rêve nm (les dérivés avec le circonflexe : *rêver, rêveur, rêvasser, rêverie,* etc.)

revêche adj (circonflexe)

réveil nm

réveiller vt

réveillon nm

réveillonner vi, pp *réveillonné* inv (deux *n*)

réveil-matin nm inv

révélation nf

revendication nf

revendiquer vt

revendre vt, pp *revendu, e*

revenez-y nm inv

revenir vi, pp *revenu, e*

réverbération nf (accents aigus)

réverbère nm

réverbérer vt (accents aigus)

reverchon nf

révérence nf

révérenciel, elle adj

révérencieux, euse adj

révérend, e n, adj (avec *d*)

revers nm inv (*s* final)

réversal, e, aux adj

réversible adj

réversion nf

revêtir vt (circonflexe sur le second *ê*), pp *revêtu, e*

revient nm sing (prix de)

revirement nm

révisionnisme nm (deux *n*)

revival nm, pl *revivals*

reviviscence nf (avec *sc*)

revivre vi, vt, pp *revécu, e*

révocable adj

révocation nf

revoici prép

revoilà prép (attention *à*)

revoir vt, pp *revu, e*

révolu, e adj

révolution nf

révolutionner vt (deux *n*)

revolver nm (pas d'accent sur *e*)

revuiste nm ou nf

révulsé, e adj

révulsion nf

rewriter vt ; **rewriter** nm, pl *rewriters*

rewriting nm, pl *rewritings*

rez-de-chaussée nm inv

rez-de-jardin nm inv

rhabiller vt

rhapsode nm (attention *rh*)

rhapsodie nf (attention *rh*)

rhéostat nm (attention *rh*)

rhésus nm inv (attention *rh*)

rhéteur nm (attention *rh*)

rhétorique nf (attention *rh*)

rhingrave nm, pl *rhingraves*

rhinite nf (*rh* et un seul *t*)

rhinocéros nm inv (attention *rh*)

rhino-pharyngite nf

rhô nm (circonflexe sur *ô*)

rhododendron nm (*rh*)

rhombique ou **rhomboïdal, e, aux** adj (*rh*)

rhubarbe nf (*rh*)

rhum nm, pl *rhums* (*rh*)

rhumatismal, e, aux adj (*rh*)

rhumatisme nm (*rh*)

rhumb nm, pl *rhumbs* (*rh*)

rhume nm (attention *rh*)

rial nm, pl *rials*

ribambelle nf

ribaud, e adj, n

ribote nf (un seul *t*)

ribouldingue nf

ricaner vi, pp *ricané* inv

ricochet nm

ric-rac adv

rictus nm inv

rideau nm, pl *rideaux*

ridelle nf (deux *l*)

rien pr indéf → p 60

rififi nm, pl *rififis*

riflard nm (un seul *f*)

rifle n masculin

rigaudon ou **rigodon** nm

rigole nf (un seul *l*)

rigoler vi, pp *rigolé* inv

rigolo, ote adj (un seul *t* au fém)

rikiki ou **riquiqui** adj inv

rillettes nfpl (deux *l*, deux *t*)

rillons nmpl (deux *l*)

rimaye nf

Rimmel nm (nom déposé)

rinceau nm, pl *rinceaux*

rince-bouche nm inv

rince-bouteilles nm inv

rince-doigts nm inv

rinforzando adv

ring nm, pl *rings* (*g* final)

ringard nm (outil) # **ringard, e** adj, n (personne)

ripaille nf (deux *l*)

ripper nm, pl *rippers*

riquiqui ou **rikiki** adj inv

rire vti, pp *ri* inv # *rire* nm

ris nm inv # *riz* (grain)

risée nf

risotto nm, pl *risottos* (deux *t*)

risque-tout nm ou nf inv

rissole nf (deux *s*, un *l*)

rissoler vt (deux *s*, un *l*)

rital nm, pl *ritals*

ritournelle nf

rituel, elle adj

rival, e, aux adj

rivaliser vti, pp *rivalisé* inv

riverain, e adj, n

rivet nm

riveter vt (un seul *t*)

rixe nf

riz nm inv # *ris* (veau ; marine)

rizière nf

rob nm (suc), pl *robs*

rob ou **robre** nm (bridge), pl *robs* ou *robres* # *robe* nf (vêtement)

robinet nm

robinetterie nf (un *n*, deux *t*)

robot nm (*t* final)

robre ou **rob** nm (bridge), pl *robres* ou *robs*

roc nm # *rock* (musique)

rocade nf (un seul *c*)

rocaille nf (un *c*, deux *l*)

rocambolesque adj

rocher nm (pierre) # *rochet*

rochet nm (surplis ; bobine)

rocheux, euse adj

rock nm, pl *rocks* # *roc* (rocher)

rock and roll nm inv
rocking-chair nm, pl
rocking-chairs
rococo adj inv
rodage nm (sans circonflexe)
rodéo nm, pl *rodéos*
roder vt (sans circonflexe) #
rôder vi (errer)
rôder vi, pp *rôdé* inv (circonflexe
sur ô) # *roder* vt (un moteur)
rôdeur, euse n
rodomontade nf
rogations nfpl
rognonnade nf (deux *n*)
rogomme n masculin
rogue adj (arrogant) # nf (appât)
roi nm
roitelet nm
rôle nm (circonflexe sur ô)
rollmops nm inv
rollot nm (deux *l*)
romain, e adj
roman nm ; **roman, e** adj
romance nf
romancero nm, pl *romanceros*
romanche nm (langue)
romand, e adj (de Suisse)
roman-feuilleton nm, pl
romans-feuilletons
roman-fleuve nm, pl
romans-fleuves
romanichel, elle n
roman-photo nm, pl
romans-photos
romantique adj, nm ou nf
rompre vt, pp *rompu, e*
romsteck ou **rumsteck** nm, pl
romstecks ou *rumstecks*
ronchon, onne adj et n
ronchonner vi, pp *ronchonné* inv
(deux *n*)
rond, e adj
rond-de-cuir nm, pl
ronds-de-cuir
rondeau nm, pl *rondeaux*
ronde-bosse nf, pl
rondes-bosses
rondelle nf
rond-point nm, pl *ronds-points*
ronfler vi, pp *ronflé* inv
ronronnement nm (deux *n*)
roof ou **rouf** nm, pl *roofs* ou *roufs*
rookerie ou **rookery** nf, pl
rookeries
roque nm # *roc* (rocher)
roquefort nm (*t* final)
roquet nm
roquette nf (deux *t*)
rorqual nm, pl *rorquals*
rosace nf
rosacée nf
rosâtre adj (circonflexe sur â)
rosbif nm, pl *rosbifs*
rose nf (fleur) # nm (couleur) ;
adj (couleur)
roseau nm, pl *roseaux*

rose-croix nm inv
rosé-des-prés nm, pl
rosés-des-prés
rosée nf
roseval nf, pl *rosevals*
rosière nf
rosserie nf
rossignol nm
rossinante nf (un seul *n*)
rot nm # *rôt* (rôti)
rôt nm (circonflexe) # *rot*
(éructation)
rotang nm, pl *rotangs*
rotary nm, pl *rotarys*
rotatif, ive adj
roter vi, pp *roté* inv
rôti nm (circonflexe)
rotin nm
rotor nm, pl *rotors*
roublard, e adj, n
rouble n masculin
roudoudou nm, pl *roudoudous*
roue nf # *roux* adj (couleur)
roué, e adj
rouelle nf (deux *l*)
rouet nm
rouf ou **roof** nm, pl *roufs* ou *roofs*
rougeâtre adj (circonflexe sur â)
rougeaud, e adj
rouge-gorge nm, pl
rouges-gorges
rougeoiement nm (attention *eoie*)
rougeole nf
rougeoyer vi
rouge-queue nm, pl
rouges-queues
rouget nm
rouille nf
rouleau nm, pl *rouleaux*
roulé-boulé nm, pl *roulés-boulés*
roulette nf
roulotte nf (deux *t*)
roumi nm, pl *roumis*
round nm, pl *rounds*
roupiller vi, pp *roupillé* inv
rouquin, e adj, n
rouspéter vi, pp *rouspété* inv
roussâtre adj (circonflexe sur â)
rousserolle nf (deux *s*, un *r*,
deux *l*)
roussette nf
rousseur nf
roussi nm
routine nf (un seul *n*)
rouverin ou **rouverain** adj m
rouvieux nm inv
rouvrir vt, pp *rouvert, e*
roux, rousse adj # *roue* (cercle)
royal, e, aux adj
royalties nfpl
ru nm, pl *rus* # *rue* nf (voie)
rubanerie nf (un seul *n*)
rubéole nf
rubicond, e adj
rubis nm inv (*s* final)
rubrique n féminin

rudéral, e, aux adj
rudesse nf
rudiments nmpl
rudoiement nm (*e* muet)
rudoyer vt
rue nf # *ru* nm (ruisseau)
ruelle nf
ruer vi, pp *rué* inv
ruffian nm, pl *ruffians*
rugby nm, pl *rugbys*
rugbyman nm, pl *rugbymans* ou
rugbymen
rugine nf (un seul *n*)
rugosité nf
rugueux, euse adj
ruine nf (souvent au pluriel)
ruisseau nm, pl *ruisseaux*
ruisseler vi, pp *ruisselé* inv
ruissellement nm (deux *l*)
rumba nf, pl *rumbas*
rumsteck ou **romsteck** nm, pl
rumstecks ou *romstecks*
runabout nm, pl *runabouts*
rural, e, aux adj
rush nm, pl *rushs* # *rushes* nmpl
(prises de vues)
rushes nmpl # *rush* nm (afflux)
rustaud, e adj, n
Rustine nf (nom déposé)
rustique adj
rustre adj, nm ou nf
rutabaga nm, pl *rutabagas*
ruthénium nm, pl *ruthéniums*
rutiler vi, pp *rutilé* inv
rythme nm (attention *th*)

S

sa adj poss # *ça* (cela)
sabayon nm
sabbat nm (deux *b*)
sabbatique adj
sabir nm, pl *sabirs*
sablonneux, euse adj (deux *n*)
sabord nm (*d* final)
sabot nm (*t* final)
sabot-de-Vénus nm, pl
sabots-de-Vénus
saboter vt (un seul *t*)
sabre-baïonnette nm, pl
sabres-baïonnettes
sac nm
sac à dos nm
saccade nf (deux *c*)
saccage nm (deux *c*)
saccharine nf (attention au *h*)
sacerdoce nm
sacerdotal, e, aux adj
sachem nm, pl *sachems*
sachet nm
sac-poubelle nm, pl
sacs-poubelle
sacral, e, aux adj
sacramental nm, pl
sacramentaux
sacramentel, elle adj

sacré, e adj
sacrement nm
sacrément adv
sacrifice nm
sacrilège nm
sacripant nm (*t* final)
sacristain nm ; **sacristine** nf
sacristie nf
sacro-saint, e adj, pl
　　sacro-saints, es
sacrum nm, pl *sacrums*
sadomasochisme nm
safari nm, pl *safaris*
safari-photo nm, pl
　　safaris-photos
safran nm
saga nf, pl *sagas*
sagace adj
sagaie nf (*e* final)
sage-femme nf, pl
　　sages-femmes
sagittaire nm # nf (plante)
sagittal, e, aux adj
sagou nm, pl *sagous*
sagouin nm
saïga nm, pl *saïgas* (tréma sur *ï*)
saigneur nm # *seigneur* (maître)
saillie nf
sain, e adj # *saint* (religion)
saindoux nm inv
sainfoin nm
saint, e adj, n # *sain* (en bonne
　　santé)
saint-bernard nm inv
saint-crépin nm inv
saint-cyrien nm, pl *saint-cyriens*
sainte-barbe nf, pl
　　saintes-barbes
saintement adv
saint-émilion nm inv
sainte-nitouche nf, pl
　　saintes-nitouches
saint-florentin nm inv
saint-frusquin nm inv
saint-glinglin (à la) loc adv
saint-honoré nm inv
saint-marcellin nm inv
saint-nectaire nm inv
saint-paulin nm inv
saint-père nm, pl *saints-pères*
saint-pierre nm inv
saint-simonien, enne adj, pl
　　saint-simoniens, ennes
saisie-arrêt nf, pl *saisies-arrêts*
saisie-exécution nf, pl
　　saisies-exécutions
saisonnier, ère adj (deux *n*)
sajou nm, pl *sajous*
saké nm, pl *sakés*
salaire nm
salaison nf (un seul *l*)
salamalec nm, pl *salamalecs*
salami nm, pl *salamis*
salarial, e, aux adj
salarié, e n, adj
salaud nm (féminin *salope*)

sale adj # *salle* nf (local)
saligaud, e n (féminin rare)
salin, e adj
salinité nf
salle nf (deux *l*) # *sale* adj
salmigondis nm inv (*s* final)
salmis nm inv (*s* final)
salmonellose nf
salonnard, e n (deux *n*)
saloon nm, pl *saloons*
salopard nm
salopette nf (un *p*, deux *t*)
salpêtre nm (circonflexe sur *ê*)
salpingite nf (un seul *t*)
salsepareille n féminin
salsifis nm inv (*s* final)
saltimbanque nm
salubrité nf
saluer vt
salut nm (*t* final)
salvateur, trice adj
samaritain, e adj, n
samba nf, pl *sambas*
samedi nm, pl *samedis* (pas de
　　majuscule)
samouraï nm, pl *samouraïs*
　　(tréma sur *ï*)
samovar nm, pl *samovars*
sampan nm
sanatorium nm, pl *sanatoriums*
san-benito nm, pl *san-benitos*
sanctification nf
sanctifier vt
sanction nf
sanctionner vt (deux *n*)
sanctuaire nm
sandale nf (un seul *l*)
sandwich nm, pl *sandwichs* ou
　　sandwiches
sang nm (*g* final)
sang-de-dragon ou **sang-dragon**
　　nm inv
sang-froid nm inv
sanglot nm (*t* final)
sangloter vi (un seul *t*)
sang-mêlé nm ou nf inv
sangria nf, pl *sangrias*
sangsue nf (*g* muet)
sanguin, e adj
sanguinaire adj
sanguinolent, e adj (attention
　　ent)
sanie nf (*e* final)
sans prép
sans-abri nm ou nf inv
sans-cœur nm ou nf inv
sanscrit, e ou **sanskrit, e** adj
sans-culotte nm, pl *sans-culottes*
sans-emploi nm ou nf inv
sans-façon nm inv
sans-faute nm inv
sans-fil nm inv
sans-gêne nm inv, nm ou nf inv
sanskrit, e ou **sanscrit, e** adj
sans-le-sou nm ou nf inv
sans-logis nm ou nf inv

sansonnet nm
sans-papiers nm ou nf inv
sans-parti nm ou nf inv
sans-souci nm ou nf inv
santal nm, pl *santals*
santon nm # *centon* (vers ou
　　prose)
saoul, e ou **soûl, e** adj
saouler ou **soûler** vt
sapajou nm, pl *sapajous*
sapèque n féminin
sapeur-pompier nm, pl
　　sapeurs-pompiers
saphique adj (un seul *p*)
saphir nm ; adj inv (couleur)
sapience nf
sapientiaux nmpl
sapinière nf
saponaire n féminin
saponification nf
saponifier vt
sapote ou **sapotille** nf
sapristi interj
saprophyte n masculin, adj
　　(attention au *phy*)
sarbacane nf
sarcasme nm
sarcastique adj
sarcelle nf (deux *l*)
sarcome nm (sans circonflexe)
sarcophage nm
sardine nf (un seul *n*)
sargasse nf
sari nm, pl *saris*
sarigue n féminin
sarment nm (*t* final)
saros nm inv
saroual nm, pl *sarouals*
sarrasin nm (deux *r*)
sarrau nm, pl *sarraus*
sarriette nf (deux *r*, deux *t*)
sas nm inv
sasser vt (deux *s*)
satané, e adj (un seul *n*)
satanique adj
satellite n masculin (deux *l*)
satellitaire adj
satiété nf
satin nm (les dérivés avec un *n* :
　　satiner, satinette)
satire nf # *satyre* nm
　　(mythologie)
satisfaction nf
satisfaire vt, pp *satisfait, e*
satisfecit nm inv
satrape nm (un seul *p*)
saturnales nfpl
satyre nm # *satire* nf (critique)
saucisse nf
saucisson nm
sauf, sauve adj
sauf-conduit nm, pl
　　sauf-conduits
saugrenu, e adj
saulaie ou **saussaie** nf
saumâtre adj (circonflexe sur *â*)
saumoneau nm, pl *saumoneaux*

sauna nm, pl *saunas*
saupiquet nm
saur adj m (hareng)
saussaie nf (deux *s*)
saut nm # *sceau* (cachet) #
  seau (récipient)
saut-de-lit nm, pl *sauts-de-lit*
saut-de-loup nm, pl
  sauts-de-loup
saut-de-mouton nm, pl
  sauts-de-mouton
saute-mouton nm inv
sauterelle nf (un *r*, deux *l*)
saute-ruisseau nm inv
sautiller vi
sauvageon, onne n
sauvegarde nf (en un mot)
sauve-qui-peut nm inv (traits
  d'union)
sauvette (à la) loc adv
savamment adv
savant, e adj, n
savoir vt, pp *su, sue*
savoir-faire nm inv
savoir-vivre nm inv
savon nm (dérivés avec deux *n* :
  savonner vt, *savonnette* nf,
  etc.)
saxhorn nm, pl *saxhorns*
saxifrage n féminin
saxo nm ; **saxophone** nm
saxophoniste nm ou nf
saynète nf (attention *ay*)
sayon nm
sbire nm
scabreux, euse adj
scaferlati nm, pl *scaferlatis*
scalaire n masculin (poisson) #
  adj (mathématiques)
scalène adj
scalp nm
scalpel nm
scandale nm
scander vt
scanner nm (deux *n*)
scanographie nf (un seul *n*)
scansion nf
scaphandre nm
scapulaire adj ; n masculin
scarabée nm
scarification nf
scarifier vt
scarole nf (un seul *l*)
scatologie nf # *eschatologie*
  (doctrine)
sceau nm, pl *sceaux* # *seau*
  (récipient) # *saut* (de *sauter*)
sceau-de-Salomon nm, pl
  sceaux-de-Salomon
scélérat, e adj, n
sceller vt
scénario nm, pl *scénarios*
scénariste nm ou nf
scène nf # *cène* (religion)
scénique adj (accent aigu)
scepticisme nm

sceptique adj, nm ou nf #
  septique adj (fosse)
sceptre nm # *spectre* (fantôme)
schéma nm (attention *sch*)
schématique adj
schème n masculin
scherzo nm, pl *scherzos*
schilling nm, pl *schillings* #
  shilling (monnaie anglaise)
schisme nm
schiste n masculin
schizoïde adj (tréma sur *ï*)
schizophrène nm ou nf (accent
  grave, pas de *y*)
schizophrénie nf (accent aigu)
schlague nf
schooner nm, pl *schooners*
schuss nm inv ; adv
sciatique adj ; nf (avec *sc*)
scie nf
sciemment adv
science nf
science-fiction nf, pl
  sciences-fictions
scierie nf (*e* muet)
scinder vt
scintiller vi, pp *scintillé* inv
scion nm
scission nf (*sc* puis *ss*)
scissionniste nm ou nf (deux *n*)
scissipare adj (deux *s* intérieurs)
scissure nf
scléral, e, aux adj
sclérose nf (sans circonflexe)
scolaire adj
scolastique adj (pas de *h*)
scoliose nf (pas de *h*)
scolopendre n féminin
sconse, skons, skuns ou **skunks**
  n masculin
scoop nm, pl *scoops*
scooter nm
scootériste nm ou nf (accent
  aigu)
scorbut nm, pl *scorbuts*
scorie nf (*e* final)
scorsonère n féminin
scotch nm, pl *scotchs* (whisky) #
  Scotch (nom déposé) [adhésif]
scottish-terrier nm, pl
  scottish-terriers
scout, e n
Scrabble nm (nom déposé)
scraper nm, pl *scrapers*
scratch adj inv ; nm
scratcher vt
scribe nm
script nm (scénario de film)
scripte nm ou nf (personne)
script-girl nf, pl *script-girls*
scrofule n féminin
scrotal, e, aux adj
scrotum nm, pl *scrotums*
scrubber nm, pl *scrubbers*
scrupule nm
scull nm, pl *sculls*

sculpter vt (*p* muet)
sculpteur nm
sculptural, e, aux adj
sculpture nf
scythe adj
se pr pers
sea-line nm, pl *sea-lines*
séance nf
séant nm # *céans* adv (ici)
seau nm, pl *seaux* # *sceau*
  (cachet) # *saut* (de *sauter*)
sébacé, e adj
sébile nf
sebkha nf, pl *sebkhas*
séborrhée nf (deux *r* avant *h*)
sébum nm, pl *sébums*
sec, sèche adj
sécable adj
sécant, e adj ; **sécante** nf
sécession nf
sécessionniste adj ; nm ou nf
  (deux *n*)
sèche-cheveux nm inv
sèche-linge nm inv
sèche-mains nm inv
sèchement adv
sécher vt (accent aigu)
sécheresse nf
second, e adj (avec *c*)
secouement nm (*e* muet)
secouer vt
secourir vt, pp *secouru, e*
secours nm (*s* final)
secousse nf
secret nm ; **secret, ète** adj
secrétaire nm ou nf
sécréter vt (un seul *t*)
sectaire adj, nm ou nf
section nf
sectionner vt (deux *n*)
sectoriel, elle adj
séculaire adj
séculier, ère adj # *séculier* nm
  (prêtre)
secundo adv (*c* prononcé *g*)
sécurité nf
sédatif nm ; **sédatif, ive** adj
sédentaire adj
sédiment nm (*t* final)
séditieux, euse adj
sédition nf
séducteur, trice n
séduire vt, pp *séduit, e*
ségala nm, pl *ségalas*
segment nm
ségrégation nf
séguedille n féminin
seiche nf
séide n masculin
seigle nm
seigneur nm # *saigneur* (de
  porcs)
seigneurial, e, aux adj
sein nm # *seing* (signature)
seing nm # *sein* (partie du
  corps)

séismal, e, aux ou **sismal, e, aux** adj

séismique ou **sismique** adj

seize adj num inv

seizième adj ord

séjour nm

séjourner vi, pp *séjourné* inv

sel nm # *selle* nf (siège)

sélect, e adj

sélection nf

sélectionner vt (deux *n*)

sélénium nm, pl *séléniums*

self-control nm, pl *self-controls*

self-government nm, pl *self-governments*

self-inductance ou **self** nf, pl *self-inductances* ou *selfs*

self-induction nf, pl *self-inductions*

self-made-man nm, pl *self-made-mans* ou *-men*

self-service ou **self** nm, pl *self-services* ou *selfs*

selle nf (deux *l*) # *sel* nm (substance)

sellette nf (deux *l*, deux *t*)

selon prép (un seul *l*)

semailles nfpl

sémantique adj ; nf

sémaphore nm

sembler vi, pp *semblé* inv

séméiologie ou **sémiologie** nf

semelle nf (deux *l*)

semence nf

semi- préf inv (composés avec trait d'union et variables : *semi-automatique*, pl *semi-automatiques*)

sémillant, e adj

séminaire nm

séminal, e, aux adj

semis nm inv (*s* final)

semonce nf

semoule nf (un *l*)

sempiternel, elle adj

sénat nm (*t* final)

sénatorial, e, aux adj

sénatus-consulte nm, pl *sénatus-consultes*

séné nm, pl *sénés*

sénéchal nm, pl *sénéchaux*

sénescence nf (attention *sc*)

sénescent, e adj

sénestre ou **senestre** adj

sénevé n masculin

sénile adj (un seul *l*)

senior adj, nm ou nf, pl *seniors*

sens nm inv # *cens* (impôt)

sensation nf

sensationnel, elle adj (deux *n*)

sensé, é adj # *censé* (supposé)

sensément adv

sensitif, ive adj

sensoriel, elle adj

sensualité nf

sensuel, elle adj

sente nf

sentence nf

sentencieux, euse adj

sentiment nm

sentimental, e, aux adj

sentine nf (un seul *n*)

sentinelle nf

sentir vt, vi, pp *senti, e*

seoir vi (sans pp au sens de *aller bien, convenir* ; ppr és *seyant*)

sep nm, pl *seps* # *cèpe* (champignon) # *cep* (vigne)

sépale n masculin

séparément adv

sépia nf, pl *sépias*

sept adj num inv (*p* muet)

septante adj num inv

septembre nm, pl *septembres* (pas de majuscule)

septennal, e, aux adj (deux *n*)

septennat nm (*t* final)

septentrion nm

septentrional, e, aux adj

septicémie nf

septième adj ord (*p* muet)

septique adj # *sceptique* (qui doute)

septuagénaire adj, nm ou nf

septuagésime n féminin

septuor nm, pl *septuors*

sépulcral, e, aux adj

séquelle nf (deux *l*)

séquence nf

séquentiel, elle adj (avec *tiel*)

séquestre n masculin

séquoia nm, pl *séquoias*

sérac nm, pl *séracs*

sérail nm, pl *sérails*

serein, e adj # *serin* (oiseau)

sérénade nf (un seul *n*)

sérénité nf (accents aigus)

séreux, euse adj

serf, serve n

serfouette nf

sergent-major nm, pl *sergents-majors*

serial nm, pl *serials*

série nf (*e* final)

sériel, elle adj

sérieux, euse adj

sérigraphie nf

serin, e n # *serein* adj (calme)

seriner vt (un seul *n*)

serinette nf (un *n*, deux *t*)

seringa nm, pl *seringas*

seringue nf

sérique adj

serment nm (*t* final)

sermonner vt (deux *n*)

sérosité nf

serpent nm

serpenteau nm, pl *serpenteaux*

serpenter vi, pp *serpenté* inv

serpillière nf (deux *l*)

serpolet nm

serre nf (deux *r*)

serre-fil(s) nm, pl *serre-fils*

serre-file nm, pl *serre-files*

serre-frein nm, pl *serre-freins*

serre-joint nm, pl *serre-joints*

serre-livres nm inv

serrer vt (deux *r*)

serre-tête nm inv

serrure nf (deux *r*)

sérum nm, pl *sérums*

serval nm, pl *servals*

service nm

serviette nf (deux *t*)

serviette-éponge nf, pl *serviettes-éponges*

servile adj (un seul *l*)

servir vt, pp *servi, e*

servofrein nm (en un mot)

ses adj poss

sésame n masculin

session nf # *cession* (action de céder)

set nm, pl *sets*

setier nm (pas d'accent)

séton nm

setter nm, pl *setters*

seuil nm

seul, e adj ; *seul à seul* → p 62

sève nf

sévère adj

sévérité nf (accents aigus)

sévices n masculin pl

sévir vi, pp *sévi* inv

sexagénaire adj, nm ou nf

sexagésime n féminin

sex-appeal nm, pl *sex-appeals*

sexe nm

sex-shop nm, pl *sex-shops*

sextant nm

sexto adv

sextuor nm, pl *sextuors*

sextuple adj ; nm

sexualité nf

sexy adj inv

seyant, e adj

sforzando adv

shah ou **chah** nm, pl *shahs* ou *chahs*

shaker nm, pl *shakers*

shakespearien, enne adj

shako nm, pl *shakos*

shampooing ou **shampoing** nm

shampouiner vt

shampouineur, euse n

shantung ou **chantoung** nm

shérif nm, pl *shérifs*

shilling nm, pl *shillings* # *schilling* (monnaie d'Autriche)

shimmy nm, pl *shimmys*

shintoïsme nm singulier

shirting nm, pl *shirtings*

shogoun ou **shogun** nm

shoot nm, pl *shoots*

shooter vt, vi

shoping ou **shopping** nm

short nm, pl *shorts*

show nm, pl *shows*
show-business ou **show-biz** nm inv
shrapnel(l) nm, pl *shrapnel(l)s*
shunt nm, pl *shunts*
si conj ; adv ; nm inv (note)
sial nm singulier
sibilant, e adj (un seul *l*)
sibylle nf (*y* après le *b*)
sibyllin, e adj
sicaire n masculin
sicav nf inv
sida nm
side-car nm, pl *side-cars*
sidéen, enne adj, n
sidéral, e, aux adj
sidérer vt (un seul *r*)
sidérurgie nf
siècle nm
siège nm (accent grave)
siéger vi, pp *siégé* inv
sien, enne adj poss, n
sierra nf, pl *sierras* (deux *r*)
siffler vi, vt (deux *f*)
siffloter vi, vt
sigisbée n masculin
siglaison nf
sigle n masculin
sigma nm, pl *sigmas*
sigmoïde adj (tréma sur *i*)
signal nm, pl *signaux*
signalement nm
signe nm # *cygne* (oiseau)
signet nm
signification nf
signifier vt
sil nm (argile), pl *sils*
silence nm
silène nm
silex nm inv
silhouette nf
silice n féminin # *cilice* nm (vêtement de pénitence)
silicium nm, pl *siliciums*
sillage nm (deux *l*)
sillonner vt (deux *n*)
silo nm, pl *silos*
simagrées nfpl
similaire adj (un seul *l*)
simili nm, pl *similis*
similicuir nm (un seul *l*)
similitude nf (un seul *l*)
simonie nf (*e* final)
simoun nm, pl *simouns*
simplet, ette adj
simulacre n masculin
simuler vt (un seul *l*)
simultané, e adj
sincère adj
sincérité nf (accents aigus)
sinécure nf
sine die adv (ni accent ni trait d'union)
sine qua non loc adv
singleton nm, pl *singletons*
singulier, ère adj

sinistre adj (triste) # nm (catastrophe)
sinologue nm ou nf
sinon conj
sinueux, euse adj
sinuosité nf
sinus nm inv
sinusoïdal, e, aux adj (tréma)
sionisme nm (un seul *n*)
siphon nm
siphonner vt (deux *n*)
sire nm # *cire* nf (encaustique)
sirène nf
sirocco nm, pl *siroccos*
sirop nm (*p* final)
siroter vt (un seul *t*)
sirupeux, euse adj
sis, e adj
sisal nm, pl *sisals*
sismal, e, aux ou **séismal, e, aux** adj
sismique ou **séismique** adj
sister-ship nm, pl *sister-ships*
sit-in nm inv
sitôt adv (circonflexe sur *ô*)
situation nf
situer vt
six adj num inv
sixième adj ord
six-quatre-deux (à la) loc adv
sixte nf
sizain ou **sixain** nm
Skaï nm (nom déposé) [tréma sur *i*]
skateboard ou **skate** nm
skating nm, pl *skatings*
sketch nm, pl *sketchs* ou *sketches*
ski nm
skier vi
skiff nm, pl *skiffs*
skip nm, pl *skips*
skipper nm, pl *skippers*
skye-terrier nm, pl *skye-terriers*
slalom nm, pl *slaloms*
slikke n féminin, pl *slikkes*
slip nm, pl *slips*
sloop nm, pl *sloops*
sloughi nm, pl *sloughis*
slow nm, pl *slows*
smala(h) nf, pl *smala(h)s*
smart adj inv
smash nm, pl *smashs* ou *smashes*
smocks nmpl
smog nm, pl *smogs*
smoking nm, pl *smokings*
snack-bar ou **snack** nm, pl *snack-bars* ou *snacks*
snob adj, n
snow-boot nm, pl *snow-boots*
sobriété nf
sobriquet nm
soc nm # *socque* (chaussure)
social, e, aux adj
social-chrétien nm, pl *sociaux-chrétiens*

social-démocrate n, pl *sociaux-démocrates*
social-démocratie nf, pl *social-démocraties*
société nf
socio-économique adj, pl *socio-économiques*
socio-éducatif, ive adj, pl *socio-éducatifs, ives*
sociologie nf
socioprofessionnel, elle adj
socque nm # *soc* (de charrue)
soda nm, pl *sodas*
sodium nm, pl *sodiums*
sodomie nf (un seul *m*)
sœur nf
sofa nm, pl *sofas*
soi pr pers # *soie* nf (étoffe)
soi-disant adj inv → p 69
soie nf # *soi* pr pers
soierie nf (*e* muet)
soif nf
soiffard, e n (deux *f*)
soir nm → p 57
soit conj → p 70, adv
soixantaine nf
soixante adj num inv
soixantième adj ord
soja ou **soya** nm, pl *sojas, soyas*
sol nm (terre) # nm inv (note) # *sole* nf (poisson)
solaire adj (un seul *l*)
solarium nm, pl *solariums*
solde nf (paye) # nm (reliquat ; rabais)
sole nf # *sol* nm (terre ; note)
solécisme nm
soleil nm
solennel, elle adj (deux *n*)
solenniser vt (un *l*, deux *n*)
solennité nf
solfège nm
solicitor nm, pl *solicitors* (un *l*)
solidaire adj
solidarité nf
soliloque n masculin
solipède adj ; nm
soliste nm ou nf
solitaire adj, n ; nm
soliveau nm, pl *soliveaux*
solliciter vt (deux *l*)
sollicitude nf (deux *l*)
solo nm, pl *solos* ou *soli*
solstice n masculin
solsticial, e, aux adj
solution nf
solvant nm
sombrer vi, pp *sombré* inv
sombrero nm, pl *sombreros*
sommaire adj ; nm (deux *m*)
somme nf (total) # nm (sommeil) [deux *m*]
sommeil nm
sommeiller vi, pp *sommeillé* inv
sommelier nm (un seul *l*)
sommellerie nf (deux *l*)

sommer vt (deux *m*)
sommet nm (deux *m*)
sommier nm (deux *m*)
sommité n féminin (deux *m*)
somnambule adj, nm ou nf
somnifère adj ; nm
somnolence nf
somnolent, e adj # *somnolant*
  pprés du v *somnoler*
somnoler vi, pp *somnolé* inv
somptuaire adj
somptueux, euse adj
son nm ; **son, sa, ses** adj poss
sonar nm, pl *sonars*
sonate nf (un seul *t*)
songe-creux nm inv
sonnaille nf (deux *n*)
sonnant, e adj → p 69
sonnet nm (deux *n*)
sonore adj (un seul *n*)
sophisme nm
sophistiquer vt
soporifique adj
soprano nm, pl *sopranos* ou
  soprani (savant)
sorbet nm
sorcellerie nf (deux *l*)
sorcier, ère n
sorgho nm, pl *sorghos*
sornette nf (deux *t*)
sort nm (*t* final)
sorte nf
sortie-de-bain nf, pl
  sorties-de-bain
sortie-de-bal nf, pl *sorties-de-bal*
sortilège n masculin
sortir vi, vt, pp *sorti, e*
sosie n masculin
sotie ou **sottie** nf
sot, sotte adj
sot-l'y-laisse nm inv
sottement adv (deux *t*)
sottise nf (deux *t*)
sou nm, pl *sous* # *sous* prép
soubassement nm
soubresaut nm (*t* final)
soubrette nf (deux *t*)
souci nm (*i* final au sing)
soucier vt
soudain adv ; **soudain, e** adj
soudard nm (*d* final)
soudoyer vt
soue nf (*e* final)
souffle nm (deux *f*)
soufflet nm
souffleter vt
souffre-douleur nm inv
souffreteux, euse adj (deux *f*,
  un *t*)
souffrir vt, pp *souffert, e* (deux *f*)
soufre nm (un seul *f*) # *(il)
  souffre*
souhait nm
souhaiter vt
souiller vt
souillon nm ou nf

souk nm, pl *souks*
soûl, e ou **saoul, e** adj
soûlaud nm (circonflexe sur *û* de
  soû-)
soûler ou **saouler** vt
soulèvement nm
soumettre vt, pp *soumis, e*
soumission nf
soumissionner vt (deux *n*)
soupçon nm
soupçonner vt (deux *n*)
soupente nf
souper vi, pp *soupé* inv ; nm
soupir nm (sans *e*)
soupirail nm, pl *soupiraux*
souquenille nf
sourate ou **surate** nf
sourcil nm (*l* final)
sourciller vi, pp *sourcillé* inv
sourd, e adj, n
sourdine nf (un seul *n*)
sourd-muet, sourde-muette n, pl
  sourds-muets, sourdes-muettes
souriceau nm, pl *souriceaux*
souricière nf
sourire vi, pp *souri* inv ; nm
sournois, e adj, n
sous prép # *sou* nm (argent)
sous-alimentation nf, pl
  sous-alimentations
sous-alimenter vt
sous-amendement nm, pl
  sous-amendements
sous-bois nm inv
sous-chef nm, pl *sous-chefs*
sous-commission nf, pl
  sous-commissions
sous-consommation nf, pl
  sous-consommations
souscription nf
souscrire vt, pp *souscrit, e*
sous-cutané, e adj, pl
  sous-cutanés, ées
sous-développé, e adj, pl
  sous-développés, ées
sous-directeur, trice n, pl
  sous-directeurs, trices
sous-emploi nm, pl *sous-emplois*
sous-entendre vt, pp
  sous-entendu, e
sous-entendu nm, pl
  sous-entendus
sous-équipé, e adj
sous-équipement nm, pl
  sous-équipements
sous-estimer vt
sous-évaluer vt
sous-exploiter vt
sous-exposer vt
sous-fifre nm, pl *sous-fifres*
sous-homme nm, pl
  sous-hommes
sous-jacent, e, adj, pl
  sous-jacents, es
sous-lieutenant nm, pl
  sous-lieutenants

sous-locataire nm ou nf, pl
  sous-locataires
sous-louer vt
sous-main nm inv
sous-marin, e adj, pl
  sous-marins, es
sous-multiple adj ; nm, pl
  sous-multiples
sous-officier nm, pl *sous-officiers*
sous-ordre nm, pl *sous-ordres*
sous-payer vt
sous-peuplé, e adj, pl
  sous-peuplés, es
sous-préfecture nf, pl
  sous-préfectures
sous-préfet nm, pl *sous-préfets*
sous-prolétaire nm ou nf, pl
  sous-prolétaires
sous-secrétariat nm, pl
  sous-secrétariats
soussigné, e adj
sous-sol nm, pl *sous-sols*
sous-station nf, pl *sous-stations*
sous-tendre vt, pp *sous-tendu, e*
sous-titre nm, pl *sous-titres*
sous-titrer vt
soustraction nf
soustraire vt, pp *soustrait, e*
sous-traitant, e n, pl
  sous-traitants, es
sous-utiliser vt
sous-ventrière nf, pl
  sous-ventrières
sous-verre nm inv
sous-vêtement nm, pl
  sous-vêtements
sous-virer vi, pp *sous-viré* inv
soutane nf (un seul *n*)
soutènement nm (accent grave)
soutenir vt, pp *soutenu, e*
souterrain, e adj
soutien-gorge nm, pl
  soutiens-gorge
souvenir nm
souvenir (se) vpr, pp *souvenu, e*
souvent adv
souverain, e adj
soviet nm
soviétique adj, nm ou nf
sovkhoz ou **sovkhoze** nm inv ou
  pl *sovkhozes*
soya ou **soja** nm, pl *soyas* ou
  sojas
soyeux, euse adj
spacieux, euse adj (attention
  au *c*)
spadassin nm
spaghetti nm inv ou pl *spaghettis*
spahi nm, pl *spahis*
sparadrap nm
spasme nm
spasmodique adj
spath nm, pl *spaths*
spatial, e, aux adj
spatio-temporel, elle adj, pl
  spatio-temporels, elles

speaker nm
speakerine nf
spécial, e, aux adj
spécieux, euse adj
spécification nf
spécifier vt
spécifique adj
spécimen nm, pl *spécimens*
spectaculaire adj
spectral, e, aux adj
spectre nm # *sceptre* (insigne du pouvoir)
spéculer vti, vi, pp *spéculé* inv
spéculum nm, pl *spéculums*
speech nm, pl *speechs* ou *speeches*
speeder vi
spéléologie nf
spermaceti nm, pl *spermacetis*
spermatozoïde nm (tréma sur *i*)
sphénoïdal, e, aux adj (tréma)
sphère nf
sphérique adj
sphéroïdal, e, aux adj
sphincter nm, pl *sphincters*
sphinx nm inv (pas de *y*)
spicilège n masculin
spider nm, pl *spiders*
spina-bifida nm inv, nm ou nf inv
spinal, e, aux adj
spinnaker nm, pl *spinnakers*
spiral, e, aux adj
spirale nf
spirille n masculin (deux *l*)
spirite nm ou nf
spiritual nm, pl *spirituals*
spirituel, elle adj
spiritueux, euse adj
spleen nm, pl *spleens*
splendeur nf
spondée n masculin
spondyle n masculin
spongieux, euse adj
sponsor nm, pl *sponsors*
spontané, e adj
spontanéité nf
sporange n masculin
sport nm
sportif, ive adj, n
spot nm, pl *spots*
sprat nm
spray nm, pl *sprays*
springbok nm, pl *springboks*
sprint nm, pl *sprints*
sprinter vi, pp *sprinté* inv # nm
squale nm
squame n féminin
squash nm, pl *squashs*
squat nm
squatter nm, pl *squatters*
squatter ou squattériser vt
squaw nf, pl *squaws*
squelette nm (deux *t*)
squirre ou squirrhe nm
stabulation nf
staccato adv ; nm, pl *staccatos*

staff nm, pl *staffs*
stagner vi, pp *stagné* inv
stakhanovisme nm (*h* après *k*)
stalactite nf # stalagmite nf
stalle nf (deux *l*)
stance nf
stand nm, pl *stands*
standard nm, pl *standards*
standardiser vt
stand-by adj inv, nm ou nf inv
standing nm, pl *standings*
staphylocoque nm
star nf, pl *stars*
star-system nm, pl *star-systems*
starter nm, pl *starters*
starting-block nm, pl *starting-blocks*
statif, ive adj
stationner vi (deux *n*)
station-service nf, pl *stations-service*
statue nf # statut nm (texte)
statuer vi, pp *statué* inv
statu quo nm inv
staturo-pondéral, e, aux adj
statut nm (*t* final) # statue nf (sculpture)
stayer nm, pl *stayers*
steak nm, pl *steaks*
stéarate n masculin
steeple ou steeple-chase nm, pl *steeples* ou *steeple-chases*
stégosaure nm
stèle nf
stellaire adj (deux *l*)
stencil nm
sténo nm ou nf
sténodactylo nm ou nf
sténose nf (un seul *n*)
sténotypie nf
stentor nm
steppe nf (deux *p*)
stère n masculin
stéréophonie nf
stéréotype n masculin
sterling adj inv
sternum nm, pl *sternums*
stéthoscope nm
steward nm, pl *stewards*
stick nm, pl *sticks*
stigmate n masculin
stimulus nm inv ou pl *stimuli*
stipendier vt
stochastique adj, nf
stock nm, pl *stocks*
stock-car nm, pl *stock-cars*
stockfisch nm, pl *stockfischs*
stoïcien, enne adj (tréma sur *i*)
stoïcisme nm (tréma sur *i*)
stoïque adj (tréma)
stomacal, e, aux adj
stomachique adj
stomatologie nf
stop nm, pl *stops*
stop-and-go nm inv

stopper vt, vi (deux *p*)
stout nm, pl *stouts*
stradivarius nm inv
strangulation nf
stras ou strass nm inv
stratagème n masculin
strate n féminin
stratège nm
stratégie nf (accent aigu)
stratigraphie nf
strato-cumulus nm inv
stratosphère nf
stratus nm inv
streptocoque nm (un seul *c*)
streptomycine nf
stress nm inv (deux *ss* finals)
strict, e adj
stricto sensu loc adv
strident, e adj
striduler vi, pp *stridulé* inv
strie nf
strier vt
strige ou stryge n féminin
stripping nm, pl *strippings*
strip-tease nm inv
strip-teaseuse nf, pl *strip-teaseuses*
strontium nm, pl *strontiums*
strophe nf
structural, e, aux adj
structurel, elle adj
strychnine nf
stuc nm
stucage nm
stud-book nm, pl *stud-books*
studette nf
studieux, euse adj
studio nm, pl *studios*
stupéfaction nf
stupéfait, e adj
stupéfier vt
stupeur nf
stupre n masculin
stuquer vt
style nm (avec *y*)
stylet nm (avec *y*)
stylite n masculin
stylo nm
stylobate nm
styrène n masculin
suaire nm
subaigu, subaiguë adj (fém avec tréma sur *ë*)
subalpin, e adj
subconscient, e adj
subdiviser vt
subéreux, euse adj
subir vt, pp *subi, e*
subit, e adj (soudain) # *subi* (pp du v *subir*)
subitement adv
subjectif, ive adj
subjectivité nf
subjonctif nm
sublingual, e, aux adj
submerger vt

submersion nf
subordination nf (un seul *n*)
subordonner vt (deux *n*)
subreptice adj
subséquemment adv
subséquent, e adj
subside n masculin
subsistance nf
subsister vi, pp *subsisté* inv
subsonique adj (un seul *n*)
substance nf
substantiel, elle adj (avec *tiel*)
substantif nm
substituer vt
substitut nm (*t* final)
substrat nm (*t* final)
subterfuge n masculin
subtil, e adj
subtropical, e, aux adj
suburbain, e adj
subvenir vti, pp *subvenu* inv
subvention nf
subventionner vt (deux *n*)
subversif, ive adj
suc nm
succédané nm
succéder vti, pp *succédé* inv
succès nm inv (accent grave)
successeur nm
succession nf
successoral, e, aux adj
succinct, e adj
succion nf (deux *c*)
succomber vti, pp *succombé* inv
succube n masculin (deux *c*)
succulent, e adj (deux *c*)
succursale nm (deux *c*)
sucer vt
sud nm inv
sud-est nm inv
sudoral, e, aux adj
sud-ouest nm inv
suer vi
sueur nf
suffire vti, pp *suffi* inv
suffisamment adv
suffisance nf
suffisant, e adj
suffixal, e, aux adj
suffixe nm
suffocant, e adj # *suffoquant*
  pprés du v *suffoquer*
suffocation nf
suffrage nm (deux *f*)
suggérer vt
suggestion nf # *sujétion*
  (dépendance)
suggestionner vt (deux *n*)
suicidaire adj, nm ou nf
suie nf
suif nm
suiffeux, euse adj (deux *f*)
sui generis loc adj inv
suint nm, pl *suints*
suinter vi, pp *suinté* inv
suivre vt, pp *suivi, e*

sujet, ette adj
sujétion nf # *suggestion*
  (conseil)
sulky nm, pl *sulkys*
sultan nm ; sultane nf
sumac nm
summum nm, pl *summums*
supercarburant nm
supercherie nf
superfétatoire adj
superficie nf
superficiel, elle adj
superfin, e adj
superflu, e
super-huit adj inv, nm inv
supérieur, e adj, n
supériorité nf
superman nm, pl *supermans* ou
  supermen
supernova nf, pl *supernovae*
superproduction nf
superprofit nm
supersonique adj (en un mot)
superstition nf
superstructure nf
supplanter vt (deux *p*)
suppléance nf
suppléer vt
supplément nm (deux *p*)
supplétif, ive adj (deux *p*)
supplication nf
supplice nm (deux *p*)
supplique nf (deux *p*)
support nm
supporter vt
supporter nm, pl *supporters*
supposé, e adj → p 75
suppositoire n masculin
suppôt nm (circonflexe sur *ô*)
suppression nf
supprimer vt
suppurer vi, pp *suppuré* inv
supputer vt (deux *p*)
supranational, e, aux adj
supranationalité nf
suprématie nf (attention *tie*)
suprême adj (circonflexe sur *ê*)
suprêmement adv
sur prép # *sûr* adj
sur, e adj (sans circonflexe) #
  sûr (assuré)
sûr, e adj (circonflexe sur *û*) #
  sur (aigre)
surabondance nf
surabondant, e adj
surabonder vi, pp *surabondé* inv
suraigu, suraiguë adj (tréma sur
  ë au fém)
suranné, e adj (deux *n*)
surate ou sourate nf (un seul *t*)
surbau nm, pl *surbaux*
surboum nf, pl *surboums*
surchauffe nf (deux *f*)
surcontre nm, pl *surcontres*
surcot nm (*t* final)
surcoût nm (circonflexe)

surcroît nm (circonflexe sur *î*)
surdimensionné, e adj
surdi-mutité nf, pl *surdi-mutités*
surdité nf
surdoué, e adj, n
sureau nm, pl *sureaux*
sureffectif nm
surélévation nf (accents aigus)
sûrement adv (circonflexe sur *û*)
suréminent, e adj
surenchère nf
surenchérir vi (accent aigu)
surentraîner vt (circonflexe sur *î*)
sûreté nf (circonflexe sur *û*)
surf nm, pl *surfs*
surface nf
surfaire vt, pp *surfait, e*
surfaix nm inv (*x* final)
surfeur, euse n
surfil nm
surfin, e adj
surgélation nf (accent aigu)
surgeler vt
surgénérateur nm (un seul *n*)
surgeon nm
surhausser vt
surhomme nm
surhumain, e adj
surintendant nm
surir vi (sans circonflexe)
surjet nm
surjeter vt
sur-le-champ loc adv
surlendemain nm
surmoi nm inv
surmultiplié, e adj
surnager vi, pp *surnagé* inv
surnaturel, elle adj
surnom nm
surnombre nm
surnommer vt (deux *m*)
surnuméraire adj, nm ou nf
suroît nm (circonflexe sur *î*)
surpaye nf
surpeuplé, e adj
surplace nm (en un mot)
surplis nm inv (*s* final)
surplomb nm (*b* final)
surplus nm inv (*s* final)
surpoids nm
surprendre vt, pp *surpris, e*
surprise-partie nf, pl
  surprises-parties
surréalisme nm
surrénale adj f (deux *r*)
sursaut nm (*t* final)
surseoir vt, vti, pp *sursis, e*
sursis nm (*s* final)
sursitaire nf
surtension nf
surtout nm, pl *surtouts* # adv
surveillant, e n (deux *l*)
survenir vi, pp *survenu, e*
survêtement nm (circonflexe)
survie nf (*e* final)
survirer vi, pp *surviré* inv

survivre vti, pp *survécu* inv
sus prép
susceptible adj (avec *sc*)
susciter vt (avec *sc*)
suscription nf
susdit, e adj (en un mot)
susmentionné, e adj (en un mot)
susnommé, e adj (deux *m*)
suspect, e adj, n
suspendre vt, pp *suspendu, e*
suspens adj m, nm *(en suspens)*
suspense nf (religion) # nm
(attente)
suspension nf
suspicion nf (avec *cion*)
sustentation nf
susurrer vt (deux *r*)
susvisé, e adj, pl *susvisés, ées*
sutural, e, aux adj
suzerain, e n
svastika ou **swastika** nm
sveltesse nf
sweater nm, pl *sweaters*
sweating-system nm, pl
sweating-systems
sweat-shirt nm, pl *sweat-shirts*
sweepstake nm, pl *sweepstakes*
swing nm, pl *swings*
swinguer vi, vt
sybarite adj, nm ou nf
sycomore n masculin
sycophante n masculin
syllabe nf
syllabus nm inv
syllepse n féminin
syllogisme nm
sylphe nm ; **sylphide** nf
sylvain nm
sylvestre adj
sylviculture nf
symbiose nf (sans circonflexe)
symbole n masculin
symétrie nf
sympa adj inv
sympathie nf
sympathiser vi, pp *sympathisé*
inv
symphonie nf
symphyse nf (deux *y*)
symposium nm, pl *symposiums*
symptomatique adj (pas de
circonflexe)
symptôme nm (circonflexe sur *ô*)
synagogue nf
synapse nf
synchrone adj (sans circonflexe)
synchroniser vt
synchrotron nm
synclinal nm, pl *synclinaux*
syncope nf
syncrétisme nm
syndic nm
syndical, e, aux adj
syndicat nm (*t* final)
syndiquer vt
syndrome n masculin (pas de
circonflexe)

synecdoque nf
synergie nf
synodal, e, aux adj
synode nm
synonyme adj ; nm
synopsis n masculin inv
synovial, e, aux adj
synovie nf
syntagme n masculin
syntaxe nf
synthèse nf (accent grave)
synthétique adj (accent aigu)
syphilis nf inv
syrinx nf inv
systématique adj (accent aigu)
système nm (accent grave)
systole nf

T

ta adj poss
tabac nm (*c* final)
tabagie nf
tabatière nf
tabellion nm (deux *l*)
tabès nm inv (accent grave)
tabétique adj, nm ou nf (accent
aigu)
tableau nm, pl *tableaux*
tablée nf
tabler vti, pp *tablé* inv
tablette nf
tabletterie nf
tabloïd adj m, nm (tréma sur *ï*)
tabou nm, pl *tabous* ; adj inv en
genre
tabouret nm
tac nm (au sing)
tache nf (sans circonflexe) #
tâche (travail)
tâche nf (circonflexe sur *â*) #
tache (salissure)
tacher vt (sans circonflexe)
tâcher vt, pp *tâché* inv
(circonflexe sur *â*) → p 81
tâcheron nm (circonflexe)
tacheter vt
tachycardie nf
tacite adj
taciturne adj
tact nm
tacticien, enne n
tactile adj
tactique nf
tael nm, pl *taels*
tænia ou **ténia** nm
taffetas nm inv (*s* final)
tafia nm, pl *tafias*
tagliatelle ou **tagliatelles** nf pl
taïaut ou **tayaut** interj
taie nf
taïga nf (tréma sur *ï*)
taillant nm
taille-crayon nm, pl
taille-crayon(s)
taille-douce nf, pl *tailles-douces*

tailleur nm
taillis nm inv (*s* final)
tain nm # *teint* (coloris)
taire vt, pp *tu, e*
take-off nm inv
talc nm
talé, e adj
talent nm
talentueux, euse adj
talion nm (un seul *l*)
talisman nm
talkie-walkie nm, pl
talkies-walkies
talle nf (deux *l*)
talmudique adj
taloche nf (un seul *l*)
talonner vt (deux *n*)
talquer vt
talus nm inv (*s* final)
talweg ou **thalweg** nm, pl
t(h)alwegs
tamanoir nm
tamarinier nm
tamaris nm inv
tambouille nf
tambouriner vi, vt (un seul *n*)
tambour-major nm, pl
tambours-majors
tamis nm inv (*s* final)
tampico nm, pl *tampicos*
tamponner vt (deux *n*)
tam-tam nm, pl *tams-tams*
tan nm
tancer vt
tandem nm
tandis que loc conj
tangage nm
tangent, e adj
tangentiel, elle adj (avec *tiel*)
tango nm, pl *tangos* (danse)
tango adj inv (couleur)
tanguer vi, pp *tangué* inv
tanière nf (un seul *n*)
tanin ou **tannin** nm
tank nm
tanker nm
tanner vt (deux *n*)
tannin ou **tanin** nm
tan-sad nm, pl *tan-sads*
tant adv # *temps* nm inv
tante nf # *tente* (abri)
tantième nm
tantinet nm (au sing)
tantôt adv (circonflexe sur *ô*)
taoïsme nm (tréma sur *ï*)
taon nm (prononcé *tan*)
tapant, e adj → p 69
tape nf (un seul *p*)
tape-à-l'œil nm inv, adj inv
tapecul nm
tapée nf
tapette nf (un *p*, deux *t*)
tapinois (en) loc adv
tapioca nm, pl *tapiocas*
tapir nm, pl *tapirs*
tapis nm inv (*s* final)

tapis-brosse nm, pl
tapis-brosses
tapisser vt
tapis vert nm, pl *tapis verts*
(sans trait d'union)
tapoter vt (un seul *t*)
taquet nm
taquin, e adj
tarabiscoté, e adj
taraud nm # *tarot* (cartes)
tarauder vt
tarbouch ou **tarbouche**
n masculin
tard adv # *tare* nf
tarder vti, pp *tardé* inv
tardif, ive adj
tare nf # *tard* adv
tarentelle nf (deux *l*)
tarentule nf
targette nf (deux *t*)
tarière nf (un seul *r*)
tarif nm
tarifer vt (un seul *f*)
tarification nf
tarir vt, pp *tari, e* (un seul *r*)
tarlatane nf (un seul *n*)
taro nm (plante) # **tarot** nm ou
tarots nmpl # *taraud* (outil)
Tartan nm (nom déposé)
[agglomérat] # **tartan** nm
(tissu)
tartre nm # *tarte* nf (gâteau)
tartufe ou **tartuffe** nm
tas nm inv (*s* final)
tasseau nm, pl *tasseaux*
tâter vt (circonflexe sur *â*)
tâte-vin ou **taste-vin** nm inv
tatillon, onne adj (pas de
circonflexe)
tâtonner vi, pp *tâtonné* inv
tâtons (à) adv (circonflexe sur *â*)
tatou nm, pl *tatous*
taudis nm inv (*s* final)
taule ou **tôle** nf # *tôle* (feuille de
métal)
taulier, ère ou **tôlier, ère** n
taupe nf (un seul *p*)
taupe-grillon nm, pl
taupes-grillons
taureau nm, pl *taureaux*
tauromachie nf
tautologie nf
taux nm inv # *tôt* adv
taxinomie nf
Taxiphone nm (nom déposé)
tayaut ou **taïaut** interj
tchador nm, pl *tchadors*
tchernoziom ou **tchernozioms**
te pr pers # **té** nm
technicien, enne n
technico-commercial, e, aux adj
technique adj ; nf
technocratie nf
technologie nf
technopole nf (centre urbain)
technopôle nm (site industriel)
[avec circonflexe]

teck ou **tek** nm, pl *tecks* ou *teks*
teckel nm (*l* final)
tectonique adj
Te Deum nm inv
teen-ager nm ou nf, pl
teen-agers
tee-shirt nm, pl *tee-shirts*
Téflon nm (nom déposé)
tégument nm
teigne nf
teindre vt, pp *teint, e*
teint nm # *tain* (glace)
teinte nf
teinter vt # *tinter* (résonner)
tek ou **teck** nm, pl *teks* ou *tecks*
tel, telle adj → p 66
télé nf, pl *télés*
télécabine nf
télécharger vt
télécinéma nm
télécoms nfpl
télécommande nf
télécommunication nf
télédiffuser vt
télé-enseignement nm, pl
télé-enseignements
téléfilm nm
télégramme nm
télégraphie nf
téléguider vt
télémètre nm
téléobjectif nm (en un mot)
télépathie nf
téléphérique nm
téléphone nm
télescope n masculin
télescoper (se) vpr
téléscripteur nm
télésiège nm
téléski nm
téléspectateur, trice n
Télétype nm (nom déposé)
télévision nf
télex nm inv
tellement adv
tellurique ou **tellurien, enne** adj
téméraire adj
témérité nf
témoigner vt
témoin nm → p 57
tempérament nm (*t* final)
tempérance nf
tempérant, e adj
tempête nf
tempêter vi, pp *tempêté* inv
(circonflexe sur *ê*)
tempo nm, pl *tempos*
temporaire adj
temporal, e, aux adj
temporiser vi, pp *temporisé* inv
temps nm inv # *tant* adv
tenace adj
ténacité nf (accents aigus)
tenaille nf (même sens au sing
et au pl)

tenancier, ère n
tendance nf
tendinite nf
tendon nm
tendre adj ; vt, pp *tendu, e*
tendresse nf
ténèbres nfpl
ténébreux, euse adj (accents
aigus)
ténia ou **tænia** nm
tenir vt, pp *tenu, e ; se tenir coi*
→ p 84.
tennis nm inv
tennis-elbow nm, pl
tennis-elbows
tennisman nm, pl *tennismans* ou
tennismen
ténor nm, pl *ténors*
ténorino nm, pl *ténorinos*
tension nf
tentacule n masculin
tente nf # *tante* (parenté)
tente-abri nf, pl *tentes-abris*
ténu, e adj (accent) # **tenue** nf
téorbe ou **théorbe** nm
tequila nf, pl *tequilas*
ter adv
tératologie nf
tercet nm
térébenthine nf (avec *th*)
térébrant, e adj
Tergal nm (nom déposé)
tergiverser vi, pp *tergiversé* inv
terminal nm, pl *terminaux*
terminologie nf
terminus nm inv
termite n masculin
terrain nm (deux *r*)
terrarium nm, pl *terrariums*
terrasse nf (deux *r* et deux *s*)
terre nf (deux *r*)
terreau nm, pl *terreaux* (deux *r*)
terre-neuvas nm inv
terre-neuve nm inv
terre-plein nm, pl *terre-pleins*
terrer vt (deux *r*)
terreur nf
terrible adj
terrien, enne n
terrier nm (deux *r*)
terrifier vt
terril ou **terri** nm, pl *terrils* ou
terris
terrine nf
territoire n masculin
territorial, e, aux adj
terroir nm
terroriser vt
tertiaire adj
tertio adv
tes adj poss
tessiture nf (deux *s*)
tesson nm
test nm
testament nm
tester vt # **tester** vi, pp *testé* inv

testicule n masculin
testimonial, e, aux adj
test-match nm, pl *test-matchs*
têt nm (circonflexe sur *ê*)
tétanique adj
tétanos nm inv
têtard nm (circonflexe et *d* final)
tête nf (circonflexe sur *ê*)
tête-à-queue nm inv
tête-à-tête nm inv
têteau nm, pl *têteaux*
  (circonflexe sur *ê*)
tête-bêche loc adv
tête-de-clou nf, pl *têtes-de-clou*
tête-de-loup nf, pl *têtes-de-loup*
tête-de-Maure nf, pl
  têtes-de-Maure ; adj inv
  (couleur)
tête-de-nègre adj inv (couleur)
tête de Turc nf, pl *têtes de Turc*
tétée nf
tétine nf (pas de circonflexe)
tétraèdre n masculin
tétraédrique adj (accents aigus)
tétralogie nf
tétras nm inv (*s* final)
têtu, e adj (circonflexe sur *ê*)
textile adj ; nm
texto adv
textuel, elle adj
thaï, e adj ; nm (tréma sur *ï*)
thalamus nm inv
thalassothérapie nf
thaler nm, pl *thalers*
thalle n masculin
thallium nm, pl *thalliums*
thallophyte n féminin
thalweg nm, pl *thalwegs*
thaumaturge nm ou nf
thé nm
théâtral, e, aux adj (circonflexe
  le premier *â*)
théâtre nm
thébaïde nf (tréma su *ï*)
théière nf
théisme nm
thématique adj (accent aigu)
thème nm (accent grave)
thénar nm
théocratie nf
théodolite n masculin
théogonie nf
théologal, e, aux adj
théologie nf
théorbe ou **téorbe** n masculin
théorème nm
théorie nf
théosophie nf
thérapeute nm ou nf
thérapie ou **thérapeutique** nf
thermal, e, aux adj pl
thermes n masculin pl
thermidor nm, pl *thermidors*
thermie nf
thermocautère nm
thermodynamique nf

thermogène adj
thermomètre nm
thermonucléaire adj
Thermos nf inv (nom déposé)
thermostat nm (*t* final)
thésard, e n (accent aigu)
thésauriser vi, vt
thèse nf
thêta nm inv (lettre grecque)
  [circonflexe sur *ê*]
thibaude nf
thon nm # *ton* (sonorité)
thonier nm (un seul *n*)
thoracique adj
thorax nm inv
thriller nm, pl *thrillers*
thrombine nf (avec *th*) #
  trombine (visage)
thrombose nf (avec *th*)
thuriféraire nm
thuya n masculin, pl *thuyas*
thym nm # *tin* (pièce de bois)
thymique adj
thymus nm inv
thyroïde adj ; nf (tréma sur *ï*)
thyrse n masculin
tibia nm, pl *tibias*
tic nm # *tique* nf (animal)
ticket nm, pl *tickets*
tic-tac nm inv (trait d'union)
tie-break nm, pl *tie-breaks*
tiède adj (accent grave)
tiédir vt (accent aigu)
tien, tienne adj poss
tierce nf ; **tiercé** nm
tiercelet nm
tiers, tierce adj
tiers-monde nm, pl *tiers-mondes*
tiers-mondiste adj, nm ou nf, pl
  tiers-mondistes
tiers-point nm, pl *tiers-points*
tignasse nf
tigre nm ; **tigresse** nf
tilbury nm, pl *tilburys*
tilde n masculin
tillac nm (deux *l*)
tilleul nm (deux *l*)
tilt nm, pl *tilts*
timbale nf (un seul *l*)
timbre-poste nm, pl
  timbres-poste
timbre-quittance nm, pl
  timbres-quittances
timonerie nf (un seul *n*)
timoré, e adj
tin nm, pl *tins* # *thym* (plante)
tinamou nm, pl *tinamous*
tincal nm, pl *tincals*
tinctorial, e, aux adj
tinette nf (deux *t*)
tintamarre n masculin
tinter vt, vi # *teinter* (de teinte)
tintinnabuler vi, pp *tintinnabulé*
  inv (deux *n*)
tintouin nm
tique nf # *tic* nm (manie)

tiquer vi, pp *tiqué* inv
tiqueté, e adj
tirade nf (un seul *r*)
tirailler vt (un seul *r*)
tiramisu nm
tire-au-cul nm inv
tire-au-flanc nm inv
tire-botte nm, pl *tire-bottes*
tire-bouchon nm, pl
  tire-bouchons
tire-clou nm, pl *tire-clous*
tire-d'aile (à) loc adv
tire-fesses nm inv
tire-fond nm inv
tire-laine nm inv
tire-lait nm inv
tire-larigot (à) adv
tire-ligne nm, pl *tire-lignes*
tirelire nf
tirer vt
tiret nm
tiretaine nf
tiroir-caisse nm, pl
  tiroirs-caisses
tisonner vt (deux *n*)
tisser vt
tisserand, e n
tissu nm
tissu, e adj
tissu-éponge nm, pl
  tissus-éponges
titan nm
titane n masculin
titanesque adj
titi nm
titiller vt (deux *l*)
tituber vi, pp *titubé* inv
titulaire nm ou nf
tjäle nm, pl *tjäles* (tréma sur *ä*)
toast nm, pl *toasts*
toboggan nm (deux *g*)
toc nm
tocante ou **toquante** nf
tocard, e ou **toquard, e** adj, n
toccata nf, pl *toccatas* ou
  toccate (savant) [deux *c*]
tocsin nm (attention *cs*)
tohu-bohu nm inv
toi pr pers # *toit* (maison)
toilette nf
toit nm (pas de circonflexe)
tôle nf (circonflexe sur *ô*)
tolérance nf
tolet nm # *tollé* (cri)
tôlier, ère n
tolite nf (un seul *t*)
tollé nm, pl *tollés* # *tolet*
  (tourillon)
tolu nm, pl *tolus*
toluène nm
toluol nm
tomahawk nm, pl *tomahawks*
tomaison nf
tomate nf (un seul *t*)
tombeau nm, pl *tombeaux*
tombereau nm, pl *tombereaux*

tombola nf
tome nm (d'un livre)
tomme ou tome nf (fromage)
tommette ou tomette nf
tommy nm, pl *tommys* ou
tommies
ton adj poss
ton nm # *thon* (poisson)
tonal, e, als adj
tonalité nf
tondre vt, pp *tondu, e*
tonicité nf
tonitruer vi, pp *tonitrué* inv
tonne nf (deux *n*)
tonneau nm, pl *tonneaux*
tonnelet nm (un seul *l*)
tonnelier nm (un seul *l*)
tonnelle nf (deux *n*, deux *l*)
tonnellerie nf (deux *n*, deux *l*)
tonner vi, pp *tonné* inv
tonnerre nm (deux *n*, deux *r*)
tonus nm inv
topaze n féminin
toper vi, pp *topé* inv
topinambour nm
topique adj ; nm
top-model ou top-modèle nm, pl
top-models ou *top-modèles*
top niveau nm, pl *top niveaux*
topo nm, pl *topos*
topographie nf
toponymie nf
toquade nf
toquante ou tocante nf
toquard, e ou tocard, e adj, n
toquer (se) vpr
torchis nm inv (*s* final)
torchonner vt (deux *n*)
tord-boyaux nm inv
tordre vt, pp *tordu, e*
tore nm # *tors* adj (tordu) # *tort*
nm (préjudice)
toréador nm, pl *toréadors*
toréer vi
torero nm (sans accent)
toril nm
toron nm (un seul *r*)
torpédo nf, pl *torpédos*
torpeur nf
torpille nf
torréfier vt (deux *r*)
torrent nm (deux *r*)
torrentiel, elle adj (avec *tiel*)
torride adj (deux *r*)
tors, e adj # *tort* nm (préjudice)
tore nm (moulure)
torsion nf
tort nm # *tors* adj (tordu) # *tore*
nm (moulure)
torticolis nm inv (*s* final)
tortil nm
tortillard nm
tortionnaire nm ou nf
tortue nf
tortueux, euse adj
tory nm, pl *torys* ou *tories*

tôt adv (circonflexe) # *taux* nm
(pourcentage)
total, e, aux adj
totem nm (pas d'accent)
totémisme nm
touareg nm ou nf, pl *touareg*
(le sing étant alors *targui, e*)
ou *touaregs*
toubib nm, pl *toubibs*
toucan nm
touche-à-tout nm inv
toucher nm ; vt
touée nf
touffe nf (deux *f*)
touffeur nf (deux *f*)
touffu, e adj
touiller vt
toujours adv (*s* final)
toundra nf, pl *toundras*
toupet nm
tour nf (bâtiment élevé) # nm
(mouvement circulaire)
tourbillon nm
tourbillonner vi, pp *tourbillonné*
inv (deux *n*)
tourdille adj
tourelle nf (un seul *r*)
touret nm (un seul *r*)
tourie nf (un seul *r*)
tourillon nm (un seul *r*)
tourin nm (un seul *r*)
touriste nm ou nf
tourmaline nf
tourment nm (*t* final)
tourne-à-gauche nm inv
tournebroche nm (en un mot)
tourne-disque nm, pl
tourne-disques
tournedos nm inv
tournée nf
tournemain ou tour de main (en
un) loc adv
tourne-pierre nm, pl
tourne-pierres
tournesol nm (un seul *s*)
tourne-vent nm inv
tournevis nm inv
tourniquet nm
tournoi nm (lutte) # *tournois*
tournoiement nm (*e* muet)
tournois adj inv (pièce)
tournoyer vi, pp *tournoyé* inv
touron nm (un seul *r*)
tour-opérateur nm, pl
tour-opérateurs
tourteau nm, pl *tourteaux*
tourtereau nm, pl *tourtereaux*
tousser vi, pp *toussé* inv
tout, toute, tous adj → p 67
tout à coup adv (en trois mots)
tout à fait adv (en trois mots)
tout-à-l'égout nm inv
tout à l'heure adv (en trois mots)
toutefois adv
toute-puissance nf singulier
toutou nm, pl *toutous*
Tout-Paris nm singulier

tout-petit nm, pl *tout-petits*
tout-puissant, toute-puissante
adj, pl *tout-puissants,*
toutes-puissantes → p 67
tout-venant nm inv
toux nf inv (*x* final)
toxicité nf
toxicomanie nf
toxine nf (un seul *n*)
toxique adj ; nm
trac nm, pl *tracs*
tracas nm inv (*s* final)
tracasser vt
tracassin nm
trachéal, e, aux adj
trachée nf
trachée-artère nf, pl
trachées-artères
tract nm
tractations nfpl
trade-union nm (autrefois
féminin), pl *trade-unions*
tradition nf
traditionalisme nm (un seul *n*)
traditionnel, elle adj (deux *n*)
traduction nf
traduire vt, pp *traduit, e*
trafic nm (un seul *f*)
trafiquer vt
tragi-comédie nf, pl
tragi-comédies
tragi-comique adj, pl
tragi-comiques
trahir vt
trahison nf
traînasser vi, pp *traînassé* inv
(circonflexe sur *î*)
train de vie nm, pl *trains de vie*
traîne nf (circonflexe sur *î*)
traîneau nm, pl *traîneaux*
(circonflexe sur *î*)
traînée nf (circonflexe sur *î*)
traîner vt (circonflexe sur *î*)
traîne-savates nm inv
train-ferry nm, pl *train-ferries*
training nm (un seul *n*)
train-train ou traintrain nm inv
traire vt, pp *trait, e*
trait nm (*t* final)
traître, esse adj, n (circonflexe)
traîtreusement adv
traîtrise nf
trajectoire nf
trajet nm
tralala nm, pl *tralalas*
tramail ou trémail nm, pl
tramails ou *trémails*
traminot nm
trampoline nm (avec un *a*)
tramway ou tram nm
tranchée nf
tranquille adj
tranquillité nf (deux *l*)
transaction nf
transactionnel, elle adj (deux *n*)
transalpin, e adj

transatlantique adj
transcendance nf (attention *sc*)
transcendantal, e, aux adj
transcendant, e adj (attention *sc*)
transcription nf
transcrire vt, pp *transcrit, e*
transept nm
transfèrement nm (accent grave)
transfert nm
transformation nf
transformationnel, elle adj
(deux *n*)
transfuge nm ou nf
transgresser vt
transhumance nf (*h* après *s*)
transhumer vi, vt
transiger vi, pp *transigé* inv
transir vt, pp *transi, e*
transistor nm
transit nm
transition nf
translation nf
translucide adj
transmettre vt, pp *transmis, e*
transmigrer vi, pp *transmigré* inv
transmission nf
transparaître vi (circonflexe sur *î*
devant *t*), pp *transparu, e*
transport nm
transsaharien, enne adj (deux *s*)
transsonique adj (deux *s*)
transsubstantiation nf (deux *s*)
transsuder vi, pp *transsudé* inv
(deux *s*)
transversal, e, aux adj
trapèze nm
trapézoïdal, e, aux adj (attention
aux accents)
trappe nf (deux *p*)
trappeur nm (deux *p*)
trapu, e adj (un seul *p*)
trauma nm, pl *traumas*
traumatisme nm
travail nm (activité), pl *travaux* #
nm (appareil), pl *travails*
travailler vt
travée nf
traveller's cheque nm, pl
traveller's cheques
travelling nm, pl *travellings*
travelo nm, pl *travelos*
travers nm inv
travertin nm
travesti nm
trayon nm
trébucher vi, pp *trébuché* inv
trébuchet nm
tréfiler vt (un *f*, un *l*)
trèfle nm (accent grave)
tréfonds nm inv (*s* final)
treillage nm
treille nf
treillis nm inv (*s* final)
treillisser vt
treize adj num inv
treizième adj ord

tréma nm
trémail ou tramail nm, pl
trémails ou *tramails*
trémater vi, pp *trématé* inv
tremble n masculin
trémie nf
trémolo nm, pl *trémolos*
trémousser (se) vpr
trémulation nf
trench-coat nm, pl *trench-coats*
trente adj num inv
trente-et-quarante nm inv
trentième adj ord
trépas nm inv (*s* final)
trépasser vi
trépider vi, pp *trépidé* inv
trépied nm (*d* final)
trépigner vi, pp *trépigné* inv
tréponème nm
très adv
tressaillir vi, pp *tressailli* inv
tressauter vi, pp *tressauté* inv
tresse nf
tréteau nm, pl *tréteaux*
treuil nm
trêve nf (circonflexe sur *ê*)
tri nm
trial nm, pl *trials*
trias nm inv
tribal, e, aux ou als adj
tribord nm
tribu nf (*u* final) # *tribut* nm
tribulations nfpl
tribun nm
tribunal nm, pl *tribunaux*
tribut nm # *tribu* nf (clan)
tributaire adj
tricennal, e, aux adj
tricentenaire nm
triceps nm inv
tricher vi, vti, pp *triché* inv
trichine nf (un seul *n*)
trick nm
triclinium nm, pl *tricliniums*
tricot nm (*t* final)
trictrac nm
tricycle nm
trident nm (*t* final)
trièdre adj ; nm
triennal, e, aux adj
trier vt
trière ou trirème nf
triforium nm, pl *triforiums*
trifouiller vi, pp *trifouillé* inv
triglycéride nm
trigone nm (pas de circonflexe)
trigonométrie nf
trigramme n masculin
trijumeau nm, pl *trijumeaux*
trilatéral, e, aux adj
trilingue adj
trille n masculin
trillion nm (deux *l*)
trilogie nf
trimaran nm
trimard nm

trimbaler ou trimballer vt
trimer vi, pp *trimé* inv
trimestriel, elle adj
trinitrotoluène nm
trinôme nm (circonflexe sur *ô*)
trinquer vi, pp *trinqué* inv
trinquet nm
trio nm, pl *trios*
triolet nm
triomphal, e, aux adj
triompher vti, pp *triomphé* inv
tripaille nf (un seul *p*)
triparti, e ou tripartite adj
tripartition nf
tripatouiller vt (un seul *p*)
tripe nf (un seul *p*)
triphasé, e adj
triplet nm
Triplex nm inv (nom déposé)
[verre] # *triplex* nm inv
(appartement)
tripot nm (*t* final)
tripotée nf (un seul *t* intérieur)
triptyque nm (avec un *y*)
trirème ou trière nf
trisaïeul, e n, pl *trisaïeuls, es*
trisannuel, elle adj
trismus ou trisme nm
trisser vi, pp *trissé* inv
tritium nm, pl *tritiums*
triumvir nm, pl *triumvirs*
triumviral, e, aux adj
trivalent, e adj
trivial, e, aux adj
troc nm
trocart nm (*t* final)
trochanter nm, pl *trochanters*
troche ou troque nf
troène nm (accent grave)
troglodyte nm
troïka nf, pl *troïkas* (tréma sur *i*)
trois adj num inv
trois-étoiles nm inv
trois-huit nm inv
troisième adj ord
trois-mâts nm inv
trois-quarts nm inv
trolley nm, pl *trolleys*
trolleybus nm inv
trombone n masculin
trompe-la-mort nm ou nf inv
trompe-l'œil nm inv
trompeter vi, vt (un seul *t*)
trompette nf (instrument) # nm
(musicien)
trompette-de-la-mort ou
trompette-des-morts nf, pl
trompettes-de-la-mort ou
trompettes-des-morts
trompettiste nm ou nf
tronc nm (*c* final)
troncation nf
tronçon nm
tronçonner vt (deux *n*)
trône nm (circonflexe sur *ô*)
trôner vi, pp *trôné* inv

183

tronquer vt
trop adv (*p* final)
trophée n masculin
tropical, e, aux adj
troposphère nf
trop-perçu nm, pl *trop-perçus*
trop-plein nm, pl *trop-pleins*
troque ou **troche** nf
troquet nm
trot nm (*t* final)
trotskiste adj, nm ou nf
trotte nf (deux *t*)
trotte-menu adj inv
trotter vi (deux *t*)
trottiner vi, pp *trottiné* inv
   (deux *t*)
trottoir nm (deux *t*)
trou nm, pl *trous*
trouble-fête nm ou nf inv
trouille nf
troupeau nm, pl *troupeaux*
trousseau nm, pl *trousseaux*
trousse-queue nm inv
troussequin nm (selle)
troussequin ou **trusquin** nm
   (instrument)
trou-trou nm, pl *trous-trous*
trouver vt ; *se trouver court*
   → p 84
trouvère nm
truand, e n (le féminin est rare)
trublion nm
truc nm
trucage ou **truquage** nm
truchement nm
truculence nf
truculent, e adj
truelle nf (deux *l*)
truffe nf (deux *f*)
truie nf
truisme nm (pas de tréma)
trumeau nm, pl *trumeaux*
truqueur, euse n
trusquin ou **troussequin** nm
trust nm, pl *trusts*
truster vt
trypanosome nm
tsar ou **tzar** ou **czar** nm, pl *tsars*
   ou *tzars* ou *czars*
tsarévitch ou **tzarévitch** nm
tsarine ou **tzarine** nf
tsé-tsé nf inv
tsigane ou **tzigane** adj, nm ou nf
tu, toi, te pr pers
tub nm, pl *tubs* # *tube* (tuyau)
tuba nm, pl *tubas*
tube nm # *tub* (bain)
tubercule n masculin
tuberculeux, euse adj, n
tubéreux, euse adj
tubérosité nf
tudesque adj
tudieu interj
tue-mouches adj inv
tue-tête (à) loc adv (circonflexe)
tuf nm, pl *tufs*

tuffeau ou **tufeau** nm, pl
   tuf(f)eaux
tuileau nm, pl *tuileaux*
tulipe nf (un seul *l*)
tulle nm (deux *l*)
tuméfaction nf
tuméfier vt
tumescent, e adj (avec *sc*)
tumeur nf
tumoral, e, aux adj
tumulaire adj
tumulus nm inv
tuner nm, pl *tuners*
tungstène nm
tunnel nm (deux *n*)
tupaïa nm (tréma sur *ï*)
tupi nm singulier
turban nm
turbo adj inv, nf # **turbot** nm
   (poisson)
turbocompresseur nm
turboréacteur nm
turbulence nf
turbulent, e adj
turc, turque adj
turf nm, pl *turfs*
turgescent, e adj (attention *sc*)
turlupiner vt (un seul *n*)
turquerie nf
turquoise nf (pierre précieuse) ;
   adj inv (couleur)
tussor nm
tutelle nf (deux *l*)
tuteur, trice n
tutoiement nm (*e* muet)
tutoyer vt
tutti nm inv
tutti frutti loc adj inv
tutti quanti adv (en deux mots)
tutu nm, pl *tutus*
tuyau nm, pl *tuyaux*
tuyauter vt
tuyère nf
tweed nm, pl *tweeds*
twin-set nm, pl *twin-sets*
twist nm
tympan nm
type nm ; **typesse** nf
typhoïde nf (tréma sur *ï*)
typhon nm
typhus nm inv
typographie nf
typologie nf
tyran nm
tyranneau nm, pl *tyranneaux*
   (deux *n*)
tyrannie nf
tyrannosaure nm (deux *n*)
tyrothricine nf
tzar ou **tsar** ou **czar** nm, pl *tzars*
   ou *tsars* ou *czars*
tzarévitch ou **tsarévitch** nm
tzarine ou **tsarine** nf
tzigane ou **tsigane** adj, nm ou nf

U

ubac nm, pl *ubacs*
ubiquité nf
ubuesque adj (pas de *h*)
uhlan nm (attention au *h*)
ukase ou **oukase** nm
ulcère nm
ulcérer vt (accent aigu)
uléma ou **ouléma** nm, pl *ulémas*
   ou *oulémas*
ultérieur, e adj
ultimatum nm, pl *ultimatums*
ultra nm, pl *ultras*
ultracentrifugeuse nf
ultracourt, e adj
ultramontain, e adj
ultra-petita nm inv (trait d'union)
ultraroyaliste nm ou nf
ultrason nm
ultraviolet, ette adj
ultravirus nm inv
ululer ou **hululer** vi, pp *ululé* ou
   hululé inv
un, une art indéf ; numéral
unau nm, pl *unaus*
underground nm inv
unguéal, e, aux adj
uni, e adj
uniate nm ou nf ; adj
unicellulaire adj
unicité nf
unicolore adj
unidirectionnel, elle adj
unième adj ord (après *et* et à la
   suite des dizaines, des
   centaines, etc.)
unification nf
unifier vt
unijambiste nm ou nf
unilatéral, e, aux adj
unilingue adj
uniment adv
uninominal, e, aux adj
unionisme nm
unipersonnel, elle adj
unisexe adj
unisson nm
univers nm inv (*s* final)
universalité nf
universaux nmpl
universel, elle adj
univocité nf
univoque adj
untel, unetelle n
upériser vt (un seul *p*)
uppercut nm (deux *p*)
upsilon nm, pl *upsilons*
uraète nm
uranium nm, pl *uraniums*
urbain, e adj
urbanisation nf
urbanisme nm
urée nf
urémie nf

urétéral, e, aux adj (accents aigus)
uretère n masculin (accent grave)
urétral, e, aux adj (accent aigu)
urètre nm (accent grave)
urgemment adv
urgent, e adj
urger vi, pp *urgé* inv
urinaire adj
urinal nm, pl *urinaux*
urinoir nm
urographie nf
urticaire n féminin
urticant, e adj
us nmpl
usité, e adj
ustensile n masculin
usuel, elle adj
usufruit nm
usufruitier, ère adj
usuraire adj
usurier, ère n
usurpateur, trice n
ut nm inv
utérin, e adj
utérus nm inv
utile adj
utilité nf
utopie nf
uval, e, aux adj
uzbek ou **ouzbek** adj ; nm (langue)

va interj
vacance nf (vide, manque)
vacances nfpl (congé)
vacant, e adj # *vaquant* pprés du v *vaquer*
vacation nf
vaccin nm
vacciner vt (un seul *n*)
vacherin nm
vaciller vi, pp *vacillé* inv
vacuité nf
vacuole n féminin
vade-mecum nm inv
vadrouille nf
va-et-vient nm inv
vagabond, e adj, n
vaginal, e, aux adj
vagir vi, pp *vagi* inv
vague adj (imprécis) # nf
vaguelette nf
vaguement adv
vaguemestre nm
vaguer vi, pp *vagué* inv
vahiné nf (pas de *e* après *é*)
vaillamment adv
vaillant, e adj
vain, e adj # *vin* nm
vaincre vt, pp *vaincu, e*
vainqueur adj inv en genre ; nm
vair nm # *ver* (animal) # *verre* (matière) # *vert* (couleur)

vairon nm, adj m
vaisseau nm, pl *vaisseaux*
vaisselier nm (un seul *l*)
vaisselle nf (deux *l*)
val nm, pl *vals* sauf dans *par monts et par vaux*
valence nf
valenciennes nf
valériane nf
valet nm
valetaille nf
valétudinaire adj
valga adj f, **valgus** adj m (inv en nombre)
vallée nf
vallon nm
vallonné, e adj (deux *n*)
valoir vt, pp *valu, e* → p 79
valvule nf (un seul *l*)
vamp nf
vampire nm
van nm
vanadium nm, pl *vanadiums*
vandale nm ou nf
vanesse nf
vanille nf
vanité nf
vanity-case nm, pl *vanity-cases*
vanne nf (deux *n*)
vanneau nm, pl *vanneaux*
vannerie nf
vannier nm
vantail nm, pl *vantaux*
vanter vt # *venter* (de *vent*)
va-nu-pieds nm ou nf inv
vapeur nf (gaz) # nm (bateau)
vaporeux, euse adj
vaquer vi, pp *vaqué* inv
varan nm
varappe nf (deux *p*)
varech nm, pl *varechs*
variation nf
varice nf
varicelle nf
varicocèle nf
varié, e adj
variole nf (un seul *l*)
variqueux, euse adj
vasculaire adj
vase nf (boue) # nm (récipient)
vaseline nf (un seul *l*)
vasistas nm inv
vasoconstricteur, trice adj
vasodilatateur, trice adj
vasomoteur, trice adj
vassal, e, aux n
va-t-en-guerre nm ou nf inv
vaticiner vi, pp *vaticiné* inv
va-tout nm inv
vaudeville nm
vaudou adj inv ; nm, pl *vaudous*
vau-l'eau (à) loc adv
Vaurien nm (nom déposé) [bateau]
vaurien, enne adj, n
vautrer (se) vpr

va-vite (à la) loc adv
veau nm, pl *veaux*
vectoriel, elle adj
vedettariat nm (deux *t*)
vedette nf
végétal, e, aux adj
végétarien, enne n
végéter vi, pp *végété* inv
véhémence nf
véhément, e adj
véhicule nm
veille nf
veillée nf
veilleur, euse n
veinard, e adj, n
veine nf
vêlage nm (circonflexe)
vélani nm, pl *vélanis*
vêler vi, pp *vêlé* inv (circonflexe)
véliplanchiste n
velléité nf (deux *l*)
vélo nm, pl *vélos*
véloce adj
vélodrome nm (pas de circonflexe)
velours nm inv (*s* final)
velu, e adj
vélum nm, pl *vélums*
venaison nf (sans accent)
vénal, e, aux adj
venant (à tout) loc adv
vendémiaire nm
vendetta nf, pl *vendettas*
vendre vt, pp *vendu, e*
vendredi nm, pl *vendredis* (pas de majuscule)
venelle nf (deux *l*)
vénéneux, euse adj
vénerie nf (accent aigu)
vénérien, enne adj
vengeur nm ; **vengeresse** nf
véniel, elle adj
venimeux, euse adj
venir vi, pp *venu, e*
vent nm
ventail nm ou **ventaille** nf, pl *ventaux* ou *ventailles*
venter vt # *vanter* (faire l'éloge)
venteux, euse adj
ventôse nm (circonflexe)
ventral, e, aux adj
ventre-de-biche adj inv
ventricule nm
ventriloque nm ou nf
ventripotent, e adj
vénus nf inv
vépéciste n
vêpres nfpl (circonflexe sur *ê*)
ver nm # *verre* (matière) # *vert* (couleur)
véracité nf
véranda nf, pl *vérandas*
verbal, e, aux adj
verbeux, euse adj
verbosité nf
verdâtre adj (circonflexe sur *â*)

verdet nm
verdict nm
verdoiement nm (*e* muet)
verdoyer vi, pp *verdoyé* inv
véreux, euse adj
vergé, e adj
verger nm
vergeté, e adj
vergetures nfpl
verglacer vi (avec un *c*)
verglas nm inv (*s* final)
vérification nf
vérifier vt
vérin nm (un seul *r*)
verjus nm inv (*s* final)
verjuté, e adj
vermeil, eille adj
vermicelle n masculin
vermiculaire adj
vermillon nm ; adj inv (couleur)
vermillonner vi, pp *vermillonné*
    inv (deux *l*, deux *n*)
vermis nm inv (*s* final)
vermisseau nm, pl *vermisseaux*
vermoulu, e adj
vermouth nm, pl *vermouths*
vernal, e, aux adj
vernis nm inv # *verni* (pp masc
    de *vernir*)
vérole nf (un seul *l*)
verrat nm (deux *r*, *t* final)
verre nm (matière) # *ver*
    (animal) # *vert* (couleur)
verrière nf
verroterie nf (un seul *t*)
verrou nm, pl *verrous*
verrouiller vt
verrue nf
verruqueux, euse adj
vers nm inv # *ver* (animal) # *vert*
    (couleur) # *verre* (matière)
vers prép
versant nm
versatile adj
verse (à) loc adv # *averse* nf
verseau nm, pl *verseaux*
versé, e adj
verset nm
versification nf
versifier vt
version nf
vers-libriste nm ou nf, pl
    vers-libristes
verso nm, pl *versos*
vert, e adj ; nm (*vert*)
vert-de-gris nm inv
vertébral, e, aux adj (accent
    aigu)
vertèbre nf
vertébré nm (accents aigus)
vertex nm inv
vertical, e, aux adj
verticale nf (ligne) # *vertical* nm
    (astronomie)
vertigineux, euse adj

vertigo nm, pl *vertigos*
vertu nf (*u* final)
vertugadin nm
verveine nf
vésical, e, aux adj
vésicant, e adj
vésicule n féminin
vesou nm, pl *vesous*
Vespa nf (nom déposé)
vespasienne nf
vespéral, e, aux adj
vesse-de-loup nf, pl
    vesses-de-loup
vessie nf
vestiaire nm
vestibule n masculin
vestige n masculin
vestimentaire adj
vêtement nm (circonflexe)
vétéran nm
vétérinaire nm ou nf
vétille nf (deux *l*)
vêtir vt, pp *vêtu, e* (circonflexe
    sur *ê*)
vétiver nm, pl *vétivers*
veto nm inv (sans accent)
veuf nm ; **veuve** nf
vexation nf
vexille n masculin
via prép
viaduc nm
viager, ère adj ; nm (*viager*)
viatique n masculin
vicaire nm
vicariance nf
vicariat nm
vice nm # *vis* nf inv (clou)
vice-amiral nm, pl *vice-amiraux*
vice-consul nm, pl *vice-consuls*
vicennal, e, aux adj
vice-président, e nm ou nf, pl
    vice-présidents, es
vice-recteur nm, pl *vice-recteurs*
vice-roi nm, pl *vice-rois*
vice-royauté nf, pl *vice-royautés*
vicésimal, e, aux adj
vice versa loc adv
vichy nm, pl *vichys*
vicier vt
vicinal, e, aux adj
vicissitude nf
vicomte nm
vicomté n féminin
vicomtesse nf
victoria nm (plante) # nf
    (voiture) ; pl *victorias*
victorieux, euse adj
victuailles nfpl
vide-bouteille nm, pl
    vide-bouteilles
vide-cave nm inv
vidéo nf, pl *vidéos* ; adj inv
vidéocassette nf
vidéodisque nm
vidéosurveillance nf
vide-ordures nm inv

vide-poches nm inv
vide-pomme nm inv
viduité nf
vieillard nm
vieillesse nf
vieillir vt
vieillot, otte adj
vielle nf (deux *l*)
vieux nm ; **vieille** nf
vieux, vieil (au sing seulement
    et devant une voyelle ou un *h*
    muet), **vieille** adj
vif, vive adj
vif-argent nm, pl *vifs-argents*
vigie n féminin
vigilance nf
vigilant, e adj
vigile nf (fête) # nm (garde)
vigneau ou **vignot** nm, pl
    vigneaux ou *vignots*
vigneron, onne n
vignette nf (deux *t*)
vigoureux, euse adj
vigueur nf
vil, e adj
vilain, e adj
vilebrequin nm
vilipender vt (un seul *l*)
villa nf, pl *villas*
village nm (deux *l*)
villanelle nf (un seul *n*)
ville nf
ville-champignon nf, pl
    villes-champignons
ville-dortoir nf, pl *villes-dortoirs*
villégiature nf
villeux, euse adj
villosité nf
vin nm # *vain* adj
vinaigrette nf
vindicatif, ive adj
viner vt
vingt adj num inv → p 63
vingtaine nf
vingtième adj ord
vinyle n masculin
viol nm # **viole** nf (instrument)
violemment adv
violence nf
violent, e adj # *violant* pprés du
    v *violer*
violet, ette adj
violette nf
violoncelle nm
violoncelliste nm ou nf
violoniste nm ou nf (un seul *n*)
vipère nf
vipereau ou **vipéreau** nm, pl
    vipereaux ou *vipéreaux*
vipérin, e adj (accent aigu)
virago nf, pl *viragos*
viral, e, aux adj
virelai nm, pl *virelais*
virevolte nf
virginal nm (clavecin), pl
    virginals # *virginal, e, aux* adj

virginie nm
virginité nf
viril, e adj
virilocal, e, aux adj
virole nf (un seul *l*)
virtualité nf
virtuel, elle adj
virtuose nm ou nf
virulent, e adj
virus nm inv
vis nf inv # *vice* (défaut)
visa nm, pl *visas*
vis-à-vis loc adv ; nm inv
viscéral, e, aux adj (accent aigu)
viscère n masculin
viscosité nf
visée nf # *viser* vt
visionnaire adj (deux *n*)
visqueux, euse adj
visser vt
visuel, elle adj
vital, e, aux adj
vitellin, e adj (deux *l*)
vitellus nm inv
viticole adj
vitrail nm, pl *vitraux*
vitreux, euse adj
vitrification nf
vitupérer vt, vti
vivace adj
vivandier, ère n
vivarium nm, pl *vivariums*
vivat nm, pl *vivats*
vive interj → p 70
vive-eau nf, pl *vives-eaux*
viveur, euse n
vivifier vt
vivipare adj
vivisection nf
vivoter vi, pp *vivoté* inv (un *t*)
vivre vi, pp *vécu, e* → p 80
vivres n masculin pl
vizir nm, pl *vizirs*
vlan interj
vocal, e, aux adj
vocation nf
voceratrice nf (sans accent)
vocero nm, pl *voceros* ou *voceri* (sans accent)
vociférer vi, vt
vodka nf, pl *vodkas*
vœu nm, pl *vœux*
voguer vi, pp *vogué* inv
voici, voilà prép
voie nf # *voix* (son)
voile n *m* nf (de bateau)
voiler vt (un seul *l*)
voilette nf
voir vt, pp *vu, e*
voire adv
voirie nf (pas de *e* devant le *r*)
voisin, e adj, n
voiture-bar nf, pl *voitures-bars*
voiture-restaurant nf, pl *voitures-restaurants*

voix nf # *voie* (chemin)
volaille nf
volant nm
volatil, e adj
volatile n masculin (oiseau)
vol-au-vent nm inv
volcanologie ou **vulcanologie** nf
volée nf
volet nm
voleter vi, pp *voleté* inv (un *t*)
volière nf
volley-ball nm, pl *volley-balls*
volleyeur, euse n
volontiers adv
volt nm, pl *volts* # *volte* nf (équitation)
volte nf # *volt* nm (électricité)
volte-face nf inv
voltiger vi, pp *voltigé* inv
volubilis nm inv
volumineux, euse adj
volupté nf
voluptueux, euse adj
volvulus nm masculin inv
vomer nm, pl *vomers*
vomitoire n masculin (*e* final)
vorace adj
vortex nm inv
vos adj poss
votif, ive adj
votre adj poss # **vôtre** pr poss (circonflexe)
vouer vt
vouloir vt, pp *voulu, e*
vous pr pers
voussoir nm
voussure nf
voûte nf (circonflexe aussi dans *voûtain* nm, *voûter* vt)
vouvoiement nm (*e* muet)
vouvoyer vt
vouvray nm
vox populi nf inv
voyage nm
voyager vi, pp *voyagé* inv
voyant, e adj
voyelle nf
voyer adj m (agent)
voyeur, euse n
voyeurisme nm
voyou nm, pl *voyous*
vrac nm singulier
vrai, e adj
vraiment adv
vraisemblable adj (un seul *s*)
vraisemblance nf (un seul *s*)
vrille nf
vrombir vi, pp *vrombi* inv
vue nf # *vu* pp du v *voir*
vulcain nm
vulcanologie ou **volcanologie** nf
vulgum pecus nm inv
vulnéraire adj ; nm (médicament) # nf (plante)
vultueux, euse adj

W, X, Y, Z

wagon nm
wagon-citerne nm, pl *wagons-citernes*
wagon-lit nm, pl *wagons-lits*
wagonnet nm (deux *n*)
wagon-poste nm, pl *wagons-poste*
wagon-restaurant nm, pl *wagons-restaurants*
Walkman nm (nom déposé), pl *Walkmans*
walk-over nm inv
wallaby nm, pl *wallabys* ou *wallabies*
wallingant, e n
wapiti nm, pl *wapitis*
warrant nm, pl *warrants* (deux *r*)
wassingue nf, pl *wassingues*
water-ballast nm, pl *water-ballasts*
water-closet nm, pl *water-closets*
wateringue nf, pl *wateringues*
water-polo nm, pl *water-polos*
waters nmpl
watt nm, pl *watts* (deux *t*)
wattman nm, pl *wattmans* ou *wattmen*
week-end nm, pl *week-ends*
welter nm, pl *welters*
western nm, pl *westerns*
wharf nm, pl *wharfs*
whig nm, pl *whigs*
whisky nm, pl *whiskys* ou *whiskies*
whist nm, pl *whists*
white-spirit nm, pl *white-spirit(s)*
wigwam nm, pl *wigwams*
wilaya ou **willaya** nf
wishbone nm, pl *wishbones*
wolfram nm, pl *wolframs*
xanthome n masculin
xanthophylle n féminin
xénophobe adj, nm ou nf
xérès nm inv (accent grave en finale)
Xérographie nf (nom déposé)
xiphoïde adj (tréma sur *i*)
xylène n masculin
xylophone nm
xyste n masculin
y adv, pr pers
yacht nm, pl *yachts*
yacht-club nm, pl *yacht-clubs*
yachting nm, pl *yachtings*
yachtman ou **yachtsman** nm, pl *yacht(s)mans* ou *yacht(s)men*
yack ou **yak** nm, pl *yacks* ou *yaks*
yankee nm ou nf, pl *yankees*
yaourt nm, pl *yaourts*
yard nm, pl *yards*
yatagan nm
yawl nm
yearling nm, pl *yearlings*

yen nm, pl *yens*
yeoman nm, pl *yeomans* ou
  yeomen
yeuse nf
yeux nmpl
yiddish nm inv
ylang-ylang ou **ilang-ilang** nm,
  pl *ylangs-ylangs* ou
  ilangs-ilangs
yod nm, pl *yods*
yoga nm, pl *yogas*
yogi nm, pl *yogis*
yogourt nm, pl *yogourts*
yole n féminin
yourte n féminin
youyou nm, pl *youyous*
Yo-Yo nm inv (nom déposé)
ypérite nf (un seul *t*)
ypréau nm, pl *ypréaux*
ysopet ou **isopet** nm (avec
  un *y*)
yttrium nm, pl *yttriums*
yucca n masculin, pl *yuccas*
zabre n masculin
zakouski nm pl
zapper vi, vt (deux *p*)
zapping nm (deux *p*)
zarzuela n féminin, pl *zarzuelas*

zazou adj (inv en genre), nm ou
  nf, pl *zazous*
zèbre nm (accent grave)
zébrer vt (accent aigu)
zébu nm, pl *zébus*
zèle nm (accent grave)
zélé, e adj (accents aigus)
zélote nm
zen nm, pl *zens*
zénith nm
zénithal, e, aux adj
zéphyr nm
zeppelin nm
zéro nm, pl *zéros* ; adj numéral
  inv
zeste nm
zêta nm inv (circonflexe)
zeugma nm, pl *zeugmas*
zézaiement nf (*e* muet)
zézayer vi, pp *zézayé* inv
zibeline nf
zieuter vt
ziggourat n féminin, pl *ziggourats*
zigzag nm
zigzagant adj # *zigaguant* pprés
  du v *zigzaguer*
zigzaguer vi, pp *zigzagué* inv
zinc nm, pl *zincs*

zinguer vt
zinnia n masculin, pl *zinnias*
zinzin adj inv
Zip nm (nom déposé)
zipper vt
zirconium nm, pl *zirconiums*
zizanie nf
zizi nm, pl *zizis*
zizyphe n masculin
zloty nm, pl *zlotys*
Zodiac nm (nom déposé)
  [bateau]
zodiacal, e, aux adj (avec *c*)
zodiaque n masculin
zoé nf, pl *zoés*
zombie n masculin
zona nm, pl *zonas*
zonard, e n
zone nf (sans circonflexe)
zoo nm, pl *zoos*
zoologie nf
zorille n féminin
zouave nm
zozoter vi, pp *zozoté* inv
zut interj
zygote n masculin
zymase nf
zythum nm, pl *zythums*

L'ORTHOGRAPHE DES ADJECTIFS ET NOMS DÉRIVÉS DES NOMS DE PAYS

Les adjectifs dérivés et les noms de langue (donnés ici) commencent par une minuscule ; seuls les noms des habitants commencent par une majuscule. Ces adjectifs dérivés et ces noms sont généralement appelés « mots ethniques ».

Abyssinie : *abyssin, e*
Acadie : *acadien, enne*
Afghanistan : *afghan, e*
Afrique : *africain, e*
Afrique du Nord : *nord-africain, e*
Afrique du Sud : *sud-africain, e*
Afrique et Asie : *afro-asiatique*
Albanie : *albanais, e*
Algérie : *algérien, enne*
Allemagne : *allemand, e*
Alpes : *alpin, e*
Alsace : *alsacien, enne*
Amérique : *américain, e*
Amérique du Nord : *nord-américain, e*
Amérique du Sud : *sud-américain, e*
Andalousie : *andalou, se*
Andes : *andin, e*
Andorre : *andorran, e*
Angleterre : *anglais, e*
Angola : *angolais, e*
Anjou : *angevin, e*
Annam : *annamite*
Antilles : *antillais, e*
Appalaches : *appalachien, enne*
Aquitaine : *aquitain, e*
Arabie : *arabe*
Arabie saoudite : *saoudien, enne*
Aragon : *aragonais, e*
Ardenne : *ardennais, e*
Argentine : *argentin, e*
Ariège : *ariégeois, e*
Arménie : *arménien, enne*
Armorique : *armoricain, e*
Artois : *artésien, enne*
Asie : *asiate* ou *asiatique*
Assyrie : *assyrien, enne*
Asturies : *asturien, enne*
Australie : *australien, enne*
Autriche : *autrichien, enne*
Auvergne : *auvergnat, e*
Azerbaïdjan : *azerbaïdjanais, e*
Bade : *badois, e*
Bahreïn : *bahreïni*
Bali : *balinais, e*
Baltique (mer) : *balte* ou *baltique*

Bangladesh : *bangladais, e*
basque (Pays) : *basque, basquaise*
Bavière : *bavarois, e*
Béarn : *béarnais, e*
Beauce : *beauceron, onne*
Belfort (t. de) : *belfortain, e*
Belgique : *belge*
Bengale : *bengali* ou *bengalais, e*
Bénin : *béninois, e*
Bermudes : *bermudien, enne*
Berry : *berrichon, onne*
Bhoutan : *bhoutanais, e*
Biélorussie : *biélorusse*
Birmanie : *birman, e*
Biscaye : *biscaïen, enne*
Bithynie : *bithynien, enne*
Bolivie : *bolivien, enne*
Bosnie : *bosniaque*
Botswana : *botswanais, e*
Bourgogne : *bourguignon, onne*
Brabant : *brabançon, onne*
Brandebourg : *brandebourgeois, e*
Brésil : *brésilien, enne*
Bresse : *bressan, e*
Bretagne : *breton, onne*
Brie : *briard, e*
Bulgarie : *bulgare*
Burkina : *burkinabé* ou *burkinais, e*
Burundi : *burundais, e*
Calabre : *calabrais, e*
Californie : *californien, enne*
Camargue : *camarguais, e*
Cambodge : *cambodgien, enne*
Cameroun : *camerounais, e*
Canada : *canadien, enne*
Canaries : *canarien, enne*
Cap-Vert : *capverdien, enne*
Castille : *castillan, e*
Catalogne : *catalan, e*
Caucase : *caucasien, enne*
Centrafricaine (rép.) : *centrafricain, e*
Cerdagne : *cerdan, e*
Cévennes : *cévenol, e*
Ceylan : *cingalais, e*
Champagne : *champenois, e*

Charente : *charentais, e*
Charolais : *charolais, e*
Chili : *chilien, enne*
Chine : *chinois, e*
Chypre : *chypriote* ou *cypriote*
Colombie : *colombien, enne*
Comores : *comorien, enne*
Congo : *congolais, e*
Corée du Nord : *nord-coréen, enne*
Corée du Sud : *sud-coréen, enne*
Corfou : *corfiote*
Corse : *corse*
Costa Rica : *costaricien, enne*
Côte d'Ivoire : *ivoirien, enne*
Crète : *crétois, e*
Creuse : *creusois, e*
Croatie : *croate*
Cuba : *cubain, e*
Dahomey : *dahoméen, enne*
Dalmatie : *dalmate*
Danemark : *danois, e*
Danube : *danubien, enne*
Dauphiné : *dauphinois, e*
Délos : *délien, enne* ou *déliaque*
Djibouti : *djiboutien, enne*
dominicaine (Rép.) : *dominicain, e*
Écosse : *écossais, e*
Égée (mer) : *égéen, enne*
Égypte : *égyptien, enne*
Équateur : *équatorien, enne*
Espagne : *espagnol, e*
Estonie : *estonien, enne*
États-Unis d'Amérique → *Amérique*
Éthiopie : *éthiopien, enne*
Étrurie : *étrusque*
Europe : *européen, enne*
Fidji (îles) : *fidjien, enne*
Finlande : *finlandais, e*
Flandre : *flamand, e*
Formose : *formosan, e*
France : *français, e*
Franche-Comté : *franc-comtois, e*
Frise : *frison, onne*
Gabon : *gabonais, e*
Galice (Espagne) : *galicien, enne*
Galicie (Pologne) : *galicien, enne*
Galilée : *galiléen, enne*
Galles (pays de) : *gallois, e*
Gambie : *gambien, enne*
Gascogne : *gascon, onne*
Géorgie : *géorgien, enne*
Ghana : *ghanéen, enne*
Gironde : *girondin, e*
Grande-Bretagne : *britannique*
Grèce : *grec, grecque*
Grisons : *grison, onne*
Groenland : *groenlandais, e*
Guadeloupe : *guadeloupéen, enne*
Guatemala : *guatemaltèque*
Guinée : *guinéen, enne*
Guyane : *guyanais, e*
Hainaut : *hainuyer* ou *hennuyer, ère*
Haïti : *haïtien, enne*

Haute-Volta : *voltaïque*
Hawaii : *hawaiien, enne*
Hesse : *hessois, e*
Himalaya : *himalayen, enne*
Hollande : *hollandais, e*
Honduras : *hondurien, enne*
Hongrie : *hongrois, e* ou *magyar, e*
Illyrie : *illyrien, enne*
Inde : *indien, enne*
Indochine : *indochinois, e*
Indonésie : *indonésien, enne*
Irak ou Iraq : *irakien, enne* ou *iraqien, enne*
Iran : *iranien, enne*
Irlande : *irlandais, e*
Isère : *isérois, e* ou *iseran, e*
Islande : *islandais, e*
Israël : *israélien, enne*
Italie : *italien, enne*
Jamaïque : *jamaïquain, e*
Japon : *japonais, e* ou *nippon, nippone* ou *nipponne*
Java : *javanais, e*
Jersey : *jersiais, e*
Jordanie : *jordanien, enne*
Jura : *jurassien, enne*
Kabylie : *kabyle*
Kazakhstan : *kazakh, e*
Kenya : *kenyan, e*
Kirghizistan : *kirghiz, e*
Koweït : *koweïtien, enne*
Kurdistan : *kurde*
Labrador : *labradorien, enne*
Landes : *landais, e*
Languedoc : *languedocien, enne*
Laos : *laotien, enne*
Laponie : *lapon, laponne* ou *lapone*
Léon (Bretagne) : *léonard, e*
León (Espagne) : *léonais, e*
Lettonie : *letton, lettonne* ou *lettone*
Levant : *levantin, e*
Liban : *libanais, e*
Liberia : *libérien, enne*
Libye : *libyen, enne*
Ligurie : *ligurien, enne*
Limousin : *limousin, e*
Lituanie : *lituanien, enne*
Lombardie : *lombard, e*
Lorraine : *lorrain, e*
Louisiane : *louisianais, e*
Luxembourg : *luxembourgeois, e*
Macédoine : *macédonien, enne*
Madagascar : *malgache*
Madère : *madérien, enne* ou *madérois, e*
Maghreb : *maghrébin, e*
Majorque : *majorquin, e*
Malaisie : *malais, e*
Mali : *malien, enne*
Malte : *maltais, e*
Mandchourie : *mandchou, e*
Maroc : *marocain, e*
Marquises (îles) : *marquisien, enne* ou *marquésan, anne*

Martinique : *martiniquais, e*
Maurice (île) : *mauricien, enne*
Mauritanie : *mauritanien, enne*
Méditerranée : *méditerranéen, enne*
Mélanésie : *mélanésien, enne*
Mexique : *mexicain, e*
Minorque : *minorquin, e*
Moldavie : *moldave*
Monaco (princ.) : *monégasque*
Mongolie : *mongol, e*
Monténégro : *monténégrin, e*
Moravie : *morave*
Morvan : *morvandeau, elle*
Moselle : *mosellan, e*
Moyen-Orient : *moyen-oriental, e, aux*
Mozambique : *mozambicain, e*
Namibie : *namibien, enne*
Navarre : *navarrais, e*
Népal : *népalais, e*
Nicaragua : *nicaraguayen, enne*
Niger : *nigérien, enne*
Nigéria : *nigérian, e*
Normandie : *normand, e*
Norvège : *norvégien, enne*
Nouvelle-Calédonie : *néo-calédonien, enne*
Nouvelle-Guinée : *néo-guinéen, enne*
Nouvelles-Hébrides : *néo-hébridais, e*
Nouvelle-Zélande : *néo-zélandais, e*
Nubie : *nubien, enne*
Occitanie : *occitanien, enne*
Océanie : *océanien, enne*
Oman : *omanais, e*
Ombrie : *ombrien, enne*
Ouganda : *ougandais, e*
Oural : *ouralien, enne*
Ouzbékistan : *ouzbek*
Pakistan : *pakistanais, e*
Palestine : *palestinien, enne*
Panamá : *panaméen, enne*
Papouasie : *papou, e*
Paraguay : *paraguayen, enne*
Patagonie : *patagon, onne*
Pays-Bas : *néerlandais, e*
Péloponnèse : *péloponnésien, enne*
Pennsylvanie : *pennsylvanien, enne*
Perche : *percheron, onne*
Périgord : *périgourdin, e*
Pérou : *péruvien, enne*
Perse : *persan, e ou perse*
Phénicie : *phénicien, enne*
Philippines : *philippin, e*
Picardie : *picard, e*
Piémont : *piémontais, e*
Poitou : *poitevin, e*
Pologne : *polonais, e*
Polynésie : *polynésien, enne*
Porto Rico : *portoricain, e*
Portugal : *portugais, e*
Proche-Orient : *proche-oriental, e, aux*
Provence : *provençal, e, aux*
Prusse : *prussien, enne*
Pyrénées : *pyrénéen, enne*

Qatar : *qatari, e*
Québec : *québécois, e*
Ré (île de) : *rétais, e*
Réunion (île de la) : *réunionnais, e*
Rhénanie, Rhin : *rhénan, e*
Rhodes (île de) : *rhodien, enne*
Rhodésie : *rhodésien, enne*
Rhône : *rhodanien, enne*
Roumanie : *roumain, e*
Roussillon : *roussillonnais, e*
Russie : *russe*
Rwanda : *rwandais, e*
Sahara : *saharien, enne*
Sahara occ. : *sahraoui, e*
Salvador : *salvadorien, enne*
Samarie : *samaritain, e*
Samoa : *samoan, e*
Sardaigne : *sarde*
Sarre : *sarrois, e*
Sarthe : *sarthois, e*
Savoie : *savoyard, e*
Saxe : *saxon, onne*
Scandinavie : *scandinave*
Sénégal : *sénégalais, e*
Serbie : *serbe*
Sibérie : *sibérien, enne*
Sicile : *sicilien, enne*
Sierra Leone : *sierra-léonais, e*
Silésie : *silésien, enne*
Singapour : *singapourien, enne*
Slovaquie : *slovaque*
Slovénie : *slovène*
Sologne : *solognot, e*
Somalie : *somali, e ou somalien, enne*
Soudan : *soudanais, e*
Sri Lanka : *srilankais, e*
Suède : *suédois, e*
Suisse : *suisse, Suissesse* (nom) ou *helvétique*
Syrie : *syrien, enne*
Tadjikistan : *tadjik, e*
Tahiti : *tahitien, enne*
Taïwan : *taïwanais, e*
Tanzanie : *tanzanien, enne*
Tasmanie : *tasmanien, enne*
Tchad : *tchadien, enne*
tchèque (Rép.) : *tchèque*
Tchétchénie : *tchétchène*
Texas : *texan, e*
Thaïlande : *thaïlandais, e*
Thessalie : *thessalien, enne*
Tibet : *tibétain, e*
Togo : *togolais, e*
Toscane : *toscan, e*
Touraine : *tourangeau, elle*
Trinité-et-Tobago : *trinidadien, enne*
Tunisie : *tunisien, enne*
Turkménistan : *turkmène*
Turquie : *turc, turque*
Tyrol : *tyrolien, enne*
Ukraine : *ukrainien, enne*
Uruguay : *uruguayen, enne*

Valais : *valaisan, anne*
Vaud : *vaudois, e*
Vendée : *vendéen, enne*
Venezuela : *vénézuélien, enne*
Viêt Nam : *vietnamien, enne*
Vosges : *vosgien, enne*

Wallonie : *wallon, onne*
Yémen : *yéménite*
Yougoslavie : *yougoslave*
Zaïre : *zaïrois, e*
Zambie : *zambien, enne*
Zimbabwe : *zimbabwéen, enne*